여러분의 합격을 응원하는
해커스경찰의 특별 혜택!

FREE 경찰헌법 특강

해커스경찰(police.Hackers.com) 접속 후 로그인 ▶ 상단의 [무료강좌 → 경찰 무료강의] 클릭하여 이용

📝 회독용 답안지 [PDF]

해커스경찰(police.Hackers.com) 접속 후 로그인 ▶ 상단의 [교재·서점 → 무료 학습 자료] 클릭 ▶
본 교재 우측의 [자료받기] 클릭하여 이용

해커스경찰 온라인 단과강의 20% 할인쿠폰

78C7C9AAA39374R6

해커스경찰(police.Hackers.com) 접속 후 로그인 ▶ 상단의 [내강의실] 클릭 ▶
[쿠폰/포인트] 클릭 ▶ 쿠폰번호 입력 후 이용

* 등록 후 7일간 사용 가능(ID당 1회에 한해 등록 가능)

경찰 합격예측 온라인 모의고사 응시권 + 해설강의 수강권

3F6BDC8EE29F55VU

해커스경찰(police.Hackers.com) 접속 후 로그인 ▶ 상단의 [내강의실] 클릭 ▶
[쿠폰/포인트] 클릭 ▶ 쿠폰번호 입력 후 이용

* ID당 1회에 한해 등록 가능

쿠폰 이용 관련 문의 1588-4055

단기 합격을 위한
해커스경찰 커리큘럼

입문

탄탄한 기본기와 핵심 개념 완성!

누구나 이해하기 쉬운 개념 설명과 풍부한 예시로 부담없이 쌩기초 다지기

TIP 베이스가 있다면 **기본 단계**부터!

▼

기본+심화

필수 개념 학습으로 이론 완성!

반드시 알아야 할 기본 개념과 문제풀이 전략을 학습하고
심화 개념 학습으로 고득점을 위한 응용력 다지기

▼

**기출+예상
문제풀이**

문제풀이로 집중 학습하고 실력 업그레이드!

기출문제의 유형과 출제 의도를 이해하고 최신 출제 경향을 반영한
예상문제를 풀어보며 본인의 취약영역을 파악 및 보완하기

▼

동형문제풀이

동형모의고사로 실전력 강화!

실제 시험과 같은 형태의 실전모의고사를 풀어보며 실전감각 극대화

▼

최종 마무리

시험 직전 실전 시뮬레이션!

각 과목별 시험에 출제되는 내용들을 최종 점검하며 실전 완성

PASS

* 커리큘럼 및 세부 일정은 상이할 수 있으며,
자세한 사항은 해커스경찰 사이트에서 확인하세요.

단계별 교재 확인 및
수강신청은 여기서!

police.Hackers.com

해커스경찰

박철한
경찰헌법

실전동형모의고사

박철한

약력

현 | 해커스경찰 헌법 강의
    해커스공무원 헌법 강의
전 | 합격의 법학원 사법시험 헌법 강의
    한양대 겸임교수
    한양대, 성균관대, 이화여대, 숙명여대, 조선대 특강강사
    박문각 남부행정고시학원 헌법 강의
    KG패스원 헌법 강의

저서

박철한 경찰헌법 최신 3개년 판례집, 해커스경찰
박철한 경찰헌법 실전문제집, 해커스경찰
박철한 경찰헌법 실전동형모의고사, 해커스경찰
박철한 경찰헌법 핵심요약집, 해커스경찰
박철한 경찰헌법 기출문제집, 해커스경찰
박철한 경찰헌법 기본서, 해커스경찰
박철한 헌법 기본서, 해커스공무원
OLA 올라 헌법 기본서, 경찰공제회
OLA 올라 헌법 핵심 문제풀이, 경찰공제회
박철한 경찰헌법 단계별 핵심지문 OX, 법률저널
박철한 헌법 기출, 법률저널
박철한 핵심 헌법, 법률저널
헌법 기출 오엑스, 훈민정음

서문

막판은 멘탈 싸움!! 여러분은 합격할 수 있습니다.

시험이 다가오면 수험생들 대부분은 마음이 불안해집니다. 그래서 더 어려운 문제를 풀어보려고 하고 양을 늘리는 잘못된 선택을 하게 됩니다. 항상 시험은 몰라서 틀리기보다는 회독이 부족하여 헷갈려서 틀리는 경우가 많습니다.

따라서 마지막 실전동형모의고사도 무리하게 난이도를 높이고 출제 가능성이 희박한 지문들로 구성하기보다는 정말 여러분이 자신의 실력을 점검해서 부족한 부분을 잘 체크할 수 있도록 중요 지문들 그리고 헷갈릴 수 있는 지문들 위주로 구성하였습니다.

이 책의 특징

1. 기본적으로 꼭 알아야 할 지문들 위주로 문제 구성

2. 실전시험보다 약간만 높은 난이도로 마지막 점검

3. 헷갈리는 지문들과 최신 판례 확인 학습

4. 전범위 모의고사 총 16회 구성으로 충분한 실력 테스트

더불어 경찰공무원 시험 전문 **해커스경찰(police.Hackers.com)**에서 학원강의나 인터넷동영상강의를 함께 이용하여 꾸준히 수강한다면 학습효과를 극대화할 수 있습니다.

부디 <2025 해커스경찰 박철한 경찰헌법 실전동형모의고사>와 함께 경찰공무원 헌법 시험의 고득점을 달성하고 합격을 향해 한 걸음 더 나아가시기를 바랍니다. 그동안 정말 많이 노력한 여러분 자신을 믿으세요. 많은 합격자들도 항상 불안감을 이겨내며 합격하였답니다.

무엇보다 중요한 것이 자신감 그리고 멘탈 관리입니다.
막판에 정리점검 잘하시고 특히 멘탈 관리 잘하셔서 몇 달 후에는 꼭 중경에 계시길 바라겠습니다.

2025년 1월
박철한

목차

정답 및 해설

2025 해커스경찰 박철한 경찰헌법 실전동형모의고사

실전동형
모의고사

문 1. 현행 헌법 전문에 관한 설명으로 가장 적절하지 <u>않은</u> 것은? (다툼이 있는 경우 판례에 의함)

① 헌법 전문의 '대한민국임시정부 법통의 계승' 또는 헌법 제2조 제2항의 '재외국민 보호의무' 규정이 중국동포와 같이 특수한 국적상황에 처해 있는 자들의 이중국적 해소 또는 국적선택을 위한 특별법 제정의무를 명시적으로 위임한 것이라고 볼 수 없다.

② 헌법 전문에서 대한민국임시정부의 법통을 계승한다고 선언하고 있다고 하더라도 국가가 독립유공자와 그 유족에 대하여 응분의 예우를 하여야 할 헌법적 의무를 지는 것은 아니다.

③ 1972년 제7차 개정헌법의 전문에서는 3·1운동의 숭고한 독립정신과 4·19의거 및 5·16혁명의 이념을 계승한다고 규정하였다.

④ 대한민국임시정부의 법통 계승은 현행 헌법 전문에서 처음으로 명시되었다.

문 2. 사회국가원리에 관한 내용으로 가장 적절하지 <u>않은</u> 것은? (다툼이 있는 경우 판례에 의함)

① 밀수입 등의 예비행위를 본죄에 준하여 처벌하도록 규정한 특정범죄 가중처벌 등에 관한 법률 조항은 구체적 행위의 개별성과 고유성을 고려한 양형판단의 가능성을 배제하는 가혹한 형벌로서 책임과 형벌 사이의 비례원칙에 위배된다.

② 사회적 기본권은 입법과정이나 정책결정과정에서 사회적 기본권에 규정된 국가목표의 무조건적인 최우선적 배려를 요청하는 것이다.

③ 사회국가원리의 실현을 위하여 과실책임의 원리를 수정하여 위험원을 지배하는 자로 하여금 그 위험이 현실화된 경우의 손해를 부담하게 하는 위험책임의 원리가 필요하게 되었다.

④ 헌법상 경제질서는 사유재산제를 바탕으로 하고 자유경쟁을 존중하는 자유시장경제질서를 기본으로 하면서도 이에 수반되는 갖가지 모순을 제거하고 사회복지·사회정의를 실현하기 위하여 국가적 규제와 조정을 용인하는 사회적 시장경제질서로서의 성격을 띠고 있다.

문 3. 선거의 기본원칙에 관한 설명으로 가장 적절하지 <u>않은</u> 것은? (다툼이 있는 경우 판례에 의함)

① 보통선거의 원칙은 제한선거의 반대개념으로서 재산이나 학력, 사회적 신분, 성별, 종교 등에 관계없이 일정한 연령에 달한 모든 국민에게 선거권이 인정되어야 한다는 것이다.

② 자유선거의 원칙은 명문의 규정을 두고 있지는 않지만, 일반적으로 헌법에 내재하는 당연한 선거원칙으로 해석된다.

③ 강도죄로 2년 징역에 5년의 집행유예를 선고받은 뒤, 유예기간이 종료된 후 1년 지난 자는 선거권이 부정된다.

④ 선거활동에 관하여 대통령의 정치활동의 자유와 선거중립의무가 충돌하는 경우에는 후자가 강조되고 우선되어야 한다.

문 4. 다음 사례에 관한 설명으로 가장 적절한 것은? (다툼이 있는 경우 판례에 의함)

〈사례〉

甲회사는 그 주주들 중 일부 및 이사들이 약사들인 주식회사로서 ○○약국을 경영해 왔다. 식품의약품안전청장은 법인명의로 약국을 운영하는 것은 "약사 또는 한약사가 아니면 약국을 개설할 수 없다."라고 규정한 약사법 제16조 제1항 및 "약국개설자가 아니면 의약품을 판매하거나 판매의 목적으로 취득할 수 없다."라고 규정한 약사법 제35조 제1항에 위반된다고 하면서 3개월의 판매업무정지처분을 하겠다는 경고처분을 하였다. 이에 甲회사는 □□행정법원에 위 경고처분의 취소를 구하는 소송을 제기하고, 약사법 제16조 제1항, 제19조 제1항·제2항, 제35조 제1항이 위헌이라는 취지의 위헌제청신청을 하였으나 기각되자 헌법소원심판을 청구하였다.

〈참고〉

약사법 제16조【약국의 개설등록】① 약사 또는 한약사가 아니면 약국을 개설할 수 없다.

① 직업선택의 자유는 법인에게 인정되지는 않는 기본권이다.

② 甲회사 같은 영리단체는 헌법상 결사의 자유에 의하여 보호된다고 할 것인바, 법인에 의한 약국의 개설을 금지함으로써 법인을 설립하여 약국을 경영하려는 약사 개인들과 이러한 법인의 단체결성 및 단체활동의 자유를 제한하고 있으므로 이들의 결사의 자유를 침해하고 있다.

③ 약사에 대하여는 다른 전문직과 달리 법인을 구성하여 직업을 수행하는 것을 금지함으로써 약사로 구성된 법인 또는 그 구성원인 약사를 차별취급하는 것이 정당화될 수 있는지와 관련하여, 평등권 침해에 관한 엄격한 심사척도를 정당성 여부의 판단기준으로 하여야 한다.

④ 직업종사(직업수행)의 자유에 비하여 직업결정의 자유나 전직의 자유는 공익을 위하여 상대적으로 더욱 넓은 법률상의 규제가 가능하다.

문 5. 기본권의 보호영역에 관한 설명으로 가장 적절한 것은? (다툼이 있는 경우 헌법재판소 결정에 의함)

① 구치소의 미결수용자가 일반적으로 접근 가능한 신문을 구독하는 것은 알 권리의 보호영역에 속하지 않는다.

② 부모의 자녀의 학교선택권은 미성년인 자녀의 교육을 받을 권리를 실효성 있게 보장하기 위한 것이므로, 부모의 자녀 교육권의 근거인 헌법 제36조, 제37조에서 그 근거를 찾을 수 있다.

③ 흡연자들이 자유롭게 흡연할 권리는 행복추구권을 규정한 헌법 제10조와 사생활의 자유를 규정한 헌법 제17조에 의하여 뒷받침되는 기본권이 아니다.

④ 보호영역으로서의 '선거운동'의 자유가 문제되는 경우 표현의 자유 및 선거권과 일반적 행동자유권으로서의 행복추구권은 서로 특별관계에 있어 기본권의 내용상 특별성을 갖는 표현의 자유 및 선거권이 우선 적용된다.

문 6. 국가의 기본권 보호의무에 관한 설명으로 가장 적절하지 <u>않은</u> 것은? (다툼이 있는 경우 헌법재판소 판례에 의함)

① 선거운동을 위하여 확성장치를 허용하여야 할 공익적 필요성이 인정된다고 하더라도, 공직선거법이 주거지역에서의 최고출력내지 소음을 제한하는 등 대상지역에 따른 수인한도 내에서 공직선거운동에 사용되는 확성장치의 최고출력 내지 소음규제기준을 두고 있지 아니한 것은, 국민이 건강하고 쾌적하게 생활할 수 있는 양호한 주거환경을 유지하기 위하여 노력하여야 할 국가의 의무를 부과한 헌법 규정에 비추어 보면 국가의 기본권 보호의무를 과소하게 이행하고 있는 것이다.

② 국가가 국민의 생명·신체의 안전에 대한 보호의무를 다하지 않았는지 여부를 헌법재판소가 심사할 때에는 이른바 '과소보호금지원칙'의 위반 여부를 기준으로 삼아, 국민의 생명·신체의 안전을 보호하기 위한 조치가 필요한 상황인데도 국가가 아무런 보호조치를 취하지 않았든지 아니면 취한 조치가 법익을 보호하기에 전적으로 부적합하거나 매우 불충분한 것임이 명백한 경우에 한하여, 국가의 보호의무의 위반을 확인하여야 한다.

③ 헌법재판소는 국가의 기본권 보호의무란 사인인 제3자에 의해 발생하는 생명이나 신체에 대한 침해로부터 이를 보호하여야 할 국가의 의무를 말하는 것으로, 국가가 직접 주방용오물분쇄기의 사용을 금지하여 개인의 기본권을 제한하는 경우에는 국가의 기본권 보호의무 위반 여부가 문제되지 않는다고 판단하였다.

④ 태평양전쟁 전후 강제동원된 자 중 '국외'로 강제동원된 자에 대해서만 의료지원금을 지급하도록 한 법률규정은, 국가가 국내 강제동원자들을 위하여 아무런 보호조치를 취하지 아니하였기 때문에, 이는 국민에 대한 국가의 기본권 보호의무에 위배된다.

문 7. 평등권 및 평등원칙에 관한 헌법재판소 판례의 입장으로 가장 적절하지 <u>않은</u> 것은?

① 1차 의료기관의 전문과목 표시와 관련하여 의사전문의·한의사전문의와 달리 치과전문의의 경우에만 진료과목의 표시를 이유로 진료범위를 제한하는 것은 평등권을 침해하지 않는다.

② 자율형 사립고등학교를 지원한 학생에게 평준화지역 후기학교에 중복지원하는 것을 금지한 초·중등교육법 시행령 조항은 매우 보편화된 일반교육에 해당하는 고등학교 진학 기회를 제한하는 것으로 당사자에게 미치는 기본권 제한의 효과가 크다는 점에서 엄격한 심사척도에 의하여 평등원칙 위배 여부를 심사하여야 한다.

③ 구 소년법 규정이 소년으로 범한 죄에 의하여 형의 선고를 받은 자가 그 집행을 종료하거나 면제받은 때와 달리 집행유예를 선고받은 소년범에 대한 자격완화 특례규정을 두지 아니하여 자격제한을 함에 있어 군인사법 등 해당 법률의 적용을 받도록 한 것은 불합리한 차별이라 할 것이므로 평등원칙에 위반된다.

④ 버스운송사업에 있어서는 운송비용전가 문제를 규제할 필요성이 없으므로 택시운송사업에 한하여 택시운송사업의 발전에 관한 법률에 운송비용전가의 금지조항을 둔 것은 규율의 필요성에 따른 합리적인 차별이어서 평등원칙에 위반되지 아니한다.

문 8. 신체의 자유와 관련된 헌법재판소 판례의 입장으로 가장 적절하지 <u>않은</u> 것은?

① 보안관찰처분대상자가 교도소 등에서 출소 후 신고한 거주예정지 등 정보에 변동이 생길 때마다 7일 이내 이를 신고하도록 규정한 보안관찰법상 변동신고조항 및 위반시 처벌조항은 청구인의 개인정보자기결정권을 침해한다.

② 상소제기기간의 구금일수를 본형에 산입하지 않은 것은 입법자의 재량영역으로 보아 합헌으로 판시하였다.

③ 형벌과 보호감호는 신체의 자유를 박탈하는 수용처분이라는 점에서 서로 유사한 점이 있기는 하지만 그 본질, 추구하는 목적과 기능이 다른 별개의 제도이므로 형벌과 보호감호를 서로 병과하여 선고한다 하여 이중처벌금지의 원칙에 위반되는 것은 아니다.

④ 과료는 가장 경한 형벌로서 주로 경미한 범죄에 과해지는 것이나, 이 역시 죄를 범한 자에 대하여 부과하는 형벌의 하나이므로, 과료미납자에 대한 노역장유치조항이 헌법에 위반된다고 볼 수 없다.

문 9. 통신의 자유에 관한 설명으로 가장 적절하지 <u>않은</u> 것은? (다툼이 있는 경우 판례에 의함)

① 통신비밀보호법(2005.5.26. 법률 제7503호로 개정된 것) 제13조 제1항 중 '검사 또는 사법경찰관은 수사를 위하여 필요한 경우 전기통신사업법에 의한 전기통신사업자에게 제2조 제11호 가목 내지 라목의 통신사실 확인자료의 열람이나 제출을 요청할 수 있다'라는 부분은 과잉금지원칙에 위반되어 개인정보자기결정권과 통신의 자유를 침해한다.

② 긴급조치 제1호는 유신헌법을 부정하거나 반대하고 폐지를 주장하는 행위 중 실제로 국가의 안전보장과 공공의 안녕질서에 대한 심각하고 중대한 위협이 명백하고 현존하는 경우 이외에도, 국가긴급권의 발동이 필요한 상황과는 전혀 무관하게 헌법과 관련하여 자신의 견해를 단순하게 표명하는 행위까지 모두 처벌하고 처벌의 대상이 되는 행위를 구체적으로 특정할 수 없으므로 표현의 자유를 침해한다.

③ 검사, 사법경찰관 또는 정보수사기관의 장은 일정하고, 중대한 범죄수사를 위한 경우로서 긴급한 사유가 있는 때에는 법원의 허가 없이 긴급통신제한조치를 할 수 있으나, 이 경우 48시간 이내에 법원에 허가청구를 하여야 한다.

④ 인터넷회선 감청은 서버에 저장된 정보가 아니라, 인터넷상에서 발신되어 수신되기까지의 과정 중에 수집되는 정보, 즉 전송 중인 정보의 수집을 위한 수사이므로, 압수·수색과 구별된다.

문 10. 언론·출판의 자유에 관한 헌법재판소의 결정 내용으로 가장 적절하지 <u>않은</u> 것은?

① 광고가 단순히 상업적인 상품이나 서비스에 관한 사실을 알리는 경우에도 그 내용이 공익을 포함하는 때에는 헌법 제21조의 표현의 자유에 의하여 보호된다. 광고물도 사상·지식·정보 등을 불특정다수인에게 전파하는 것으로서 언론·출판의 자유에 의한 보호를 받는 대상이 됨은 물론이다.

② 허위사실표현도 헌법 제21조가 규정하는 언론·출판의 자유의 보호영역에 해당한다.

③ 금치처분을 받은 미결수용자라 할지라도 금치처분 기간 중 집필을 금지하면서 예외적인 경우에만 교도소장이 집필을 허가할 수 있도록 한 형의 집행 및 수용자의 처우에 관한 법률상의 규정은 미결수용자의 표현의 자유를 침해한다.

④ 정기간행물의 공보처장관에의 납본제도는 언론·출판에 대한 사전검열이 아니어서 언론·출판의 자유를 침해하지 않는다.

문 11. 직업선택의 자유와 관련한 헌법재판소 판례의 입장으로 가장 적절하지 <u>않은</u> 것은?

① 직업수행의 자유에 대한 제한이지만 그 실질이 직업수행의 자유를 형해화시키는 경우에는 그것이 직업선택이 아닌 직업수행의 자유에 대한 제한이라고 하더라도 엄격한 심사기준이 적용된다 할 것이다.

② 안경사 면허를 가진 자연인에게만 안경업소의 개설 등을 할 수 있도록 한 것은 안경사들로만 구성된 법인 형태의 안경업소 개설을 허용하지 않는 것으로 법인의 직업의 자유를 침해하지 않는다.

③ 소송진행을 법률적·사무적으로 충분히 오랫동안 보조하여 전문적인 법률지식과 실무경험을 갖추게 된 경력 공무원에게 법무사시험을 치르지 않고 법무사 자격을 부여하는 것은 합리적 이유가 있다.

④ 입법자가 변리사제도를 형성하면서 변리사의 업무 범위에 특허침해소송의 소송대리를 포함하지 않은 것은 변리사의 직업의 자유를 침해하는 것이다.

문 12. 헌법이 보장하는 재판청구권에 관한 설명으로 가장 적절하지 <u>않은</u> 것은? (다툼이 있는 경우 판례에 의함)

① 교원징계재심위원회의 결정에 대하여 교원은 행정소송을 제기할 수 있게 한 반면, 학교법인 또는 사립학교 경영자는 이를 제기할 수 없도록 하였다면 재판청구권을 보장한 헌법규정에 위반된다.

② 재판청구권에는 민사재판, 형사재판, 행정재판뿐만 아니라 헌법재판을 받을 권리도 포함되므로, 헌법상 보장되는 기본권인 '공정한 재판을 받을 권리'에는 '공정한 헌법재판을 받을 권리'도 포함된다.

③ 특별검사가 공소제기한 사건의 재판기간과 상소절차 진행기간을 일반사건보다 단축하는 것은 공정한 재판을 받을 권리를 침해한다.

④ 기피신청이 소송의 지연을 목적으로 함이 명백한 경우에는 그러한 신청을 받은 법원 또는 법관이 스스로 신속하게 신청을 기각할 수 있도록 하는 형사소송법 조항은, 소송절차의 지연을 목적으로 한 기피신청의 남용을 방지하여 형사소송절차의 신속성의 실현이라는 공익을 달성하기 위한 것으로 헌법 제27조 제1항, 제37조 제2항에 위반된다고 할 수 없다.

문 13. 근로자의 기본권에 관한 설명으로 가장 적절하지 **않은** 것은? (다툼이 있는 경우 판례에 의함)

① 노동조합의 대표자 또는 노동조합으로부터 위임을 받은 자에게 단체교섭권과 함께 단체협약체결권을 부여한 것은 노동조합으로 하여금 근로3권의 기능을 보다 효율적으로 이행하기 위한 조건을 규정하려는 것이므로 헌법에 위반된다고 할 수 없다.

② 공무원노동조합은 정책결정에 관한 사항이나 임용권의 행사 등 근무조건과 직접 관련이 없는 사항에 대해서는 정부 측 교섭대표 및 지방자치단체의 장과 교섭하고 단체협약을 체결한다.

③ 단체협약 중 조합원의 차량별 고정승무발령, 배차시간, 대기기사 배차순서 및 일당기사 배차에 관하여 노조와 사전합의를 하도록 한 조항은 그 내용이 사용자의 경영권에 속하는 사항이지만 근로자들의 근로조건과 밀접한 관련이 있는 부분으로서, 사용자의 경영권을 근본적으로 제약하는 것은 아니므로 단체협약의 대상이 될 수 있다.

④ 근로기준법상 형사처벌의 대상이 되는 해고의 기준으로 일반추상적 개념인 '정당한 이유'의 유무를 두고 있기는 하지만, 그 의미가 법적 자문을 고려한 예견가능성이 있고, 집행자의 자의가 배제될 정도로 의미가 확립되어 있으므로 헌법상 명확성의 원칙에 위배되지 아니한다.

문 14. 기본권의 주체에 관한 설명으로 가장 적절하지 **않은** 것은? (다툼이 있는 경우 판례에 의함)

① 변호사 등록제도는 그 연혁이나 법적 성질에 비추어 보건대, 원래 국가의 공행정의 일부라 할 수 있으나, 국가가 행정상 필요로 인해 대한변호사협회에 관련 권한을 이관한 것이므로 대한변호사협회는 변호사 등록에 관한 한 공법인으로서 공권력 행사의 주체이다.

② 건강한 작업환경, 일에 대한 정당한 보수, 합리적인 근로조건의 보장 등을 요구할 수 있는 권리 등을 포함하는 '일할 환경에 관한 권리'는 외국인 근로자도 주체가 될 수 있다.

③ 외국인은 해당 국가의 상호보증이 있는 경우에만 형사보상청구권의 주체가 될 수 있다.

④ 국가기관이나 지방자치단체와 같은 공법인은 저항권의 주체가 될 수 없다.

문 15. 신뢰보호의 원칙에 관한 헌법재판소의 결정 내용으로 가장 적절하지 않은 것은?

① 실제 평균임금이 노동부장관이 고시하는 한도금액 이상일 경우 그 한도금액을 실제 임금으로 의제하는 최고보상제도가 시행되기 전에 이미 재해를 입고 산재보상수급권이 확정적으로 발생한 경우에도 적용하는 산업재해보상보험법 부칙조항은 신뢰보호 원칙에 위반된다.

② 국세관련 경력공무원 중 일부에게만 종전 세무사법 규정을 적용하여 세무사 자격이 부여되도록 규정한 개정된 세무사법 규정은 관련자들의 신뢰이익을 침해한 것이다.

③ 구 매장 및 묘지 등에 관한 법률이 장사 등에 관한 법률로 전부개정되면서 그 부칙에서 종전의 법령에 따라 설치된 봉안시설을 신법에 의하여 설치된 봉안시설로 보도록 함으로써 구법에 따라 설치허가를 받은 봉안시설 설치·관리인의 기존의 법상태에 대한 신뢰는 이미 보호되었다고 할 것이므로, 더 나아가 신법 시행 후 추가로 설치되는 부분에 대해서까지 기존의 법상태에 대한 보호가치 있는 신뢰가 있다고 보기 어렵다.

④ 신뢰보호원칙은 법률이나 그 하위법규뿐만 아니라 국가관리의 입시제도와 같이 국·공립대학의 입시 전형을 구속하여 권리에 직접 영향을 미치는 제도 운영지침의 개폐에는 적용되지 않는다.

문 16. 당해 사업장에 종사하는 근로자의 3분의 2 이상을 대표하는 노동조합의 경우 단체협약을 매개로 한 조직강제, 즉 근로자가 특정 노동조합에 가입하는 것을 고용조건으로 삼아서 특정 노동조합에 가입하지 않는 근로자를 해고할 수 있도록 허용하는 이른바 유니언 숍(Union Shop) 협정의 체결을 용인하고 있는 노동조합 및 노동관계조정법 제81조 제2호 단서에 대한 위헌소원에 관한 우리 헌법재판소의 결정[2002헌바95·96, 2003헌바9(병합)] 내용으로 가장 적절하지 않은 것은?

① 노동조합의 조직강제는 조직의 유지·강화를 통하여 단일하고 결집된 교섭능력을 증진시킴으로써 궁극적으로는 근로자 전체의 지위향상에 기여하고, 특히 이 사건 법률조항은 지배적 노동조합에게만 단체협약을 매개로 한 조직강제를 제한적으로 허용하고 있는 데다가 소수노조에게까지 이를 허용할 경우 자칫 반조합의사를 가진 사용자에 의하여 다수 근로자의 단결권을 탄압하는 도구로 악용될 우려가 있는 점 등을 고려할 때, 이 사건 법률조항이 지배적 노동조합 및 그 조합원에 비하여 소수노조 및 그에 가입하였거나 가입하려고 하는 근로자에 대하여 한 차별적 취급은 합리적인 이유가 있으므로 평등권을 침해하지 않는다.

② 이 사건 법률조항은 노동조합의 조직유지·강화를 위하여 당해 사업장에 종사하는 근로자의 3분의 2 이상을 대표하는 노동조합(이하 '지배적 노동조합'이라 한다)의 경우 단체협약을 매개로 한 조직강제[이른바 유니언 숍(Union Shop) 협정의 체결]를 용인하고 있다. 이 경우 근로자의 단결하지 아니할 자유와 노동조합의 적극적 단결권(조직강제권)이 충돌하게 되나, 근로자에게 보장되는 적극적 단결권이 단결하지 아니할 자유보다 특별한 의미를 갖는다.

③ 노동조합의 조직강제권도 이른바 자유권을 수정하는 의미의 생존권(사회권)적 성격을 함께 가지는 만큼 근로자 개인의 자유권에 비하여 보다 특별한 가치로 보장되는 점 등을 고려하면, 노동조합의 적극적 단결권은 근로자 개인의 단결하지 않을 자유보다 중시된다.

④ 특정의 노동조합에 가입하지 않거나 탈퇴하였다는 이유로 근로자를 해고하여 근로자의 지위를 근본적으로 부정하는 것은 근로자의 생존권 보장과 지위 향상을 보장하고자 하는 헌법 제33조 제1항의 취지에 정면으로 반하고 자유민주주의가 지향하는 공존공영(共存共榮)의 원칙 및 소수자 보호의 원칙에도 어긋난다.

문 17. 대통령의 국가긴급권에 관한 설명으로 가장 적절한 것은? (다툼이 있는 경우 판례에 의함)

① 긴급재정경제명령은 정상적인 재정운영·경제운영이 불가능한 중대한 재정·경제상의 위기가 현실적으로 발생하거나 그 위기가 발생할 우려가 있을 경우 사전적·예방적으로 발할 수 있다.

② 긴급재정경제명령은 평상시의 헌법 질서에 따른 권력행사 방법으로서는 대처할 수 없는 재정·경제상의 국가위기 상황에 처하여 이를 극복하기 위하여 발동되는 비상입법조치라는 속성상 기본권제한의 한계로서의 과잉금지원칙의 준수가 요구되지 않는다.

③ 국가긴급권의 행사는 헌법질서에 대한 중대한 위기 상황의 극복을 위한 것이기 때문에, 본질적으로 위기상황의 직접적인 원인을 제거하는데 필수불가결한 최소한도 내에서만 행사되어야 한다는 목적상 한계가 있지만, 그 본질상 일시적·잠정적으로만 행사되어야 한다는 시간적 한계는 인정되지 않는다.

④ 긴급명령의 경우 국회의 집회가 불가능한 때에 한하여 발할 수 있는 반면, 긴급재정경제명령의 경우 국회의 집회가 불가능하지 않더라도 국회의 집회를 기다릴 여유가 없을 때 발할 수 있다.

문 18. 위임입법의 한계를 일탈했다고 판시한 것을 모두 고른 것은? (다툼이 있는 경우 판례에 의함)

⊙ 의료보험요양기관의 지정취소사유 등을 법률에서 직접 규정하지 아니하고 보건복지부령에 위임하고 있는 구 공무원 및 사립학교교직원 의료보험법 제34조 제1항

ⓛ 등록세 중과세의 대상이 되는 부동산등기의 지역적 범위에 관하여 대통령령으로 정하는 대도시라고 규정한 구 지방세법 제138조 제1항

ⓒ 신문판매업자가 독자에게 1년 동안 제공하는 무가지와 경품류를 합한 가액이 같은 기간 동안에 당해 독자로부터 받은 유료신문대금의 20퍼센트를 초과하는 경우, 동 무가지와 경품류의 제공행위가 공정거래법 소정의 불공정 거래행위에 해당하는 것으로 규정한 공정거래위원회 신문고시 제3조 제1항 제2호

ⓡ 사업시행자에 의하여 개발된 토지 등의 처분계획의 내용·처분방법·절차·가격기준 등에 관하여 필요한 사항을 대통령령으로 정할 수 있도록 위임한 산업입지 및 개발에 관한 법률 제38조 제2항

① ㉠

② ㉠, ㉡

③ ㉢, ㉣

④ ㉠, ㉡, ㉢

문 19. 가족제도에 관한 설명으로 가장 적절하지 <u>않은</u> 것은? (다툼이 있는 경우 판례에 의함)

① 거주자 또는 그 배우자가 자산소득을 가진 경우에 자산합산대상배우자의 자산소득을 주된 소득자의 종합소득에 합산하여 합산 전의 경우보다 일반적으로 더 높은 누진세율을 적용받도록 규정하고 있는 소득세법 제61조 제1항은 헌법에 위반되지 않는다.

② 출생을 등록할 권리는 '법 앞에 인간으로 인정받을 권리'로서 모든 기본권 보장의 전제가 되는 기본권 이므로 법률로써도 이를 제한하거나 침해할 수 없다.

③ 부성의 사용을 강요하는 것이 개인의 가족생활에 대한 심각한 불이익을 초래하는 것으로 인정될 수 있는 경우에도 부성주의에 대한 예외를 규정하지 않고 있는 것은 인격권을 침해한다.

④ 1991.1.1부터 그 이전에 성립된 계모자 사이의 법정 혈족관계를 소멸시키도록 한 민법 부칙 조항은 계자의 친부와 계모의 혼인에 따라 가족생활을 자유롭게 형성할 권리를 침해하지 않는다.

문 20. 납세의 의무에 관한 설명으로 가장 적절하지 <u>않은</u> 것은? (다툼이 있는 경우 판례에 의함)

① 납세의 의무의 대상인 조세는 국가가 재정수입의 주 원천으로서 국가 또는 지방자치단체 등 공권력의 주체가 그 과세권에 의하여 재정조달의 목적으로 일정한 반대급부를 제공하고 일반국민으로부터 강제적으로 부과·징수하는 과징금을 말한다. 따라서 납세의무는 국민이 스스로 국가적 공동체의 재정력을 형성한다는 적극적 성격뿐만 아니라 자의적 과세로부터 재산권을 침해당하지 않는다는 소극적 성격도 가진다.

② 납세의무의 주체는 원칙적으로 국민이다. 이때의 국민 중에는 자연인뿐만 아니라 법인도 포함된다. 납세의무에 대응하는 과세권은 국가통치권의 일부 (속지주의에 의거한 과세고권)이기 때문에, 외국인도 국내에 재산을 가지고 있거나 과세대상이 되는 행위를 한 때에는 과세대상이 될 수 있다. 다만, 외교특권을 누리는 자나 조약에 따라 납세의무가 면제된 자는 그렇지 아니하다.

③ 납세의 의무란 국가 활동의 재정적 기초를 마련하기 위하여 국민에게 직접적인 반대급부 없이 금전적 부담을 지우는 것을 말한다. 납세의 의무는 국가가 모든 국민에게 경제상의 개성신장과 경제활동의 자유를 보장하는 대가로 국민에게 지우는 경제적인 부담으로서의 성격을 갖는 동시에 사회국가실현의 방법적 기초로서의 성격을 가진다.

④ 납세의무는 국민이 국가 또는 지방자치단체에게 직접적인 반대급부가 없는 세금을 납부해야 할 의무를 뜻하는데, 세금은 금전적인 부담이라는 점에서 사용료, 수수료 등과 같지만, 직접적인 반대급부를 그 조건으로 하지 않는다는 점에서 이들 금전부담과는 그 성격이 다르다.

2025 해커스경찰 박철한 경찰헌법 실전동형모의고사

소요시간: _____ / 15분   맞힌 답의 개수: _____ / 20

문 1. 법률의 합헌적 해석에 관한 설명으로 가장 적절하지 **않은** 것은? (다툼이 있는 경우 판례에 의함)

① 헌법은 규범통제에서는 심사기준으로 기능하고, 합헌적 법률해석에서는 해석기준으로 기능한다.

② 합헌적 법률해석은 어디까지나 법률조항의 문언과 목적에 비추어 가능한 범위 안에서의 해석을 전제로 하는 것이고, 법률조항의 문구 및 그로부터 추단되는 입법자의 명백한 의사에도 불구하고 문언상 가능한 해석의 범위를 넘어 다른 의미로 해석할 수는 없다.

③ 합헌적 법률해석은 인권보장상 폐해를 가져오는 경우도 있다.

④ 합헌적 법률해석은 헌법재판소가 헌법과 법률을 해석 적용함에 있어서 입법자의 입법취지대로 해석하여야 한다는 것으로 민주주의와 권력분립원칙의 관점에서 입법자의 입법권에 대한 존중과 규범유지의 원칙에 의하여 정당화된다.

문 2. 헌법개정절차에 관한 내용으로 가장 적절한 것은?

① 1962년 개정헌법은 국회의 재적의원 4분의 1 이상 또는 국회의원선거권자 50만인 이상의 찬성으로써 헌법개정의 제안을 할 수 있도록 규정하였다.

② 국회는 헌법개정안이 공고기간이 경과한 후 60일 이내에 의결하여야 한다. 이때 국회의 의결은 재적의원 3분의 2 이상의 찬성을 얻어야 한다.

③ 헌법개정안이 국민의 찬성을 얻은 경우 통상 대통령은 즉시 이를 공포하나 천재지변 등의 예외적인 상황이 있을 경우에는 20일까지의 예외규정을 두고 있다.

④ 헌법개정안은 국회가 의결한 후 30일 이내에 국민투표에 부쳐 국회의원선거권자 과반수의 투표와 투표자 과반수의 찬성을 얻어야 한다.

문 3. 우리나라의 정당법에 관한 내용으로 가장 적절하지 **않은** 것은? (다툼이 있는 경우 판례에 의함)

① 공천에 관한 것이라면 정당의 내부 규율 역시 사법심사의 대상이 된다.

② 헌법이 정당설립의 자유를 규정하고 있지만, 정당의 등록 및 등록 취소의 요건은 형식적 요건에 한정되는 것은 아니며, 실질적 내용을 요건으로 하는 것도 허용된다.

③ 정당이 그 소속 국회의원을 제명하기 위해서는 당헌이 정하는 절차를 거치는 외에 그 소속 국회의원 전원의 2분의 1 이상의 찬성이 있어야 한다.

④ 정당의 명칭은 그 정당의 정책과 정치적 신념을 나타내는 대표적인 표지에 해당하므로, 정당설립의 자유는 자신들이 원하는 명칭을 사용하여 정당을 설립하거나 정당활동을 할 자유도 포함한다.

문 4. 선거의 원칙에 관한 설명으로 가장 적절한 것은? (다툼이 있는 경우 판례에 의함)

① 선거권 제한 여부 및 적용범위의 타당성에 관하여 보통선거원칙에 입각한 선거권 보장과 그 제한의 관점에서 헌법 제37조 제2항에 따라 엄격한 비례심사를 해야 한다.

② 투표일에 실제로 투표권을 행사할지 말지를 자유롭게 결정할 수 있어야 한다는 것이 비밀선거원칙의 핵심내용이다.

③ 18세 이상으로서 선거인명부작성기준일 현재 영주의 체류자격 취득일 후 3년이 지난 외국인으로서 해당 지방자치단체의 외국인등록대장에 올라있는 사람에게 그 구역에서 선거하는 지방자치단체 의회 의원과 장의 피선거권을 부여하므로 외국인도 피선거권의 주체가 될 수 있다.

④ 국회의원 선거구 간 인구편차가 평등선거원칙을 위반하지 않으려면 평균 인구수 기준 상하 50%의 편차 범위 내에 있어야 한다는 것이 헌법재판소 판례이다.

문 5. 지방자치단체에 관한 헌법재판소 판례의 내용으로 가장 적절하지 <u>않은</u> 것은?

① 전반기 또는 후반기 감사와 같은 포괄적 감사가 비록 위법사항을 특정하지 않는다고 하여도 합리적 이유가 있어 합헌으로 보고 있다.

② 국회가 지방선거의 선거비용을 지방자치단체가 부담하도록 공직선거법을 개정한 것은 지방자치단체의 자치권한을 침해하지 않는다.

③ 대법원의 심리 결과 조례안의 일부가 법령에 위반되어 위법한 경우 그 조례안에 대한 지방의회의 재의결 전부의 효력이 부인된다.

④ 지방자치단체의 장의 계속 재임을 3기로 제한함에 있어 폐지나 통합되는 지방자치단체의 장으로 재임한 것까지 포함시키는 것은 해당 기본권 주체의 공무담임권과 평등권을 침해하지 않는다.

문 6. 기본권의 한계와 제한에 관한 설명으로 판례와 일치하지 <u>않는</u> 것은?

① 어업인과 비어업인을 합리적인 이유 없이 달리 취급하고 있다고 주장하나, 어업인이 잠수용 스쿠버장비를 사용하여 수산자원을 포획·채취하는 행위 역시 수산업법에 따라 처벌되므로 어업인과 비어업인 사이에 어떠한 차별취급이 존재한다고 볼 수 없다.

② 음란물을 출판한 출판사의 등록을 취소하는 것이 출판사의 언론·출판의 자유, 직업선택의 자유, 재산권을 침해하는지 여부와 관련하여 우리 헌법재판소는 직업선택의 자유를 중심으로 위헌 여부를 판단하였다.

③ 사법인적 성격을 지니는 농협·축협의 조합장 선거에서 조합장을 선출하거나 선거운동을 하는 것은 헌법에 의하여 보호되는 선거권의 범위에 포함되지 않는다.

④ 출·퇴근 과정에서 재해를 업무상 재해에서 제외하는 것은 평등권을 침해하는 것으로 공정한 재판을 받을 권리를 제한하는 것은 아니다.

문 7. 평등권에 관한 헌법재판소의 태도로 가장 적절하지 <u>않은</u> 것은?

① 국가유공자의 가족 등에 대한 가산점제도의 평등위반 여부에 대한 심사기준은 엄격한 비례심사가 적용되어야 한다.

② 사립학교 관계자와 언론인 못지않게 공공성이 큰 민간분야 종사자에 대하여 부정청탁 및 금품 등 수수의 금지에 관한 법률이 적용되지 않는 것은 언론인과 사립학교 관계자의 평등권을 침해한다.

③ 교사의 신규채용에 있어서는 국·공립의 교원양성기관 출신자를 우선적으로 채용하도록 한 법률은 헌법의 평등조항에 어긋난다고 할 수 있다.

④ 병역법 제34조 제3항이 전문연구요원과 달리 공중보건의사가 군사교육에 소집된 기간을 복무기간에 산입하지 않도록 규정하고 있더라도 이는 합리적인 이유가 있는 차별이므로 공중보건의사의 평등권을 침해하지 않는다.

문 8. 낙태죄에 관한 내용으로 가장 적절하지 <u>않은</u> 것은? (다툼이 있는 경우 판례에 의함)

① 일반적 인격권은 인간의 존엄성과 밀접한 연관관계를 보이는 자유로운 인격발현의 기본조건을 포괄적으로 보호하는데, 개인의 자기결정권은 일반적 인격권에서 파생된다.

② 태아가 모체를 떠난 상태에서 독자적으로 생존할 수 있는 시점인 임신 22주 내외에 도달하기 전이면서 동시에 임신 유지와 출산 여부에 관한 자기결정권을 행사하기에 충분한 시간이 보장되는 시기까지의 낙태에 대해서는 국가가 생명보호의 수단 및 정도를 달리 정할 수 있다고 봄이 타당하다.

③ 임신한 여성과 태아의 특별한 관계를 고려할 때 여성의 자기결정권과 태아의 생명권은 이익형량에 의하여 양자택일 방식으로 선택할 수밖에 없는 것이다.

④ 형법상 자기낙태죄 조항은 태아의 생명을 보호하기 위한 것으로서 그 입법목적이 정당하고, 낙태를 방지하기 위하여 임신한 여성의 낙태를 형사처벌하는 것은 이러한 입법목적을 달성하는 데 적합한 수단이다.

문 9. 개인정보자기결정권에 관한 설명으로 가장 적절하지 <u>않은</u> 것은? (다툼이 있는 경우 헌법재판소 판례에 의함)

① 형제자매에게 가족관계등록부 등의 기록사항에 관한 증명서 교부청구권을 부여하는 가족관계의 등록 등에 관한 법률 조항은 과잉금지원칙을 위반하여 청구인의 개인정보자기결정권을 침해한다.

② 국민건강보험공단이 서울용산경찰서장에게 청구인들의 요양급여내역을 제공한 행위는 검거 목적에 필요한 최소한의 정보에 해당하는 '급여일자와 요양기관명'만을 제공하였기 때문에, 과잉금지원칙에 위배되지 않아 청구인들의 개인정보자기결정권을 침해하지 않는다.

③ 가축전염병의 발생 예방 및 확산 방지를 위해 축산관계시설 출입차량에 차량무선인식장치를 설치하여 이동경로를 파악할 수 있도록 한 구 가축전염병예방법 조항은 축산관계시설에 출입하는 청구인들의 개인정보자기결정권을 침해하지 않는다.

④ 구 형의 실효 등에 관한 법률의 조항이 법원에서 불처분 결정된 소년부송치 사건에 대한 수사경력자료의 삭제 및 보존기간에 대하여 규정하지 아니하여 수사경력자료에 기록된 개인정보가 당사자의 사망시까지 보존되면서 이용되는 것은 당사자의 개인정보자기결정권에 대한 제한에 해당한다.

문 10. 헌법상 직업의 자유에 관한 설명으로 가장 적절하지 <u>않은</u> 것은? (다툼이 있는 경우 헌법재판소 판례에 의함)

① 외국인 근로자들은 적법하게 고용허가를 받아 적법하게 우리나라에 입국하여 우리나라에서 일정한 생활관계를 형성, 유지하고 있더라도 직장선택의 자유에 대한 기본권 주체성을 인정할 수 없다.

② 운전면허를 받은 사람이 자동차 등을 이용하여 살인 또는 강간 등의 범죄행위를 한 때 필요적으로 운전면허를 취소하도록 규정한 도로교통법은 직업의 자유를 침해한 것이다.

③ 의료의 질을 관리하고 건전한 의료질서를 확립하기 위하여 1인의 의료인에 대하여 운영할 수 있는 의료기관의 수를 제한하고 있는 입법자의 판단은 입법재량을 명백히 일탈하였다고 보기는 어렵다.

④ 직업의 자유에 '해당 직업에 합당한 보수를 받을 권리'까지 포함되어 있다고 보기 어려우므로 이 사건 법령조항이 청구인이 원하는 수준보다 적은 봉급월액을 규정하고 있다고 하여 이로 인해 청구인의 직업선택이나 직업수행의 자유가 침해되었다고 할 수 없다.

문 11. 범죄피해자구조청구권에 관한 설명으로 가장 적절하지 <u>않은</u> 것은? (다툼이 있는 경우 판례에 의함)

① 범죄피해구조대상이 되는 범죄피해의 범위에는 형법 제20조 또는 제21조 제1항에 따라 처벌되지 아니하는 행위, 과실에 의한 행위는 제외한다.

② 범죄행위 당시 구조피해자와 가해자 사이에 사실상의 혼인관계가 있는 경우에는 구조피해자에게 구조금을 지급하지 아니한다.

③ 피해자가 범죄행위를 유발하거나 피해의 발생에 관하여 피해자에게 귀책사유가 있는 경우에는 범죄피해구조금의 전부 또는 일부를 지급하지 아니한다.

④ 구조대상 범죄피해를 받은 사람 또는 그 유족과 가해자 사이의 관계, 그 밖의 사정을 고려하여 구조금의 전부 또는 일부를 지급하는 것이 사회통념에 위배된다고 인정될 때에는 구조금의 전부 또는 일부를 지급하지 아니한다.

문 12. 사회보장수급권에 관한 설명으로 가장 적절하지 <u>않은</u> 것은? (다툼이 있는 경우 판례에 의함)

① 장해급여제도는 본질적으로 소득재분배를 위한 제도가 아니고, 손해배상 내지 손실보상적 급부인 점에 그 본질이 있는 것으로, 산업재해보상 보험이 갖는 두 가지 성격 중 사회보장적 급부로서의 성격은 상대적으로 약하고 재산권적인 보호의 필요성은 보다 강하다고 볼 수 있어 다른 사회보험수급권에 비하여 보다 엄격한 보호가 필요하다.

② 군인연금법상 퇴역연금수급권은 사회보장수급권과 재산권이라는 두 가지 성격이 불가분적으로 혼화되어, 전체적으로 재산권의 보호 대상이 되면서도 순수한 재산권만이 아닌 특성을 지니므로, 비록 퇴역연금수급권이 재산권으로서의 성격을 일부 지닌다고 하더라도 사회보장법리에 강하게 영향을 받을 수밖에 없다.

③ 공무원연금제도와 산업재해보상보험제도는 사회보장 형태로서 사회보험이라는 점에 공통점이 있을 뿐, 보험가입자, 보험관계의 성립 및 소멸, 재정조성 주체 등에서 큰 차이가 있어, 공무원연금법상의 유족급여수급권자와 산업재해보상보험법상의 유족급여수급권자가 본질적으로 동일한 비교집단이라고 보기 어렵다.

④ 헌법 제25조의 공무담임권은 공무원의 재임기간 동안 충실한 공직수행을 담보하기 위하여 공무원의 퇴직급여 및 공무상 재해보상 보장까지 그 보호영역으로 하고 있으므로, 공무원연금법이 선출직 지방자치단체의 장을 위한 별도의 퇴직급여제도를 마련하지 않은 것은 사회보장수급권을 침해한다.

문 13. 헌법상 경제질서에 관한 설명으로 가장 적절하지 <u>않은</u> 것은? (다툼이 있는 경우 판례에 의함)

① 운전자가 출근 또는 퇴근을 주된 목적으로 삼아 통상적인 경로로 카풀을 허용하는 것은 명확성의 원칙에 반하지 않는다.

② 특정의료기관이나 특정의료인의 기능·진료방법에 관한 광고를 금지하는 것은 새로운 의료인들에게 자신의 기능이나 기술 혹은 진단 및 치료방법에 관한 광고와 선전을 할 기회를 배제함으로써 기존의 의료인과의 경쟁에서 불리한 결과를 초래하므로 자유롭고 공정한 경쟁을 추구하는 헌법상의 시장경제질서에 부합되지 않는다.

③ 구 상속세 및 증여세법 제45조의3 제1항은 이른바 일감 몰아주기로 수혜법인의 지배주주 등에게 발생한 이익에 대하여 증여세를 부과함으로써 적정한 소득의 재분배를 촉진하고, 시장의 지배와 경제력의 남용 우려가 있는 일감 몰아주기를 억제하려는 것이지만, 거래의 필요성, 영업외손실의 비중, 손익변동 등 구체적인 사정을 고려하지 않은 채, 특수관계법인과 수혜법인의 거래가 있으면 획일적 기준에 의하여 산정된 미실현 이익을 수혜법인의 지배주주가 증여받은 것으로 보아 수혜법인의 지배주주의 재산권을 침해한다.

④ 소비자불매운동은 원칙적으로 공정한 가격으로 양질의 상품 또는 용역을 적절한 유통구조를 통해 적절한 시기에 안전하게 구입하거나 사용할 소비자의 제반 권익을 증진할 목적에서 행해지는 소비자보호운동의 일환으로서 헌법 제124조를 통하여 제도로서 보장된다.

문 14. 정당제도에 관한 설명으로 가장 적절하지 <u>않은</u> 것은? (다툼이 있는 경우 판례에 의함)

① 정당의 시·도당 하부조직의 운영을 위하여 당원협의회 등의 사무소를 두는 것을 금지한 정당법 규정은 정당활동의 자유를 침해하지 않는다.

② 헌법재판소가 정당해산결정을 내리기 위해서는 그 해산결정이 비례원칙에 부합하는지를 숙고해야 하는바, 이 경우의 비례원칙 준수 여부는 통상적으로 기능하는 위헌심사의 척도에 의한다.

③ 외국인인 사립대학의 교원은 정당의 발기인이나 당원이 될 수 없다.

④ 창당준비위원회는 중앙당의 경우에는 200명 이상의, 시·도당의 경우에는 100명 이상의 발기인으로 구성한다.

문 15. 인간의 존엄성에 관한 설명으로 가장 적절한 것은? (다툼이 있는 경우 판례에 의함)

① 민사재판에 출정하기 위하여 수용시설 밖으로 나가는 수형자에게 운동화 착용을 불허하고 고무신 착용을 강제하는 것은 수형자의 인격권을 침해한다.

② 수사기관이 기자들의 취재 요청에 응하여 피의자가 경찰서 조사실에서 양손에 수갑을 찬 채 조사받는 모습을 촬영할 수 있도록 허용한 행위는 피의자의 인격권을 침해하지 않는다.

③ 지역아동센터의 시설별 신고정원의 80% 이상을 돌봄취약아동으로 구성하도록 한 보건복지부 2019년 지역아동센터 지원 사업안내 관련 부분은 돌봄취약아동과 일반아동을 분리함으로써 아동들의 인격권을 침해한다.

④ '연명치료 중단에 관한 자기결정권'은 헌법상 인정되는 기본권이지만, 국가의 '연명치료 중단 등에 관한 법률'을 제정할 입법의무가 헌법상 인정되는 것은 아니다.

문 16. 공직선거법에 관한 내용으로 가장 적절하지 <u>않은</u> 것은?

① 대통령 후보자등록을 신청하는 자는 등록신청시에 후보자 1명마다 3억원의 기탁금을 관할 선거구관리위원회에 납부하여야 한다.

② 공직선거법에 의하면 대통령 예비후보자의 기탁금은 해당 선거 기탁금의 100분의 10에 해당하는 금액을 중앙선거관리위원회규칙으로 정하는 바에 따라 관할 선거구선거관리위원회에 기탁금으로 납부하여야 한다.

③ 누구든지 투표참여를 권유하는 행위를 할 수 있다. 단순히 투표참여를 권유하는 행위는 선거운동으로 보지 않는다.

④ 외국인은 지방선거의 경우 선거운동을 할 수 있다.

문 17. 기부금품의 모집을 제한하고 있는 기부금품모집금지법 제3조 및 제11조에 대한 위헌제청사건에서 헌법재판소의 입장을 고려하여 옳고 그름의 표시(○, ×)가 바르게 된 것은? (다툼이 있는 경우 판례에 의함)

> 청구인은 서울시장의 허가를 받지 아니하고 기부금품을 모집하여 기부금품모집금지법 제3조 및 제11조를 위반하였다고 하여 공소가 제기된 자이다. 그러자 청구인은 이는 행복추구권, 재산권행사의 자유, 결사의 자유를 침해한다고 주장하며 위헌제청을 하였고 법원이 이를 받아들여 위헌법률심판제청을 하였다.

> ㉠ 기부를 하고자 하는 자는 기부금품의 모집행위와 관계없이 자신의 재산을 기부행위를 통하여 자유로이 처분할 수 있으므로 기부금품의 모집규제는 기부하고자 하는 자의 재산권행사를 제한하지 아니한다.
> ㉡ 여기서 문제되는 기본권은 결사의 자유와 재산권, 행복추구권인데 행복추구권은 보충적인 기본권으로 여기서는 결사의 자유와 재산권을 중심으로 본안판단을 하기로 한다.
> ㉢ 기부금품모집금지법 제3조는 허가의 대상을 몇 가지의 공익사업에만 국한하는 등 기본권행사의 방법을 제한하는바, 이는 기본권행사에서 먼저 여부를 규제함으로써 입법목적을 달성하여야 함에도 불구하고 방법을 먼저 검토하여 필요최소한의 범위를 넘어 국민의 기본권을 침해한다고 할 것이다.
> ㉣ 위 규정은 모집목적의 제한을 통하여 모집행위를 원칙적으로 금지하는 법 제3조는 입법목적을 달성하기에 필요한 수단의 범위를 훨씬 넘어 국민의 기본권을 과도하게 침해하는 위헌적인 규정이다.

	㉠	㉡	㉢	㉣
①	×	×	○	○
②	○	×	○	×
③	○	×	×	○
④	○	○	×	×

문 18. 권력분립의 원칙에 관한 설명으로 가장 적절하지 않은 것은? (다툼이 있는 경우 판례에 의함)

① 보안관찰처분대상자에게 출소 후 신고의무를 법 집행기관의 구체적 처분이 아닌 법률로 직접 부과하고 있는 보안관찰법 제6조 제1항 전문 후단은 권력분립의 원칙에 위반된다.

② 방송통신위원회의 정보통신망 이용촉진 및 정보보호 등에 관한 법률상 불법정보에 대한 취급거부·정지·제한명령은 행정처분으로서 행정소송을 통한 사법적 사후심사가 보장되어 있고, 그 자체가 법원의 재판이나 고유한 사법작용이 아니므로 사법권을 법원에 둔 권력분립원칙에 위반되지 않는다.

③ 특정 사안에 있어 법관으로 하여금 증거조사에 의한 사실판단도 하지 말고, 최초의 공판기일에 공소사실과 검사의 의견만을 듣고 결심하여 형을 선고하도록 규정한 반국가행위자의 처벌에 관한 특별조치법 조항은 입법에 의해서 사법의 본질적인 중요부분을 대체시켜 버리는 것에 다름 아니어서 헌법상 권력분립의 원칙에 반한다.

④ 특정한 국가기관을 구성함에 있어 입법부, 행정부, 사법부가 그 권한을 나누어 가지거나 기능적인 분담을 하는 것은 권력분립의 원칙에 반하는 것이 아니라 권력분립의 원칙을 실현하는 것으로 볼 수 있다.

문 19. 합헌적 법률해석에 관한 설명으로 가장 적절하지 <u>않은</u> 것은? (다툼이 있는 경우 판례에 의함)

① 헌법재판소는 법인세법이 전문 개정된 경우라도 입법자의 의도 등을 감안해서 구법 부칙의 효력이 유지될 수 있다고 한다.

② 현행 헌법 제12조에서 종래의 "구금"을 "구속"으로 바꾼 것은 신체의 자유의 보장 범위를 구금된 사람뿐 아니라 구인된 사람에게까지 넓히기 위한 것으로 해석하는 것이 타당하다.

③ 민주적 정당성을 부여받은 의회가 제정한 법률을 민주적 정당성을 부여받지 못한 법원이 위헌판단하는 것은 민주주의원리에 위배될 수 있다는 것도 합헌적 법률해석 인정의 한 이론적 근거가 된다.

④ 법률이 합헌적 법률해석을 통해 새로운 목적이나 내용을 가지게 되면 위헌심사보다 더 입법권 침해가 야기될 수 있다.

문 20. 헌법상 경제질서에 관한 설명으로 가장 적절한 것은? (다툼이 있는 경우 판례에 따름)

① 승객이 사망하거나 부상한 경우에 과실 유무와 상관없이 자동차운행자에게 배상책임을 부과하는 것은 헌법 제119조 제1항의 자유시장 경제질서와 이로부터 도출되는 과실책임의 원칙에 위반된다.

② 토지거래허가제 자체는 위헌이라 볼 수는 없지만, 무허가토지거래계약의 사법상의 효력을 부인하는 것은 과도한 기본권 제한으로 헌법에 위반된다.

③ 퇴직금을 퇴직일로부터 14일 이내에 지급하도록 한 것과 임금을 매월 1회 이상 정기적으로 지급하도록 한 것은 사용자의 계약의 자유 및 기업활동의 자유를 침해한다.

④ 유사수신행위의 규제에 관한 법률에서 금지하는 유사수신행위는 장래에 보전을 약속한 거래상대방의 경제적 손실액이 그 거래상대방으로부터 받은 금전의 액수를 초과하는지 여부를 불문함을 알 수 있으므로 죄형법정주의 원칙에 위배되지 않는다.

문 1. 조약의 체결·비준에 대한 국회의 동의권에 관한 설명으로 가장 적절하지 **않은** 것은? (다툼이 있는 경우 판례에 따름)

① 국가 간의 행정협정, 문화교류협정 등에 관한 내용으로 조약을 체결·비준하는 경우에는 국회의 동의를 요하지 아니한다.

② 국회의원의 심의·표결권은 국회의 대내적인 관계에서 행사되고 침해될 수 있을 뿐 다른 국가기관과의 대외적인 관계에서는 침해될 수 없는 것이므로, 대통령이 국회의 동의 없이 조약을 체결·비준하였다 하더라도 국회의원인 청구인들의 심의·표결권이 침해될 가능성은 없다.

③ 헌법에 의하여 체결·공포된 조약이란 헌법상의 규정과 절차에 따른 조약을 말하며, 헌법상 조약의 체결권은 대통령에게 있다. 대통령이 조약을 체결·비준함에 있어서는 국무회의의 심의를 거쳐야 한다.

④ 협약규정의 적용을 받는 외국대사관과 어떠한 법률행위를 할 것인지의 여부는 전적으로 국민의 자유의사에 맡겨져 있다 할지라도 협약규정의 적용에 의하여 어떠한 손해가 발생하였다면 그것이 국가의 공권력 행사로 말미암은 것이라고 볼 수 있다.

문 2. 다음 사안에 관한 설명으로 가장 적절하지 **않은** 것은? (다툼이 있는 경우 판례에 의함)

> 현행법에 의하면 혼인 외의 출생자의 출생신고는 모가 하여야 한다고 규정하여 혼인 외 생부에 의한 출생신고를 규정하지 아니하고, 생부가 혼인 외의 자녀에 대하여 인지의 효력이 있는 친생자출생의 신고를 할 수 있으려면 가정법원의 확인을 받아야 함으로 혼인 외 자녀에 대한 출생신고를 어렵게 규정하고 있다.

① 태어난 즉시 '출생등록될 권리'는 헌법에 명시되지 아니한 독자적 기본권으로서, 자유로운 인격실현을 보장하는 자유권적 성격과 아동의 건강한 성장과 발달을 보장하는 사회적 기본권의 성격을 함께 지닌다.

② 혼인 중인 여자와 남편 아닌 남자 사이에서 출생한 자녀의 경우에 혼인 외 출생자의 신고의무를 모에게만 부과하고, 남편 아닌 남자인 생부에게 자신의 혼인 외 자녀에 대해서 출생신고를 할 수 있도록 규정하지 아니한 것은 생부의 평등권을 침해한다.

③ '혼인 중 여자와 남편 아닌 남자 사이에서 출생한 자녀에 대한 생부의 출생신고'를 허용하도록 규정하지 아니한 가족관계의 등록 등에 관한 법률 조항은 혼인 외 출생자의 태어난 즉시 '출생등록될 권리'를 침해한다.

④ 태어난 즉시 '출생등록될 권리'는 입법자가 출생등록제도를 통하여 형성하고 구체화하여야 할 권리이다. 입법자는 출생등록제도를 형성함에 있어 단지 출생등록의 이론적 가능성을 허용하는 것에 그쳐서는 아니 되며, 실효적으로 출생등록될 권리가 보장되도록 하여야 한다.

문 3. 기본권의 주체에 관한 설명으로 가장 적절하지 <u>않은</u> 것은? (다툼이 있는 경우 판례에 의함)

① 학교안전공제회는 공법인성과 사법인성을 겸유하므로 헌법상 기본권을 향유할 수 있다.
② 무소속 국회의원으로서 교섭단체소속 국회의원과 동등하게 대우받을 권리는 입법권을 행사하는 국가기관인 국회를 구성하는 국회의원의 지위에서 향유할 수 있는 권한인 동시에 헌법이 일반 국민에게 보장하고 있는 기본권이라고 할 수 있다.
③ 축산업협동조합중앙회(이하 '축협중앙회')는 공법인성과 법인성을 겸유한 특수한 법인으로서 기본권의 주체가 될 수 있으며, 이 경우 축협중앙회의 공법인적 특성이 축협중앙회의 기본권 행사에 제약요소로 작용한다.
④ 대통령은 사인으로서 소속정당을 위하여 정당활동을 할 수 있는 범위 내에서는 제한적으로 기본권의 주체가 될 수 있다.

문 4. 인간의 존엄성에 관한 설명으로 가장 적절한 것은? (다툼이 있는 경우 판례에 의함)

① 행복을 추구할 권리는 1962년 헌법에 삽입된 이래 그의 법적 성격과 보장 내용에 관하여 많은 논란을 가져온 기본권 조항이며, 아직도 그 내용이 완전히 해명되지 않은 헌법규정에 속한다.
② 이의제기금지조항은 기본권 제한의 법률유보원칙에 위반하여 법률의 근거 없이 대통령령으로 청구인들에게 세월호 참사와 관련된 일체의 이의제기금지의무를 부담시킴으로써 일반적 행동의 자유를 침해한 것이다.
③ 가해학생에 대한 조치로 피해학생에 대한 서면사과를 규정한 조항은 가해학생의 양심의 자유와 인격권을 과도하게 침해한다고 본다.
④ 행복추구권은 국민이 행복을 추구하기 위하여 급부를 국가에게 적극적으로 요구할 수 있는 기본권이다.

문 5. 진술거부권에 관한 설명으로 가장 적절하지 <u>않은</u> 것은? (다툼이 있는 경우 판례에 의함)

① 진술거부권을 국민의 기본적 권리로 보장하는 것은, 피고인 또는 피의자의 인권을 실체적 진실발견이나 사회정의의 실현이라는 국가이익보다 우선적으로 보호함으로써 인간의 존엄성과 가치를 보장하고 나아가 비인간적인 자백의 강요와 고문을 근절하려는 데 있고, 또한 피고인 또는 피의자와 검사 사이에 무기평등을 도모하여 공정한 재판의 이념을 실현하려는 데 있다.
② 호흡측정행위는 진술이 아니므로 호흡측정에 응하도록 요구하고 이를 거부할 경우 처벌한다고 하여도 '진술강요'에 해당한다고 할 수는 없다.
③ '2020년도 장교 진급지시' Ⅳ. 제4장 5. ㉠ 2) 나) 중 '민간법원에서 약식명령을 받아 확정된 사실이 있는 자'에 관한 부분은 육군 장교가 민간법원에서 약식명령을 받아 확정된 사실만을 자진신고 하도록 하고 있는바, 위 사실 자체는 형사처벌의 대상이 아니고 약식명령의 내용이 된 범죄사실의 진위 여부를 밝힐 것을 요구하는 것도 아니므로, 범죄의 성립과 양형에서의 불리한 사실 등을 말하게 하는 것이라 볼 수 없다.
④ 회계장부·명세서·영수증을 보존하는 행위는 앞에서 본 진술거부권의 보호대상이 되는 '진술', 즉 언어적 표출의 등가물로 볼 수 있다.

문 6. 인터넷 공간에서의 표현의 자유에 관한 설명으로 가장 적절한 것은? (다툼이 있는 경우 판례에 의함)

① 인터넷 사용자가 전기통신역무를 이용한 사실에 관한 인터넷로그 기록 자료는 통신사실 확인 자료에 포함되지 않는다.
② 홈페이지 운영자가 제공하는 게시판에 다른 사람에 의하여 제3자의 명예를 훼손하는 글이 게시되고 그 운영자가 이를 알았거나 알 수 있었다는 사정만으로 항상 운영자가 그 글을 즉시 삭제할 의무를 지게 된다고 할 수는 없다.
③ 우리 판례는 입증책임과 관련하여 피해자가 명예훼손적 허위의 표현에 대해서 현실적 악의를 갖고 있었다는 것을 입증해야 한다고 보았다.
④ 전기통신사업법 제53조의 '공공의 안녕질서 또는 미풍양속을 해하는'이라는 개념은 불온통신 개념의 모호성, 추상성, 포괄성에 어긋나는 것으로 과잉금지원칙에 어긋난다고 할 수는 없다.

문 7. 예술의 자유에 관한 설명으로 가장 적절하지 <u>않은</u> 것은? (다툼이 있는 경우 판례에 의함)

① 우리나라는 1962년 제5차 개정헌법에서 예술의 자유가 규정되었다.

② 상업성에 중점을 둔 상업광고라 할지라도 그 내용이 공익적인 내용을 담고 있다면 이는 예술의 자유의 보호대상이다.

③ 예술의 자유는 전문가인 예술가에게만 한정되는 것이 아니라 모든 인간에게 보장되는 자유이다. 헌법재판소도 음반제작업자가 예술품 보급의 자유와 관련하여 예술표현의 자유를 향유하고 있다고 판시한 바 있다.

④ 학술의 범위에 속하는 저작물의 경우 학술적인 내용은 만인에게 공통되는 것이고 누구에 대하여도 자유로운 이용이 허용되어야 하는 것이므로 그 저작권의 보호는 창작적인 표현형식에 있지 학술적인 내용에 있는 것은 아니라 할 것이다.

문 8. 도시계획법 제21조에 대한 위헌소원에서 헌법재판소가 내린 결정의 요지로 가장 적절하지 <u>않은</u> 것은?

① 보상의 구체적 기준과 방법은 헌법재판소가 결정할 성질의 것이 아니라 광범위한 입법형성권을 가진 입법자가 입법정책적으로 정할 사항이다.

② 나대지의 경우나 사정변경으로 인한 용도의 폐지와 같이 종래의 지목과 토지현황에 의한 이용방법에 따른 토지의 사용도 할 수 없거나 실질적으로 사용·수익을 전혀 할 수 없는 예외적인 경우에도 아무런 보상 없이 이를 감수하도록 하고 있는 한, 비례의 원칙에 위반되어 당해 토지소유자의 재산권을 과도하게 침해하는 것으로서 헌법에 위반된다 할 것이다.

③ 토지는 그 공공성 때문에 사회적 기능에 있어서나 국민경제의 측면에서 다른 재산권과 같게 다루어져야 하므로 공동체의 이익이 보다 강하게 관철될 필요는 없다.

④ 개발제한구역의 지정은 토지이용제한의 한 형태로, 구역지정 후 토지를 종래의 목적으로 사용할 수 있는 원칙적인 경우에는 그 목적의 정당성이 인정되고 구역의 지정으로 인한 개발가능성의 소멸과 그에 따른 지가의 하락이나 지가상승률의 상대적 감소는 토지소유자가 감수해야 하는 사회적 제약의 범위에 속하는 것으로 수단의 적정성, 침해의 최소성, 법익의 균형성이 인정되어 재산권에 내재하는 사회적 제약을 비례의 원칙에 합치하게 합헌적으로 구체화한 것이다.

문 9. 직업의 자유에 관한 헌법재판소 판례의 내용으로 가장 적절하지 않은 것은?

① 다른 사람들 상호간에 컴퓨터 등을 이용하여 저작물 등을 전송하도록 하는 것을 주된 목적으로 하는 특수한 유형의 온라인서비스제공자로 하여금 권리자의 요청이 있는 경우 당해 저작물 등의 불법적인 전송을 차단하는 기술적인 조치 등 필요한 조치를 하도록 한 저작권법 조항은 온라인서비스제공자의 직업수행의 자유의 중대한 제한으로 이를 침해한다.

② 감차 사업구역 내에 있는 일반택시 운송 사업자에게 택시운송사업 양도를 금지하고 감차 계획에 따른 감차 보상만 신청할 수 있도록 하는 조항은 일반택시운송사업자의 직업수행의 자유를 과도하게 제한한다고 볼 수 없다.

③ 외국의 치과·의과대학을 졸업한 우리 국민이 국내 의사면허시험을 응시하기 위해서는 기존의 응시요건에 추가하여 새로이 예비시험을 거치도록 하더라도 직업선택의 자유를 침해하는 것이 아니다.

④ 변호사 등이 아님에도 변호사 등의 직무와 관련한 서비스의 취급·제공 등을 표시하거나 소비자들이 변호사 등으로 오인하게 만들 수 있는 자에게 광고를 의뢰하거나 참여·협조하는 행위를 금지하는 변호사광고에 관한 규정은 변호사 자격제도를 유지하고 소비자의 피해를 방지하기 위한 적합한 수단이다.

문 10. 직접민주제에 관한 설명으로 가장 적절하지 않은 것은? (다툼이 있는 경우 판례에 의함)

① 우리 헌정사상 최초로 중요정책에 관한 국민투표제도가 도입된 것은 1962년 헌법이며, 당시 5·16으로 국회가 해산된 상태에서 헌법을 개정하기 위한 고육책이었다.

② 직접민주제의 방법으로는 일반적으로 국민표결(국민투표), 국민발안, 국민소환 등이 있다. 국민투표의 성격은 레퍼랜덤(법안·정책사항)과 플레비지트(신임투표)의 두 가지로 나누는 것이 보통인데 우리 헌법은 신임투표는 허용되지 않는다는 것이 일반적 견해이다.

③ 특정의 국가정책에 대하여 다수의 국민들이 국민투표를 원하고 있다 하더라도 국민에게 그 국가정책에 관하여 국민투표에 회부할 것을 요구할 권리는 인정되지 않는다.

④ 대통령이 국민투표를 정치적 무기화하고 정치적으로 남용할 수 있는 위험성이 있다는 점을 고려하면, 국민투표부의권의 헌법 제72조는 대통령에 의한 국민투표의 정치적 남용을 방지할 수 있도록 엄격하고 축소적으로 해석되어야 한다.

문 11. 국가배상청구에 관한 설명으로 가장 적절하지 <u>않은</u> 것은? (다툼이 있는 경우 판례에 의함)

① 일반국민이 공동불법행위자인 군인의 부담부분에 관하여 국가에 대하여 구상권을 행사할 수 없다고 해석한다면 일반국민의 재산권을 과잉 제한하는 경우에 해당한다.

② 국가배상법상의 직무상 행위에는 직무행위와 외형상 관련 있는 것으로 인정되는 행위까지 포함한다고 보는 외형설이 통설, 판례이다.

③ 헌법 제29조 제1항 제1문은 '공무원의 직무상 불법행위'로 인한 국가 또는 공공단체의 책임을 규정하고 제2문은 '이 경우 공무원 자신의 책임은 면제되지 아니한다'라고 규정하고 있으므로 헌법상 국가배상책임은 공무원의 책임을 일정부분 전제하는 것으로 해석될 수 있다.

④ 공무원 개인에게 과실이 있는 경우라면 고의·중과실은 물론 경과실의 경우라도 국가 및 공무원 개인 모두에게 배상책임이 있다는 것이 판례의 입장이다.

문 12. 연금에 관한 우리 헌법재판소의 의견으로 가장 적절하지 <u>않은</u> 것은?

① 공무원연금법에 따른 퇴직연금일시금을 지급받은 사람 및 그 배우자를 기초연금 수급권자의 범위에서 제외하고 있는바 이는 인간다운 생활을 할 권리를 침해하지 않는다.

② 군인연금법에 의한 퇴역연금의 지급정지의 경우 그 요건 및 내용을 대통령령으로 위임한 것은 포괄위임금지원칙에 위배되어 위헌판결을 받았다.

③ 아무리 적은 규모라도 어떤 형태이든지 정부의 재정지원이 있기만 하면 총리령이 정하는 바에 따라 지급정지대상기관이 될 수 있게 위임의 범위가 너무 넓어져 버렸다면 이 경우는 포괄위임금지원칙에 위배된다.

④ 직무관련이 없다 할지라도 재직 중 과실로 범죄를 저지른 경우는 국민의 공무원에 대한 신뢰를 무너뜨린 것으로 이에 대해 퇴직금을 일률적으로 감액하였다 할지라도 이는 헌법에 위반되지 않는다.

문 13. 환경권에 관한 내용으로 가장 적절하지 <u>않은</u> 것은? (다툼이 있는 경우 판례에 의함)

① 공해를 원인으로 한 손해배상청구소송에 있어서는 가해자 측이 배출한 어떤 유해한 원인물질이 피해자 측에 도달하여 피해자에게 손해가 발생하였다면 가해자 측에서 그 무해함을 입증하지 못하는 한 책임을 면할 수 없다.

② 환경권이 사법상의 권리로 인정되려면 그에 관한 법률의 명문규정이 있거나 관계 법령의 규정취지나 조리에 비추어 권리의 주체, 대상, 내용 및 행사방법 등이 구체적으로 정립될 수 있어야 한다.

③ 환경침해는 사인에 의해서 빈번하게 유발되므로 입법자가 그 허용 범위에 관해 정할 필요가 있는 점, 환경피해는 생명·신체의 보호와 같은 중요한 기본권적 법익 침해로 이어질 수 있는 점 등을 고려할 때, 일정한 경우 국가는 사인인 제3자에 의한 국민의 환경권 침해에 대해서도 적극적으로 기본권 보호조치를 취할 의무를 부담한다.

④ 학교시설에서의 유해중금속 등 유해물질의 예방 및 관리 기준을 규정한 학교보건법 시행규칙 해당 조항에 마사토 운동장에 대한 규정을 두지 아니한 것은 과잉금지원칙에 위반하여 마사토 운동장이 설치된 고등학교에 재학 중이던 학생인 청구인의 환경권을 침해하지 아니한다.

문 14. 헌법재판소 판례의 태도로 가장 적절하지 <u>않은</u> 것은?

① 고급골프장 사업과 같이 공익성이 낮은 사업에 대해서까지도 시행자인 민간개발자에게 수용권한을 부여하는 것은 헌법 제23조 제3항에 위배된다.

② '알선'이란 법률사건의 당사자와 그 사건에 관하여 대리 등의 법률사무를 취급하는 상대방(변호사 포함) 사이에서 양자 간에 법률사건이나 법률사무에 관한 위임계약 등의 체결을 중개하거나 그 편의를 도모하는 행위를 말하는바, 이 사건 법률조항에 의하여 금지되고, 처벌되는 행위의 의미가 문언상 불분명하다고 할 수 없으므로 이 사건 법률조항은 죄형법정주의의 명확성원칙에 위배되지 않는다.

③ 피상속인을 장기간 유기하거나 정신적·신체적으로 학대하는 등의 패륜적인 행위를 일삼은 상속인의 유류분을 인정하는 것은 일반 국민의 법감정과 상식에 반한다고 할 것이므로, 민법 제1112조에서 유류분상실사유를 별도로 규정하지 아니한 것은 불합리하다고 아니할 수 없다.

④ 지방의회의원은 지방자치법의 목적에 비추어 지방자치단체의 장 및 교육감과 유사한 지위에 있는 선출직 공무원임에도 불구하고, 세종시를 신설하면서 세종시장과 세종시교육감은 선출하고 세종시의회의원은 선출하지 않는 것은, 양자를 합리적 이유 없이 차별하는 것이므로 세종시의회의원이 되고자 하는 자의 평등권을 침해한다.

문 15. 다음 사례에 관한 설명으로 가장 적절한 것은? (다툼이 있는 경우 판례에 의함)

> 甲 사찰은 전통사찰보존법 소정의 전통사찰로 등록되었다. 건설부장관은 경내지인 甲 사찰의 토지 등을 택지개발예정지구에 편입하였고, 중앙토지수용위원회는 이 토지에 대한 수용재결을 하였다. 이에 甲 사찰은 이 수용재결에 대한 무효확인을 구하는 행정소송을 제기하였고, 전통사찰보존법 제6조 제1항 제2호가 다른 소유권변동원인과 달리 '공용수용'으로 인한 소유권변동에 대해서는 아무런 규제를 두지 아니한 것은 재산권을 침해하고 평등원칙에 위배된다면서 위헌제청신청을 하였으나 기각되자 헌법재판소법 제68조 제2항의 헌법소원을 청구하였다.

① 헌법재판소는 甲 주장의 평등원칙 위반에 대해 심사할 때 비례의 원칙을 적용해 심사하였다.

② 전통사찰의 주지가 전통사찰의 경내지를 대여, 양도, 담보로 제공하고자 할 때에는 문화체육부장관의 허가를 받도록 규정하면서, 제3자적 국가기관이 경내지를 수용하고자 할 때에 이러한 허가절차에 대해 규정하지 않은 것은 평등원칙에 위반된다.

③ 민족문화유산을 보존하는 것은 국가의 헌법상 의무가 아니라 국가의 시혜적 은혜로서 일단 관할 국가기관에 의하여 민족문화유산으로 지정된 전통사찰의 경우, 최대한 지속적으로 보존하는 것이 헌법 제9조 등의 규정취지에 부합한다.

④ 헌법상 명령에 근거하여 엄격한 보존방법이 규정된 전통사찰보존법을 제정함으로써 민족문화유산으로 지정된 전통사찰을 철저하게 보존하겠다는 입법자의 의사가 분명하게 표명된 이상, 전통사찰을 훼손할 수 있는 경내지 등에 대한 소유권변동을 시도한 주체가 사인(私人)인지 아니면 건설부장관과 같은 제3자적 국가기관인지 여부, 또는 그 형식이 양도(혹은 강제집행)인지 아니면 공용수용인지 여부가 가장 본질적인 문제이고, 그 경내지 등의 소유권변동으로 인한 전통사찰의 훼손이 불가피한 것인지 여부와 이러한 보존 및 훼손에 관한 판단·결정이 헌법 등에 근거하여 정당한 권한을 행사할 수 있는 관할 국가기관에 의하여 이루어지는 것인지 여부 등은 본질적인 문제가 될 수 없다.

문 16. 헌법재판소가 양심의 자유의 보호영역에 속한다고 판단한 것을 모두 고른 것은? (다툼이 있는 경우 판례에 의함)

> ㉠ 소득세법상 의료기관에게 환자들의 의료비 내역에 관한 정보를 국세청에 제출하는 의무를 부과한 경우, 이에 응할 것인지 여부에 대한 의사의 결정
> ㉡ 민법상 명예회복에 적당한 처분으로 사죄광고를 할 것인지 여부에 대한 법인(대표자)의 결정
> ㉢ 주민등록법상 주민등록증 발급을 위해 지문날인을 할 것인지 여부에 대한 개인의 결정
> ㉣ 차량 운전시 좌석 안전띠를 매는 것을 강제하는 것

① ㉠, ㉡   ② ㉠, ㉢
③ ㉡, ㉣   ④ ㉢, ㉣

문 17. 영장주의에 관한 설명으로 가장 적절하지 <u>않은</u> 것은? (다툼이 있는 경우 판례에 의함)

① 헌법 제12조 제3항이 정한 영장주의는 수사기관이 강제처분을 함에 있어 중립적 기관인 법원의 허가를 얻어야 함을 의미하는 것 외에 법원에 의한 사후 통제까지 마련되어야 함을 의미한다.

② 헌법상 영장주의는 체포·구속·압수·수색 등 기본권을 제한하는 강제처분에 적용되므로, 강제력이 개입되지 않은 임의수사에 해당하는 수사기관 등의 통신자료 취득에는 영장주의가 적용되지 않는다.

③ 통신사실 확인자료 제공요청은 수사 또는 내사의 대상이 된 가입자 등의 동의나 승낙을 얻지 않고도 공공기관이 아닌 전기통신사업자를 상대로 이루어지는 것으로 통신비밀보호법이 정한 수사기관의 강제처분이므로 통신사실 확인자료 제공요청에는 헌법상 영장주의가 적용된다.

④ 피의자를 긴급체포한 경우 사후 체포영장을 청구하도록 규정하지 않고 피의자를 구속하고자 할 때에 한하여 구속영장을 청구하도록 규정한 형사소송법상 영장청구조항은 헌법상 영장주의에 위반된다고 단정할 수 없다.

문 18. 다음 중 우리 헌법에 규정된 사항은 모두 몇 개인가? (다툼이 있는 경우 판례에 의함)

> ㉠ 노인과 청소년의 복지향상
> ㉡ 교원의 지위 법정주의
> ㉢ 생활능력이 없는 국민은 법률이 정하는 바에 의하여 국가의 보호
> ㉣ 교육의 자주성과 전문성
> ㉤ 대학의 중립성과 자율성

① 1개   ② 2개
③ 3개   ④ 4개

문 19. 신뢰보호의 원칙 및 소급입법금지원칙에 관한 설명으로 가장 적절한 것은? (다툼이 있는 경우 판례에 의함)

① 구 수도권 대기환경개선에 관한 특별법 조항은, 특정경유 자동차에 배출가스저감장치를 부착하여 운행하고 있는 소유자에 대하여 위 조항의 개정 이후 '폐차나 수출 등을 위한 자동차등록의 말소'라는 별도의 요건사실이 충족되는 경우에 배출가스저감장치를 반납하도록 하고 있는데, 이는 진정소급입법에 해당한다.

② 부당환급받은 세액을 징수하는 근거규정인 개정조항을 개정된 법 시행 후 최초로 환급세액을 징수하는 분부터 적용하도록 규정한 법인세법 부칙 조항은 이미 완성된 사실 법률관계를 규율하는 진정소급입법에 해당하나, 이를 허용하지 아니하면 위 개정조항과 같이 법인세 부과처분을 통하여 효율적으로 환수하지 못하고 부당이득반환 등 복잡한 절차를 거칠 수밖에 없어 중대한 공익상 필요에 의하여 예외적으로 허용된다.

③ 군인연금법상 퇴역연금 수급권자가 사립학교교직원 연금법 제3조의 학교기관으로부터 보수 기타 급여를 지급받는 경우에는 대통령령이 정하는 바에 따라 퇴역연금의 전부 또는 일부의 지급을 정지할 수 있도록 하는 것은 신뢰보호원칙에 위반되지 않는다.

④ 1953년부터 시행된 "교사의 신규채용에 있어서는 국립 또는 공립 교육대학 사범대학의 졸업자를 우선하여 채용하여야 한다."라는 교육공무원법 조항에 대한 헌법재판소의 위헌결정에도 불구하고 헌법재판소의 위헌결정 당시의 국·공립 사범대학 등의 재학생과 졸업자의 신뢰는 보호되어야 하므로, 입법자가 위헌 법률에 기초한 이들의 신뢰이익을 보호하기 위한 법률을 제정하지 않은 부작위는 헌법에 위배된다.

문 20. 헌법해석에 관한 설명으로 가장 적절하지 <u>않은</u> 것은? (다툼이 있는 경우 판례에 의함)

① 합헌적 법률해석은 사법소극주의와, 위헌법률심사는 사법적극주의와 관련이 깊다.

② 구 군인사법 제48조 제4항 후단의 무죄의 선고를 받은 때의 의미와 관련하여, 형식상 무죄판결뿐 아니라 공소기각재판을 받았다 하더라도 그와 같은 공소기각의 사유가 없었더라면 무죄가 선고될 현저한 사유가 있는 이른바 내용상 무죄 재판의 경우에 이에 포함된다고 해석하는 것은 법률의 문의적 한계를 벗어난 것으로서 합헌적 법률해석에 부합하지 아니한다.

③ 헌법재판소가 행하는 구체적 규범통제의 심사기준은 원칙적으로 헌법재판을 할 당시에 규범적 효력을 가지는 현행 헌법이다.

④ 종업원의 위반행위에 대하여 양벌조항으로서 개인인 영업주에게도 동일하게 처벌하도록 규정하고 있는 보건범죄단속에 관한 특별조치법 규정에 그 문언상 명백한 의미와 달리 '종업원의 범죄행위에 대해 영업주의 선임감독상의 과실(기타 영업주의 귀책사유)이 인정되는 경우'라는 요건을 추가하여 해석하는 것은 문언상 가능한 범위를 넘어서는 해석으로서 허용되지 않는다.

4회 실전동형모의고사

소요시간: _____ / 15분   맞힌 답의 개수: _____ / 20

문 1. 우리나라 헌정사에 관한 설명으로 가장 적절한 것은?

① 사기업에 있어서 근로자의 이익분배균점권은 제5차 개헌시 삭제되었다.
② 1972년 제5차 개정헌법은 중앙선거관리위원회를 헌법기관으로 처음 도입하였다.
③ 1948년 헌법에서 위헌법률심판권은 대법원에 있었다.
④ 1952년 제1차 개정헌법은 국회의 양원제를 규정하여 민의원과 참의원이 운영되었으며 국무위원에 대한 개별적 불신임제를 채택하였다.

문 2. 영토에 관한 내용으로 가장 적절하지 **않은** 것은? (다툼이 있는 경우 판례에 의함)

① 독도 등을 중간수역으로 정한 '대한민국과 일본국 간의 어업에 관한 협정'의 해당 조항은 배타적경제수역을 직접 규정한 것이 아니고, 이러한 점들은 이 사건 협정에서의 이른바 중간수역에 대해서도 동일하다고 할 것이어서 독도가 중간수역에 속해 있다 할지라도 독도의 영유권문제나 영해문제와는 직접적인 관련을 가지지 아니한다.
② 대법원은 제헌헌법의 공포와 동시에 대한민국의 국적을 취득한 자가 그 후 다시 북한법의 규정에 따라 북한 국적을 취득하여 중국주재 북한대사관으로부터 북한의 해외공민증을 발급받은 경우라면 대한민국 국적을 상실한 것으로 의제된다고 하였다.
③ 남북합의서는 남북관계를 나라와 나라 사이의 관계가 아닌 통일을 지향하는 과정에서 잠정적으로 형성되는 특수관계임을 전제로 하여 이루어진 합의문서이기 때문에 남북한 당국의 성의 있는 이행을 상호 약속하는 일종의 공동성명 또는 신사협정에 준하는 성격을 지닌다.
④ 저작권법의 효력은 대한민국 헌법 제3조에 의하여 여전히 대한민국의 주권범위 내에 있는 북한지역에도 미치는 것이다.

문 3. 사회국가원리에 관한 판례 내용으로 가장 적절하지 **않은** 것은?

① 이자제한폐지법률에서 경제적 약자의 보호문제를 민법상의 일반원칙에 맡길 것인가에 대해 입법자의 재량에 속하는 것으로 보아 합헌으로 판단하였다.
② 도시개발구역에 있는 국가나 지방자치단체 소유의 재산으로서 도시개발사업에 필요한 재산에 대한 우선 매각 대상자를 도시개발사업의 시행자로 한정하고 국공유지의 점유자에게 우선 매수 자격을 부여하지 않는 도시개발법 관련 규정은 사적 자치의 원칙을 기초로 한 자본주의 시장경제질서를 규정한 헌법 제119조 제1항에 위반된다.
③ 헌법은 제119조 이하의 경제에 관한 장에서 국가가 경제정책을 통하여 달성하여야 할 '공익'을 구체화함과 동시에 헌법 제37조 제2항의 기본권 제한을 위한 일반 법률유보에서의 '공공복리'를 구체화하고 있다.
④ 헌법재판소는 재무부장관이 국제그룹의 주거래은행인 제일은행에게 국제그룹해체준비착수와 언론발표를 지시하고 제일은행장이 제3자인수방식으로 국제그룹을 해체시킨 것은 권력적 사실행위로 보아 본안 판단하였다.

문 4. 정치자금에 관한 내용으로 가장 적절하지 <u>않은</u> 것은? (다툼이 있는 경우 판례에 의함)

① 정치인에게 직접 정치자금을 무상대여하는 것을 금지하는 것은 대의민주주의가 제대로 기능하도록 하려는 목적에서 마련된 정치자금법의 취지를 살리기 위한 것으로 헌법에 위반되지 않는다.

② 교섭단체를 구성하지 못하는 5석의 의석을 가진 정당에게는 국고보조금의 2%를 지급한다.

③ 정치자금의 수입과 지출명세서 등에 대한 사본교부 신청이 허용된다고 하더라도, 검증자료에 해당하는 영수증, 예금통장을 직접 열람함으로써 정치자금 수입·지출의 문제점을 발견할 수 있다는 점에서 이에 대한 접근이 보장되어야 한다.

④ 정치자금법상 기탁금이란 정치자금을 정당에 기부하고자 하는 개인이 정치자금법의 규정에 의하여 선거관리위원회에 기탁하는 금전이나 유가증권 그 밖의 물건을 말한다.

문 5. 현재 우리나라 선거에 관한 내용으로 가장 적절하지 <u>않은</u> 것은? (다툼이 있는 경우 판례에 의함)

① 대통령선거의 경우에는 입후보하려는 자가 선거일 현재 5년 이상 국내에 거주하여야 하는 요건이 있지만, 국회의원선거의 경우에는 이에 관한 아무런 요건이 없다.

② 정당의 내부경선에 참여할 권리는 헌법이 보장하는 공무담임권의 내용에 포함되지 않는다.

③ 비례대표국회의원후보자가 선거운동기간 중 공개장소에서 연설·대담하는 것을 금지하는 조항은 헌법에 위배된다.

④ 정당이 공직선거후보자를 추천하기 위하여 당내경선을 실시하는 경우 당내경선의 후보자로서 당해 정당의 공직선거후보자로 선출되지 아니한 자는 당해 선거의 같은 선거구에서는 후보자로 등록될 수 없다.

문 6. 공무원에 관한 설명으로 가장 적절하지 <u>않은</u> 것은? (다툼이 있는 경우 판례에 의함)

① 대법원은, 공무원 임용을 위한 면접전형에 있어서 임용신청자의 능력이나 적격성 등에 관한 판단은 면접위원의 고도의 교양과 학식, 경험에 기초한 자율적 판단에 의존하는 것으로서 오로지 면접위원의 자유재량에 속한다고 한다.

② 헌법 제7조 제1항의 전체 국민의 봉사자는 헌법 제7조 제2항의 직업공무원제도를 위한 수단이 된다.

③ 법관의 명예퇴직수당액에 대하여 정년 잔여기간만을 기준으로 하지 아니하고 임기 잔여기간을 함께 반영하여 산정하도록 한 구 법관 및 법원공무원 명예퇴직수당 등 지급규칙 조항은 헌법에 위반되지 않는다.

④ 정무직 공무원에 관하여 국가공무원법 조항은 일반적 정치활동을 허용하는 데 반하여, 공직선거법 조항은 정치활동 중 '선거에 영향을 미치는 행위'만을 금지하고 있으므로, 공직선거법 조항이 선거영역에서의 특별법으로서 일반법인 국가공무원법 조항에 우선하여 적용된다.

문 7. 기본권 주체에 관한 설명으로 가장 적절하지 <u>않은</u> 것은? (다툼이 있는 경우 판례에 의함)

① 사회적 기본권은 외국인에게는 보장되지 않는 것이 원칙이다. 다만, 대법원은 외국인 노동자에게 산업재해보상보험법상의 요양급여청구권을 긍정하였다.

② 현행 헌법상 직접 기본권 행사능력이 헌법에 규정된 예로는 대통령과 국회의원의 피선거권을 들 수 있다.

③ 법률이 교섭단체를 구성한 정당에 정책연구위원을 두도록 하여 그렇지 못한 정당을 차별하는 경우 교섭단체를 구성하지 못한 정당은 기본권을 침해받을 가능성이 있다.

④ 사자(死者)에 대한 사회적 명예와 평가의 훼손은 사자와의 관계를 통하여 스스로의 인격상을 형성하고 명예를 지켜온 그들 후손의 인격권, 즉 유족의 명예 또는 유족의 사자에 대한 경애추모의 정을 침해한다.

문 8. 국가인권위원회(이하 '위원회'라 함)에 관한 설명으로 가장 적절한 것은?

① 위원회는 진정에 관한 피해자의 권리구제를 위하여 필요하다고 인정하는 경우 피해자의 의사와 관계없이 피해자를 위하여 대한법률구조공단 또는 그 밖의 기관에 법률구조를 요청할 수 있다.

② 위원회는 위원장 1명과 상임위원 3명을 포함한 12명의 인권위원으로 구성한다.

③ 위원회는 위원의 과반수가 출석하고 출석 과반수의 찬성으로 의결한다.

④ 위원회의 진정에 대한 조사·조정 및 심의는 비공개한다. 다만, 위원회의 의결이 있는 때에는 이를 공개할 수 있다.

문 9. 죄형법정주의의 명확성원칙에 관한 설명으로 가장 적절한 것은? (다툼이 있는 경우 헌법재판소 판례에 의함)

① 의약외품이 아닌 것을 용기·포장 또는 첨부 문서에 의학적 효능·효과 등이 있는 것으로 오인될 우려가 있는 표시를 하거나, 이와 같은 의약외품과 유사하게 표시된 것을 판매하는 것을 금지하는 구 약사법 조항 가운데 '표시' 및 '표시된 것의 판매'에 관한 부분을 준용하는 부분의 '의학적 효능·효과 등'이라는 표현은 명확성원칙에 위배된다.

② 회계관계직원 등의 책임에 관한 법률 제2조 제1호 카목의 '그 밖에 국가의 회계사무를 처리하는 사람'은 그 의미가 불명확하므로 명확성원칙에 위배된다.

③ 허위재무제표작성 및 허위감사보고서작성을 처벌하는 주식회사 등의 외부감사에 관한 법률 조항 중 '그 위반행위로 얻은 이익 또는 회피한 손실액의 2배 이상 5배 이하의 벌금'은 명확성원칙에 위배되지 않는다.

④ 누구든지 선박의 감항성의 결함을 발견한 때에는 해양수산부령이 정하는 바에 따라 그 내용을 해양수산부장관에게 신고하여야 한다고 규정한 구 선박안전법 조항 중 '선박의 감항성의 결함'에 관한 부분은 명확성원칙에 위배된다.

문 10. 피의자·피고인의 권리에 관한 설명으로 가장 적절하지 <u>않은</u> 것은? (다툼이 있는 경우 판례에 의함)

① 구치소장이 변호인접견실에 CCTV를 설치하여 미결수용자와 변호인 간의 접견을 관찰한 행위는 청구인의 변호인의 조력을 받을 권리를 침해하지 않는다.

② 미결수용자가 변호인의 조력을 받을 기회가 충분히 보장되었다고 인정될 수 있는 경우라면, 미결수용자 또는 그 상대방인 변호인이 원하는 특정 시점에 접견이 이루어지지 못한 경우에 변호인의 조력을 받을 권리가 침해된 것은 아니다.

③ 법원의 수사서류 열람·등사 허용 결정에도 불구하고 해당 수사서류의 등사를 거부한 검사의 행위는 청구인들의 변호인의 조력을 받을 권리를 침해한다.

④ 헌법 제12조 제4항 본문에 규정된 변호인의 조력을 받을 권리는 형사절차에서 피의자 또는 피고인의 방어권을 보장하기 위한 것으로서 출입국관리법상 보호 또는 강제퇴거의 절차에는 적용되지 않는다.

문 11. 양심의 자유에 관한 설명으로 가장 적절하지 <u>않은</u> 것은? (다툼이 있는 경우 판례에 의함)

① 부작위에 의한 양심실현은 내심의 의사를 외부에 표현하거나 실현하는 행위가 되는 것이고 이는 순수한 내심의 영역을 벗어난 것이어서 이에 대해서는 필요한 경우 법률에 의한 제한이 가능하다.

② 수범자가 수혜를 스스로 포기하거나 권고를 거부함으로써 법질서와 충돌하지 아니한 채 자신의 양심을 유지, 보존하는 경우에는 양심 변경에 대한 강요로서 양심의 자유 침해가 된다고 볼 수 없다.

③ 헌법상 양심의 자유에 의해 보호받는 '양심'으로 인정할 것인지의 판단은 그것이 깊고, 확고하며, 진실된 것인지 여부에 따르게 되므로, 양심적 병역거부를 주장하는 사람은 자신의 '양심'을 외부로 표명하여 증명할 최소한의 의무를 진다.

④ 병역법 제88조 제1항의 '정당한 사유'란 입영통지에 기해 지정된 기일과 장소에 집결할 의무를 부과받았음에도 즉시 이에 응하지 못한 것을 정당화할 만한 사유로서, 병역법에서 입영을 일시적으로 연기하거나 지연시키기 위한 요건으로 인정된 사유, 즉 질병, 재난 등과 같은 개인의 책임으로 돌리기 어려운 사유로 한정된다고 보아야 한다.

문 12. 표현의 자유에 관한 설명으로 가장 적절하지 <u>않은</u> 것은? (다툼이 있는 경우 판례에 의함)

① 표현의 자유의 우월적 지위는 표현의 자유를 침해하는 법률의 합헌성 추정을 부인하고, 표현의 자유를 규제하는 법률에 대한 합헌성 판단기준이 엄격함을 의미한다.

② 상업광고 규제에 관한 비례의 원칙 심사에 있어서 '피해의 최소성'원칙은 같은 목적을 달성하기 위하여 달리 덜 제약적인 수단이 없을 것인지 혹은 입법목적을 달성하기 위하여 필요한 최소한의 제한인지로 심사하여야 한다.

③ 표현의 자유를 규제하는 법령의 규정이 불확정개념이나 모호한 용어를 사용하여 그 의미가 매우 추상적이고 막연하면 무효가 된다.

④ 국가나 지방자치단체는 국민에 대한 관계에서 형벌의 수단을 통해 보호되는 외부적 명예의 주체가 될 수는 없고, 따라서 명예훼손죄나 모욕죄의 피해자가 될 수 없다.

문 13. 재산권에 관한 설명으로 가장 적절하지 <u>않은</u> 것은? (다툼이 있는 경우 판례에 의함)

① 민간주택건설사업시행자에게 사업부지 내 토지를 취득할 수 있는 매도청구권을 부여하는 것은 토지소유자에게 대지의 매도를 강요하여 재산권을 잃게 한다는 점에서 수용과 유사하나, 시가에 따른 대금을 지급케 하여 정당한 보상을 보장하고 대규모 주택건설이라는 공익사업을 원활하게 추진하려는 공익이 매도청구권행사로 제한받는 사익을 능가하므로 도지소유자의 재산권을 침해하지 않는다.

② 의료급여법상 의료급여수급권은 공공부조의 일종으로 순수하게 사회정책적 목적에서 주어지는 권리이므로 개인의 노력과 금전적 기여를 통하여 취득되는 재산권의 보호대상에 포함된다고 보기 어렵다.

③ 명예퇴직공무원이 재직 중의 사유로 금고 이상의 형을 받은 경우, 공무원의 조기퇴직을 유도하기 위해 지급하는 명예퇴직수당을 필요적으로 환수하는 것은 명예퇴직수당을 받은 자의 재산권을 침해하지 않는다.

④ 공익사업을 위한 토지 등의 취득 및 보상에 관한 법령에서 규정하는 이주대책은 정당한 보상에 부가하여 이주자들에게 종전의 생활상태를 회복시키기 위한 생활보상의 일환으로 마련된 제도이므로 타인이 소유하고 있는 건축물에 거주하는 세입자에게 이주대책을 제공하지 않는 것은 세입자의 재산권을 침해한다.

문 14. 청원권에 관한 설명으로 가장 적절한 것은? (다툼이 있는 경우 판례에 의함)

① 청원서가 일반인에게 공개되면 그로부터 30일 이내에 10만명 이상의 동의를 받도록 한 것은 헌법에 위반되지 아니한다.

② 청원제도는 행정기관에 대한 권리침해의 구제를 구하기 위한 제도이기도 하므로, 이 경우 청원권은 청원사항에 대한 심리 또는 재결을 요구할 수 있는 권리가 된다.

③ 청원서를 접수한 국가기관이 심사결과를 통지한 결과가 청원인의 기대에 미치지 아니하는 경우, 이는 공권력의 행사 또는 불행사에 해당한다고 볼 수 있으므로, 위 청원인은 그 처리결과를 대상으로 헌법소원을 제기할 수 있다. 이와 같이 헌법상 보장된 청원권을 매개로 하여 권리구제를 받을 수 있는 폭이 한층 확대된다는 점에서, 오늘날 청원권은 그 중요성이 새로이 부각되고 있다.

④ 동일인이 동일한 내용의 청원서를 동일한 기관에 2건 이상 제출하거나 2 이상의 기관에 제출한 때에는 2개의 청원서 모두 반려할 수 있다.

문 15. 국가배상청구권에 관한 설명으로 가장 적절하지 <u>않은</u> 것은? (다툼이 있는 경우 판례에 의함)

① 대법원은 공무원이 직무수행 중 불법행위로 타인에게 손해를 입힌 경우에 국가 등이 국가배상책임을 부담하는 외에는 공무원 개인은 고의 또는 중과실이 있는 경우에 한하여 불법행위로 인한 손해배상책임을 진다고 해석하는 것이 헌법 제29조 제1항 본문과 단서 및 국가배상법 제2조의 입법취지에 조화되는 올바른 해석이라고 판시하였다.

② 헌법재판소는 공동불법행위자인 민간인은 피해 군인이 입은 손해의 일부에 대해서 국가 등이 민간인에 구상의무를 부담한다면 그 내부적인 관계에서 부담하여야 할 부분을 제외한 나머지 자신의 부담부분에 한하여 손해배상의무를 부담하고, 국가 등에 대하여는 그 귀책부분의 구상을 청구할 수 없다고 판시하였다.

③ 헌법재판소는 국가배상청구권에 대해서 민법상의 소멸시효에 관한 규정을 준용하는 것은 정당한 제한이지 국가배상청구권의 본질적인 내용의 침해도 아니고 과잉금지원칙에 위배되지도 않는다고 판시하였다.

④ 대법원은 전투경찰순경은 헌법 제29조 제2항 및 국가배상법 제2조 제1항 단서 등의 경찰공무원에 해당한다고 보아야 하지만, 현역병으로 입영하여 소정의 군사교육을 마치고 경비교도로 임용된 자는 군인의 신분을 상실하고 군인과는 다른 경비교도로서의 신분을 취득하게 되어 국가배상청구권을 행사할 수 있다고 판시하였다.

문 16. 교육을 받을 권리에 관한 설명으로 가장 적절하지 **않은** 것은? (다툼이 있는 경우 판례에 의함)

① 서울대학교 재학생이 재학 중인 학교의 법적 형태를 법인이 아닌 공법상 영조물인 국립대학으로 유지하여 줄 것을 요구할 권리는 학생의 교육받을 권리에 포함되지 아니한다.

② 학교교육에 관한 한 국가는 헌법 제31조에 의하여 부모의 교육권으로부터 원칙적으로 독립된 독자적인 교육권한을 부여받음으로써 부모의 교육권보다 우위를 차지하지만, 학교 밖의 교육영역에서는 원칙적으로 부모의 교육권이 우위를 차지한다는 것이 헌법재판소의 결정례이다.

③ 경제력의 차이 등으로 말미암아 교육의 기회에 있어서 사인 간에 불평등이 존재한다면, 국가는 원칙적으로 의무교육의 확대 등 적극적인 급부활동을 통하여 사인 간의 교육기회의 불평등을 해소할 수 있을 뿐, 과외교습의 금지나 제한의 형태로 개인의 기본권행사인 사교육을 억제함으로써 교육에서의 평등을 실현할 수는 없다는 것이 헌법재판소의 결정례이다.

④ 대학입학지원자가 모집정원에 미달한 경우라도 대학이 정한 수학능력이 없는 자에 대하여 불합격처분을 하여도 재량권의 남용으로 볼 수 없다는 것이 대법원의 판례이다.

문 17. 재산권에 관한 설명으로 옳은 것을 모두 고른 것은? (다툼이 있는 경우 판례에 의함)

㉠ 군인연금법상의 연금수급권, 공무원연금법상의 연금수급권, 국가유공자의 보상수급권, 국민연금법상 사망일시금은 헌법상의 재산권에 포함된다.

㉡ 유언자가 생전에 최종적으로 자신의 재산권에 대하여 처분할 수 있는 법적 가능성을 의미하는 유언의 자유는 생전증여에 의한 처분과 마찬가지로 헌법상 재산권의 보호대상이 될 뿐만 아니라, 행복추구권에서 파생된 유언자의 일반적 행동의 자유에 의한 보호를 받기도 한다.

㉢ 생업의 근거를 상실하게 된 자에 대하여 일정 규모의 상업용지 또는 상가분양권 등을 공급하는 생활대책은 헌법 제23조 제3항에 규정된 정당한 보상에 포함된다.

㉣ 행정기관이 개발촉진지구 지역개발사업으로 실시계획을 승인하고 이를 고시하기만 하면, 고급골프장 사업과 같이 공익성이 낮은 사업에 대해서까지도 시행자인 민간개발자에게 수용권한을 부여하는 것은 헌법 제23조 제3항에 위배된다.

---

① ㉠, ㉢   ② ㉡, ㉣
③ ㉠, ㉡, ㉢   ④ ㉡, ㉢, ㉣

문 18. 헌법재판소 판례의 내용으로 가장 적절하지 <u>않은</u> 것은?

① 법률조항 중 '기타 이와 유사한 것'에 '정보통신망을 이용하여 인터넷 홈페이지 또는 그 게시판·대화방 등에 글이나 동영상 등 정보(UCC)를 게시하거나 전자우편을 전송하는 방법'이 포함되는 것으로 해석하여 이를 금지하고 처벌하는 것은 과잉금지원칙에 위배하여 청구인들의 선거운동의 자유 내지 정치적 표현의 자유를 침해한다.

② 피청구인인 부산구치소장이 청구인이 미결수용자 신분으로 구치소에 수용되었던 기간 중 교정시설 안에서 매주 실시하는 종교집회 참석을 제한한 행위는 과잉금지원칙을 위반하여 청구인의 종교의 자유 중 종교적 집회·결사의 자유를 침해한다.

③ 통일부장관이 2010.5.24. 발표한 북한에 대한 신규 투자 불허 및 진행중인 사업의 투자확대 금지 등을 내용으로 하는 대북조치로 인해 개성공단에서 투자하던 사업자의 토지이용권을 사용·수익하지 못하게 되는 제한이 발생하였으므로, 이러한 대북조치는 헌법 제23조 제3항 소정의 공용 제한에 해당한다.

④ '건전한 통신윤리'라는 개념이 다소 추상적이기는 하나 우리 사회가 요구하는 최소한의 질서 또는 도덕률을 의미한다고 볼 수 있고, 정보통신영역의 광범위성과 빠른 변화속도 등을 감안할 때 함축적 표현이 불가피한 면도 있으므로, 명확성원칙, 나아가 포괄위임입법금지원칙이나 과잉금지원칙에도 위배되지 않는다.

문 19. 재판청구권에 관한 설명으로 가장 적절하지 <u>않은</u> 것은? (다툼이 있는 경우 헌법재판소 판례에 의함)

① 상속개시 후 인지 또는 재판의 확정에 의하여 공동 상속인이 된 자의 상속분가액지급청구권의 제척기간을 정하고 있는 민법 제999조 제2항의 '상속권의 침해행위가 있은 날부터 10년' 중 민법 제1014조에 관한 부분은 입법형성의 한계를 일탈하여 재판청구권을 침해한다.

② 피고인이 정식재판을 청구한 사건에 대하여는 약식명령의 형보다 중한 종류의 형을 선고하지 못한다고 규정하고 있는 형사소송법 조항은 공정한 재판을 받을 권리를 침해한다고 볼 수 없다.

③ 조세범 처벌절차법에 따른 통고처분을 행정쟁송의 대상에서 제외시킨 국세기본법 제55조 제1항 단서 제1호는 재판청구권을 침해한다고 할 수 없다.

④ 시장·군수·구청장은 급여비용의 지급을 청구한 의료급여기관이 의료법 또는 약사법 해당 조항을 위반하였다는 사실을 수사기관의 수사결과로 확인한 경우에는 해당 의료급여기관이 청구한 급여비용의 지급을 보류할 수 있다고 규정하고 있는 의료급여법 해당 조항은 의료급여기관 개설자의 재판청구권을 침해한다.

문 20. 근로의 권리 등에 관한 설명으로 가장 적절하지 <u>않은</u> 것은? (다툼이 있는 경우 헌법재판소 결정에 의함)

① 공무원노동조합은 정책결정에 관한 사항이나 임용권의 행사 등 근무조건과 직접 관련이 없는 사항에 대해서는 정부측 교섭대표 및 지방자치단체의 장과 교섭하고 단체협약을 체결한다.

② 노동조합이 비과세 혜택을 받을 권리는 헌법 제33조 제1항(근로3권)이 당연히 예상한 권리의 내용에 포함된다고 보기 어렵고, 위 헌법조항으로부터 국가의 조세법규범 정비의무가 발생한다고 보기도 어렵다.

③ 외국인 근로자에게도 자본주의 경제질서하에서 근로자가 기본적 생활수단을 확보하고 인간의 존엄성을 보장받기 위하여 최소한의 근로조건을 요구할 수 있는 권리의 기본권 주체성이 인정된다.

④ 형법상 업무방해죄는 모든 쟁의행위에 대하여 무조건 적용되는 것이 아니라, 단체행동권의 내재적 한계를 넘어 정당성이 없다고 판단되는 쟁의행위에 대하여만 적용되는 조항임이 명백하다고 할 것이므로, 그 목적이나 방법 및 절차상 한계를 넘어 업무방해의 결과를 야기시키는 쟁의행위에 대하여만 이 사건 법률조항을 적용하여 형사처벌하는 것은 헌법상 단체행동권을 침해하였다고 볼 수 없다.

2025 해커스경찰 박철한 경찰헌법 실전동형모의고사

소요시간: _____ / 15분   맞힌 답의 개수: _____ / 20

문 1. 기본권의 경합과 충돌에 관한 설명으로 가장 적절하지 않은 것은? (다툼이 있는 경우 판례에 의함)

　① 기본권의 경합이 1인의 기본권 주체를 전제로 하는 데 비하여, 기본권의 충돌은 복수의 기본권 주체를 전제로 한다.

　② 친양자의 입양을 청구하기 위해 친생부모의 친권상실, 사망 기타 동의할 수 없는 사유가 없는 한 친생부모의 동의를 반드시 요하도록 한 구 민법 해당 조항과 관련하여 헌법재판소는 친생부모의 기본권과 친양자가 될 자의 기본권이 경합하는 영역으로 보았다.

　③ 특정인을 모델로 하여 창작·발표된 소설로 인하여 개인의 명예가 훼손된 경우 소설가의 예술의 자유와 그 개인의 명예권 사이에 발생하는 충돌은 진정한 기본권의 충돌에 해당한다고 볼 수 있다.

　④ 채권자취소권에 관한 민법 규정으로 인하여 채권자의 재산권과 채무자 및 수익자의 일반적 행동의 자유, 그리고 채권자의 재산권과 수익자의 재산권이 동일한 장에서 충돌한다. 따라서 이러한 경우에는 상충하는 기본권 모두가 최대한으로 그 기능과 효력을 발휘할 수 있도록 이른바 규범조화적 해석방법에 따라 심사하여야 한다.

문 2. 국적에 관한 내용으로 가장 적절한 것은? (다툼이 있는 경우 판례에 의함)

　① 병역준비역에 편입된 복수국적자의 경우 3개월 안에 국적을 선택해야 한다는 국적법 규정에는 예외가 인정되지 않으나 국가 안보와 관련된 사안으로 합리성이 존재하여 헌법에 위반되지 않는다.

　② 공무원이 그 직무상 대한민국 국적을 상실한 자를 발견하면 3개월 이내에 법무부장관에게 그 사실을 통보하여야 한다.

　③ 현재 대한민국 민법에 의할 때 미성년이며 부모가 대한민국 국민이었던 자는 특별귀화의 대상이 된다.

　④ 중국인 남자와 한국인 여자가 혼인한 후 3년이 경과하고 혼인한 상태로 1년 이상 주소가 있는 경우 우리 국적을 취득할 수 있다.

문 3. 경제 관련 헌법조항에 관한 설명으로 가장 적절한 것은? (다툼이 있는 경우 판례에 의함)

　① 지속가능한 국민경제의 성장은 현행 헌법이 명문으로 규정하고 있다.

　② 농지소유자가 농지를 농업경영에 이용하지 아니하여 농지처분명령을 받았음에도 불구하고 정당한 사유 없이 이를 이행하지 아니하는 경우, 당해 농지가액의 100분의 20에 상당하는 이행강제금을 그 처분명령이 이행될 때까지 매년 1회 부과할 수 있도록 한 것은 위헌이다.

　③ 헌법은 사유재산제도를 보장하고 있다. 따라서, 사영기업을 국유 또는 공유로 이전하는 것을 절대적으로 금지하고 있는 것이 현행 헌법의 태도이다.

　④ 농수산물의 수급균형은 현행 헌법이 명문으로 규정하고 있다.

문 4. 정당의 역사에 관한 내용으로 가장 적절한 것은?

① 제9차 개정헌법에 정당에 대한 국고보조조항이 신설되었다.
② 제2차 개정헌법에서 정당에 관한 규정이 신설되었다.
③ 제7차 개정헌법에서는 국회의원이 당적을 이탈하거나 변경할 때에는 국회의원직이 상실되도록 하였다.
④ 제9차 개정헌법에서는 정당목적의 민주화가 추가되었다.

문 5. 선거에 관한 설명으로 가장 적절한 것은? (다툼이 있는 경우 판례에 의함)

① 선거를 통해 선출된 대표자와 선거구민은 현행법상 기속위임 관계에 있다.
② 정당은 비례대표 전국선거구 국회의원 선거후보자 중 100분의 30 이상을 여성으로 추천하여야 한다.
③ 지역구 국회의원 총선거에서 유효투표총수의 100분의 2 이상 100분의 5 미만을 득표한 각 정당에 대하여는 비례대표국회의원의석 1석씩을 배분한다.
④ 국회의원지역구의 획정에 있어서는 인구범위를 벗어나지 아니하는 범위에서 농산어촌의 지역대표성이 반영될 수 있도록 노력하여야 한다.

문 6. 우리나라의 지방자치제도에 관한 설명으로 가장 적절하지 <u>않은</u> 것은? (다툼이 있는 경우 판례에 의함)

① 지방의회의 의결에 대한 주무부장관 또는 시·도지사의 재의요구에 따른 재의결과 지방의회 재적의원 과반수의 출석과 출석의원 3분의 2 이상의 찬성으로 전과 같은 의결을 하는 경우, 지방자치단체의 장은 재의결된 사항이 법령에 위반된다고 판단되는 때에는 대법원에 소를 제기할 수 있다.
② 헌법이 지방자치제도를 보장한다는 의미는 자치행정을 일반적으로 보장한다는 의미뿐만 아니라 특정 자치단체의 존속을 보장한다는 의미까지 포함한다.
③ 지방의회의원과 지방자치단체장을 선출하는 지방선거는 지방자치단체의 기관을 구성하고 그 기관의 각종 행위에 정당성을 부여하는 행위라 할 것이므로, 지방선거사무는 지방자치단체의 존립을 위한 자치사무에 해당한다 할 것이다.
④ 제4공화국 헌법은 조국의 통일이 될 때까지 구성하지 아니한다고 규정하였다.

문 7. 기본권의 제3자적 효력에 관한 설명으로 가장 적절하지 <u>않은</u> 것은? (다툼이 있는 경우 판례에 의함)

① 사인 간 기본권 충돌의 경우 입법자에 의한 규제와 개입은 개별 기본권 주체에 대한 기본권 제한의 방식으로 흔하게 나타나며, 노사관계의 경우에도 국가의 개입이 기본권을 침해하는지 여부가 문제될 수는 있으나, 사적 계약관계라는 이유로 국가가 개입할 수 없다고 볼 것은 아니다.
② 기본권의 직접적인 대사인적 효력을 주장하는 학자의 경우에도 모든 기본권의 효력이 사법질서에 전적으로 미쳐야 한다고 하지는 않는다.
③ 직접적용설에서는 전체 법질서의 통일성과 사법질서의 독자성을 동시에 존중하고자 하여, 헌법은 최고법이므로 모든 법은 헌법의 테두리 내에서만 타당하며 사법도 예외일 수 없다는 기초에서 출발한다.
④ 우리 헌법상 노동3권과 언론·출판의 자유, 통신의 자유, 혼인과 가족생활에 있어서 양성의 평등 등은 직접적이든, 간접적이든 사인 간에도 효력을 인정할 여지가 있을 것이고, 무죄추정의 원칙 등 처음부터 국가에 대한 보장이 문제되어 온 기본권은 그 적용의 여지가 없다.

문 8. 기본권 보호의무에 관한 내용으로 가장 적절한 것은? (다툼이 있는 경우 판례에 의함)

① 동물보호법, 장사 등에 관한 법률, 동물장묘업의 시설설치 및 검사기준 등 관계규정에서 동물장묘시설의 설치제한 지역을 상세하게 규정하고, 매연, 소음, 분진, 악취 등 오염원 배출을 규제하기 위한 상세한 시설 및 검사기준을 두고 있는 등의 사정을 고려할 때, 동물장묘업 등록에 관하여 장사 등에 관한 법률 제17조 외에 다른 지역적 제한사유를 규정하지 않은 것은 청구인들의 환경권을 보호하기 위한 입법자의 의무를 과소하게 이행하였다고 평가할 수 있다.

② 중과실로 인한 경우는 중상, 경상을 불문하고 재판절차진술권과 평등권에 위배된다고 최근 판례는 판시하고 있다.

③ 최근 변경된 판례에 의하면 교통사고처리 특례법의 경우 기본권 보호의무에 위배된다고 판례를 변경하였다.

④ 민주화운동 관련자 명예회복 및 보상 심의위원회의 보상금 등 지급결정에 동의한 때 재판상 화해의 성립을 간주함으로써 법관에 의하여 법률에 의한 재판을 받을 권리를 제한하는 법규정은 재판청구권을 침해하지 않는다.

문 9. 행복추구권 내지 일반적 행동자유권에 관한 헌법재판소 판례의 태도로 가장 적절하지 <u>않은</u> 것은?

① 평화적 생존권은 헌법상 보장되는 기본권이지만 미군기지의 이전이 청구인의 평화적 생존권을 침해하는 것은 아니다.

② 헌법이 보호하는 명예권은 그 기본권 주체가 가지고 있는 인격과 명예가 부당하게 훼손되는 것의 배제를 청구할 권리이지, 국가가 기본권 주체에게 최대한의 사회적 평가를 부여하도록 국가에게 요청할 권리는 아니다.

③ '카메라나 그 밖에 이와 유사한 기능을 갖춘 기계장치를 이용하여 성적 욕망 또는 수치심을 유발할 수 있는 다른 사람의 신체를 그 의사에 반하여 촬영한 자'를 형사처벌하는 법률규정은, 행위자의 일반적 행동자유권을 제한하지만 과잉금지원칙에 위배되는 않는다.

④ 주방용오물분쇄기의 판매와 사용을 금지하는 것은 주방용오물분쇄기를 사용하려는 자의 일반적 행동자유권을 제한한다.

문 10. 형사피의자 · 형사피고인의 형사절차상의 권리에 관한 설명으로 가장 적절하지 <u>않은</u> 것은? (다툼이 있는 경우 판례에 의함)

① 국가보안법 위반죄 등 일부 범죄혐의자를 법관의 영장 없이 구속 · 압수 · 수색할 수 있도록 규정하고 있던 구 인신구속 등에 관한 임시 특례법 조항은 영장주의에 위배된다.

② 형의 집행 및 수용자의 처우에 관한 법률 중 '미결수용자의 접견내용의 녹음 · 녹화'에 관한 부분에 따라 접견내용을 녹음 · 녹화하는 것은 직접적으로 물리적 강제력을 수반하는 강제처분이 아니므로 영장주의가 적용되지 않는다.

③ 인터넷회선 감청은 서버에 저장된 정보가 아니라, 인터넷상에서 발신되어 수신되기까지의 과정 중에 수집되는 정보, 즉 전송 중인 정보의 수집을 위한 수사이므로, 압수 · 수색에 해당한다.

④ 압수 · 수색에서의 사전통지와 참여권 보장은 헌법상 명문으로 규정된 권리는 아니다.

문 11. 통신의 비밀에 관한 설명으로 가장 적절한 것은? (다툼이 있는 경우 판례에 의함)

① 통신비밀보호법상 "공개되지 아니한 타인 간의 대화를 녹음 또는 청취하지 못한다."라는 규정의 취지는 대화에 원래부터 참여하지 않는 제3자가 그 대화를 하는 타인들 간의 발언을 녹음해서는 아니된다는 것이다.

② 통신제한조치기간의 연장을 허가함에 있어 횟수나 기간제한을 두지 않는 규정은 범죄수사의 목적을 달성하기 위해 불가피한 것이므로 과잉금지의 원칙에 위배되지 않는다.

③ 수사기관의 인터넷회선 감청을 다른 감청과 달리 별도의 제한절차 없이 허용하는 것은 오늘날 정보화 사회에서 날로 지능화되는 범죄수사를 위해 불가피하므로 헌법에 위반된다고 할 수 없다.

④ 전기통신역무제공에 관한 계약을 체결하는 경우 전기통신 사업자로 하여금 가입자에게 본인임을 확인할 수 있는 증서 등을 제시하도록 요구하고 부정가입방지시스템 등을 이용하여 본인인지 여부를 확인하도록 한 전기통신사업법령 조항들은 휴대전화를 통한 문자 · 전화 · 모바일 인터넷 등 통신기능을 사용하고자 하는 자에게 반드시 사전에 본인확인 절차를 거치는 데 동의해야만 이를 사용할 수 있도록 하므로, 익명으로 통신하고자 하는 청구인들의 통신의 자유를 침해한다.

문 12. 집회의 자유에 관한 설명으로 가장 적절하지 않은 것은? (다툼이 있는 경우 판례에 의함)

① 집회의 주최자는 관할 경찰관서장으로부터 집회 금지 통고를 받은 날부터 10일 이내에 해당 경찰관서의 바로 위의 상급경찰관서의 장에게 이의를 신청할 수 있다.

② 집회·시위 등 현장에서 집회·시위 참가자에 대한 사진이나 영상촬영 등의 행위는 집회·시위 참가자들에게 심리적 부담으로 작용하여 여론형성 및 민주적 토론질차에 영향을 주고 집회의 자유를 전체적으로 위축시키는 결과를 가져올 수 있으므로 집회의 자유를 제한한다.

③ 대통령 관저(官邸), 국회의장 공관, 대법원장 공관, 헌법재판소장 공관 경계지점으로부터 100m 이내의 장소에서는 옥외집회 또는 시위를 하여서는 아니 된다는 법령은 헌법에 위반되지 않는다.

④ 집회의 금지와 해산은 집회의 자유를 보다 적게 제한하는 다른 수단, 즉 조건(예컨대 시위참가자수의 제한, 시위대상과의 거리 제한, 시위방법, 시기, 소요시간의 제한 등)을 붙여 집회를 허용하는 가능성을 모두 소진한 후에 비로소 고려될 수 있는 최종적인 수단이다.

문 13. 직업의 자유에 관한 설명으로 가장 적절한 것은? (다툼이 있는 경우 판례에 의함)

① 세무사 자격 보유 변호사로 하여금 세무사로서 세무사의 업무를 할 수 없도록 규정한 세무사법 조항은 세무사 자격 보유 변호사의 직업선택의 자유를 침해하지 않는다.

② 청원경찰이 금고 이상의 형의 선고유예를 받은 경우 당연퇴직되도록 규정한 청원경찰법 조항은 청원경찰이 저지른 범죄의 종류나 내용에 따른 적절한 제재로서 청원경찰의 직업의 자유를 침해하지 않는다.

③ 성인대상 성범죄로 형을 선고받아 확정된 자가 그 형의 집행을 종료한 날부터 10년 동안 아동·청소년 관련 교육기관 등을 운영하거나 위 기관에 취업할 수 없도록 한 것은 성인대상 성범죄로 형을 선고받아 확정된 자의 직업선택의 자유를 침해한다.

④ 계속성과 생활수단성을 개념표지로 하는 직업의 개념에 비추어 보면 학업 수행이 본업인 대학생의 경우 방학기간을 이용하여 또는 휴학 중에 학비 등을 벌기 위해 학원강사로서 일하는 행위는 일시적인 소득활동으로서 직업의 자유의 보호영역에 속하지 않는다.

문 14. 재판청구권에 관한 설명으로 가장 적절하지 않은 것은? (다툼이 있는 경우 판례에 의함)

① 현역병의 군대 입대 전 범죄에 대한 군사법원의 재판권을 규정하고 있는 군사법원법 조항은 재판청구권을 침해하지 않는다.

② 주취운전을 이유로 한 운전면허취소처분에 대하여 행정소송을 제기하여 위하여 행정심판을 반드시 거치도록 하는 것은 재판청구권을 침해하지 않는다.

③ 권리남용으로 인한 패소의 경우에 소송비용 부담에 관한 별도의 예외 규정을 두지 않았다는 점을 이유로 민사소송법 제98조가 재판청구권을 침해한다고 볼 수 없다.

④ '신속한 재판을 받을 권리'를 규정하고 있는 헌법 제27조 제3항에 의하여, 모든 국민은 법률에 의한 구체적 형성이 없어도 직접 신속한 재판을 청구할 수 있는 권리를 가진다.

문 15. 헌법 제28조 형사보상청구에 관한 설명으로 가장 적절한 것은? (다툼이 있는 경우 판례에 의함)

① 헌법상 형사보상청구권은 국가의 형사사법절차에 내재하는 불가피한 위험에 의하여 국민의 신체의 자유에 관하여 형사사법기관의 귀책사유로 인해 피해가 발생한 경우 국가에 대하여 정당한 보상을 청구할 수 있는 권리로서, 실질적으로 국민의 재판청구권과 밀접하게 관련된 중대한 기본권이다.

② 형사보상청구권의 주체가 청구를 하지 않고 사망한 경우 청구권은 소멸하며 상속인이 청구를 할 수는 없다.

③ 미결구금을 당한 자가 형사미성년, 심신상실 등의 사유에 의하여 무죄판결을 받은 경우 형사보상청구가 전부 또는 일부 기각될 수 있다.

④ 형사보상청구권이란 형사피고인으로서 구금되었던 자가 법률이 정한 무죄판결을 받은 경우에 국가에 대하여 물질적·정신적 피해에 대한 정당한 보상을 청구할 수 있는 권리를 의미하는 것으로, 이는 재산권 내지 청구권과 관련된 것이지 신체의 자유와는 관련이 없는 권리이다.

문 16. 근로자의 기본권에 관한 설명으로 가장 적절하지 <u>않은</u> 것은? (다툼이 있는 경우 판례에 의함)

① 헌법 제32조 제1항의 근로의 권리는 국가에 대하여 근로의 기회를 제공하는 정책을 수립해 줄 것을 요구할 수 있는 권리도 내포하므로 노동조합도 그 주체가 될 수 있다.

② 근로관계 종료 전 사용자로 하여금 근로자에게 해고예고를 하도록 하는 것은 개별 근로자의 인간 존엄성을 보장하기 위한 최소한의 근로조건 가운데 하나에 해당하므로, 해고예고에 관한 권리는 근로의 권리의 내용에 포함된다.

③ 노동조합을 설립할 때 행정관청에 설립신고서를 제출하게 하고 그 요건을 충족하지 못하는 경우 설립신고서를 반려하도록 하는 법률 조항은 헌법 제21조 제2항 후단에서 금지하는 결사에 대한 허가제에 해당하지 않는다.

④ 노동관계 당사자가 쟁의행위를 함에 있어서는 그 목적, 방법 및 절차상의 한계를 벗어나지 아니한 범위 안에서 관계자들의 민사상 및 형사상 책임이 면제된다.

문 17. 국민의 의무에 관한 내용으로 가장 적절한 것은? (다툼이 있는 경우 판례에 의함)

① 군법무관 출신의 변호사의 개업지를 제한하는 것은 국방의무의 이행으로 인한 법적 불이익을 금지하는 헌법 제39조에 위반된다.

② 납세의무자는 자신이 납부한 세금을 국가가 효율적으로 사용하는가를 감시할 수 있으므로, 재정사용의 합법성과 타당성을 감시하는 납세자의 권리는 헌법에 열거되지 않은 기본권이다.

③ 공무원 시험의 응시자격을 '군복무를 필한 자'라고 하여 군복무 중에는 그 응시기회를 제한하는 것은 병역의무의 이행을 이유로 불이익을 주는 것이다.

④ 동원예비군의 무단이탈에 대해 군형법을 부과하는 것은 병역의무 이행으로 인한 불이익에 해당한다.

문 18. 청원권에 관한 설명으로 가장 적절하지 <u>않은</u> 것은? (다툼이 있는 경우 판례에 의함)

① 청원에 대한 심사 및 통지의무는 재판청구권 및 기타 준사법적인 구제청구와 그 성질을 달리하므로 이러한 의무는 청원을 수리한 국가기관이 이를 성실, 공정, 신속히 심사·처리하여 그 결과를 청원인에게 통지하는 이상의 의무를 요구하는 것은 아니다.

② 청원기관의 장은 공개청원의 공개결정일부터 30일간 청원사항에 관하여 국민의 의견을 들어야 한다.

③ 헌법상 청원권은 문서로 행사하도록 하고 있으나 청원법은 국민의 기본권 보장을 강화하기 위하여 구두로도 청원할 수 있도록 하고 있다.

④ 국회에 청원을 할 때에 국회의원의 소개를 얻도록 한 것은 입법형성의 재량의 범위를 넘어 청원권을 침해하였다고 볼 수 없다.

문 19. 근로3권에 관한 설명으로 가장 적절하지 <u>않은</u> 것은? (다툼이 있는 경우 판례에 의함)

① 노동조합으로 하여금 행정관청이 요구하는 경우 결산결과와 운영상황을 보고하도록 하고 그 위반시 과태료에 처하도록 하는 것은 노동조합의 단결권을 침해하는 것이 아니다.

② 공항, 항만 등 국가중요시설의 경비업무를 담당하는 특수경비원에게 경비업무의 정상적인 운영을 저해하는 일체의 쟁의행위를 금지하는 경비업법의 해당 조항은 특수 경비원의 단체행동권을 박탈하여 근로3권을 규정하고 있는 헌법 제33조 제1항 제1항에 위배된다.

③ 국가비상사태하에서라도 단체교섭권·단체행동권이 제한되는 근로자의 범위를 구체적으로 제한함이 없이 그 허용 여부를 주무관청의 조정결정에 포괄적으로 위임하고 이에 위반할 경우 형사처벌하도록 규정하는 것은 근로3권의 본질적인 내용을 침해하는 것이다.

④ 노동조합 및 노동관계조정법상의 근로자성이 인정되는 한, 출입국관리법령에 의하여 취업활동을 할 수 있는 체류자격을 얻지 아니한 외국인 근로자도 노동조합의 결성 및 가입이 허용되는 근로자에 해당된다.

문 20. 다음 사례에 관한 설명으로 가장 적절하지 <u>않은</u> 것은? (다툼이 있는 경우 판례에 의함)

> 甲은 국민건강증진법 제9조 제6항, 제4항은 공중이 이용하는 시설 중 시설의 소유자, 점유자 또는 관리자가 당해 시설의 전체를 금연구역으로 지정하거나 당해 시설을 금연구역과 흡연구역으로 구분하여 지정하여야 하는 시설을 보건복지부령에 의해 정하도록 규정하고 있고, 이에 기하여 보건복지부령인 국민건강증진법 시행규칙 제7조는 각 해당시설을 구체적으로 규정하고 있으며, 국민건강증진법 제9조 제5항은 시설이용자가 이와 같이 지정된 금연구역에서 흡연하는 것을 금지하고 있는 것에 대해 국민건강증진법 시행규칙 제7조가 헌법 제9조, 제10조, 제12조, 제17조, 제34조 제1항에 위반된다며 이 사건 헌법소원심판을 청구하였다.

① 흡연권은 인간의 존엄과 행복추구권을 규정한 헌법 제10조와 사생활의 자유를 규정한 헌법 제17조에 의하여 뒷받침된다.

② 흡연권과 혐연권은 서로 동등한 위치의 기본권이다. 헌법재판소는 이러한 기본권들의 충돌을 해결하고자 규범조화적 해석방법을 이용하여 해결하고 있다.

③ 헌법재판소는 흡연에 대한 제한은 국가의 의무라고까지 할 것이므로 국민의 건강과 혐연권을 보장하기 위해 흡연권을 제한하는 것은 합리적인 이유가 있으므로 이 사건 심판대상법률규정은 평등권을 침해하지 않았다고 보았다.

④ 이 사건 조문은 국민의 건강을 보호하기 위한 것으로서 목적의 정당성을 인정할 수 있고, 흡연자와 비흡연자가 생활을 공유하는 곳에서 일정한 내용의 금연구역을 설정하는 것은 위 목적의 달성을 위하여 효과적이고 적절하여 방법의 적정성도 인정할 수 있다.

소요시간: _____ / 15분   맞힌 답의 개수: _____ / 20

문 1. 헌법의 최고규범성에 관한 설명으로 가장 적절하지 **않은** 것은? (다툼이 있는 경우 판례에 의함)

① 헌법은 하위법에 대해서는 존재근거인 동시에 효력근거가 되며, 모든 법령해석의 기준이 된다.

② 현행 헌법은 헌법의 최고법조항을 직접 명문으로 규정하고 있지는 않다.

③ 위헌법률심사제도는 헌법의 최고성을 관철하기 위한 제도이다.

④ 국가의 창설기능은 헌법의 최고규범성과는 무관한 기능이다.

문 2. 역대 헌법에 관한 설명으로 가장 적절하지 **않은** 것은?

① 1960년 제3차 개정헌법에서는 대법원장과 대법관을 선거로 선출하도록 규정하였다.

② 1962년 개정헌법은 국회 재적의원 3분의 1 이상 또는 국회의원선거권자 50만인 이상의 찬성으로 헌법개정의 제안을 하도록 규정함으로써, 1948년 헌법부터 유지되고 있던 대통령의 헌법개정제안권을 삭제했다.

③ 1980년 개정헌법은 행복추구권, 친족의 행위로 인하여 불이익한 처우의 금지 및 범죄피해자구조청구권을 새로 도입하였다.

④ 1962년 헌법은 국가의 세입·세출의 결산, 국가 및 법률에 정한 단체의 회계 검사와 행정기관 및 공무원의 직무에 관한 감찰을 하기 위하여 대통령 소속 하에 감사원을 두도록 규정하였다.

문 3. 신뢰보호의 문제에 관한 헌법재판소 판례 내용으로 가장 적절하지 **않은** 것은?

① 아직 진행 중인 헌정질서파괴범죄의 공소시효를 연장하는 것은 공소시효에 관한 규정이 신체의 자유에 미치는 중대한 영향에 비추어 볼 때 허용되지 않는다.

② 일정기간 근무한 뒤에는 변리사자격을 획득할 수 있었던 기존 특허청 경력공무원 중 일부에게만 구 법 규정을 적용하여 변리사 자격이 부여되도록 규정한 것은 신뢰이익을 침해하여 헌법에 합치하지 아니한다.

③ 1억원 이상의 벌금형을 선고받는 자에 대하여 노역장유치기간의 하한을 중하게 변경한 형법 조항을 시행일 이후 최초로 공소제기되는 경우부터 적용하여 범죄행위 당시보다 불이익하게 소급 적용한 동법 부칙조항은 형벌불소급원칙에 위배된다.

④ 진정소급입법이라 하더라도 국민이 소급입법을 예상할 수 있었거나 법적 상태가 불확실하고 혼란스러웠거나 하여 보호할 만한 신뢰의 이익이 적은 경우 등에는 예외적으로 허용될 수 있다.

문 4. 조약과 국제법규에 관한 설명으로 가장 적절하지 <u>않은</u> 것은? (다툼이 있는 경우 판례에 의함)

① 한·일어업협정사건에서 헌법재판소는 헌법상 영토에 관한 권리를 영토권이라 구성하여 헌법소원의 대상인 기본권으로 간주하는 것은 가능하다고 판시하였다.

② 중요 조약의 국회동의를 규정한 헌법 제60조 제1항 자체로부터 개별적인 국민들의 특정한 주관적 권리의 보장을 이끌어낼 수는 없다.

③ 국제노동기구 산하 '결사의 자유위원회'의 권고는 일반적으로 승인된 국제법규에 해당하지 않는다.

④ 강제노동의 폐지에 관한 국제노동기구(ILO)의 제105호 조약은 이제 우리나라가 비준하였고, 이는 일반적으로 승인된 국제법규로 법률과 동일한 효력이 있다.

문 5. 중앙선거관리위원회에 의해 등록취소된 정당과 헌법 재판소에 의해 강제해산된 정당의 비교로 가장 적절하지 <u>않은</u> 것은? (다툼이 있는 경우 판례에 의함)

① 중앙선거관리위원회에 의해 등록취소된 정당은 그 사유가 형식적 요건의 미구비 때문이다.

② 중앙선거관리위원회에 의해 등록취소된 정당은 법원에 제소할 수 있다.

③ 헌법재판소에 의해 강제해산된 정당의 국회의원은 현행법에 의하면 의원직을 상실한다.

④ 중앙선거관리위원회에 의해 등록취소된 정당의 소속의원은 무소속으로 자격을 유지한다.

문 6. 적법절차에 관한 설명으로 가장 적절한 것은? (다툼이 있는 경우 헌법재판소 판례에 의함)

① 세무대학의 폐지를 목적으로 하는 법률안을 의결하는 경우 입법절차에 있어서 당연히 이해관계자들의 의견을 조사하는 등 청문절차를 거쳐야 하므로, 별도의 청문절차를 거치지 않은 것만으로도 헌법 제12조 적법절차에 위반된다.

② 행정절차상 강제처분에 의해 신체의 자유가 제한되는 경우 강제처분의 집행기관으로부터 독립된 중립적인 기관이 이를 통제하도록 하는 것은 적법절차원칙의 내용에 해당하지 않는다.

③ 형사재판에 계속 중인 사람에 대하여 출국을 금지할 수 있다고 규정한 출입국관리법 조항에 따른 출국금지결정은 성질상 신속성과 밀행성을 요하므로 출국금지 대상자에게 사전통지를 하거나 청문을 실시하지 않더라도, 출국금지 후 즉시 서면으로 통지하도록 하고 있고, 출국금지결정에 대해 사후적으로 다툴 수 있는 기회를 제공하므로 적법절차원칙에 위배된다고 보기 어렵다.

④ 수사기관 등이 전기통신사업자에게 이용자의 성명 등 통신자료의 열람이나 제출을 요청할 수 있도록 한 전기통신사업법 조항은, 효율적인 수사와 정보수집의 신속성, 밀행성 등의 필요성을 고려하여 정보주체인 이용자에게 그 내역을 통지하도록 하는 것이 적절하지 않기 때문에 사후통지절차를 두지 않더라도 적법절차원칙에 위배되지 않는다.

문 7. 기본권 주체성에 관한 설명으로 가장 적절하지 <u>않은</u> 것은? (다툼이 있는 경우 판례에 의함)

① 국회의원은 국회 구성원의 지위에서 질의권·토론권·표결권 등의 기본권 주체가 될 수 있다.

② 검사가 발부한 형집행장에 의하여 검거된 벌금미납자의 신병에 관한 업무와 관련하여 경찰공무원은 국가기관의 일부 또는 그 구성원으로서 헌법소원을 제기할 청구인적격이 인정되지 않는다.

③ 축협중앙회는 지역별·업종별 축협과 비교할 때 그 공법인성이 상대적으로 크다고 할 것이지만, 그 존립목적 및 설립형식에서의 자주적 성격에 비추어 사법인적 성격을 부인할 수 없으므로 기본권의 주체가 될 수 있다.

④ 주민 소환에 관한 법률에서 주민소환의 청구사유에 제한을 두지 아니하였다는 이유로 지방자치단체장은 자신의 공무담임권 침해를 다툴 수 있다.

.

문 8. 기본권의 제한에 관한 헌법재판소의 결정 내용으로 가장 적절하지 <u>않은</u> 것은?

① 비상계엄하의 군사재판에서 사형을 선고하는 경우를 정하는 헌법 규정은 비상계엄하의 군사재판에서 사형을 선고할 경우에는 불복할 수 있어야 한다는 것을 천명한 것으로 제한적으로 해석되어야 하므로 이 규정을 이유로 헌법이 사형제도를 간접적으로라도 인정한다고 볼 수는 없다.

② 국토이용관리법 제21조의3 제1항의 토지거래허가제는 사유재산제도의 부정이 아니고, 헌법상의 경제조항에도 위배되지 않는다.

③ 기본권 제한의 목적 중 하나인 국가안전보장은 유신헌법 때 신설되었다.

④ 헌법 제29조 제2항은 헌법이 직접 군인, 군무원, 경찰공무원 등의 국가배상청구권을 제한하고 있는 개별적 헌법유보 조항으로 볼 수 있다.

문 9. 자기결정권에 관한 내용으로 가장 적절한 것은? (다툼이 있는 경우 판례에 의함)

① 담배제조자가 면세담배를 용도 외로 사용하는지 여부에 관하여 이를 관리하거나 감독할 수 있는 법적 권리나 의무는 존재하는 것으로 비록 공급받은 자가 용도 외로 사용하였다 하여도 이는 제조자의 연대책임을 물을 수 있는 근거가 된다.

② 성폭력범죄의 처벌 등에 관한 특례법상 정신적인 장애로 항거불능 또는 항거곤란 상태에 있음을 이용하여 사람을 간음한 사람을 무기징역 또는 7년 이상의 징역에 처하도록 규정한 것은 정신적 장애인의 성적 자기결정권을 침해한다.

③ 개인의 자기운명결정권에는 성행위 여부 및 그 상대방을 결정할 수 있는 성적 자기결정권뿐만 아니라 자신의 운명을 자신의 의도대로 종지(終止)시킬 권리 또는 존엄한 죽음을 택할 권리도 포함하는 것이므로 '자살할 권리'도 기본권으로 인정된다는 것이 헌법재판소의 판례이다.

④ 지역 주민의 의사가 반영되지 않은 채 이루어진 미군기지의 이전은 인근 지역에 거주하는 주민들의 삶을 결정함에 있어서 사회적으로 영향을 미치는 것이 아니므로 헌법상 보장된 개인의 자기결정권을 제한하지 않는다.

문 10. 사생활의 비밀과 자유에 관한 설명으로 가장 적절하지 <u>않은</u> 것은? (다툼이 있는 경우 판례에 의함)

① 개인정보처리자는 개인정보를 익명 또는 가명으로 처리하여도 개인정보 수집목적을 달성할 수 있는 경우 가명처리가 가능한 경우에는 가명에 의하여, 가명처리로 목적을 달성할 수 없는 경우에는 익명에 의하여 처리될 수 있도록 하여야 한다.

② 통신매체이용음란죄로 유죄판결이 확정된 자는 신상정보 등록대상자가 된다고 규정한 성폭력범죄의 처벌 등에 관한 특례법 제42조 제1항 중 "제13조의 범죄로 유죄판결이 확정된 자는 신상정보 등록대상자가 된다."라는 부분은 청구인의 개인정보자기결정권을 침해한다.

③ 범죄사실에 관한 보도 과정에서 대상자의 실명 공개에 대한 공공의 이익이 대상자의 명예나 사생활의 비밀에 관한 이익보다 우월하다고 인정되어 실명에 의한 보도가 허용되는 경우에는, 비록 대상자의 의사에 반하여 그의 실명이 공개되었다고 하더라도 그의 성명권이 위법하게 침해되었다고 할 수 없다.

④ 국정감사 또는 국정조사권은 개인의 사생활을 침해하거나 계속 중인 재판 또는 수사 중인 사건의 소추에 관여할 목적으로 행사되어서는 안 된다.

문 11. 언론·출판의 자유에 관한 설명으로 가장 적절하지 <u>않은</u> 것은? (다툼이 있는 경우 판례에 의함)

① 검열금지는 제2차 개헌 때 신설되어 유신헌법 때 폐지되었고, 제8차 개헌 때 부활하였다.

② 이중기준(double standard)의 원칙이란, 정신적 자유를 경제적 자유보다 우월하게 취급하여 정신적 자유의 제한에 관한 합헌성심사를 엄격하게 하려는 원칙이다.

③ 우리나라 헌법은 언론의 자유를 제한하는 개별적인 헌법유보조항을 두고 있다.

④ 우리나라 헌법은 알 권리를 명문으로 규정하고 있지는 않으나 이를 인정하는 것이 통설이고, 헌법재판소 판례에 의하여서도 인정되고 있다.

문 12. 직업의 자유에 관한 설명으로 가장 적절한 것은? (다툼이 있는 경우 판례에 의함)

① 일정한 등록기준을 충족시켜야 등록을 허용하는 건설업의 등록제는 직업선택의 자유를 객관적 사유에 의하여 제한하는 것이다.

② 자동차등록신청대행업무를 일반행정사 이외의 자동차매매업자 및 자동차제작·판매자 등에게도 중첩적으로 허용하는 것은 일반행정사의 직업의 자유를 침해하는 것이다.

③ 비어업인의 수산자원의 포획금지는 일반적 행동자유를 제한하나 직업의 자유를 제한하지는 않는다.

④ 택시운전사가 친족 대상 성범죄를 저질러 실형을 받은 경우 택시운전과 상관없는 범죄로 택시운전자격을 취소한 것으로 지나치다고 볼 수 있다.

문 13. 공무담임권에 관한 헌법재판소 판례의 입장으로 가장 적절하지 <u>않은</u> 것은?

① 선거일 현재 계속하여 90일 이상 당해 지방자치단체의 관할구역 안에 주민등록이 되어 있는 주민에게만 그 지방의회의원 및 지방자치단체의 장의 피선거권을 인정하는 조항은 지방자치행정의 민주성과 능률성을 도모함과 아울러 지방자치제도의 정착을 위한 규정으로서, 그 내용이 공무담임권을 과잉 제한하거나 그 본질적인 내용을 침해하는 규정이라고는 볼 수 없다.

② 정부투자기관의 직원에 대한 지방의회의원선거에서의 입후보제한은 그 합리적 필요성이 있고, 이를 공무담임권의 과도한 제한이라고 볼 수 없다.

③ 금고 이상의 형의 선고유예를 받고 그 기간 중에 있는 자를 임용결격사유로 삼고, 위 사유에 해당하는 자가 임용되더라도 이를 당연무효로 하는 구 국가공무원법 조항은 공직에 대한 국민의 신뢰보장이라는 공익과 비교하여 임용결격공무원의 사익 침해가 현저하다고 보기 어렵다.

④ 면장이 이장을 임명하게 하는 것은 헌법에 침해되지 않는다.

문 14. 재판청구권에 관한 설명으로 가장 적절하지 <u>않은</u> 것은? (다툼이 있는 경우 판례에 의함)

① 재정신청절차의 신속하고 원활한 진행을 위하여 구두변론의 실시 여부를 법관의 재량에 맡기는 것은 재판청구권을 침해하지 않는다.

② 약식명령에 대한 정식재판청구권 회복청구 시 필요적 집행 정지가 아닌 임의적 집행정지로 규정된 형사소송법 해당 조항이 신체의 자유를 침해한다고 볼 수는 없다.

③ 형사피해자에게 약식명령을 고지하지 않도록 규정한 것은 형사피해자의 재판절차진술권과 정식재판청구권을 침해하는 것으로서, 입법자가 입법재량을 일탈·남용하여 형사피해자의 재판을 받을 권리를 침해하는 것이다.

④ 통고처분에 대해 별도로 행정소송을 인정하지 않더라도 헌법이 보장하는 법관에 의한 재판을 받을 권리를 침해하는 것은 아니다.

문 15. 형사보상청구권에 관한 설명으로 가장 적절하지 <u>않은</u> 것은? (다툼이 있는 경우 판례에 의함)

① 헌법 제28조는 '불기소처분을 받거나 무죄판결을 받은 때' 구금에 대한 형사보상을 청구할 수 있는 권리를 헌법상 기본권으로 명시하고 있으므로, 외형상·형식상으로 무죄재판이 없었다면 형사사법절차에 내재하는 불가피한 위험으로 인하여 국민의 신체의 자유에 관한 피해가 발생하였다 하더라도 형사보상청구권을 인정할 수 없다.

② 1개의 재판으로써 경합범의 일부에 대하여 무죄재판을 받고 다른 부분에 대하여 유죄재판을 받았을 경우에 법원은 보상청구의 전부 또는 일부를 기각할 수 있다.

③ 면소 또는 공소기각의 재판을 받은 자는 면소 또는 공소기각의 재판을 할만한 사유가 없었더라면 무죄의 재판을 받을 만한 현저한 사유가 있었을 때에는 국가에 대하여 구금에 대한 보상을 청구할 수 있다.

④ 형사보상제도는 국가배상법상의 손해배상과는 그 근거 및 요건을 달리하므로 형사보상금을 수령한 피고인은 다시 국가배상법에 의한 손해배상을 청구할 수 있다.

문 16. 인간다운 생활을 할 권리에 관한 설명으로 가장 적절하지 <u>않은</u> 것은? (다툼이 있는 경우 판례에 의함)

① 우리 헌법은 신체장애자 및 질병·노령 기타의 사유로 생활능력이 없는 국민은 법률이 정하는 바에 의하여 국가의 보호를 받는다고 규정하고 있다.

② 국민연금의 급여수준은 수급권자가 최저생활을 유지하는 데 필요한 금액을 기준으로 결정해야 할 것이지 납입한 연금보험료의 금액을 기준으로 결정하거나 여러 종류의 수급권이 발생하였다고 하여 반드시 중복하여 지급해야 할 것은 아니다.

③ 헌법재판소 판례에 의하면 인간다운 생활을 할 권리로부터 인간의 존엄에 상응하는 생활에 필요한 '최소한의 물질적인 생활'의 유지에 필요한 급부를 요구할 수 있는 구체적인 권리가 상황에 따라서 직접 도출될 뿐 아니라 동 기본권으로부터 직접 그 이상의 급부를 내용으로 하는 구체적인 권리가 발생한다는 것이다.

④ 지뢰피해자 및 그 유족에 대한 위로금 산정 시 사망 또는 상이를 입을 당시의 월평균임금을 기준으로 하고, 그 기준으로 산정한 위로금이 2천만원에 이르지 아니할 경우 2천만원을 초과하지 아니하는 범위에서 조정·지급할 수 있도록 한 지뢰피해자 지원에 관한 특별법 조항은 인간다운 생활을 할 권리를 침해한다고 볼 수 없다.

문 17. 국방의 의무에 관한 설명으로 가장 적절하지 <u>않은</u> 것은? (다툼이 있는 경우 판례에 의함)

① 국방의 의무는 단지 병역법 등에 의하여 군복무에 임하는 등의 직접적인 병력형성의무만이 아니라 간접적인 병력형성의무 및 병력형성 이후 군작전명령에 복종하고 협력하여야 할 의무도 포함한다.

② 납세의 의무, 국방의 의무, 근로의 의무는 제헌헌법에서부터 규정되었고, 교육을 받게 할 의무는 1962년 제3공화국 헌법에서 처음 규정되었다.

③ 병역을 기피할 목적으로 대한민국의 국적을 상실하였거나 이탈하였던 자가 국적회복허가를 신청하는 경우 법무부장관은 일정한 조건하에서 이를 허가할 수 있다.

④ 헌법 제39조 제2항("누구든지 병역의무의 이행으로 인하여 불이익한 처우를 받지 아니한다.")에서 금지하는 '불이익한 처우'는 법적인 불이익을 의미하는 것이며, 단순한 사실상·경제상의 불이익을 모두 포함하는 것은 아니라는 것이 헌법재판소의 결정례이다.

문 18. 다음 사례에 관한 설명으로 가장 적절하지 <u>않은</u> 것은? (다툼이 있는 경우 헌법재판소 다수의견에 의함)

〈사례〉

甲은 2004.9.5. 교통사고를 당한 피해자로서 뇌손상으로 인한 안면마비가 있거나 외상성 스트레스 증후군 등 심각한 교통사고 후유증을 앓고 있는 자인바, 검사가 교통사고처리 특례법 제4조 제1항 규정에 따라 가해운전자에 대하여 공소권없음 결정을 하자, 위 법률규정이 헌법에 위배되어 기본권이 침해하였다고 주장하면서 헌법소원심판을 청구하였다.

〈참고〉

교통사고처리 특례법 제4조【보험 등에 가입된 경우의 특례】① 교통사고를 일으킨 차가 보험업법 제4조 및 제126조 내지 제128조, 육운진흥법 제8조 또는 화물자동차 운수사업법 제36조의 규정에 의하여 보험 또는 공제에 가입된 경우에는 제3조 제2항 본문에 규정된 죄를 범한 당해 차의 운전자에 대하여 공소를 제기할 수 없다.

① 국민의 생명·신체의 안전은 다른 모든 기본권의 전제가 되며, 인간의 존엄성에 직결되는 것이므로, 단서조항에 해당하지 않는 교통사고로 중상해를 입은 피해자와 단서조항에 해당하는 교통사고의 중상해 피해자 및 사망사고 피해자 사이의 차별 문제는 단지 자의성이 있었느냐의 점을 넘어서 입법목적과 차별 간에 비례성을 갖추었는지 여부를 더 엄격하게 심사하는 것이 바람직하다.

② 헌법 제27조 제5항에 의한 형사피해자의 재판절차에서의 진술권은 피해자 등에 의한 사인소추를 전면 배제하고 형사소추권을 검사에게 독점시키고 있는 현행 기소독점주의의 형사소송체계 아래에서 형사피해자로 하여금 당해 사건의 형사재판절차에 참여하여 증언하는 이외에 형사사건에 관한 의견진술을 할 수 있는 청문의 기회를 부여함으로써 형사사법의 절차적 적정성을 확보하기 위하여 이를 기본권으로 보장하는 것이다.

③ 종합보험 등에 가입한 경우 중과실로 중상해를 일으킨 경우에도 공소제기할 수 없도록 하여 소추조건을 제한하였다 하더라도 이것이 피해자의 재판절차진술권이 침해되는 것이라고 보기는 어렵다 할 것이다.

④ 이 사건 법률조항을 두고 국가가 일정한 교통사고 범죄에 대하여 형벌권을 행사하지 않음으로써 도로교통의 전반적인 위험으로부터 국민의 생명과 신체를 적절하고 유효하게 보호하는 아무런 조치를 취하지 않았다든지, 아니면 국가가 취한 현재의 제반 조치가 명백하게 부적합하거나 부족하여 그 보호의무를 명백히 위반한 것이라고 할 수 없다.

문 19. 연좌제금지에 관한 설명으로 가장 적절한 것은? (다툼이 있는 경우 헌법재판소 판례에 의함)

① 직계존속이 외국에서 영주할 목적 없이 체류한 상태에서 출생한 자는 병역의무를 해소한 경우에만 국적이탈을 신고할 수 있도록 하는 구 국적법 제12조 제3항은 헌법상 연좌제금지원칙의 규율 대상이다.

② 고위공직자범죄수사처 설치 및 운영에 관한 법률 제2조 및 같은 법 제3조 제1항에 따라 고위공직자의 가족은 고위공직자의 직무와 관련하여 죄를 범한 경우 수사처의 수사대상이 되는데, 이는 헌법상 연좌제금지원칙에서 규율하고자 하는 대상이다.

③ 학교법인의 이사장과 특정관계에 있는 사람의 학교장 임명을 제한하는 사립학교법 해당 조항은 배우자나 직계가족이라는 인적 관계의 특성상 당연히 예상할 수 있는 일체성 내지 유착가능성을 근거로 일정한 제약을 가하는 것이다.

④ 변호사법 해당 조항 중 법무법인에 관하여 합명회사 사원의 무한연대책임을 정한 상법 제212조, 신입사원에게 동일한 책임을 부과하는 상법 제213조, 퇴사한 사원에게 퇴사등기 후 2년 내에 동일한 책임을 부과하는 상법 제225조 제1항을 준용하는 부분은 연좌제 금지원칙이 적용된다.

문 20. 인간의 존엄과 가치에 관한 설명으로 가장 적절한 것은? (다툼이 있는 경우 판례에 의함)

① 민사재판에 출정하기 위하여 수용시설 밖으로 나가는 수형자에게 운동화 착용을 불허하고 고무신 착용을 강제하는 것은 수형자의 인격권을 침해한다.

② 일반적 행동자유권의 보호대상으로서 행동이란 국가가 간섭하지 않으면 자유롭게 할 수 있는 행위를 의미하므로 병역의무 이행으로서 현역병 복무도 국가가 간섭하지 않으면 자유롭게 할 수 있는 행위에 속한다는 점에서, 현역병으로 복무할 권리도 일반적 행동자유권에 포함된다.

③ 교도소장이 교도소 수용자의 동절기 취침시간을 21:00로 정한 행위는 수용자의 일반적 행동자유권을 침해한다.

④ 헌법 제10조로부터 도출되는 일반적 인격권에는 각 개인이 그 삶을 사적으로 형성할 수 있는 자율영역에 대한 보장이 포함되어 있음을 감안할 때, 장래 가족의 구성원이 될 태아의 성별 정보에 대한 접근을 국가로부터 방해받지 않을 부모의 권리는 이와 같은 일반적 인격권에 의하여 보호된다.

소요시간: _____ / 15분   맞힌 답의 개수: _____ / 20

문 1. 정치자금에 관한 설명으로 가장 적절한 것은? (다툼이 있는 경우 판례에 의함)

   ① 정치자금법상 기탁금이란 정치자금을 정당에 기부하고자 하는 개인이나 단체가 정치자금법의 규정에 의하여 선거관리위원회에 기탁하는 금전이나 유가증권 그 밖의 물건을 말한다.

   ② 외국인, 국내외 법인 또는 단체는 정치자금을 기부할 수 없다. 누구든지 국내외 법인 또는 단체와 관련된 자금으로 정치자금을 기부할 수 없다.

   ③ 정치자금법상 지방자치단체의 장 선거의 예비후보자는 후원회를 지정하여 둘 수 있으나, 지방의회의원선거의 후보자는 후원회를 지정하여 둘 수 없다.

   ④ 정치자금법상 회계보고된 자료의 열람기간을 3개월로 한정한 것은 헌법에 위반되지 아니한다.

문 2. 국적에 관한 설명으로 가장 적절한 것은? (다툼이 있는 경우 판례에 의함)

   ① 헌법 제2조 제1항은 대한민국 국적의 '취득'뿐만 아니라 국적의 유지, 상실을 둘러싼 전반적인 법률관계를 법률에 규정하도록 위임하고 있는 것으로 풀이할 수는 없다.

   ② 대한민국의 국민으로서 외국인과의 혼인으로 그 배우자의 국적을 취득하게 된 자는 그 외국 국적을 취득한 때부터 6개월 내에 법무부장관에게 대한민국의 국적을 보유할 의사가 있다는 뜻을 신고하지 아니하면 그 외국 국적을 취득한 때로부터 소급하여 대한민국 국적을 상실한 것으로 본다.

   ③ 복수국적자로서 외국 국적을 선택하려는 자는 외국에 주소가 있는 경우에는 주소지 관할 재외공관의 장을 거쳐 외교부장관에게 대한민국 국적을 이탈한다는 뜻을 신고할 수 있고, 외국에 주소가 없는 경우에만 법무부장관에게 대한민국 국적을 이탈한다는 뜻을 신고할 수 있다.

   ④ 국적이탈 신고서에 '가족관계기록사항에 관한 증명서'를 첨부하도록 하는 것은 국적이탈 신고와 관련하여 구체적으로 어떠한 서류를 제출하도록 하는 것인지 불분명하므로 명확성원칙에 위배된다.

문 3. 변호인의 조력을 받을 권리에 관한 설명으로 가장 적절한 것은? (다툼이 있는 경우 판례에 의함)

① 헌법 제12조 제4항 본문 "누구든지 체포 또는 구속을 당한 때에는 즉시 변호인의 조력을 받을 권리를 가진다."라는 규정은 피의자에 대하여 일반적으로 국선변호인의 조력을 받을 권리가 있음을 천명한 것으로 볼 수 있다.

② 인천공항출입국·외국인청장이 입국불허되어 송환대기실 내에 수용된 외국인에게 변호인의 접견신청을 거부한 것은, 청구인이 자진출국으로 송환대기실을 벗어날 수 있는 점을 고려할 때 '구금' 상태에 놓여 있었다고 볼 수 없으므로, 헌법상 변호인의 조력을 받을 권리를 침해하지 않는다.

③ 법원은 피고인이 빈곤의 사유로 변호인을 선임할 수 없는 경우에 피고인의 청구가 없더라도 변호인을 선정하여야 한다.

④ 가사소송에서는 헌법 제12조 제4항의 변호인의 조력을 받을 권리가 보장되지 않는다.

문 4. 영토 및 남북관계에 관한 설명으로 가장 적절하지 않은 것은? (다툼이 있는 경우 판례에 의함)

① 북한주민 등과 접촉을 원하는 자는 통일부장관의 승인을 얻도록 한 남북교류협력에 관한 법률은 헌법상 통일조항과 포괄위임금지의 원칙에 위반되지 않는다.

② 남북한의 유엔동시가입이 남북한이 동시에 상대방을 국가로 승인한다는 의미가 아니며, 현행법상 남한과 북한 간의 거래는 국가 간의 거래가 아닌 민족내부의 거래로 본다.

③ 외국환거래의 일방 당사자가 북한의 주민일 경우 그는 남북교류협력에 관한 법률상 '북한의 주민'에 해당하는 것이므로, 북한의 조선아시아태평양위원회가 외국환거래법 제15조에서 말하는 '거주자'나 '비거주자'에 해당하는지 또는 남북교류협력에 관한 법률상 '북한의 주민'에 해당하는지 여부는 법률해석의 문제에 불과한 것으로 볼 수 없고, 헌법 제3조의 영토조항과 관련이 있는 것으로 보아야 한다.

④ 독도 등을 중간수역으로 정한 대한민국과 본국 간의 어업에 관한 협정은 배타적 경제수역을 직접 규정한 것이 아닐 뿐만 아니라 배타적 경제수역이 설정된다 하더라도 영해를 제외한 수역을 의미하며, 이러한 점들은 이 협정에서의 이른바 중간수역에 대해서도 동일하다고 할 것이므로 독도의 영유권 문제나 영해 문제와는 직접적인 관련을 가지지 않는다.

문 5. 헌정사에 관한 설명으로 가장 적절하지 <u>않은</u> 것은?

① 피고인에 대한 형사보상은 건국헌법 때부터 규정되었으나, 피의자에 대한 형사보상은 현행 헌법 때 신설되었다.

② 1954년 개정헌법은 주권의 제약 또는 영토의 변경을 가져올 국가안위에 관한 중대사항은 국회의 가결을 거친 후에 국민투표에 부치게 함으로써 국민투표제를 도입하였다.

③ 1962년 개정헌법은 정당에 대한 국가의 보호 규정을 신설하였을 뿐만 아니라 국회의원에 대한 정당기속을 강하게 인정하고 있었다.

④ 헌법상 근로자의 적정임금 보장 관련규정은 1980년 개정헌법에서 처음 도입되었고, 최저임금제는 1987년 개정헌법에서 신설되었다.

문 6. 결사의 자유에 관한 설명으로 가장 적절하지 <u>않은</u> 것은? (다툼이 있는 경우 판례에 의함)

① 학교안전사고 예방 및 보상에 관한 법률에 의하여 설립된 학교안전공제회는 행정관청 또는 그로부터 행정권한을 위임받은 공공단체로 공법인에 해당할 뿐, 사법인적 성격을 갖는 것은 아니므로 기본권의 주체가 될 수 없다.

② 공적인 역할을 수행하는 결사 또는 그 구성원들이 기본권 침해를 주장하는 경우, 순수한 사적인 임의결사의 기본권이 제한되는 경우의 심사에 비해서는 완화된 기준을 적용할 수 있다.

③ 안마사들로 하여금 의무적으로 대한안마사협회의 회원이 되어 정관을 준수하도록 한 의료법 조항은, 시각장애가 있는 안마사들 사이에 정보를 교환하고 직업수행 능력을 높일 수 있는 점 등을 고려하면, 안마사들의 결사의 자유를 침해하는 것으로 보기 어렵다.

④ 특정 형태의 단체를 설립하기 위하여 일정 요건을 충족시킬 것을 규정하는 법률은, 한편으로는 결사의 자유를 행사하기 위한 전제조건으로서 단체제도를 입법자가 법적으로 형성하는 것이자, 동시에 결사의 자유를 제한하는 규정이다.

문 7. 학문의 자유에 관한 설명으로 가장 적절하지 <u>않은</u> 것은? (다툼이 있는 경우 판례에 의함)

① 대학 총장 후보자 선정과 관련하여 대학에게 반드시 직접선출방식을 보장하여야 하는 것은 아니며, 다만 대학교원들의 합의된 방식으로 그 선출방식을 정할 수 있는 기회를 제공하면 족하다.

② 보건복지부장관이 의료법과 대통령령의 위임에 따라 치과전문의자격시험제도를 실시할 수 있도록 시행규칙을 개정하거나 필요한 조항을 신설하는 등 제도적 조치를 마련하지 아니하는 부작위는 치과의사로서 전문의가 되고자 하는 자의 학문의 자유를 침해한다.

③ 진리탐구의 과정과는 무관하게 단순히 기존의 지식을 전달하거나 인격을 형성하는 것을 목적으로 하는 '교육'은 학문의 자유의 보호영역이 아니라 교육에 관한 기본권의 보호영역에 속한다.

④ '대통령긴급조치 제9호'는 학생의 모든 집회·시위와 정치관여행위를 금지하고, 위반자에 대하여는 주무부장관이 학생의 제적을 명하고 소속 학교의 휴업, 휴교, 폐쇄조치를 할 수 있도록 규정하여, 학생의 집회·시위의 자유, 학문의 자유와 대학의 자율성 내지 대학자치의 원칙을 본질적으로 침해한다.

문 8. 사생활의 비밀과 자유 및 개인정보 보호에 관한 설명으로 가장 적절한 것은? (다툼이 있는 경우 판례에 의함)

① 징벌혐의의 조사를 받고 있는 수용자가 변호인 아닌 자와 접견할 당시 교도관이 참여하여 대화내용을 기록하게 한 행위는 수용자의 사생활의 비밀과 자유를 침해한다.

② 정보주체가 직접 또는 제3자를 통하여 이미 공개한 개인정보는 공개 당시 정보주체가 자신의 개인정보에 대한 수집이나 제3자 제공 등의 처리에 대하여 일정한 범위 내에서 동의를 했다고 보아야 하고, 따라서 정보처리자에게 영리목적이 있었다는 사정만으로 곧바로 그 정보처리행위를 위법하다고 할 수는 없다.

③ 지문은 그 정보주체를 타인으로부터 식별가능하게 하는 개인정보가 아니므로, 경찰청장이 이를 보관·전산화하여 범죄수사목적에 이용하는 것은 정보주체의 개인정보자기결정권을 제한하는 것이 아니다.

④ 19세 미만자에 대하여 성폭력범죄를 저지른 때 전자장치 부착기간의 하한을 2배 가중하는 특정 범죄자에 대한 보호관찰 및 전자장치 부착 등에 관한 법률 조항은 피부착자의 사생활의 비밀과 자유를 침해한다.

문 9. 형벌불소급의 원칙에 관한 설명으로 가장 적절하지 않은 것은? (다툼이 있는 경우 판례에 의함)

① 형벌불소급의 원칙에서 의미하는 '처벌'은 단지 형법에 규정되어 있는 형식적 의미의 형벌 유형에 국한되므로, 범죄행위에 따른 제재의 내용이나 실제적 효과가 형벌적 성격이 강하여 신체의 자유를 박탈하거나 이에 준하는 정도로 신체의 자유를 제한하는 경우라 하더라도 형벌불소급의 원칙이 적용되지 않는다.

② 행위 당시의 판례에 의하면 처벌대상이 되지 아니하는 것으로 해석되었던 행위를 판례의 변경에 따라 확인된 내용의 형법 조항에 근거하여 처벌한다고 하여 그것이 형벌불소급의 원칙에 위반된다고 할 수 없다.

③ 성폭력 범죄자에 대한 전자장치 부착명령 및 신상정보 공개·고지명령은 비형벌적 보안처분으로서 소급효금지원칙이 적용되지 아니한다.

④ 개정된 법률 이전의 행위를 소급하여 형사처벌하도록 규정하고 있는 것이 아니라 형사처벌을 규정하고 있던 행위시법이 사후 폐지되었음에도 신법이 아닌 행위시법에 의하여 형사처벌하도록 규정한 것은 헌법 제13조 제1항의 형벌불소급의 원칙의 보호영역에 포섭되지 아니한다.

문 10. 생명권에 관한 헌법재판소의 결정으로 옳고 그름의 표시(O, ×)가 바르게 된 것은? (다툼이 있는 경우 판례에 의함)

> ㉠ 국가의 기본권 보호의무로부터 태아의 출생 전에, 또한 태아가 살아서 출생할 것인가와는 무관하게, 태아를 위하여 민법상 일반적 권리능력까지도 인정하여야 한다는 헌법적 요청이 도출되지는 않는다.
>
> ㉡ '살아서 출생하지 못한 태아'에 대해서는 손해배상청구권을 부정하는 것은 '살아서 출생한 태아'와는 달리 '살아서 출생하지 못한 태아'에게 불리한 결과를 초래하고 있으나 이러한 결과는 사법(私法)관계에서 요구되는 법적 안정성의 요청이라는 법치국가이념에 의한 것으로 헌법적으로 정당화된다 할 것이다.
>
> ㉢ 태아도 헌법상 생명권의 주체이고, 그 성장상태가 보호 여부의 기준이 되어서는 안 된다.
>
> ㉣ 초기배아는 수정이 된 배아라는 점에서 형성 중인 생명의 첫걸음을 떼었다고 볼 여지가 있으므로 기본권 주체성을 인정할 수 있다.

	㉠	㉡	㉢	㉣
①	O	O	O	×
②	×	×	×	O
③	×	O	O	×
④	O	×	×	O

문 11. 범죄피해자구조청구권에 관한 설명으로 가장 적절한 것은? (다툼이 있는 경우 판례에 의함)

① 범죄피해자구조청구권은 형사보상청구권과 더불어 현행 헌법에서 처음으로 도입된 것으로, 그 법적 성격은 생존권적 기본권으로서의 성격을 가지는 청구권적 기본권이다.

② 범죄피해자구조청구권은 대한민국의 영역 안에서 행하여진 사람의 생명 또는 신체를 해치는 죄에 해당하는 행위로 인하여 사망하거나 장해 또는 중상해를 입은 경우 또는 재산상의 피해를 입은 경우를 대상으로 한다.

③ 유족구조금을 지급받을 수 있는 유족에 사실상 혼인관계에 있는 배우자는 제외된다.

④ 구 범죄피해자구조법 조항에서 범죄피해가 발생한 날부터 5년이 경과한 경우에는 구조금의 지급신청을 할 수 없다고 규정한 것은 오늘날 여러 정보에 대한 접근이 용이해진 점 등에 비추어 보면 합리적인 이유가 있다고 할 것이어서 평등원칙에 위반되지 아니한다.

문 12. 기본권 보장과 제한에 관한 설명으로 가장 적절하지 않은 것은? (다툼이 있는 경우 판례에 의함)

① 헌법 제37조 제2항에 의하면 기본권은 원칙적으로 법률로써만 이를 제한할 수 있다고 할 것이지만, 헌법 제75조에 의하여 법률의 위임이 있고 그 위임이 구체적으로 범위를 정하여 하는 것이라면 대통령령에 의한 기본권의 제한도 가능하다.

② 명확성원칙에서 명확성의 정도는 모든 법률에 있어서 동일한 정도로 요구되는 것은 아니고, 개개의 법률이나 법조항의 성격에 따라 요구되는 정도에 차이가 있을 수 있으므로, 어떠한 규정이 수익적 성격을 가지는 경우에는 부담적 성격을 가지는 경우에 비하여 명확성원칙이 더욱 엄격하게 요구된다.

③ 법률의 위임규정 자체가 그 의미 내용을 정확하게 알 수 있는 용어를 사용하여 위임 한계를 분명히 밝히는데도 하위법령이 그 문언적 의미의 한계를 벗어나거나, 위임규정에서 사용하는 용어의 의미를 넘어 그 범위를 확장 혹은 축소함으로써 위임 내용을 구체화하는 단계를 벗어나 새로운 입법으로 평가할 수 있다면 이는 위임 한계를 일탈한 것으로 허용되지 않는다.

④ 침해의 최소성의 관점에서 입법자는 그가 의도하는 공익을 달성하기 위하여 우선 기본권을 보다 적게 제한하는 단계인 기본권 행사의 '방법'에 관한 규제로써 공익을 실현할 수 있는가를 시도하고 이러한 방법으로는 공익달성이 어렵다고 판단되는 경우에 비로소 그 다음 단계인 기본권 행사의 '여부'에 관한 규제를 선택해야 한다.

문 13. 국가배상청구권에 관한 설명으로 가장 적절하지 않은 것은? (다툼이 있는 경우 판례에 의함)

① 5·18 민주화운동 보상심의위원회의 보상금지급결정에 동의하면 정신적 손해에 관한 부분도 재판상 화해가 성립된 것으로 보는 구 광주민주화운동 관련자 보상에 관한 법률 조항은 국가배상청구권을 침해한다.

② 국가배상법 제2조 소정의 "공무원"이라 함은 국가공무원법이나 지방공무원법에 의하여 공무원으로서의 신분을 가진 자에 국한하지 않고, 널리 공무를 위탁받아 실질적으로 공무에 종사하고 있는 일체의 자를 가리키는 것이라고 봄이 상당하다.

③ 국가배상심의회의 배상결정에 신청인이 동의한 때에는 재판상의 화해가 성립한 것으로 보아 재심의 소에 의하여 취소 또는 변경되지 않는 한 그 효력을 다툴 수 없도록 하였다고 하더라도 이는 신청인의 의사에 기한 것이므로, 신청인의 재판청구권을 과도하게 제한한다고 볼 수 없다.

④ 국가 등의 사경제적 작용에 대해서는 국가배상법이 적용되지 않는 것으로 보는 것이 학설과 판례의 일치된 입장이고, 연혁적으로도 세계 각국에서 국가배상책임이 인정되게 된 것은 일반 민사상 손해배상책임이 인정된 것과 그 배경 및 시기를 달리하는 등 국가배상사건은 그 성격에 있어서 일반 민간인, 민간단체를 상대로 하는 손해배상청구사건과는 다르다.

문 14. 양심의 자유에 관한 설명으로 가장 적절하지 **않은** 것은? (다툼이 있는 경우 판례에 의함)

① 헌법상 보호되는 양심은 어떤 일의 옳고 그름을 판단함에 있어서 그렇게 행동하지 아니하고는 자신의 인격적인 존재가치가 허물어지고 말 것이라는 강력하고 진지한 마음의 소리로서 절박하고 구체적인 양심을 말한다.

② 양심적 병역거부는 실상 당사자의 '양심에 따른' 혹은 '양심을 이유로 한' 병역거부를 가리키는 것이며 병역거부가 '도덕적이고 정당하다'는 의미를 갖는 것은 아니다.

③ 주민등록증 발급을 위해 열 손가락의 지문을 날인케 하는 것은 신원확인기능의 효율적인 수행을 도모하고, 신원확인의 정확성 내지 완벽성을 제고하기 위한 것이므로 양심의 자유에 대한 최소한의 제한이라고 할 수 있다.

④ 국가에게 병역의무의 면제라는 특혜와 형사처벌이라는 두 개의 선택지밖에 없다면 모르되, 국방의 의무와 양심의 자유를 조화시킬 수 있는 제3의 길이 있다면 국가는 그 길을 진지하게 모색하여야 할 것이므로, 양심적 병역거부자에 대한 대체복무제를 허용하지 않는 것은 양심적 병역거부자의 양심의 자유를 침해한다.

문 15. 공무원제도에 관한 설명으로 가장 적절하지 **않은** 것은? (다툼이 있는 경우 판례에 의함)

① 공무원연금제도가 공무원신분보장의 본질적 요소라고 하더라도 퇴직 후에 현 제도 그대로의 연금을 받는다는 신뢰는 반드시 보호되어야 할 정도로 확고한 것이라고 볼 수 없다.

② 헌법 제32조 제6항은 '국가유공자 본인'에 대하여 우선적 근로기회를 용인하고 있으며, 이러한 우선적 근로기회의 부여에는 공직 취업에 상대적으로 더 유리하게 가산점을 부여받는 것도 포함된다고 볼 수 있으므로, '국가유공자의 가족'의 경우 그러한 가산점의 부여는 헌법이 직접 요청하고 있는 것이 아니다.

③ 판례는 공무원 노동조합에 가입할 수 있는 공무원은 6급 이하 공무원으로 한정한 법률조항에 대해서 합헌으로 판시하였다.

④ 미성년자에 대하여 성범죄를 범하여 형을 선고받아 확정된 자와 성인에 대한 성폭력범죄를 범하여 벌금 100만원 이상의 형을 선고받아 확정된 자는 초·중등교육법상의 교원에 임용될 수 없도록 한 부분은 그 제한의 범위가 지나치게 넓고 포괄적이어서 공무담임권을 침해한다.

문 16. 헌법상 경제질서에 관한 설명으로 가장 적절하지 **않은** 것은? (다툼이 있는 경우 판례에 의함)

① 국가에 대하여 경제에 관한 규제와 조정을 할 수 있도록 규정한 헌법 제119조 제2항은 보유세 부과 그 자체를 금지하는 취지로 보이므로 주택 등에 보유세인 종합부동산세를 부과하는 그 자체는 헌법 제119조에 위반된다.

② 광물 기타 중요한 지하자원·수산자원·수력과 경제상 이용할 수 있는 자연력은 법률이 정하는 바에 의하여 일정한 기간 그 채취·개발 또는 이용을 특허할 수 있다.

③ 농업생산성의 제고와 농지의 합리적인 이용을 위하거나 불가피한 사정으로 발생하는 농지의 임대차와 위탁경영은 법률이 정하는 바에 의하여 인정된다.

④ 국방상 또는 국민경제상 긴절한 필요로 인하여 법률이 정하는 경우를 제외하고는, 사영기업을 국유 또는 공유로 이전하거나 그 경영을 통제 또는 관리할 수 없다.

문 17. 국회의원 선거제도에 관한 설명으로 옳은 것을 모두 고른 것은? (다툼이 있는 경우 판례에 의함)

┌───┐
│ ⊙ 정당이 임기만료에 따른 지역구 국회의원선거에 │
│   후보자를 추천하는 때에는 전국 지역구총수의 │
│   100분의 30 이상을 여성으로 추천하여야 한다. │
│ ⓒ 헌법은 기본적으로 선거공영제를 채택하고 있지 │
│   만, 기탁금제도 자체가 헌법에 위반되는 것은 아 │
│   니다. │
│ ⓒ 국회의원선거의 기탁금은 1,500만원이며, 후보자 │
│   가 당선되거나 사망한 경우와 유효투표총수의 │
│   100분의 10 이상을 득표한 경우에는 기탁금 전액 │
│   을 기탁자에게 반환한다. │
│ ⓔ 누구든지 선거일 전 6일부터 선거일의 투표마감 │
│   시각까지 선거에 관하여 정당에 대한 지지도나 │
│   당선인을 예상하게 하는 여론조사(모의투표나 인 │
│   기투표에 의한 경우를 포함)의 경위와 그 결과를 │
│   공표하거나 인용하여 보도할 수 없다. │
└───┘

① ⊙, ⓒ   ② ⊙, ⓔ
③ ⓒ, ⓒ   ④ ⓒ, ⓔ

문 18. 다음 사례에 관한 설명으로 가장 적절하지 않은 것은? (다툼이 있는 경우 판례에 의함)

┌───┐
│ 2004.7. 법무부는 수용자 중 조직폭력사범, 마약류 │
│ 사범, 중점관리대상자, 엄중격리대상자를 특별관리대 │
│ 상자로 지정하여 특별처우하는 '특별관리대상자 관리 │
│ 지침'을 제정·시행하였다. 甲, 乙 등은 모두 엄중격 │
│ 리대상자로 선정되어 지침에 의한 엄중격리처우를 받 │
│ 게 되는 자들이다. 이들은 자신들이 이동할 때마다 │
│ 자신들의 손목에 수갑을 채우는 행위와 수갑을 찬 상 │
│ 태에서 이동하는 자신들의 옆구리에 2인의 교도관이 │
│ 양쪽에서 팔을 넣어 자신들을 끌고가는 행위와 자신 │
│ 들의 독거실에 CCTV를 설치하여 항상 행동을 녹화 │
│ 하는 행위, 수용 독거실의 화장실을 일반생활영역과 │
│ 구획하지 아니한 행위, 2~3평 정도의 좁은 운동장에 │
│ 서 혼자 하루 약 45분 정도만 운동하게 한 행위에 대 │
│ 해 기본권이 침해받았다고 주장하면서 헌법소원심판 │
│ 을 청구하였다. │
└───┘

① 수형자에게 제한되는 기본권은 형의 집행과 도망 방지라는 구금목적과 관련된 기본권에 한정되어야 하고, 그 역시 형벌의 집행을 위해 필요한 한도를 벗어날 수 없다.
② 헌법재판소는 이 사건에서 계구사용행위 및 동행계 호행위가 甲과 乙의 기본권을 부당하게 침해한다고 볼 수 있다고 판단하였다.
③ 甲과 乙 등의 실외운동을 하루 약 45분 정도만 인 정하고 있는 부분에 대해서는 이들의 기본권을 침 해한다고 보기 어렵다고 헌법재판소는 판단하였다.
④ 본 사건에서 문제된 독거실에 CCTV를 설치한 행위 에 대해서 헌법재판소는 헌법에 위반되지 않는다고 판시하였다.

문 19. 국적법에 관한 설명으로 가장 적절하지 <u>않은</u> 것은? (다툼이 있는 경우 헌법재판소 판례에 의함)

① 대한민국의 국민만이 누릴 수 있는 권리 중 대한민국의 국민이었을 때 취득한 것으로서 양도할 수 있는 것은 그 권리와 관련된 법령에서 따로 정한 바가 없으면 3년 내에 대한민국의 국민에게 양도하여야 한다.

② 국적법 제10조 제1항은 대한민국 국적을 취득한 외국인의 외국 국적 포기기간을 대한민국 국적을 취득한 날부터 6개월 내로부터 1년 내로 변경하였다.

③ 복수국적자의 법적 지위에 관한 국적법 제11조의2를 신설하여 제1항에서 복수국적자는 "대한민국의 법령 적용에서 외국인으로만 처우한다."라고 규정함으로써 이중국적자의 경우에는 국내법에서는 단일국적자로 취급한다는 일반원칙을 명확히 하고 있다.

④ 국적법 제10조 제2항은 본인의 의사에도 불구하고 외국 국적 포기를 이행하기 어려운 자에 대하여 개정 전의 조문에는 대통령령으로 정하고 있으나, 개정으로 인하여 국적법 제10조 제2항 각 호의 어느 하나에 해당하는 자로서 대통령령으로 정하는 자는 법무부장관이 정하는 바에 따라 대한민국에서 외국 국적을 행사하지 아니하겠다는 뜻을 법무부장관에게 서약만 하면 대한민국 국적을 유지하는 것을 인정하고 있다.

문 20. 조약의 체결 · 비준에 대한 국회의 동의권에 관한 설명으로 가장 적절하지 <u>않은</u> 것은? (다툼이 있는 경우 판례에 의함)

① 어업조약과 무역조약은 국회동의를 요하지 않는다.

② 헌법 제60조 제1항의 국제법존중주의는 우리나라가 가입한 조약과 일반적으로 승인된 국제법규가 국내법과 같은 효력을 가진다는 것으로서 조약이나 국제법규가 국내법에 우선한다는 의미는 아니다.

③ 국제법존중주의는 국제법과 국내법의 동등한 효력을 인정한다는 취지인바, '유엔 시민적 · 정치적 권리규약 위원회'가 국가보안법의 폐지나 개정을 권고하였으므로 국가보안법 제7조 제1항 중 '찬양 · 고무 · 선전 또는 이에 동조한 자'에 관한 부분은 국제법존중주의에 위배된다.

④ 한미상호방위조약과 우호통상항해조약은 모두 국회의 동의를 얻어야 한다.

문 1. 대통령의 긴급재정명령에 관한 설명으로 가장 적절하지 않은 것은? (다툼이 있는 경우 판례에 의함)

① 헌법재판소나 법원은 국가긴급권 발동의 위헌·위법 여부를 사후적으로 심사할 수는 있으나, 국가긴급권이 가지는 고도의 정치적 성격이 그 심사의 한계로서 작용할 수 있다.

② 대통령이 이를 발동하려면 국무회의의 심의를 거쳐야 한다.

③ 위기가 발생할 우려가 있다는 이유로 사전적·예방적으로는 발할 수 없다.

④ 긴급사태의 수습을 위한 목적뿐만 아니라 공공복리의 증진과 같은 적극적 목적을 위하여도 발할 수 있다.

문 2. 인간으로서의 존엄과 가치에 관한 설명으로 가장 적절한 것은? (다툼이 있는 경우 판례에 의함)

① 행복추구권은 모든 기본권을 보충하는 일반적 권리이다. 따라서 사회보장적 급부를 청구할 근거로 원용될 수 있다고 판례는 보고 있다.

② 주체는 국민뿐만 아니라 외국인, 무국적자, 법인을 포함하는 모든 인격주체이다.

③ 헌법상 명문으로 규정되어 있지는 않으나, 개성의 자유로운 발현권은 인간으로서의 존엄과 가치에서 파생되는 기본권이다.

④ 성전환자에 해당함이 명백한 사람에 대해서는 호적의 성별란 기재의 성을 전환된 성에 부합하도록 수정할 수 있도록 허용함이 상당하므로, 성전환자임이 명백한 사람에 대하여 호적정정을 허용하지 않는 것은 인간의 존엄과 가치를 향유할 권리를 온전히 구현할 수 없게 만드는 것이다.

문 3. 명확성의 원칙에 관한 내용으로 가장 적절하지 않은 것은? (다툼이 있는 경우 판례에 의함)

① 불온서적은 군인들의 정신전력이 저해되는 것을 방지하기 위한 서적을 금지하는 것이라는 것을 알 수 있어 명확성의 원칙에 반하지 않는다.

② 국립묘지의 설치 및 운영에 관한 법률에서 '영예성'은 무슨 의미인지 알기 힘들어 명확성의 원칙에 위배된다.

③ '중요한 회의'라는 문언만으로는 조합의 어떤 회의체기관이 어떤 회의를 대상으로 하는지를 알 수 없어 명확성의 원칙에 위반된다.

④ '국가안전보장에 대한 위해를 방지하기 위한 정보수집'은 국가의 존립이나 헌법의 기본질서에 대한 위험을 방지하기 위한 목적을 달성함에 있어 요구되는 최소한의 범위 내에서의 정보수집을 의미하는 것으로 해석되므로, 명확성원칙에 위배되지 않는다.

문 4. 사생활의 비밀과 자유에 관한 설명으로 가장 적절하지 <u>않은</u> 것은? (다툼이 있는 경우 판례에 의함)

① 특정 범죄자에 대한 보호관찰 및 전자장치 부착 등에 관한 법률에 의한 전자장치 부착기간 동안 다른 범죄를 저질러 구금된 경우, 그 구금기간이 부착기간에 포함되지 않은 것으로 규정한 위 법률조항은 사생활의 비밀과 자유, 개인정보자기결정권을 침해한다.

② 친생부인의 소 진행과정에서 발생할 수 있는 사생활 공개의 문제는 소송법상 변론 및 소송기록 비공개 제도의 운영에 관련된 문제로서 심판대상조항으로 말미암아 사생활의 비밀과 자유가 제한된다고 보기는 어렵다.

③ 인터넷언론사의 공개된 게시판·대화방에서 스스로의 의사에 의하여 정당·후보자에 대한 지지·반대의 글을 게시하는 행위는 양심의 자유나 사생활 비밀의 자유에 의하여 보호되는 영역이라고 할 수 없다.

④ 범죄의 경중·재범의 위험성 여부를 불문하고 모든 신상정보 등록대상자의 등록정보를 20년 동안 보존·관리하도록 한 성폭력범죄의 처벌 등에 관한 특례법 관련 규정은 신상정보 등록대상자의 개인정보자기결정권을 침해한다.

문 5. 재산권에 관한 헌법재판소의 판시 취지로 가장 적절한 것은?

① 개발제한구역지정 후 토지를 종래의 목적대로 사용할 수 있는 경우라도 구역지정으로 인한 개발가능성의 소멸과 그에 따른 지가의 하락이나 지가상승률의 상대적 감소는 토지소유자가 감수해야 하는 사회적 제약의 범주를 넘어서는 것이다.

② 건축허가를 받은 자가 1년 이내에 공사에 착수하지 아니한 경우 건축허가를 필수적으로 취소하도록 규정한 것은 건축주의 재산권을 침해한다.

③ 정책실현목적 부담금은 추구되는 공적 과제가 부담금 수입의 지출 단계에서 비로소 실현된다고 한다면, 재정조달목적 부담금은 추구되는 공적 과제의 전부 혹은 일부가 부담금의 부과 단계에서 이미 실현된다고 할 것이다.

④ 개별 재산권이 갖는 자유보장적 기능이 강할수록, 즉 국민 개개인의 자유실현의 물질적 바탕이 되는 정도가 강할수록, 그러한 재산권에 대해서는 엄격한 심사가 이루어져야 한다.

문 6. 참정권에 관한 설명으로 가장 적절하지 <u>않은</u> 것은? (다툼이 있는 경우 판례에 의함)

① 한국철도공사의 상근직원에 대하여 선거운동을 금지하고 이를 위반한 경우 처벌하도록 하는 것은 공공기관의 선거 영향력을 막는 제도로 헌법에 합치된다.

② 군인사법이 부사관으로 최초로 임용되는 사람의 최고연령을 27세로 제한하는 것은 숙련된 부사관의 활용기간을 고려한 것으로 부사관 지원자들의 공무담임권을 침해하지 않는다.

③ 국민투표는 선거와 달리 국민이 직접 국가의 정치에 참여하는 절차이므로, 국민투표권은 대한민국 국민의 자격이 있는 사람에게 반드시 인정되어야 하는 권리이다.

④ 국민투표의 가능성은 국민주권주의나 민주주의원칙과 같은 일반적인 헌법원칙에 근거하여 인정될 수 없으며, 헌법에 명문으로 규정되지 않는 한 허용되지 않는다.

문 7. 국민의 형사재판 참여에 관한 설명으로 가장 적절하지 <u>않은</u> 것은? (다툼이 있는 경우 판례에 의함)

① 국민의 형사재판 참여에 관한 법률에 따라 심리에 관여한 배심원은 재판장의 설명을 들은 후 유·무죄에 관하여 평의를 하고, 필요에 따라 심리에 관여한 판사의 의견을 들은 후 다수결에 따라 평결을 하여야 한다.

② 국민의 형사재판 참여에 관한 법률이 국민참여재판의 일반적 배제사유로 '그 밖에 국민참여재판으로 진행하는 것이 적절하지 아니하다고 인정되는 경우'라고 규정한 것은 적법절차원칙에 위배되지 아니한다.

③ 위 배심원들의 평결과 의견은 법원을 기속하지 아니한다.

④ 우리나라 국민참여재판제도의 취지와 배심원의 권한 및 의무 등 여러 사정을 종합적으로 고려하여만 20세에 이르기까지 교육 및 경험을 쌓은 자로 하여금 배심원의 책무를 담당하도록 정한 것은 입법형성권의 한계 내의 것으로 자의적인 차별이라고 볼 수 없다.

문 8. 인간다운 생활을 할 권리에 관한 설명으로 가장 적절하지 <u>않은</u> 것은? (다툼이 있는 경우 판례에 의함)

① 도시환경정비사업의 시행으로 인하여 철거되는 주택의 소유자를 위하여 임시수용시설을 설치하도록 규정하지 않은 도시 및 주거환경정비법 조항은 이주대책이나 주거대책의 실시 여부 및 내용에 대해서는 폭넓은 입법재량이 인정되는 것으로 헌법에 위반되지 않는다.

② 유족연금수급권은 그 급여의 사유가 발생한 날로부터 5년간 이를 행사하지 아니하면 시효로 인하여 소멸하도록 규정한 구 군인연금법 조항은 유족연금수급권자의 인간다운 생활을 할 권리를 침해한다고 볼 수 없다.

③ 인간다운 생활을 보장하기 위한 객관적인 내용의 최소한을 보장하고 있는지 여부는 특정한 법률에 의한 생계급여만을 가지고 판단하면 되고, 여타 다른 법령에 의해 국가가 최저생활보장을 위하여 지급하는 각종 급여나 각종 부담의 감면 등을 총괄한 수준으로 판단할 것을 요구한다.

④ 재혼을 유족연금수급권 상실사유로 규정한 구 공무원연금법의 해당 조항 중 '유족연금'에 관한 부분은 입법재량의 한계를 벗어나 재혼한 배우자의 인간다운 생활을 할 권리를 침해하였다.

문 9. 혼인과 가족생활에 관한 설명으로 가장 적절하지 <u>않은</u> 것은? (다툼이 있는 경우 판례에 의함)

① 가정폭력 가해자에 대하여 특별한 제한을 두지 아니한 채, 가정폭력 가해자인 전 배우자라도 직계혈족으로서 그 자녀의 가족관계증명서와 기본증명서를 사실상 자유롭게 발급받을 수 있게 한 것은 헌법에 위반된다.

② 혼인 종료 후 300일 이내에 출생한 자를 전남편의 친생자로 추정하는 민법 조항은 모가 가정생활과 신분에서 누려야 할 인격권과 가족생활에 관한 기본권을 침해한다.

③ 1세대 3주택 이상에 해당하는 주택에 대하여 양도소득세 중과세를 규정하고 있는 구 소득세법 조항이 혼인이나 가족생활을 근거로 부부 등 가족이 있는 자를 혼인하지 아니한 자 등에 비하여 차별 취급하는 것이라면 비례의 원칙에 의한 심사에 의하여 정당화되지 않는 한 헌법 제36조 제1항에 위반된다.

④ 원칙적으로 3년 이상 혼인 중인 부부만이 친양자 입양을 할 수 있도록 규정하여 독신자는 친양자 입양을 할 수 없도록 하는 것은 독신자가 가족생활을 스스로 결정하고 형성할 수 있는 자유를 침해한다.

문 10. 기본권의 경합과 충돌에 관한 설명으로 가장 적절하지 <u>않은</u> 것은? (다툼이 있는 경우 판례에 의함)

① 교원의 수업권은 어디까지나 학생의 학습권 실현을 위하여 인정되는 것이므로, 학생의 학습권은 교원의 수업권에 대하여 우월한 지위에 있다.

② 어떤 법령이 직업의 자유와 행복추구권 양자를 제한하는 외관을 띠는 경우 두 기본권의 경합문제가 발생하고, 보호영역으로서 '직업'이 문제될 때 행복추구권과 직업의 자유는 특별관계에 있다.

③ 반론권은 보도기관이 사실에 대한 보도과정에서 타인의 인격권 및 사생활의 비밀과 자유에 대한 중대한 침해가 될 직접적 위험을 초래하게 되는 경우 이러한 법익을 보호하기 위한 적극적 요청에 의하여 마련된 제도인 것이지 언론의 자유를 제한하기 위한 소극적 필요에서 마련된 것은 아니기 때문에 이에 따른 보도기관이 누리는 언론의 자유에 대한 제약의 문제는 결국 피해자의 반론권과 서로 충돌하는 관계에 있다.

④ 단결권은 개별 근로자가 노동조합 등 근로자단체를 조직하거나 그에 가입하여 활동할 수 있는 개별적 단결권만을 의미하는 것으로, 근로자단체가 존립하고 활동할 수 있는 것은 단결권이 아닌 헌법 제21조 결사의 자유에 의하여 보장된다.

문 11. 국가의 기본권 보호의무에 관한 설명으로 가장 적절하지 <u>않은</u> 것은? (다툼이 있는 경우 판례에 의함)

① 국가가 국민의 기본권을 보호하기 위한 충분한 입법조치를 취하지 아니함으로써 기본권 보호의무를 다하지 못하였다는 이유로 입법부작위 내지 불완전한 입법이 헌법에 위반된다고 판단하기 위해서는, 국가권력에 의해 국민의 기본권이 침해당하는 경우와는 다른 판단기준이 적용되어야 한다.

② 가축사육시설의 환경이 지나치게 열악할 경우 그러한 시설에서 사육되고 생산된 축산물을 섭취하는 인간의 건강도 악화될 우려가 있으므로, 국가로서는 건강하고 위생적이며 쾌적한 시설에서 가축을 사육할 수 있도록 필요한 적절하고도 효율적인 조치를 취함으로써 소비자인 국민의 생명·신체의 안전에 관한 기본권을 보호할 구체적인 헌법적 의무가 있다.

③ 무면허 의료행위를 일률적·전면적으로 금지하고 이를 위반하는 경우에는 그 치료결과에 관계없이 형사처벌을 받게 하는 규제 방법은 헌법 제10조가 규정하는 인간으로서의 존엄과 가치를 보장하고 헌법 제36조 제3항이 규정하는 국민보건에 관한 국가의 보호의무를 다하고자 하는 것으로서, 국민의 생명권·건강권·보건권 및 그 신체활동의 자유 등을 보장하는 규정이지 이를 제한하거나 침해하는 규정이라고 할 수 없다.

④ 대통령은 행정부의 수반으로서 국가가 국민의 생명과 신체의 안전 보호의무를 충실하게 이행할 수 있도록 권한을 행사하고 직책을 수행하여야 하는 의무를 부담하므로, 국민의 생명이 위협받는 재난상황이 발생한 경우 직접 구조 활동에 참여하여야 하는 등 구체적이고 특정한 행위의무까지 발생한다고 볼 수 있다.

문 12. 국가배상청구권에 관한 설명으로 가장 적절하지 <u>않은</u> 것은? (다툼이 있는 경우 판례에 의함)

① 일반적인 공무원의 직무상 불법행위로 손해를 받은 국민의 손해배상청구에 관하여 그 국가배상청구권의 소멸시효 기산점을 피해자나 법정대리인이 그 손해 및 가해자를 안 날(주관적 기산점) 및 불법행위를 한 날(객관적 기산점)로 정하되, 그 시효기간을 주관적 기산점으로부터 3년, 객관적 기산점으로부터 5년으로 정한 것이 국가배상청구권을 침해한다고 볼 수 없다.

② 국가배상법 조항은 헌법에서 규정한 국가배상청구권을 침해한다고 보기 어려우나, 인권침해가 극심하게 이루어진 긴급조치 발령과 그 집행과 같이 국가의 의도적·적극적 불법행위에 대하여는 국가배상청구의 요건을 완화하여 공무원의 고의 또는 과실에 대한 예외를 인정하여야 한다.

③ 법관의 재판에 법령의 규정을 따르지 아니한 잘못이 있다 하더라도 바로 국가배상책임이 인정되는 것이 아니며, 법관의 재판에 대한 국가배상책임이 인정되기 위해서는 법관이 그에게 부여된 권한의 취지에 명백히 어긋나게 이를 행사하였다고 인정할 만한 특별한 사정이 있어야 한다.

④ 국가배상법상 불법행위는 행위 자체의 외관을 관찰하여 객관적으로 공무원의 직무행위로 보여질 때에는 비록 그것이 실질적으로 직무행위가 아니거나 또는 행위자로서는 주관적으로 공무집행의 의사가 없었다고 하더라도 공무원의 직무집행행위로 본다.

문 13. 국민투표에 관한 설명으로 가장 적절하지 <u>않은</u> 것은? (다툼이 있는 경우 판례에 의함)

① 현행 헌법상 국민이 특정한 국가정책에 관하여 국민투표에 회부할 것을 대통령에게 요구할 권리는 인정되지 않는다.

② 주민등록이 되어 있지 않고 국내 거소신고도 하지 않은 재외국민에게 국민투표를 할 수 없도록 하는 것은 재외국민의 국민투표권을 침해하는 것이 아니다.

③ 대통령이 한미자유무역협정을 체결하기 전에 국민투표에 부의하지 않았다고 하여 국민의 투표권이 침해될 가능성은 인정되지 아니한다.

④ 대법원은 국민투표의 효력에 관한 소송에 있어서 국민투표에 관하여 국민투표법 또는 국민투표법에 의하여 발하는 명령에 위반하는 사실이 있는 경우라도 국민투표의 결과에 영향이 미쳤다고 인정하는 때에 한하여 국민투표의 전부 또는 일부의 무효를 판결한다.

문 14. 신체의 자유에 관한 설명으로 가장 적절한 것은? (다툼이 있는 경우 판례에 의함)

① 헌법 제12조 제3항에서 규정하고 있는 영장주의란 형사절차와 관련하여 체포·구속·압수·수색의 강제처분을 할 때 신분이 보장되는 법관이 발부한 영장에 의하지 않으면 안 된다는 원칙이므로, 전투경찰순경에 대한 영창처분 징계절차에도 그대로 적용된다.

② 외국에서 형의 전부 또는 일부의 집행을 받은 자에 대하여 형을 감경 또는 면제할 수 있도록 규정한 형법 규정은 이중처벌금지원칙에 위배되고 신체의 자유를 침해한다.

③ 금치의 징벌을 받은 수용자에 대하여 금치기간 중 실외운동을 원칙적으로 금지한다고 하여 수용자의 신체의 자유를 침해한다고 할 수는 없다.

④ 체포 또는 구속된 피의자 또는 그 변호인, 법정대리인, 배우자, 직계친족, 형제자매나 가족, 동거인 또는 고용주는 관할법원에 체포 또는 구속의 적부심사를 청구할 수 있다.

문 15. 다음 사례에 관한 설명으로 가장 적절하지 않은 것은? (다툼이 있는 경우 판례에 의함)

> 살인과 특수강간 등을 저지른 甲은 기소되어 제1심 및 항소심에서 사형을 선고받고 대법원에 상고함과 동시에 살인죄에 대한 법정형의 하나로 사형을 규정한 형법 제250조 제1항, 사형을 형의 종류의 하나로 규정한 같은 법 제41조 제1호, 사형집행의 방법을 규정한 같은 법 제66조, 사형집행의 장소를 규정한 행형법 제57조 제1항에 대해 위헌여부심판의 제청을 하였다. 대법원이 기각하자 헌법재판소법 제68조 제2항에 따라 이 사건 헌법소원심판을 청구하였다.

① 절대적 종신형제도는 사형제도와는 또 다른 위헌성 문제를 야기할 수 있고, 현행 형사법령 하에서도 가석방제도의 운영 여하에 따라 사회로부터의 영구적 격리가 가능한 절대적 종신형과 상대적 종신형의 각 취지를 살릴 수 있다는 점 등을 고려하면, 현행 무기징역형제도가 상대적 종신형 외에 절대적 종신형을 따로 두고 있지 않은 것이 형벌체계상 정당성과 균형을 상실하여 헌법 제11조의 평등원칙에 반한다거나 형벌이 죄질과 책임에 상응하도록 비례성을 갖추어야 한다는 책임원칙에 반한다고 단정하기 어렵다.

② 우리 헌법재판소는 사형제도의 헌법적 근거에 대해 "비상계엄하의 군사재판은 … 법률이 정하는 경우에 한하여 단심으로 할 수 있다. 다만, 사형을 선고한 경우에는 그러하지 아니하다."라는 헌법 제110조 제4항만을 들고 있다.

③ 타인의 생명이나 공공의 이익을 우선하여 생명권 제한은 예외적으로 허용될 수 있다 할 것이므로 생명권은 헌법 제37조 제2항의 일반적 법률유보의 대상이 될 수 있다.

④ 사형이 비례의 원칙에 따라서 최소한 동등한 가치가 있는 다른 생명 또는 그에 못지 아니한 공공의 이익을 보호하기 위한 불가피성이 충족되는 예외적인 경우에만 적용되는 한, 그것이 비록 생명을 빼앗는 형벌이라 하더라도 헌법 제37조 제2항 단서에 위반되는 것으로 볼 수는 없다 할 것이다.

문 16. 일반적 행동자유권에 관한 설명으로 가장 적절한 것은? (다툼이 있는 경우 판례에 의함)

① 일반 공중의 사용에 제공된 공공용물을 그 제공 목적대로 이용하는 일반사용 내지 보통사용에 관한 권리는 일반적 행동자유권의 보호영역에 포함되지 않는다.

② 결혼식 등의 당사자가 자신을 축하하러 온 하객들에게 주류와 음식물을 접대하는 행위는 혼인의 자유의 영역에 의하여 보호되는 것으로 개인의 일반적인 행동의 자유 영역에 속하는 행위라 할 수 없다.

③ 자신이 속한 부분사회의 자치적 운영에 참여하는 것은 사회공동체의 유지, 발전을 위하여 필요한 행위로서 특정한 기본권의 보호범위에 들어가지 않는 경우에는 일반적 행동자유권의 대상이 된다.

④ 이륜자동차를 운전하여 고속도로 또는 자동차전용도로를 통행한 자를 형사처벌하도록 규정한 도로교통법 규정은, 이륜자동차를 운전하여 고속도로 또는 자동차전용도로를 통행한 자의 직업의 자유를 제한하는 것이지 일반적 행동자유권을 제한하는 것은 아니다.

문 17. 형사보상에 대한 설명으로 가장 적절하지 **않은** 것은? (다툼이 있는 경우 판례에 의함)

① 보상청구는 무죄재판을 한 법원의 상급법원에 대하여 하여야 한다.

② 판결 주문에서 무죄가 선고된 경우뿐만 아니라 판결 이유에서 무죄로 판단된 경우에도 미결구금 가운데 무죄로 판단된 부분의 수사와 심리에 필요하였다고 인정된 부분에 관하여는 보상을 청구할 수 있다.

③ 원판결의 근거가 된 가중처벌규정에 대하여 헌법재판소의 위헌결정이 있었음을 이유로 개시된 재심절차에서, 공소장의 교환적 변경을 통해 위헌결정된 가중처벌규정보다 법정형이 가벼운 처벌규정으로 적용 법조가 변경되어 피고인이 무죄판결을 받지는 않았으나 원판결보다 가벼운 형으로 유죄판결이 확정됨에 따라 원판결에 따른 구금형 집행이 재심판결에서 선고된 형을 초과하게 된 경우, 재심판결에서 선고된 형을 초과하여 집행된 구금에 대하여 보상요건을 규정하지 아니한 형사보상 및 명예회복에 관한 법률 제26조 제1항은 평등권을 침해한다.

④ 피고인이 대통령긴급조치 제9호 위반으로 제1, 2심에서 유죄판결을 선고받고 상고하여 상고심에서 구속집행이 정지된 한편 대통령긴급조치 제9호가 해제됨에 따라 면소판결을 받아 확정된 다음 사망한 경우 피고인의 처는 형사보상을 청구할 수 있다.

문 18. 신체의 자유에 관한 설명으로 가장 적절하지 **않은** 것은? (다툼이 있는 경우 판례에 의함)

① 징역형의 집행유예를 선고하면서 부과된 사회봉사명령은 대상자에게 근로의무를 부과함에 그치고 공권력이 신체를 구금하는 등의 방법으로 근로를 강제하는 것이 아니므로 신체의 자유를 제한한다고 볼 수 없다.

② 헌법 제12조 제3항에 명문으로 규정된 영장주의는 구속의 개시시점에 한한다.

③ 형법상의 노역장유치조항은 재력 있는 자가 단기간의 노역장유치로 고액의 벌금을 면제받는 이른바 황제노역을 방지하기 위해 벌금액수에 따라 유치기간의 하한을 정한 것으로 과잉금지원칙에 반해 신체의 자유를 침해하는 것이라 볼 수 없다.

④ 보안처분이라 하더라도 형벌적 성격이 강하여 신체의 자유를 박탈하거나 박탈에 준하는 정도로 신체의 자유를 제한하는 경우에는 소급입법금지원칙이 적용된다.

문 19. 헌법개정에 관한 내용으로 가장 적절한 것은?

① 제8차 개헌 때 헌법개정의 공고기간이 30일에서 20일로 단축되었다.

② 제헌헌법은 헌법개정안에 내용상의 한계규정으로 국민주권, 자유민주주의, 국민투표에 관한 규정은 개폐할 수 없다고 규정하였다.

③ 1962년 헌법 및 1969년 헌법은 국회의원선거권자 50만인 이상의 국민에게는 헌법개정을 제안할 수 있게 하였으나, 대통령에게는 그 제안권을 부여하지 않았다.

④ 현행 헌법은 헌법개정의 한계에 관한 규정을 두고 있으며, 헌법의 개정을 법률의 개정과는 달리 국민투표에 의하여 이를 확정하도록 규정하고 있다.

문 20. 법치국가와 관련된 판례 내용으로 가장 적절하지 <u>않은</u> 것은? (다툼이 있는 경우 판례에 의함)

① 공소시효제도가 헌법 제12조 제1항 및 제13조 제1항에 정한 죄형법정주의의 보호범위에 바로 속하지 않는다면, 소급입법의 헌법적 한계는 법적 안정성과 신뢰보호원칙을 포함하는 법치주의의 원칙에 따른 기준으로 판단하여야 한다.

② 건설폐기물재생처리를 신고대상으로 하였다가 허가대상으로 변경하는 법률의 개정에서 일정한 유예기간을 둔다면 이러한 법률개정이 폐기물재생처리업자의 신뢰이익을 과도하게 침해하지 않는다.

③ 공무원이 '직무와 관련 없는 과실로 인한 경우' 및 '소속상관의 정당한 직무상의 명령에 따르다가 과실로 인한 경우'를 제외하고 재직 중의 사유로 금고 이상의 형을 받은 경우, 퇴직급여 등을 감액하도록 2009.12.31. 개정된 감액조항을 2009.1.1.까지 소급하여 적용하도록 규정한 공무원연금법 부칙조항은 소급입법금지원칙에 위반하지 않는다.

④ 국가전문자격시험을 운영함에 있어 시험과목 및 시험실시에 관한 구체적인 사항을 어떻게 정할 것인가는 법률에서 반드시 직접 정하여야 하는 사항이라고 보기 어렵고, 전문자격시험에서 요구되는 기량을 갖추었는지 여부를 어떠한 방법으로 평가할 것인지 정하는 것뿐만 아니라 평가 그 자체도 전문적·기술적인 영역에 해당하므로, 시험과목 및 시험실시 등에 관한 사항을 대통령령에 위임할 필요성이 인정된다.

문 1. 헌법상의 경제질서에 관한 헌법재판소의 결정 내용으로 가장 적절하지 않은 것은?

① 법령에 의한 인·허가 없이 장래의 경제적 손실을 금전 또는 유가증권으로 보전해 줄 것을 약정하고 회비 등의 명목으로 금전을 수입하는 행위를 금지하고 이에 위반시 형사처벌하는 유사수신행위의 규제에 관한 법률의 규정은 손실의 가액이 수입한 금전 이상이어야 하는지 불명확하여 헌법에 위배된다.

② 신문판매업자가 거래상대방에게 제공할 수 있는 무가지와 경품의 범위를 유료신문대금의 20% 이하로 제한하고 있는 신문법에 있어서의 불공정거래행위 및 시장지배적 지위남용 행위의 유형 및 기준 제3조 제1항 등은 헌법 제119조 제1항을 포함한 우리 헌법의 경제질서 조항에 위반되지 아니한다.

③ 개별 학교법인이 그 자체로 교원노조의 상대방이 되어 단체교섭에 나서지 못하고 전국단위 또는 시·도 단위의 교섭단의 구성원으로서만 단체교섭에 참여할 수 있도록 한 이 사건 법률조항의 위헌 여부를 심사함에 있어서, 헌법 제119조 소정의 경제질서는 독자적인 위헌심사의 기준이 된다기보다는 결사의 자유에 대한 법치국가적 위헌심사기준, 즉 과잉금지원칙 내지는 비례의 원칙에 흡수되는 것이라고 할 것이다.

④ 외국인만으로 구성된 가구 중 영주권자 및 결혼이민자만을 긴급재난지원금 지급대상에 포함시키고 난민인정자를 제외한 관계부처합동 '긴급재난지원금 가구구성 및 이의신청 처리기준(2차)' 중 해당부분은 난민인정자인 청구인의 평등권을 침해한다.

문 2. 단기복무장교의 경우 육아휴직에 관한 규정 미비에 관한 헌법재판소의 판시 내용으로 가장 적절하지 않은 것은?

① 기본권 경합의 경우에는 기본권 침해를 주장하는 청구인의 의도 및 기본권 침해 여부가 문제되는 법률의 입법동기 등을 참작하여 사안과 가장 밀접한 관계에 있고 또 침해의 정도가 큰 주된 기본권을 중심으로 해서 그 제한의 한계를 따져 보아야 할 것인바, 인격권은 청구인의 주장에 의하더라도 자녀에 대한 양육권을 행사하는 과정에서 또는 그 행사의 결과에 부수하는 기본권에 불과하고, 자녀에 대한 교육권 역시 이 사건 법률조항이 정하고 있는 육아휴직의 대상자녀의 연령이 3세 미만이라는 점에서, 양육권과 별도로 인격권이나 교육권의 침해 여부를 판단할 필요는 없다.

② 자녀에 대한 부모의 양육권은 비록 헌법에 명문으로 규정되어 있지는 아니하지만, 이는 모든 인간이 누리는 불가침의 인권으로서 혼인과 가족생활을 보장하는 헌법 제36조 제1항, 행복추구권을 보장하는 헌법 제10조 및 "국민의 자유와 권리는 헌법에 열거되지 아니한 이유로 경시되지 아니한다."라고 규정한 헌법 제37조 제1항에서 나오는 중요한 기본권이다.

③ 육아휴직신청권은 헌법 제36조 제1항 등으로부터 개인에게 직접 주어지는 헌법적 차원의 권리라고 볼 수 있으므로 구체적인 사항이 법률로 규정되기 전에 이미 인정되는 권리이다.

④ 이 사건 법률조항은 입법자에게 광범위한 재량이 부여되는 육아휴직제도에 관한 것으로 여성군인이나 남성 직업군인에 대하여만 육아휴직을 허용한다 하여 그로부터 배제된 남성 단기복무장교의 양육권이 새삼스레 중대한 제한을 받게 되는 것은 아니라 할 것이고, 병역의무이행의 일환으로 복무하는 남성 단기복무장교와 장기복무장교, 장기복무부사관 및 준사관 등 직업군인을 차별하는 것이 헌법에서 특별히 평등을 요구하고 있는 영역에서의 차별도 아니므로, 이를 심사함에 있어서는 자의금지원칙 위반 여부를 판단함으로써 족하다.

문 3. 선거운동과 정치적 표현의 자유에 관한 설명으로 가장 적절한 것은? (다툼이 있는 경우 헌법재판소 판례에 의함)

① 농업협동조합법·수산업협동조합법에 의하여 설립된 조합(이하 '협동조합')의 상근직원에 대하여 선거운동을 금지하는 구 공직선거법 조항의 해당 부분은 정치적 의사표현 중 당선 또는 낙선을 위한 직접적인 활동만을 금지할 뿐이므로 협동조합 상근직원의 선거운동의 자유를 침해하지 않는다.

② 지방공사 상근직원의 선거운동을 금지하고, 이를 위반한 자를 처벌하는 공직선거법 조항의 해당 부분은 지방공사 상근직원에 대하여 '그 지위를 이용하여' 또는 '그 직무 범위 내에서' 하는 선거운동을 금지하는 방법만으로는 선거의 공정성이 충분히 담보될 수 없어 지방공사 상근직원의 선거운동의 자유를 침해하지 아니한다.

③ 안성시시설관리공단(이하 '공단')의 상근직원이, 당원이 아닌 자에게도 투표권을 부여하는 당내경선에서 경선운동을 할 수 없도록 금지·처벌하는 공직선거법 조항의 해당 부분은 당내경선의 공정성과 형평성 확보에 기여하여 공단 상근직원의 정치적 표현의 자유를 침해하지 않는다.

④ 광주광역시 광산구 시설관리공단(이하 '공단')의 상근직원이, 당원이 아닌 자에게도 투표권을 부여하는 당내경선에서 경선운동을 할 수 없도록 금지·처벌하는 공직선거법 조항의 해당 부분은, 공단의 상근직원은 공단의 경영에 관여하거나 실질적인 영향력을 미칠 수 있는 권한을 가지고 있고, 경선운동으로 인한 부작용과 폐해가 커서 공단 상근직원의 정치적 표현의 자유를 침해하지 아니한다.

문 4. 기본권의 한계와 제한에 관한 설명으로 가장 적절하지 않은 것은? (다툼이 있는 경우 판례에 의함)

① 기본권의 경우 헌법과 법률에 제한이 없다고 하더라도 타인의 권리, 공중도덕, 사회윤리, 공공복리 등의 존중에 의한 내재적 한계가 있다.

② 교육공무원인 대학 교원에 대해서는 과잉금지의 원칙이 아닌 입법형성권의 범위를 일탈하였는지를 기준으로 심사하였다.

③ 과잉금지원칙은 기본권 제한의 방법상 한계로서 헌법 제37조 제2항의 '필요한 경우에 한하여' 부분에서 그 근거를 찾을 수 있다.

④ 청구인은 대검찰청에 자신의 디엔에이신원확인정보 검색결과에 대하여 정보공개청구를 하였으나, 대검찰청은 청구인이 디엔에이신원확인정보의 검색결과를 회보받을 수 있는 대상이 아니므로 공개할 수 없다고 답변하였는데 이는 청구인의 알 권리와 개인정보자기결정권을 침해하는 것이다.

문 5. 헌법 제10조에 관한 내용으로 가장 적절한 것은? (다툼이 있는 경우 판례에 의함)

① 단체의 재정확보를 위한 모금행위가 단체의 결성이나 결성된 단체의 활동과 유지에 있어서 중요한 의미를 가질 수 있기 때문에 기부금품모집행위의 제한이 결사의 자유에 영향을 미칠 수 있다는 것은 인정되나, 결사의 자유에 대한 제한은 기부금품모집행위를 규제하는 데서 오는 간접적이고 부수적인 효과일 뿐이고, 기부금품모집행위의 규제에 의하여 제한되는 기본권은 행복추구권이다.

② 조선총독부 중추원 참의로 활동한 행위를 친일반민족행위로 규정한 일제강점하 반민족행위 진상규명에 관한 특별법은 후손의 인격권을 제한하지 않는다.

③ 거짓이나 그 밖의 부정한 수단으로 운전면허를 받은 경우 모든 범위의 운전면허를 필요적으로 취소하도록 규정하여, '부정 취득하지 않은 운전면허'까지 필요적으로 취소하도록 한 것은, 과잉금지원칙에 반하여 운전면허 소유자의 일반적 행동의 자유를 침해하지 않는다.

④ 의료분쟁 조정신청의 대상인 의료사고가 사망에 해당하는 경우 한국의료분쟁조정중재원의 원장은 지체 없이 조정절차를 개시해야 한다고 규정한 의료사고 피해구제 및 의료분쟁 조정 등에 관한 법률 제27조 제9항 전문 중 '사망'에 관한 부분이 청구인의 일반적 행동의 자유를 침해한다.

문 6. 죄형법정주의에 관한 설명으로 가장 적절한 것은? (다툼이 있는 경우 판례에 의함)

① 노사가 체결한 단체협약은 일정부분에 대하여 특별한 법적 효력을 부여받고 있으므로, 노동조합 관련 법률에서 단체협약에 위반한 자를 처벌할 수 있도록 규정한다 하더라도 죄형법정주의에 위배되지 않는다.

② 피치료감호자가 저지른 범죄 유형과 선고된 형기 등에 따라 치료감호의 부과기간을 차등적으로 세분화하는 것도 가능한데, 치료감호기간 조항은 치료감호에 대한 세부적 기준을 정하지 않고 치료감호기간의 상한을 15년이라는 장기간으로 설정하여 신체의 자유를 침해한다.

③ 기소유예처분 후 형벌법규가 행위자에게 유리하게 변경된 경우, 기소유예처분의 취소를 구하는 헌법소원심판 결정 당시 시행 중인 신법을 기준으로 기소유예처분의 위헌 여부를 판단하여야 한다.

④ 과태료는 행정의 실효성확보수단의 하나로 형벌이 아니라 행정질서벌이지만, 행정상의 질서에 장애를 줄 위험성이 높은 경우에만 인정되는 것이므로 사실상 형벌적 성격을 가진다는 점에서, 헌법재판소는 죄형법정주의를 확장하여 적용하여야 한다고 판시하고 있다.

문 7. 사생활의 비밀과 자유에 관한 설명으로 옳은 것을 모두 고른 것은? (다툼이 있는 경우 판례에 의함)

㉠ 학교생활세부사항 기록부의 '행동특성 및 종합의견'에 학교폭력예방법 제17조에 규정된 가해학생에 대한 조치사항을 입력하고, 이러한 내용을 학생의 졸업과 동시에 삭제하도록 규정한 학교생활기록 작성 및 관리지침이 법률유보원칙에 반하여 개인정보자기결정권을 침해하는 것이라 할 수 없다.

㉡ 개인정보자기결정권의 보호대상이 되는 개인정보는 개인의 내밀한 영역이나 사사의 영역에 속하는 정보를 의미하므로 공적 생활에서 형성되었거나 이미 공개된 개인정보는 제외된다.

㉢ 아동·청소년 대상 성범죄자에 대하여 신상정보 등록 후 1년마다 새로 촬영한 사진을 관할 경찰서에 제출하도록 하고 이에 위반하는 경우 형벌로 제재를 가하는 것은 기본권의 최소침해성원칙에 반한다.

㉣ 게임물 관련사업자에게 게임물 이용자의 회원가입시 본인인증을 할 수 있는 절차를 마련하도록 하고, 청소년의 회원가입시 법정대리인의 동의를 확보하도록 하고 있는 게임산업진흥에 관한 법률 조항은 개인정보자기결정권을 침해하지 않는다.

① ㉠, ㉡
② ㉠, ㉣
③ ㉡, ㉢
④ ㉠, ㉡, ㉢, ㉣

문 8. 언론·출판의 자유에 관한 헌법재판소의 결정 내용으로 가장 적절하지 **않은** 것은?

① 대한민국 또는 헌법상 국가기관에 대하여 모욕, 비방, 사실 왜곡, 허위사실 유포 또는 기타 방법으로 대한민국의 안전, 이익 또는 위신을 해하거나 해할 우려가 있는 표현에 대하여 형사처벌하도록 하는 것은 과잉금지원칙에 위배되지 않는다.

② 인터넷게시판을 설치·운영하는 정보통신서비스 제공자에게 본인확인조치의무를 부과하여 게시판 이용자로 하여금 본인확인절차를 거쳐야만 게시판을 이용할 수 있도록 하는 본인확인제를 규정한 정보통신망 이용촉진 및 정보보호 등에 관한 법률 조항은 인터넷게시판을 운영하는 정보통신서비스 제공자의 언론의 자유를 침해한다.

③ 정기간행물의 등록 등에 관한 법률에 의한 해당시설을 자기 소유이어야 하는 것으로 해석하여 필요 이상의 등록사항을 요구하는 것은 헌법 제21조 제3항에서 규정한 내용을 잘못 해석한 것으로서 헌법상 과잉금지의 원칙이나 비례의 원칙에 반한다.

④ '익명표현'은 표현의 자유를 행사하는 하나의 방법으로서 그 자체로 규제되어야 하는 것은 아니고, 부정적 효과가 발생하는 것이 예상되는 경우에 한하여 규제될 필요가 있다.

문 9. 재산권에 관한 헌법재판소의 판시 내용으로 가장 적절하지 **않은** 것은?

① 대통령이 2016.2.10.경 개성공단의 운영을 즉시 전면 중단하기로 결정하고, 개성공단에 체류 중인 국민들 전원을 대한민국 영토 내로 귀환하도록 한 개성공단 전면중단 조치에 의해 발생한 영업상 손실이나 주식 등 권리의 가치하락은 헌법 제23조의 재산권보장의 범위에 속한다.

② 헌법이 보장하는 재산권의 내용과 한계는 국회에서 제정되는 형식적 의미의 법률에 의하여 정해지므로 헌법상의 재산권 보장은 재산권 형성적 법률유보에 의하여 실현되고 구체화된다.

③ 유도적 부담금의 경우 재정조달목적 부담금의 헌법적 정당화에 있어서 중요하게 고려되는 재정조달 대상 공적 과제에 대한 납부의무자 집단의 특별한 재정책임 여부 내지 납부의무자 집단에 대한 부담금의 유용한 사용 여부등은 정책실현목적 부담금의 헌법적 정당화에 있어서는 그다지 결정적인 의미를 가지지 않는다고 할 것이다.

④ 무허가토지거래계약의 사법상 효력을 부인하는 것은 과도한 기본권의 제한으로 볼 수 없다.

문 10. 청원에 관한 설명으로 가장 적절한 것은? (다툼이 있는 경우 판례에 의함)

① 법무부장관은 서면으로 제출된 청원을 전자적으로 관리하고, 전자문서로 제출된 청원을 효율적으로 접수·처리하기 위하여 정보처리시스템을 구축·운영하여야 한다.

② 청원서를 접수한 국가기관이 심사결과를 통지한 결과가 청원인의 기대에 미치지 아니하는 경우, 이는 공권력의 행사 또는 불행사에 해당한다고 볼 수 있으므로, 위 청원인은 그 처리결과를 대상으로 헌법소원을 제기할 수 있다. 이와 같이 헌법상 보장된 청원권을 매개로 하여 권리구제를 받을 수 있는 폭이 한층 확대된다는 점에서, 오늘날 청원권은 그 중요성이 새로 부각되고 있다.

③ 헌법재판소는 지방의회에 청원을 하고자 할 때에 반드시 지방의회의원의 소개를 얻도록 한 것은 청원권의 과도한 제한에 해당한다고 판단하였다.

④ 공개청원을 접수한 청원기관의 장은 접수일부터 15일 이내에 청원심의회의 심의를 거쳐 공개 여부를 결정하고 결과를 청원인에게 알려야 한다.

문 11. 형사보상청구권에 관한 설명으로 가장 적절하지 <u>않은</u> 것은? (다툼이 있는 경우 판례에 의함)

① 보상청구는 대리인을 통하여서도 할 수 있다.
② 형사보상책임은 관계기관의 고의나 과실을 요하지 아니한다.
③ 외국인과 법인은 형사보상청구권의 주체가 될 수 없다.
④ 재심판결에서 선고된 형을 초과하여 집행된 구금에 대하여 보상요건을 전혀 규정하지 아니한 '형사보상 및 명예회복에 관한 법률' 제26조 제1항은 평등원칙을 위반하여 청구인들의 평등권을 침해한다.

문 12. 혼인과 가족생활에 관한 내용으로 가장 적절한 것은? (다툼이 있는 경우 판례에 의함)

① 실종기간이 구법 시행기간 중에 만료되는 때에도 그 실종이 개정 민법 시행일 후에 선고된 때에는 상속에 관하여 개정 민법의 규정을 적용하도록 한 민법 부칙의 조항은 재산권 보장에 관한 신뢰보호원칙에 위배된다고 볼 수 있다.
② 유류분 반환청구는 피상속인이 생전에 한 유효한 증여도 그 효력을 잃게 하는 것이므로 민법 제1117조의 '반환하여야 할 증여를 한 사실을 안 때로부터 1년'의 단기소멸시효는 유류분권리자의 재산권을 침해하지 않는다.
③ 법적으로 승인되지 아니한 사실혼 또한 헌법 제36조 제1항에 규정된 혼인의 보호범위에 포함된다.
④ 치과전문의 자격시험을 불실시하는 것은 재산권과 보건권, 행복추구권을 침해한다고 헌법재판소는 판시하였다.

문 13. 언론·출판의 자유에 관한 설명으로 가장 적절하지 <u>않은</u> 것은? (다툼이 있는 경우 판례에 의함)

① 헌법 제21조 제4항은 언론·출판의 자유에 따르는 책임과 의무를 강조하는 동시에 언론·출판의 자유에 대한 제한의 요건을 명시한 규정으로 볼 것이고, 헌법상 표현의 자유의 보호영역 한계를 설정한 것이라고는 볼 수 없다.
② 사실적 주장에 관한 언론보도가 진실하지 아니함으로 인하여 피해를 입은 자는 해당 언론보도 등이 있음을 안 날부터 3개월 이내에 언론사, 인터넷뉴스서비스사업자 및 인터넷 멀티미디어 방송사업자에게 그 언론보도의 내용에 관한 정정보도를 청구할 수 있으나, 해당 언론보도가 있은 후 6개월이 지났을 때에는 정정보도를 청구할 수 없다.
③ 표현의 자유는 자신의 의사를 표현하고 전파할 적극적 자유, 자신의 의사를 표현하지 아니할 소극적 자유, 국가에게 표현의 자유를 실현할 수 있는 방법을 적극적으로 마련해 줄 것을 요청할 수 있는 자유를 포함한다. 따라서 '국가가 공직후보자들에 대한 유권자의 전부 거부 의사표시를 할 방법을 보장해 줄 것'도 표현의 자유의 보호범위에 포함된다.
④ 모욕적 표현에 대하여 형사상 처벌을 하는 것은 헌법 제10조에서 파생하는 일반적 인격권 중 명예권과 헌법 제21조의 표현의 자유의 충돌을 야기한다.

문 14. 정당제도에 관한 설명으로 옳은 것을 모두 고른 것은? (다툼이 있는 경우 판례에 의함)

> ㉠ 정당은 국민의 이익을 위하여 책임 있는 정치적 주장이나 정책을 추진하고 공직선거의 후보자를 추천 또는 지지함으로써 국민의 정치적 의사형성에 참여함을 목적으로 하는 헌법상 기관이므로, 공권력행사의 주체가 된다.
> ㉡ 누구든지 단체와 관련된 자금으로 정치자금을 기부할 수 없도록 하는 것은 과잉금지원칙에 반하여 단체의 정치적 활동의 자유나 결사의 자유를 과도하게 제한하므로 헌법에 위반된다.
> ㉢ 정당의 시·도당 하부조직의 운영을 위하여 당원협의회 등의 사무소를 두는 것을 금지하는 것은 정당의 정당활동의 자유를 침해하지 않는다.
> ㉣ 정당에 대한 재정적 후원을 금지하고 위반시 형사처벌하는 것은 정당의 정당활동의 자유와 국민의 정치적 표현의 자유를 침해한다.

① ㉠, ㉡
② ㉢, ㉣
③ ㉠, ㉢, ㉣
④ ㉡, ㉢, ㉣

문 15. 헌법재판소 판례의 내용으로 가장 적절하지 않은 것은?

① 물포발사행위는 이미 종료되어 청구인들의 기본권 침해상황이 종료되었으므로, 이 사건 심판청구가 인용된다고 하더라도 청구인들의 권리구제에 도움이 되지 않아, 권리보호의 이익이 없다.
② 선거기간 중 모임을 처벌하는 공직선거법 조항에 대한 입법자의 1차적 의도는 선거기간 중 집회를 금지하는 데 있으며, 헌법상 결사의 자유보다 집회의 자유가 두텁게 보호되고, 위 조항에 의하여 직접 제약되는 자유 역시 집회의 자유이므로 집회의 자유를 침해하는지를 살핀다.
③ 재외선거인의 임기만료지역구국회의원선거권을 인정하지 않은 것이 나머지 청구인들의 선거권을 침해하거나 보통선거원칙에 위배된다고 볼 수 없다.
④ 육군 장교가 민간법원에서 약식명령을 받아 확정되면 자진 신고할 의무를 규정한, '2020년도 장교 진급 지시'의 해당 부분 중 '민간법원에서 약식명령을 받아 확정된 사실이 있는 자'에 관한 부분은 청구인인 육군 장교의 일반적 행동의 자유를 침해한다.

문 16. 다음 사례에 관한 설명으로 가장 적절하지 않은 것은? (다툼이 있는 경우 판례에 의함)

〈사례〉

서울지방검찰청 검사는 이른바 12·12 군사반란사건과 관련하여 1994.10.29. 피의자 甲에 대하여 기소유예의 불기소처분을 하고, 5·18 내란사건과 관련하여서는 1995.7.18. 공소권 없음의 불기소처분을 하였다. 그런데 1995.12.21.자로 5·18민주화운동 등에 관한 특별법이 제정·공포되었고, 서울지방검찰청 검사는 1995.12.29. 위 두 사건과 관련된 피의자 甲에 대하여 사건을 재기한 다음 서울지방법원에 각각 구속영장을 청구하였다. 甲은 위 각 영장청구일에 각 그 영장청구사건에 관한 재판의 전제가 되는 5·18민주화운동 등에 관한 특별법 제2조는 공소시효가 이미 완성된 그들의 범죄혐의사실에 대하여 소급하여 그 공소시효 진행의 정지사유를 정한 것으로서 헌법 제13조 제1항에 위반되는 규정이라고 주장하면서 서울지방법원에 위헌심판제청신청을 거쳐 헌법소원심판을 청구하게 되었다.

〈참고〉

5·18민주화운동 등에 관한 특별법 제2조 【공소시효의 정지】① 1979년 12월 12일과 1980년 5월 18일을 전후하여 발생한 헌정질서파괴범죄의 공소시효 등에 관한 특별법 제2조의 헌정질서파괴범죄행위에 대하여 국가의 소추권행사에 장애사유가 존재한 기간은 공소시효의 진행이 정지된 것으로 본다.
② 제1항에서 "국가의 소추권행사에 장애사유가 존재한 기간"이라 함은 당해 범죄행위의 종료일부터 1993년 2월 24일까지의 기간을 말한다.

① 5·18특별법은 개별사건법률이지만 곧바로 위헌을 뜻하는 것은 아니며, 이러한 차별적 규율이 합리적인 이유로 정당화될 수 있는 경우에는 합헌적일 수 있다.
② 형벌불소급의 원칙은 '행위의 가벌성', 즉 형사소추가 '언제부터 어떠한 조건하에서' 가능한가의 문제에 관한 것이 아니라, '얼마 동안' 가능한가의 문제에 관한 것이다.
③ 5·18민주화운동 등에 관한 특별법이 과거에 이미 행한 범죄에 대하여 공소시효를 정지시키는 법률이라 하더라도 그 사유만으로 죄형법정주의의 파생원칙인 형벌불소급의 원칙에 언제나 위배되는 것으로 단정할 수는 없다.
④ 5·18민주화운동 등에 관한 특별법은 공소시효제도에 근거한 개인의 신뢰와 공소시효의 연장을 통하여 달성하려는 공익을 비교형량할 때 공익이 개인의 신뢰보호이익에 우선하는 경우에는 헌법상 정당화될 수 있다.

문 17. 권력분립에 관한 설명으로 가장 적절하지 <u>않은</u> 것은?
(다툼이 있는 경우 판례에 의함)

① 고위공직자수사처가 중앙행정기관임에도 기존의 행정조직에 소속되지 않고 대통령과 기존 행정조직으로부터 구체적인 지휘·감독을 받지 않는 형태로 설치된 것은 수사처 업무의 특수성에 기인한 것이다.

② 본질적으로 권력통제의 기능을 가진 특별검사제도의 취지와 기능에 비추어 볼 때 특별검사제도의 도입 여부를 입법부가 독자적으로 결정하고 특별검사 임명에 관한 권한을 헌법기관 간에 분산시키는 것이 권력분립의 원칙에 반한다고 볼 수 없으나, 정치적 사건을 담당하게 될 특별검사의 임명에 정치적 중립성을 엄격하게 지켜야 할 대법원장을 관여시키는 것에 대한 국회의 정치적·정책적 판단은 헌법상 권력분립의 원칙에 어긋난다.

③ 전통적으로 권력분립원칙은 입법권·행정권·사법권의 분할과 이들 간의 견제와 균형의 원리이므로, 고위공직자범죄수사처의 설치로 말미암아 고위공직자범죄수사처와 기존의 다른 수사기관과의 관계가 문제된다 하더라도 동일하게 행정부 소속인 고위공직자범죄수사처와 다른 수사기관 사이의 권한 배분의 문제는 헌법상 권력분립원칙의 문제라고 볼 수 없다.

④ 대통령이 국군을 이라크에 파견하기로 한 결정은 그 성격상 국방 및 외교에 관련된 고도의 정치적 결단을 요하는 문제로서 헌법과 법률이 정한 절차를 지켜 이루어진 것임이 명백하므로, 대통령과 국회의 판단은 존중되어야 하고 헌법재판소가 사법적 기준만으로 이를 심판하는 것은 자제되어야 한다.

문 18. 저항권에 관한 내용으로 가장 적절하지 <u>않은</u> 것은?
(다툼이 있는 경우 판례에 의함)

① 저항권의 행사는 목적달성을 위해 필요최소한에 국한되지 않으면 안 되기 때문에 원칙적으로 평화적 방법에 의해야 한다.

② '헌법전문에 기재된 3.1정신'은 우리나라 헌법의 연혁적·이념적 기초로서 헌법이나 법률해석에서의 해석기준으로 작용한다고 할 수 있지만, 그에 기하여 곧바로 저항권을 도출해낼 수는 없다.

③ 헌법재판소에 따르면, 저항권에 대해서 우호적인 태도를 취하고 있다. 따라서 입법과정의 하자도 저항권의 대상이 된다.

④ 대법원은 헌법 및 법률에 저항권에 관하여 아무런 규정을 두지 않았음을 근거로 하여 저항권의 재판규범성을 부정하였다.

문 19. 현행 헌법 전문에서 명시적으로 규정하고 있지 <u>않은</u> 것은?

① 경제의 민주화
② 항구적인 세계평화와 인류공영에 이바지
③ 자유와 권리에 따르는 책임과 의무의 완수
④ 조국의 민주개혁

문 20. 문화국가원리에 관한 판례 내용으로 가장 적절한 것은?

① 헌법 제9조의 규정취지와 민족문화유산의 본질에 비추어 볼 때, 국가가 민족문화유산을 보호하고자 하는 경우 이에 관한 헌법적 보호법익은 '민족문화유산의 존속' 그 자체를 보장하는 것에 그치지 않고, 민족문화유산의 훼손 등에 관한 가치보상이 있는지 여부도 이러한 헌법적 보호법익과 직접적인 관련이 있다.
② 사법상 보유권한의 유무를 불문하고 도굴 등이 된 문화재인 점을 안 경우, 특히 선의취득 등 사법상 보유권한의 취득 후에 도굴 등이 된 점을 알게 된 경우라 해도 처벌의 대상으로 삼고 있는 것은 재산권 행사의 사회적 제약을 넘어 불필요하거나 지나치게 가혹한 부담을 부과하는 것으로 볼 수는 없다.
③ 오늘날 문화국가에서의 문화정책은 그 초점이 문화 그 자체에 있는 것이 아니라 문화가 생겨날 수 있는 문화풍토를 조성하는 데 두어야 한다.
④ 국가는 다양한 문화적 가치에 대하여 중립적이어야 하기 때문에 문화적 가치에 대한 평가는 전적으로 사회적 및 개인적 판단에 유보되어야 한다.

소요시간: _____ / 15분   맞힌 답의 개수: _____ / 20

문 1. 정치자금법상 후원금에 관한 내용으로 가장 적절하지 않은 것은? (다툼이 있는 경우 판례에 의함)

① 당원협의회 위원장을 후원회 지정권자에서 제외한 것은 헌법에 위반되지 아니한다.

② 헌법재판소는 광역자치단체장선거의 예비후보자의 경우 후보자와 달리 후원회 지정권자에서 제외된 것은 헌법에 위반되지 않는다고 판시하였다.

③ 대통령선거경선후보자가 당내경선에 참여하지 아니하여 후원회를 둘 수 있는 자격을 상실한 때에 후원회로부터 기부받은 후원금 총액을 국고에 귀속시키도록 하는 것은 헌법에 위반된다.

④ 헌법재판소는 자치구의회의원선거의 예비후보자의 경우 후원회 지정권자에서 제외된 것은 헌법에 위반되지 않는다고 판시하였다.

문 2. 헌법 전문(前文)에 관한 설명으로 가장 적절한 것은? (다툼이 있는 경우 판례에 의함)

① 헌법 전문은 1962년 제5차 개정헌법에서 최초로 개정되었다.

② 현행 헌법은 전문에서 헌법의 동일성과 연속성을 선언하고 있으므로 유신헌법에 근거를 둔 긴급조치의 위헌 여부를 심사하는 기준은 유신헌법 및 현행 헌법이 될 수 있다.

③ 현행 헌법 전문은 조국의 민주개혁과 경제의 민주화를 명시적으로 규정하고 있다.

④ 헌법 전문에서 지금의 대한민국은 3·1운동으로 건립된 대한민국 임시정부의 법통을 계승한다고 선언하고 있더라도 이로부터 독립 유공자와 그 유족에 대하여는 응분의 예우를 하여야 할 국가의 헌법적 의무가 도출되는 것은 아니다.

문 3. 직업의 자유에 관한 설명으로 가장 적절하지 않은 것은? (다툼이 있는 경우 판례에 의함)

① 변호사 등록을 신청하는 자에게 등록료 100만원을 납부하도록 정한 대한변호사협회의 변호사 등록 등에 관한 규칙 조항은 변호사 등록을 하고자 하는 청구인의 직업의 자유를 침해한다.

② 국민권익위원회 심사보호국 소속 5급 이하 7급 이상의 일반직공무원으로 하여금 퇴직일부터 3년간 취업심사대상기관에 취업할 수 없도록 한 공직자윤리법 및 동법 시행령 조항은 과잉금지원칙에 위배되어 직업선택의 자유를 침해하지 않는다.

③ 출석주의를 완화하여 최초의 전자등기신청 전에 한 차례 사용자등록을 하도록 한 부동산등기규칙 조항은 법무사인 청구인들의 직업선택의 자유를 침해하지 않는다.

④ 세무사법 위반으로 벌금형을 받은 세무사의 등록을 필요적으로 취소하도록 한 세무사법 조항은 세무사인 청구인의 직업선택의 자유를 침해하지 않는다.

문 4. 법인의 기본권에 관한 설명으로 가장 적절한 것은? (다툼이 있는 경우 판례에 의함)

① 국가, 지방자치단체도 다른 공권력 주체와의 관계에서 지배복종관계가 성립되어 일반 사인처럼 그 지배하에 있는 경우에는 기본권 주체가 될 수 있다.

② 한국영화인협회 감독위원회는 영화인협회 내부에 설치된 분과위원회의 하나에 지나지 아니하며, 달리 단체로서 실체를 갖춘 법인 아닌 사단으로 볼 수 없어 헌법소원심판에서 청구인능력이 없다.

③ 단체는 자신의 기본권을 직접 침해당한 경우가 아니더라도 그 구성원을 위하여 또는 구성원을 대신하여 헌법소원심판을 원칙적으로 청구할 수 있다는 헌법재판소의 입장이다.

④ 헌법재판소는 국립대학교는 공권력의 행사자이므로 기본권의 주체가 될 수 없다고 판시하였다.

문 5. 행복추구권에 관한 내용으로 가장 적절하지 <u>않은</u> 것은? (다툼이 있는 경우 판례에 의함)

① 지역아동센터의 시설별 신고정원의 80% 이상을 돌봄취약아동으로 구성하도록 한 보건복지부 2019년 지역아동센터 지원 사업안내 관련 부분은 아동들의 인격권을 침해하지 않는다.

② 게임물 관련사업자에게 게임물 이용자의 회원가입 시 본인인증을 할 수 있는 절차를 마련하도록 하고 있는 법률조항은 인터넷게임을 이용하고자 하는 사람들에게 본인인증이라는 사전적 절차를 거칠 것을 강제함으로써, 개개인이 생활방식과 취미활동을 자유롭게 선택하고 이를 원하는 방식대로 영위하고자 하는 일반적 행동의 자유를 제한한다.

③ 헌법이 보장하는 행복추구권은 공동체의 이익과 무관하게 자신의 경제적 이익의 도모를 제한 없이 보장하는 것이라고 할 수 있다.

④ 행복추구권은 국민이 행복을 추구하기 위한 활동을 국가권력의 간섭 없이 자유롭게 할 수 있다는 포괄적인 의미의 자유권으로서의 성격을 가진다.

문 6. 신체의 자유에 관한 판례의 입장으로 가장 적절한 것은? (다툼이 있는 경우 판례에 의함)

① 형을 종전보다 가볍게 형벌법규를 개정하면서 그 부칙으로 개정전의 범죄에 대하여는 종전의 형벌법규를 추급하여 적용하도록 규정하면 죄형법정주의에 반한다.

② 처벌을 규정하고 있는 법률조항이 구성요건이 되는 행위를 같은 법률조항에서 직접 규정하지 않고 다른 법률조항에서 이미 규정한 내용을 원용하였다거나 그 내용 중 일부를 괄호 안에 규정한 경우 그 사실만으로 명확성원칙에 위반된다.

③ 헌법 제13조 제1항의 이중처벌금지의 원칙에서 처벌은 범죄에 대한 국가의 형벌권실행으로서의 과벌은 물론 국가가 행하는 일체의 제재나 불이익을 모두 포함한다.

④ 경제적 이해를 같이하거나 정서적으로 친밀한 가족구성원 사이에서 발생하는 수인 가능한 수준의 재산범죄에 대한 형사소추 내지 처벌에 관한 특례의 필요성을 긍정하나, 일률적으로 형을 면제하여 형사피해자의 재판절차진술권을 형해화하는 경우는 헌법적으로 용인될 수 없다.

문 7. 개인정보 보호법에 관한 설명으로 가장 적절하지 <u>않은</u> 것은? (다툼이 있는 경우 판례에 의함)

① '개인정보'라 함은 생존하는 개인에 관한 정보로서 당해 개인을 식별할 수 있는 정보를 말하는데 당해 정보만으로는 특정 개인을 식별할 수 없더라도 다른 정보와 용이하게 결합하여 식별할 수 있는 것을 포함한다.

② 개인정보처리자는 주민등록번호가 분실·도난·유출·위조·변조 또는 훼손되지 아니하도록 암호화 조치를 통하여 안전하게 보관하여야 한다.

③ 이동통신서비스 가입자의 개인정보가 통신에 관한 각종 정보와 연결될 수 있는 가능성이 있다면 본인의 통신 이용 상황과 내용이 수사기관 등 제3자에 의하여 파악될 것이라는 점 또한 충분히 예견될 수 있으므로, 이로 인해 청구인의 사생활의 비밀과 자유가 제한된다고 할 것이다.

④ 개인정보 보호에 관한 사무를 독립적으로 수행하기 위하여 국무총리 소속으로 개인정보 보호위원회를 둔다.

문 8. 양심의 자유에 관한 설명으로 가장 적절하지 <u>않은</u> 것은? (다툼이 있는 경우 판례에 의함)

① 우리 헌법은 건국헌법 이래 종교의 자유를 양심의 자유와 함께 규정했다가 1960년의 제3차 개정헌법에서부터 종교의 자유가 분리되었다.

② 의사가 환자의 신병(身病)에 관한 사실을 자신의 의사에 반하여 외부에 알려야 한다면, 이는 의사로서의 윤리적·도덕적 가치에 반하는 것으로서 심한 양심적 갈등을 겪을 수밖에 없을 것이므로, 연말정산 간소화를 위하여 의료기관에게 환자들의 의료비 내역에 관한 정보를 국세청에 제출하도록 의무를 부과하는 소득세법 조항은 의사의 양심의 자유를 제한한다.

③ 민주적 기본질서를 부정하는 양심도 내심의 작용, 즉 양심결정의 단계에 머물러 있는 한 규제대상이 될 수 없다.

④ 열 손가락지문날인의 의무를 부과하는 이 사건 시행령조항에 대하여 국가가 개인의 윤리적 판단에 개입한다거나 그 윤리적 판단을 표명하도록 강제하는 것으로 볼 여지는 없다.

문 9. 검열과 관련한 우리나라 헌법재판소 판례의 내용으로 가장 적절하지 <u>않은</u> 것은?

① 사전허가금지의 대상은 언론·출판 자유의 내재적 본질인 표현의 내용을 보장하는 것은 물론, 언론·출판을 위해 필요한 물적 시설이나 언론기업의 주체인 기업인으로서의 활동까지 포함하는 것은 아니다.

② 영화의 상영으로 인한 실정법 위반의 가능성을 사전에 막고, 청소년 등에 대한 상영이 부적절한 경우 이를 유통단계에서 효과적으로 관리할 수 있도록 미리 등급을 심사하는 것은 사전검열이 아니고, 설사 등급심사를 받지 아니한 영화의 상영을 금지하고 이에 위반할 때에 행정적 제재를 가하는 경우(예컨대 영화진흥법 제21조의 상영등급분류)에도 검열에는 해당하지 아니한다.

③ 일정한 지역·장소 및 물건에 광고물 또는 게시시설을 표시하거나 설치하는 경우에 그 광고물 등의 종류·모양·크기·색깔, 표시 또는 설치의 방법 및 기간 등을 규제하는 옥외광고물 등 관리법 제3조는 사전검열을 해당되지 아니한다.

④ 검열금지의 원칙은 모든 형태의 사전적인 규제를 금지하는 것이 아니고 단지 의사표현의 발표 여부가 오로지 행정권의 허가에 달려 있는 사전심사만을 금지하는 것을 뜻하므로, 법률에 근거한 사전허가나 검열은 가능하다.

문 10. 재산권에 관한 설명으로 가장 적절하지 <u>않은</u> 것은? (다툼이 있는 경우 판례에 의함)

① 지방자치단체에 대한 금전채권의 소멸시효를 5년의 단기로 정하고 있는 지방재정법 조항은 사법상의 원인에 기한 채권에 대해서도 민법이 정한 기간보다 그 시효기간을 단축하고 있으므로, 지방자치단체가 무단점유한 토지에 대해 부당이득반환을 구하는 토지소유자의 재산권과 평등권을 침해한다.

② 과세대상인 자본이득의 범위를 실현된 소득에 국한할 것인가 혹은 미실현이득을 포함시킬 것인가의 여부는 과세목적, 과세소득의 특성, 과세기술상의 문제 등을 고려하여 판단할 입법정책의 문제일 뿐, 헌법상의 조세개념에 저촉되거나 그와 양립할 수 없는 모순이 있는 것은 아니다.

③ 신고납세방식의 국세에서 납세의무자가 이를 신고한 경우 그 조세채권과 담보권과의 우선순위를 신고일을 기준으로 하도록 규정한 것은 조세의 우선권과 담보권자의 우선변제청구권을 조화적으로 보장하기 위한 것으로서 담보권자의 재산권을 침해하지 않는다.

④ 지역구국회의원선거 예비후보자가 정당의 공천심사에서 탈락하여 후보자등록을 하지 않은 경우를 지역구국회의원선거 예비후보자의 기탁금 반환 사유로 규정하지 않은 것은 예비후보자의 재산권을 침해한다.

문 11. 현행 헌법이 규정하고 있는 국민투표제도에 관한 설명으로 가장 적절한 것은? (다툼이 있는 경우 판례에 의함)

① 대의제를 보완하기 위한 직접민주제적 요소로서 국민발안, 국민소환, 국민투표 등의 제도가 있는데, 역대 한국헌법은 그중 국민투표제만을 채택하였다.

② 외교·국방·통일 기타 국가안위에 관한 중요정책이 국가의 미래에 관련될 때에는 대통령은 반드시 국민투표의 형태로 결정하여야 한다.

③ 대법원은 국민투표에 관하여 국민투표법 또는 국민투표법에 의하여 발하는 명령에 위반하는 사실이 있는 경우 국민투표의 결과에 영향이 미쳤다고 인정하는 때에 한하여 국민투표의 전부 또는 일부의 무효를 판결한다.

④ 국민투표의 효력에 관하여 이의가 있는 정당 및 투표인은 중앙선거관리위원회위원장을 피고로 하여 대법원에 제소할 수 있다.

문 12. 재판을 받을 권리에 관한 설명으로 가장 적절하지 <u>않은</u> 것은? (다툼이 있는 경우 판례에 의함)

① 정식재판 청구기간을 약식명령의 고지를 받은 날로부터 7일 이내로 정하고 있는 형사소송법의 피고인에 관한 부분이 합리적인 입법재량의 범위를 벗어나 약식명령 피고인의 재판청구권을 침해한다고 볼 수 없다.

② 형사피해자는 보호법익을 기준으로 할 것이 아니라 문제되는 범죄 때문에 법률상 불이익을 받게 되는 자라면 형사피해자의 재판절차진술권을 인정하여야 한다.

③ 분쟁의 당사자인 공공단체인 한국과학기술원의 총장 또는 공공단체인 광주과학기술원이 교원소청심사결정에 대하여 행정소송을 제기하지 못하도록 한 것은 재판청구권을 침해한다.

④ 피고인이 정식재판을 청구한 사건에 대하여는 약식명령의 형보다 중한 종류의 형을 선고하지 못하도록 하는 형사소송법 조항은 과잉금지에 위반되지 않는다.

문 13. 사회보장수급권에 관한 설명으로 가장 적절하지 <u>않은</u> 것은? (다툼이 있는 경우 판례에 의함)

① 법률에 의하여 구체적으로 형성된 의료보험수급권은 공법상의 권리로서 헌법상 사회적 기본권의 성격과 재산권의 성격을 아울러 지니고 있다.

② 국가보상적 내지 국가보훈적 수급권이나 사회보장수급권은 구체적인 법률에 의하여 비로소 부여되는 권리이므로, 수급권 발생요건이 법정되어 있는 경우에는 이 법정요건을 갖추기 전에는 헌법이 보장하는 재산권이라고 할 수 없다.

③ 참전명예수당은 국가보훈적 성격과 수급자의 생활보호를 위한 사회보장적 의미를 동시에 가지는바, 참전유공자 중 70세 이상자에게만 참전명예수당을 지급하는 규정은 헌법상 평등권, 인간다운 생활을 할 권리, 행복추구권 등을 침해한다.

④ 산업재해보상보험법상 업무상 질병으로 인한 업무상 재해에 있어 업무와 재해 사이의 상당인과관계에 대한 입증책임을 이를 주장하는 근로자나 그 유족에게 부담시키는 규정은 사회보장수급권을 침해하지 않는다.

문 14. 환경권에 관한 내용으로 가장 적절하지 <u>않은</u> 것은? (다툼이 있는 경우 판례에 의함)

① 환경권의 내용과 행사는 법률에 의해 구체적으로 정해지는 것이기는 하나(헌법 제35조 제2항) 이 헌법조항의 취지는 특별히 명문으로 헌법에서 정한 환경권을 입법자가 그 취지에 부합하도록 법률로써 내용을 구체화하도록 한 것이지 환경권이 완전히 무의미하게 되는데도 그에 대한 입법을 전혀 하지 아니하거나, 어떠한 내용이든 법률로써 정하기만 하면 된다는 것은 아니다.

② 환경영향평가 대상사업의 경우 그 대상지역 안의 주민들이 환경침해를 받지 아니하고 쾌적한 환경에서 생활할 수 있는 환경상의 이익은 주민 개개인에 대하여 개별적으로 보호되는 직접적·구체적 이익이다.

③ 헌법 제35조 제1항은 환경권을 국민의 기본권의 하나로 승인하고 개개의 국민에게 직접 구체적인 사법상(私法上)의 권리를 부여하고 있으므로, 이를 구체화하는 명문의 법률조항이 없더라도 동 조항을 근거로 환경침해의 배제를 구하는 민사소송을 제기할 수 있다.

④ 환경분쟁에 있어 인과관계의 증명은 과학적으로 엄밀한 증명을 요하지 아니하고 상당한 정도의 개연성으로 충분하다.

문 15. 수형자에 관한 설명으로 가장 적절하지 <u>않은</u> 것은?
(다툼이 있는 경우 판례에 의함)

① 수형자인 의뢰인을 접견하는 변호사의 직업수행의
자유 제한에 대한 심사에 있어서는 변호사 자신의
직업 활동에 가해진 제한의 정도를 살펴보아야 할
뿐 아니라 접견의 상대방인 수형자의 재판청구권이
제한되는 효과도 함께 고려되어야 하므로, 그 심사
의 강도는 일반적인 경우보다 엄격하게 해야 한다.
② 수형자로 하여금 형사재판 출석시 아무런 예외 없
이 사복착용을 금지하고 재소자용 의류를 입도록
하는 것은, 소송관계자들에게 유죄의 선입견을 줄
수 있어 무죄추정의 원칙에 위배될 소지가 클 뿐만
아니라 공정한 재판을 받을 권리, 인격권, 행복추구
권을 침해한다.
③ 종교집회는 수형자의 교정교화뿐 아니라 교정시설
의 안전과 질서유지에 기여하므로, 종교집회에 참
석할 수 있는 기회는 미결수용자에게도 부여되어야
하므로, 미결수용자 대상 종교행사를 4주에 1회 실
시한 것이 침해의 최소성에 반한다.
④ 공직선거법은 형의 집행유예를 선고받고 유예기간
중에 있는 사람은 제외하고, 1년 이상의 징역 또는
금고의 형의 선고를 받고 그 집행이 종료되지 아니
하거나 그 집행을 받지 아니하기로 확정되지 아니
한 사람에 대하여 선거권을 제한하고 있다.

문 16. 선거제도에 관한 설명으로 가장 적절하지 <u>않은</u> 것은?
(다툼이 있는 경우 판례에 의함)

① 외국인도 일정한 법적 요건을 갖춘 경우에는 지방
의회의원 선거권과 지방자치단체의 장 선거권 그리
고 주민투표권과 주민소환투표권을 가진다.
② 사법인적인 성격을 지닌 수산업협동조합의 조합장
선거에서 조합장을 선출하거나 선거운동을 하는 것
은 헌법에 의하여 보호되는 선거권의 범위에 포함
된다.
③ 지방의회의원의 경우 정치적 중립성을 요구하는 공
무원에 해당하지 않으나 그 지위를 이용한 선거운
동은 할 수 없다.
④ 비례대표국회의원선거의 기탁금조항은 정당이 비례
대표국회의원선거에 참여하여 소속 당원을 후보자
로 추천하여 등록을 신청할 자유인 정당활동의 자
유를 제한하는 동시에, 국민이 정당의 추천을 받아
비례대표국회의원후보자가 되어 국회의원에 취임할
수 있는 공무담임권을 제한한다.

문 17. 대한민국 영역에 관한 한일어업협정에 관한 내용으로
가장 적절한 것은? (다툼이 있는 경우 판례에 의함)

> 대한민국과 일본국간의 어업에 관한 협정과 합의 의사
> 록이 서명되고 이는 임시국회에서 가결되었으며 1999.
> 1.22. 발효되었다. 이에 전국어민 총연합회 회장과
> 어민 등이 이는 국민의 영토권, 평등권, 행복추구권,
> 직업선택의 자유 및 재산권 등의 기본권을 침해하며
> 헌법 전문에 기재된 3·1정신을 근본적으로 위배한
> 것이라고 주장하면서 이 사건 헌법소원을 청구하였다.

① 3·1정신은 우리나라 헌법의 연혁적·이념적 기초
로서 헌법이나 법률해석에서의 해석기준으로 작용
한다고 할 수 있으며 또한 기본권 도출도 가능하다
고 판시한 바 있다.
② 모든 국가권능의 정당성의 근원인 국민의 기본권
침해에 대한 권리구제를 위하여 그 전제조건으로서
영토에 관한 권리를, 이를테면 영토권이라 구성하
여, 이를 헌법소원의 대상인 기본권의 하나로 간주
하는 것은 불가능한 것으로 판단된다.
③ 한일어업협정은 배타적경제수역을 직접 규정한 것
이 아닐 뿐만 아니라 배타적경제수역이 설정된다
하더라도 영해를 제외한 수역을 의미하며, 이른바
중간수역에 대해서도 동일하다고 할 것이다. 따라
서 독도가 중간수역에 있다 할지라도 이는 영해와
는 직접관련성이 없다고 볼 것이다.
④ 한일어업협정은 우리나라 정부가 일본정부와의 사
이에서 어업에 관해 체결·공포한 조약으로서 그
체결행위는 공권력의 행사로 볼 수 없다.

문 18. 헌법개정의 한계에 관한 설명으로 가장 적절하지 <u>않은</u> 것은? (다툼이 있는 경우 판례에 의함)

① 현행 헌법은 제9차 개정헌법으로 국회의 의결을 거친 다음 국민투표에 의하여 확정되었고, 대통령이 즉시 이를 공포함으로써 그 효력이 발생하였다.

② 현행 헌법은 헌법개정의 한계에 관한 규정을 두지 아니하고 헌법의 개정을 법률의 개정과는 달리 국민투표에 의하여 이를 확정하도록 규정하고 있다.

③ 우리 헌법의 각 개별규정 가운데 무엇이 헌법제정규정이고 무엇이 헌법개정규정인지를 구분하는 것은 불가능하다.

④ 국회는 헌법개정안이 공고된 날을 기준으로 60일 이내에 의결하여야 하며, 국회의원 200명 이상의 찬성을 얻어야 한다.

문 19. 국적에 관한 내용으로 가장 적절하지 <u>않은</u> 것은? (다툼이 있는 경우 판례에 의함)

① 대한민국의 국민으로 자진하여 외국 국적을 취득한 자는 그 외국 국적 취득신고를 한 때에 대한민국 국적을 상실한다.

② 복수국적자가 국적법에서 정한 기간 내에 국적을 선택하지 아니한 경우에 법무부장관은 1년 내에 하나의 국적을 선택할 것을 명하여야 한다.

③ 국적회복과 귀화는 모두 외국인이 후천적으로 법무부장관의 허가라는 주권적 행정절차를 통하여 대한민국 국적을 취득하는 제도라는 점에서 동일하나, 귀화는 대한민국 국적을 취득한 사실이 없는 순수한 외국인이 법무부장관의 허가를 받아 대한민국 국적을 취득할 수 있도록 하는 절차인데 비해, 국적회복허가는 한 때 대한민국 국민이었던 자를 대상으로 한다는 점, 귀화는 일정한 요건을 갖춘 사람에게만 허가할 수 있는 반면, 국적회복허가는 일정한 사유에 해당하는 사람에 대해서만 국적회복을 허가하지 아니한다는 점에서 차이가 있다.

④ 대한민국에 특별한 공로가 있는 외국인으로서 대한민국에 주소가 있는 사람은 자신의 자산이나 기능에 의하거나 생계를 같이하는 가족에 의존하여 생계를 유지할 능력이 없더라도 귀화허가를 받을 수 있다.

문 20. 법치주의에 관한 내용으로 가장 적절한 것은? (다툼이 있는 경우 판례에 의함)

① 전자장치 부착명령은 비형벌적 보안처분으로서 소급효금지원칙이 적용되지 아니한다.

② 토지등소유자가 사업시행인가를 신청하기 전에 얻어야 하는 토지등소유자의 동의요건을 토지등소유자가 자치적으로 정하여 운영하는 규약에 정하도록 한 것은 헌법에 위반되지 않는다고 헌법재판소는 판시하였다.

③ 행정관청이 단체협약 중 위법한 내용에 대하여 노동위원회의 의결을 얻어 그 시정을 명한 경우에 그 명령에 위반한 행위를 처벌하는 것은 죄형법정주의 위반이다.

④ 지방의회의원으로서 받게 되는 보수가 연금에 미치지 못하는 경우에도 지방의원은 월정수당을 지급받고 있으며, 본인의 의사로 당선된 것이기에 연금 전액을 지급정지하여도 이는 재산권을 과도하게 제한하는 것으로 볼 수 없다.

소요시간: _____ / 15분   맞힌 답의 개수: _____ / 20

문 1. 공무원에 관한 설명으로 가장 적절하지 <u>않은</u> 것은?
(다툼이 있는 경우 판례에 의함)

① 사실상 노무에 종사하는 공무원 중 대통령령 등이
정하는 자에 한하여 근로3권을 인정하는 국가공무
원법 조항은, 근로3권이 보장되는 공무원의 범위를
사실상 노무에 종사하는 공무원으로 한정하고 있으
나, 이는 헌법 제33조 제2항에 근거한 것으로, 전
체국민의 공공복리와 사실상 노무에 종사하는 공무
원의 직무의 내용, 노동조건 등을 고려해 보았을 때
입법자에게 허용된 입법재량권의 범위를 벗어난 것
이라 할 수 없다.

② 금고 이상의 형의 선고유예를 받은 경우에는 공무
원직에서 당연히 퇴직하는 것으로 규정한 국가공무
원법 제69조 중 제33조 제1항 제5호 부분은 헌법
제25조의 공무담임권을 침해한 것이다.

③ 직업공무원제도가 우리 헌법에 도입된 것은 제3공
화국 때부터이다.

④ 국가공무원 7급 시험에서 기능사 자격증에는 가산점
을 주지 않고 기사 등급 이상의 자격증에는 가산점을
주도록 한 공무원임용 및 시험 시행규칙 제12조의3
중 별표 10 및 별표 11은 공무담임권 및 평등권을 침
해하지 않는다.

문 2. 법인이 기본권의 주체가 될 수 있는가에 관한 설명으
로 가장 적절하지 <u>않은</u> 것은? (다툼이 있는 경우 판
례에 의함)

① 인천전문대학기성회 이사회는 인천전문대학기성회
로부터 독립된 별개의 단체가 아니므로, 그 이름으
로 헌법소원심판을 청구할 수 있는 헌법소원심판
청구능력이 있다고 할 수 없다.

② 정당은 권리능력 없는 사단으로서 기본권 주체성이
인정되므로 '미국산 쇠고기 수입의 위생조건에 관한
고시'와 관련하여 생명·신체의 안전에 관한 기본권
침해를 이유로 헌법소원을 청구할 수 있다.

③ 법인도 그 성질에 반하지 않는 범위 내에서 인격권
의 한 내용인 사회적 신용이나 명예 등의 주체가 될
수 있으니, 방송사업자가 심의규정을 위반한 경우
그 의사에 반하여 '시청자에 대한 사과'를 명령할 수
있도록 규정한 구 방송법 조항은 방송사업자의 인
격권을 제한하는 것이다.

④ 외국인은 자격제도 자체를 다툴 수 있는 기본권 주
체성이 인정되지 않는다.

문 3. 국가인권위원회에 관한 설명으로 가장 적절하지 <u>않은</u> 것은? (다툼이 있는 경우 판례에 의함)

① 헌법소원은 자기의 기본권을 침해당한 자만이 제기할 수 있는 데 반하여 국가인권위원회에 인권침해 또는 차별행위를 이유로 진정을 제기하는 것은 그 침해를 당한 사람 외에도 침해사실을 알고 있는 사람이나 단체도 가능하다.

② 헌법재판소나 법원은 당사자의 청구가 없으면 심판 또는 재판절차를 진행할 수 없지만 국가인권위원회는 진정이 없는 경우에도 인권침해나 차별행위가 있다고 믿을만한 상당한 근거가 있고 그 내용이 중대하다고 인정할 때에는 이를 직권으로 조사할 수 있다.

③ 국가기관, 지방자치단체, 각급 학교, 공직유관단체, 국회의 입법 및 법원의 재판과 관련하여 재산권, 평등권 등 기본권이 침해된 경우 그 피해자는 위원회에 그 내용을 진정할 수 있다.

④ 국가인권위원회는 조사에 필요한 자료 등의 소재 또는 관계인에 관하여 알고자 할 때에는 그 내용을 알고 있다고 믿을만한 상당한 이유가 있는 사람에게 질문하거나 그 내용을 포함하고 있다고 믿을만한 상당한 이유가 있는 서류 및 그 밖의 물건을 검사할 수 있다.

문 4. 신체의 자유에 관한 설명으로 가장 적절하지 <u>않은</u> 것은? (다툼이 있는 경우 판례에 의함)

① 자기부죄진술거부권은 형사피의자·피고인뿐 아니라 그 이전 단계의 자에게도 보장되고 형사절차뿐 아니라 행정절차나 국회에서의 조사절차 등에서도 보장된다는 것이 헌법재판소의 입장이다.

② 일반형사피의자를 구속영장 없이 경찰서 보호실에 유치한 것은 적법한 공무수행이라고 볼 수 없으므로, 이러한 위법한 공무집행을 방해한 행위에 대해서는 공무집행방해죄가 성립되지 않는다는 것이 대법원의 판례이다.

③ 즉결심판에 있어서 피고인의 자백이 그에게 불리한 유일한 증거일 때에는 이를 유죄의 증거로 삼거나 이를 이유로 처벌할 수 없다.

④ 피구속자를 조력할 변호인의 권리 중 그것이 보장되지 않으면 피구속자가 변호인으로부터 조력을 받는다는 것이 유명무실하게 되는 핵심적인 부분은, 조력을 받을 피구속자의 기본권과 표리관계에 있기 때문에 이러한 핵심부분에 관한 변호인의 조력할 권리 역시 헌법상의 기본권으로서 보호되어야 할 것이다.

2025 해커스경찰 박철한 경찰헌법 실전동형모의고사

문 5. 변호인의 조력을 받을 권리에 관한 설명으로 가장 적절하지 <u>않은</u> 것은? (다툼이 있는 경우 판례에 의함)

① 미결수용자의 변호인 접견권 역시 국가안전보장·질서유지 또는 공공복리를 위해 필요한 경우에는 법률로써 제한될 수 있음은 당연하다.

② 교도소 내 접촉차단시설이 설치되지 않은 장소에서 수용자를 접견할 수 있는 예외 대상에 소송사건의 대리인으로 선임된 변호사만 규정하고 소송사건의 대리인이 되려는 변호사는 포함하지 않은 이 사건 심판대상조항에 대한 헌법소원 사건에서 변호사인 청구인의 직업수행의 자유를 과도하게 침해하지 않는다.

③ 수사기관이 면회실에서 형사피의자가 자신의 변호인과 접견할 때에 소속직원이 그 대화내용을 기록하는 것은 변호인의 조력을 받을 권리를 침해하는 것이다.

④ 변호인의 조력을 받을 권리는 '형사사건'에서의 변호인의 조력을 받을 권리에 국한되는 것은 아니므로, 수형자가 형사사건의 변호인이 아닌 민사사건, 행정사건, 헌법소원사건 등에서 변호사와 접견할 경우에도 헌법상 변호인의 조력을 받을 권리의 주체가 될 수 있다.

문 6. 집회 및 결사의 자유에 관한 설명으로 가장 적절한 것은? (다툼이 있는 경우 판례에 의함)

① 집회는 일정한 장소를 전제로 하여 특정 목적을 가진 다수인이 일시적으로 회합하는 것을 의미하며, 그 공동의 목적은 '내적인 유대 관계'뿐만 아니라 공동의 의사표현을 전제로 한다.

② 일몰시간 후부터 같은 날 24시까지의 옥외집회 또는 시위의 경우, 특별히 공공의 질서 내지 법적 평화를 침해할 위험성이 크다고 할 수 없으므로 그와 같은 옥외집회 또는 시위를 원칙적으로 금지하는 것은 과잉금지원칙에 위반됨이 명백하다.

③ 헌법 제21조 제1항에 의해 보호되는 결사의 개념에는 공공목적에 의해 구성원의 자격이 정해진 특수단체나 공법상의 결사도 포함된다.

④ 입법자가 법률로써 일반적으로 집회를 제한하는 것도 원칙적으로 헌법 제21조 제2항에서 금지하는 '사전허가'에 해당한다.

문 7. 직업의 자유에 관한 설명으로 가장 적절하지 <u>않은</u> 것은? (다툼이 있는 경우 헌법재판소 판례에 의함)

① 제헌헌법은 직업의 자유를 명시하지 않아서 거주·이전의 자유에 포함된다거나 또는 포괄적인 자유권에 포함된다는 견해의 대립이 있었다. 그 후 1962년 헌법에서 최초로 직업선택의 자유를 명문으로 규정하였다.

② 간행물 판매자에게 정가 판매 의무를 부과하고, 가격할인의 범위를 가격할인과 경제상의 이익을 합하여 정가의 15% 이하로 제한하는 출판문화산업 진흥법은 과잉금지의 원칙에 위배되어 직업의 자유를 침해하지 않는다.

③ 헌법상 보장되는 직업은 사회적으로 허용된 활동, 즉 공공의 무해성을 그 요건으로 한다. 무해성의 개념은 법적으로 허용되거나 금지의 해제를 의미하는 것이다.

④ 직업의 자유에 대한 제한기준인 단계이론은 비례원칙을 적용하는바, 제1단계 제한은 직업선택의 자유를 제한하는 것이 아니라 그 침해의 정도가 경미한 행사의 자유를 제한하여 제한의 목적을 달성하는 것이다. 이에 해당하는 예로는 유흥업소의 심야영업 제한, 택시의 10부제 운행 등이 있다.

문 8. 국민투표권에 관한 헌법재판소의 판시 내용으로 가장 적절하지 <u>않은</u> 것은? (다툼이 있는 경우 판례에 의함)

① 대통령은 외교·국방·통일 기타 국가안위에 관한 중요정책이라 하더라도 국민투표에 부치지 않고 독자적으로 결정할 수도 있다.

② 1987년 개정헌법은 여야합의에 의해 제안된 헌법개정안을 국회가 의결한 후 국민투표로 확정된 것이다.

③ 대의기관의 선출주체가 곧 대의기관의 의사결정에 대한 승인주체가 되는 것이 원칙이나, 국민투표권자의 범위가 대통령선거권자·국회의원선거권자와 반드시 일치할 필요는 없다.

④ 헌법 제130조 제2항에 의한 헌법개정에 대한 국민투표는 대통령 또는 국회가 제안하고 국회의 의결을 거쳐 확정된 헌법개정안에 대하여 주권자인 국민이 최종적으로 그 승인 여부를 결정하는 절차이다.

문 9. 재판청구권에 관한 내용으로 가장 적절하지 <u>않은</u> 것은? (다툼이 있는 경우 판례에 의함)

① 재심제도의 규범적 형성에 있어서는 재판의 적정성과 정의의 실현이라는 법치주의의 요청에 의해 입법자의 입법형성의 자유가 축소된다.

② 법무부변호사징계위원회의 결정이 법률에 위반된 것을 이유로 하는 경우에 한하여 법률심인 대법원에 즉시 항고할 수 있도록 한 변호사법 제81조 제4항 내지 제6항은 법관에 의한 재판을 받을 권리를 침해하고 있다.

③ 특허쟁송에 있어서 특허청의 심판과 항고심판을 거쳐 곧바로 법률심인 대법의 재판을 받게 하는 것은 재판청구권을 침해하는 것이다.

④ 대법원이 법관에 대한 대법원장의 징계처분 취소청구소송을 단심으로 재판하는 경우에는 사실확정도 대법원의 권한에 속하여 법관에 의한 사실확정의 기회가 박탈되었다고 볼 수 없으므로 재판청구권을 침해하지 아니한다.

문 10. 범죄피해자구조청구권에 관한 설명으로 가장 적절하지 <u>않은</u> 것은? (다툼이 있는 경우 판례에 의함)

① 피해자가 사망한 경우에는 피해자의 사망 당시 피해자의 수입에 의하여 생계를 유지하고 있던 유족에게 유족구조금을 지급한다.

② 범죄피해자구조청구권의 대상이 되는 범죄피해에 해외에서 발생한 범죄피해의 경우를 포함하고 있지 아니한 것이 현저하게 불합리한 자의적 차별이라고 볼 수 없어 평등의 원칙에 위배되지 아니한다.

③ 범죄행위 당시 구조피해자와 가해자 사이에 사실상의 혼인관계가 있는 경우에도 부부로 보아 구조피해자에게 구조금을 지급하지 아니한다.

④ 범죄피해자 보호법 제17조 제2항의 유족구조금은 사람의 생명 또는 신체를 해치는 죄에 해당하는 행위로 인하여 사망한 피해자 또는 그 유족들에 대한 손해배상을 목적으로 하는 것으로서, 위 범죄행위로 인한 손해를 전보하기 위하여 지급된다는 점에서 불법행위로 인한 적극적 손해의 배상과 같은 종류의 금원이라고 봄이 타당하다.

문 11. 교육을 받을 권리에 관한 내용으로 가장 적절하지 <u>않은</u> 것은? (다툼이 있는 경우 판례에 의함)

① 교육을 받을 권리는 자신의 교육시설 참여 기회가 축소될 수 있다는 우려를 이유로 타인의 교육시설 참여 기회를 제한할 것을 청구할 수도 있는 권리이다.

② 교육을 받을 권리가 국가에 대하여 특정한 교육제도나 시설의 제공을 요구할 수 있는 권리를 뜻하는 것은 아니므로, 대학의 구성원이 아닌 사람이 대학도서관에서 도서를 대출할 수 없거나 열람실을 이용할 수 없더라도 교육을 받을 권리가 침해된다고 볼 수 없다.

③ '부모의 자녀의 학교선택권'은 미성년인 자녀의 교육을 받을 권리를 실효성 있게 보장하기 위한 것이므로, 미성년인 자녀의 교육을 받을 권리의 근거규정인 헌법 제31조 제1항에서 헌법적 근거를 찾을 수 있다.

④ 운영회비 납부는 학교교육에 필수불가결한 내용으로 이는 무상의 범위에 포함된다.

문 12. 혼인과 가족생활에 관한 설명으로 가장 적절하지 <u>않은</u> 것은? (다툼이 있는 경우 판례에 의함)

① 부부 자산소득 합산과세제도는 헌법 제11조 제1항에서 보장하는 평등원칙을 혼인과 가족생활에서 더 구체화함으로써 혼인한 자의 차별을 금지하고 있는 헌법 제36조 제1항에 위반된다.

② 헌법재판소는 부모 양성이 아닌 부성만을 강요하는 것은 그 자체로 헌법에 위반된다고 판시하였다.

③ 친생부인의 소의 제척기간을 규정한 민법 제847조 제1항 중 '부가 그 사유가 있음을 안 날로부터 2년 내' 부분은 친생부인의 소의 제척기간에 관한 입법재량의 한계를 일탈하지 않은 것으로서 헌법에 위반되지 아니한다.

④ 피상속인을 장기간 유기하거나 정신적·신체적으로 학대하는 등의 패륜적인 행위를 일삼은 상속인의 유류분을 인정하는 것은 일반 국민의 법감정과 상식에 반한다고 할 것이므로, 민법 제1112조에서 유류분상실사유를 별도로 규정하지 아니한 것은 불합리하다고 아니할 수 없다.

문 13. 양심의 자유에 관한 설명으로 가장 적절하지 **않은** 것은? (다툼이 있는 경우 판례에 의함)

① 사업자단체의 독점규제 및 공정거래에 관한 법률 위반행위가 있을 때 공정거래위원회가 당해 사업자단체에 대하여 '법위반사실의 공표'를 명할 수 있도록 하는 것은 양심의 자유를 침해하지 않는다.

② 단순한 사실관계의 확인과 같이 가치적·윤리적 판단이 개입될 여지가 없는 경우는 물론, 법률해석에 관하여 여러 견해가 갈리는 경우처럼 다소의 가치관련성을 가진다고 하더라도 개인의 인격형성과는 관계가 없는 사사로운 사유나 의견 등은 양심의 자유의 보호대상이 아니다.

③ 재산목록을 제출하고 그 진실함을 법관 앞에서 선서하는 것은 개인의 인격형성에 관계되는 내심의 가치적·윤리적 판단에 해당하지 않아 양심의 자유의 보호대상이 아니다.

④ 법원이 피고인에게 유죄로 인정된 범죄행위를 뉘우치거나 그 범죄행위를 공개하는 취지의 말이나 글을 발표하도록 하는 내용의 사회봉사를 명하고 이를 위반할 경우 형법 제64조 제2항에 의하여 집행유예의 선고를 취소할 수 있도록 함으로써 그 이행을 강제하는 것은, 피고인의 양심의 자유를 침해하지 않는다.

문 14. 근로의 권리와 근로3권에 관한 설명으로 가장 적절하지 **않은** 것은? (다툼이 있는 경우 판례에 의함)

① 월급근로자로서 6개월이 되지 못한 자를 해고예고제도의 적용예외 사유로 규정하고 있는 근로기준법은 근무기간이 6개월 미만인 월급근로자의 근로의 권리를 침해하고 평등원칙에 위배된다.

② 단체협약에는 3년을 초과하는 유효기간을 정할 수 없으며, 3년의 기간을 초과하는 유효기간을 정한 경우에 그 유효기간은 3년으로 한다.

③ 계속근로기간 1년 이상인 근로자가 근로연도 중도에 퇴직한 경우 중도퇴직 전 1년 미만의 근로에 대하여 유급휴가를 보장하지 않는 것은 근로의 권리를 침해한다.

④ 기존에는 국공립학교 및 사립학교 교원의 근로3권이 인정되지 않았으나, 교원의 노동조합 설립 및 운영 등에 관한 법률로 인하여 쟁의행위를 제외한 단결권과 단체교섭권은 인정된다.

문 15. 다음 사례를 읽고, 이에 관한 우리 헌법재판소 다수의견으로 가장 적절하지 **않은** 것은?

> 최근 국회의 인사청문회에서는 세종시 문제가 논란의 화두가 되고 있다. 세종시의 경우에는 신행정수도이전에 관해서 헌법재판소가 위헌이라고 판시한 후에 다시 국회가 만든 법률에 대해서 헌법재판소가 판단한 것으로 당시 청구인 등은 이는 우리나라의 수도는 서울이라는 불문의 관습헌법에 위반되며 납세자의 권리, 청문권 등의 기본권을 침해한다는 이유로 이 사건 헌법소원심판을 청구하였다.

① 이 사건 법률이 신행정수도법 위헌결정의 후속법률로서 그 대체입법성 여부를 놓고 적지 않게 논란이 빚어지고 있는 만큼 대통령이 전체 국민의 의사를 물음으로써 이를 종식시키는 것이 국론통합의 측면에서 보다 바람직스럽지 않으냐 하는 것은 이와는 별개의 문제로 하고, 특정의 국가정책에 대하여 다수의 국민들이 국민투표를 원하고 있음에도 불구하고 대통령이 이러한 희망과는 달리 국민투표에 회부하지 아니한다고 하여도 이를 헌법에 위반된다고 할 수 없고 국민에게 특정의 국가정책에 관하여 국민투표에 회부할 것을 요구할 권리가 인정된다고 할 수도 없다. 그러므로 이 사건 법률에 의하여 청구인들의 국민투표권의 침해가능성은 인정되지 않는다.

② 서울은 이 사건 법률에 의한 행정중심복합도시의 건설에도 불구하고 계속하여 정치·행정의 중추기능과 국가의 상징기능을 수행하는 장소로 인정할 수 있으므로 이 사건 법률에 의하여 수도로서의 기능이 해체된다고 볼 수 없다.

③ 여기서 헌법사항이 되는 수도의 문제라고 하는 것은 수도의 선정이나 이전의 문제뿐만 아니라 단일(單一)한 수도를 둘 것인지 또는 복수(複數)의 수도를 둘 것인지 여하의 결정 문제도 포함하며, 기존의 단일수도를 나누어 두 개 또는 그 이상의 수도를 만드는 것, 즉 수도의 분할도 포함하므로, 수도의 분할 문제는 수도의 선정이나 이전에 못지않은 중요성을 갖는 헌법유보사항에 해당하는 것이고, 따라서 서울이라는 단일수도를 분할하여 복수의 수도로 변경하는 것은 헌법유보사항의 변경이므로 헌법개정의 방법에 의하지 않으면 안 된다.

④ 이 사건 법률은 행정중심복합도시의 건설과 중앙행정기관의 이전 및 그 절차를 규정한 것으로서 이로 인하여 대통령을 중심으로 국무총리와 국무위원 그리고 각부 장관 등으로 구성되는 행정부의 기본적인 구조에 어떠한 변화가 발생하지 않는다. 또한 국무총리의 권한과 위상은 기본적으로 지리적인 소재지와는 직접적으로 관련이 있다고 할 수 없다. 나아가 청구인들은 대통령과 국무총리가 서울이라는 하나의 도시에 소재하고 있어야 한다는 관습헌법의 존재를 주장하나 이러한 관습헌법의 존재를 인정할 수 없다.

문 16. 권력분립원칙에 관한 설명으로 가장 적절하지 <u>않은</u> 것은? (다툼이 있는 경우 판례에 의함)

① 특정한 국가기관을 구성함에 있어 입법부, 행정부, 사법부가 그 권한을 나누어 가지거나 기능적인 분담을 하는 것은 권력분립의 원칙에 반하는 것이 아니라 권력분립의 원칙을 실현하는 것으로 볼 수 있다.

② 지방의회 사무직원의 임용권을 지방자치단체의 장에게 부여하도록 규정한 것은 지방의회와 지방자치단체의 장 사이의 상호견제와 균형의 원리에 비추어 헌법상 권력분립원칙에 위반된다.

③ 헌법원칙으로서의 권력분립원칙은 구체적인 헌법질서와 분리하여 파악될 수 없는 것으로서 권력분립원칙의 구체적 내용은 헌법으로부터 나오므로 어떠한 국가행위가 권력분립원칙에 위배되는지 여부는 구체적인 헌법규범을 토대로 판단되어야 한다.

④ 고위공직자범죄수사처를 독립된 형태로 설치하도록 규정한 것은 고위공직자범죄수사처가 행정부 소속의 중앙행정기관으로서 여러 기관에 의한 통제가 충실히 이루어질 수 있으므로 권력분립의 원칙에 위배되지 않는다.

2025 해커스경찰 박철한 경찰헌법 실전동형모의고사

문 17. 헌법상 경제질서에 관한 설명으로 옳은 것은 모두 몇 개인가? (다툼이 있는 경우 판례에 의함)

> ㉠ 우리 헌법은 제119조 제1항에서 "대한민국의 경제질서는 개인과 기업의 경제상의 자유와 창의를 존중함을 기본으로 한다."라고 규정하여 자유경쟁을 존중하는 시장경제를 기본으로 하면서도, 같은 조 제2항에서 "국가는 균형있는 국민경제의 성장 및 안정과 적정한 소득의 분배를 유지하고, 시장의 지배와 경제력의 남용을 방지하며, 경제주체 간의 조화를 통한 경제의 민주화를 위하여 경제에 관한 규제와 조정을 할 수 있다."라고 규정함으로써 우리 헌법의 경제질서가 사회정의, 공정한 경쟁질서, 경제민주화 등을 실현하기 위한 국가의 규제와 조정을 허용하는 사회적 시장경제임을 밝히고 있다.
>
> ㉡ 헌법 전문에서 천명하고 있는 '경제 영역에 있어서 각인의 기회를 균등히 하고, 능력을 최고도로 발휘하게 하는 것'은 시장에서의 자유경쟁이 공정한 경쟁질서를 토대로 할 때 비로소 가능하고, 다양한 경제주체들의 공존을 전제로 하는 경제의 민주화가 이루어져야만 경제활동에 관한 의사결정이 한 곳에 집중되지 아니하고 분산됨으로써 경제주체 간의 견제와 균형을 통해 시장기능의 정상적 작동이 가능하게 된다.
>
> ㉢ 입법자는 경제현실의 역사와 미래에 대한 전망, 목적달성에 소요되는 경제적·사회적 비용, 당해 경제문제에 관한 국민 내지 이해관계인의 인식 등 제반 사정을 두루 감안하여 시장의 지배와 경제력의 남용 방지, 경제의 민주화 달성 등의 경제영역에서의 국가목표를 이루기 위하여 가능한 여러 정책 중 필요하다고 판단되는 경제정책을 선택할 수 있고, 입법자의 그러한 정책판단과 선택은 그것이 현저히 합리성을 결여한 것이라고 볼 수 없는 한 경제에 관한 국가적 규제·조정권한의 행사로서 존중되어야 한다.
>
> ㉣ 가맹본부가 가맹점사업자에 대하여 가지는 계약상 지위의 우월성을 형식적인 자유시장의 논리 또는 계약의 자유를 강조하여 가맹본부가 상품의 공급에 관여하면서 이로부터 과도한 이득을 얻을 수 있도록 방임한다면, 자영업자가 많은 우리의 현실에서 대다수가 중소상인인 가맹점사업자들의 생존을 위협하여 국민생활의 균등한 향상 등 경제영역에서의 사회정의가 훼손될 수 있는바, 이는 우리 헌법이 지향하는 사회적 시장경제질서에 부합하지 않으므로, 국가는 헌법 제119조 제2항에 따라 가맹본부가 우월적 지위를 남용하는 것을 방지하고, 가맹본부와 가맹점사업자 간의 부조화를 시정하거나 공존과 상생을 도모하기 위해 규제와 조정을 할 수 있다.
>
> ㉤ 대형마트 등과 지역 전통시장이나 중소유통업자들의 경쟁을 형식적 자유시장 논리에 따라 그대로 방임한다면, 유통시장은 소수 대형유통업체 등의 시장지배로 인해 공정한 경쟁질서가 깨어지고, 유통시장에서의 의사결정이 소수 대형유통업체 등에 집중됨으로써 다양한 경제주체 간의 견제와 균형을 통한 시장기능의 정상적 작동이 저해되며, 중소상인들의 생존 위협으로 국민생활의 균등한 향상 등 경제영역에서의 사회정의가 훼손될 수 있는바, 이러한 결과는 우리 헌법이 지향하는 사회적 시장경제질서에 부합하지 않는다.

① 2개 ② 3개
③ 4개 ④ 5개

문 18. 재판을 받을 권리와 사법권에 관한 헌법 규정과 <u>다른</u> 것은 모두 몇 개인가?

> ㉠ 형사피고인은 유죄의 판결이 선고될 때까지는 무죄로 추정된다.
> ㉡ 모든 국민은 신속한 재판을 받을 권리를 가진다. 형사피고인은 상당한 이유가 없는 한 지체 없이 공정한 재판을 받을 권리를 가진다.
> ㉢ 모든 국민은 헌법과 법률이 정한 법관에 의하여 법률에 의한 재판을 받을 권리를 가진다.
> ㉣ 형사피해자는 법률이 정하는 바에 의하여 당해 사건의 재판절차에서 진술할 수 있다.

① 1개
② 2개
③ 3개
④ 4개

문 19. 관습헌법에 관한 판례의 견해로 가장 적절하지 <u>않은</u> 것은?

① 수도의 핵심개념으로 판례는 대통령과 국회의 소재지를 들고 있다.
② 헌법 제1조 제2항에 따라 국민이 대한민국의 주권자이며, 국민은 최고의 헌법제정권력이기 때문에 성문헌법의 제·개정에 참여할 뿐만 아니라 헌법전에 포함되지 아니한 헌법사항을 필요에 따라 관습의 형태로 직접 형성할 수 있다.
③ 관습헌법규범은 헌법전에 그에 상반하는 법규범을 첨가함에 의하여 폐지하게 된다.
④ 특정의 법률이 반드시 헌법전에서 규율하여야 할 기본적인 헌법사항을 헌법을 대신하여 규율하는 경우에도 곧바로 경성헌법의 체계에 위반하여 헌법위반에 해당한다고 보아서는 안 되며, 그 내용이 상위의 헌법규범에 배치되는지 여부를 따져보아 위헌성을 가려야 한다.

문 20. 헌정사에 관한 기술로 가장 적절하지 <u>않은</u> 것은?

① 1962년 제5차 개정헌법에서는 국회의원 후보가 되려 하는 자는 소속 정당의 추천을 받아야 하며, 국회의원이 임기 중 당적을 이탈하거나 변경한 때 또는 소속 정당이 해산된 때에는 그 자격이 상실되지만 합당 또는 제명으로 소속이 달라지는 경우에는 예외로 한다고 규정하였다.
② 이른바 발췌개헌의 골자는 대통령과 부통령의 직선제, 국회의 양원제, 국회의 국무원불신임제, 국무위원 임명에 있어서 국무총리의 제청권 등이었다.
③ 이른바 사사오입개헌에는 초대대통령에 한하여 3선 제한을 철폐하고, 대통령 궐위시에는 국무총리가 그 지위를 승계하도록 하는 것 등의 내용이 포함된다.
④ 제5차 개헌은 헌법상의 개정절차를 따르지 아니하고 국가재건비상조치법이 규정한 국민투표에 의해 개정되었다는 점에서 법리상 문제가 있다.

소요시간: _____ / 15분   맞힌 답의 개수: _____ / 20

문 1. 정당에 관한 내용 중 정당법에 의할 때 가장 적절하지 않은 것은? (다툼이 있는 경우 판례에 의함)

① 정당법 조항에 의한 합당의 경우에 합당으로 인한 권리의무의 승계조항은 강행규정으로서 합당 전 정당들의 해당기관의 결의나 합동회의의 결의로써 달리 정하였다 하더라도 그 결의는 효력이 없다.

② 정당이 그 소속 국회의원을 제명함에는 당헌이 정하는 절차를 거치는 외에 그 소속 국회의원 전원의 2분의 1 이상의 찬성이 있어야 한다.

③ 입법자는 정당설립의 자유를 최대한 보장하는 방향으로 입법하여야 하고, 헌법재판소는 정당설립의 자유를 제한하는 법률의 합헌성을 심사할 때에 헌법 제37조 제2항에 따라 엄격한 비례심사를 하여야 한다.

④ 공직선거 참여 여부는 정당의 등록취소와는 상관없으나, 공직선거에 참여하지 않은 정당은 국고보조금을 배분받지 못한다.

문 2. 선거의 기본원칙에 관한 설명으로 가장 적절하지 않은 것은? (다툼이 있는 경우 판례에 의함)

① 주민등록만을 기준으로 함으로써 주민등록이 불가능한 국내거주 재외국민인 주민의 지방선거 피선거권을 부인하는 것은 국내거주 재외국민의 공무담임권을 침해한다.

② 보통선거의 원칙이 선거권의 귀속에 대한 불합리한 차별을 금지하는 것이라면, 평등선거의 원칙은 선거권의 가치에 대한 불합리한 차별을 금지하는 것이다.

③ 지자체장은 자신의 관할 구역의 선거구에서 국회의원으로 출마할 경우 그 직을 180일 전에 사퇴하여야 한다.

④ 이 사건 비방금지조항이 없더라도 진실한 사실을 적시하여 후보자가 되고자 하는 자의 명예를 훼손한 경우에는 형법 제307조 제1항의 사실적시 명예훼손죄로 처벌이 가능하며, 스스로 공론의 장에 뛰어든 사람의 명예를 일반인의 명예보다 더 두텁게 보호할 필요가 없다.

문 3. 다음 사례에 관한 설명으로 가장 적절하지 <u>않은</u> 것은? (다툼이 있는 경우 판례에 의함)

> 甲은 개발제한구역으로 지정된 토지 위에 관할관청의 허가를 받지 아니하고 건축물을 건축하여 소유하고 있다는 이유로 철거대집행계고처분을 받고, 고등법원에 건물철거대집행계고처분의 취소를 구하는 행정소송을 제기하였으나 그 청구가 기각되었다. 甲은 이에 불복하여 대법원에 상고한 후 그 소송계속 중 도시계획법 제21조 제1항 및 제2항이 재판의 전제가 된다고 주장하면서 그 위헌심판제청을 신청하였으나 위 신청이 기각되자 이 사건 헌법소원심판을 청구하였다. 또한 친구 乙은 개발제한구역으로 지정한 지역 내에 위치한 토지의 소유자로서, 국가를 상대로 서울지방법원에 乙이 위 개발제한구역의 지정에 의하여 입은 손실을 보상하라는 내용의 소송을 제기하였다. 乙은 위 소송계속 중 도시계획법 제21조가 재판의 전제가 된다고 하여 위 법원에 위헌심판제청을 신청하였으나, 위 신청이 기각되자 이 사건 헌법소원심판을 청구하였다.

① 재산권의 보장은 곧 국민 개개인의 자유실현의 물질적 바탕을 의미한다고 할 수 있고, 따라서 자유와 재산권은 상호보완관계이자 불가분의 관계에 있다. 재산권의 이러한 자유보장적 기능은 재산권을 어느 정도 제한할 수 있는가 하는 사회적 의무성의 정도를 결정하는 중요한 기준이 된다.

② 재산권에 대한 제한의 허용 정도는 재산권 행사의 대상이 되는 객체가 기본권의 주체인 국민 개개인에 대하여 가지는 의미와 다른 한편으로는 그것이 사회 전반에 대하여 가지는 의미가 어떠한가에 달려있다. 즉, 재산권 행사의 대상이 되는 객체가 지닌 사회적인 연관성과 사회적 기능이 크면 클수록 입법자에 의한 보다 광범위한 제한이 정당화된다.

③ 개발제한구역의 지정이 궁극적으로는 구역 내 토지의 형상과 이용방법을 지정 당시의 상태대로 보존함으로써 당해 구역의 도시화를 방지하고자 하는데 그 목적이 있다는 점에 비추어 보면, 구역 내 토지에 대하여 선별적·부분적·예외적 이용제한의 수단만을 선택하여서는 그 목적의 효율적인 달성을 기대하기 어려울 것이므로, 이 사건 법률조항이 취한 전면적인 규제수단은 입법목적의 달성을 위하여 필요한 최소한의 조치인 것으로 인정된다.

④ 재산권의 침해와 공익 간의 비례성을 다시 회복하기 위한 방법은 입법자는 지정의 해제 또는 토지매수청구권제도와 같이 금전보상에 갈음하거나 기타 손실을 완화할 수 있는 제도를 보완하는 등 여러 가지 다른 방법을 사용할 수 없고, 헌법상 반드시 금전보상을 해야 하는 것이다.

문 4. 기본권의 주체에 관한 설명으로 가장 적절하지 <u>않은</u> 것은? (다툼이 있는 경우 판례에 의함)

① 주택재개발정비사업조합은 노후·불량한 건축물이 밀집한 지역에서 주거환경을 개선하여 도시의 기능을 정비하고 주거생활의 질을 높여야 할 국가의 의무를 대신하여 실현하는 기능을 수행하고 있으므로 구 도시 및 주거환경정비법상 주택재개발정비사업조합이 공법인의 지위에서 기본권의 수범자로 기능하면서 행정심판의 피청구인이 된 경우에는 기본권의 주체가 될 수 없다.

② 외국인이 국내에서 누리는 직업의 자유는 법률 이전에 헌법에 의해서 부여된 기본권이라 할 수 있다.

③ 근로의 권리 중 일할 환경에 관한 권리에 대해서는 외국인 근로자에게 기본권 주체성이 인정된다.

④ 헌법상 기본권의 주체가 될 수 있는 법인은 원칙적으로 사법인에 한하는 것이고 공법인은 헌법의 수범자이지 기본권의 주체가 될 수 없다.

문 5. 법률유보원칙에 관한 설명으로 가장 적절하지 <u>않은</u> 것은? (다툼이 있는 경우 판례에 의함)

① 금융기관의 임원이 문책경고를 받은 경우에는 법령에서 정한 바에 따라 일정기간 동안 임원선임의 자격제한을 받으므로 문책경고는 적어도 그 제한의 본질적 사항에 관한한 법률에 근거가 있어야 하는데, 금융감독원의 직무범위를 규정한 조직규범은 법률유보원칙에서 말하는 법률의 근거가 될 수는 없다.

② 사법시험의 제2차 시험의 합격결정에 관하여 과락제도를 정하는 구 사법시험령의 규정은 새로운 법률사항을 정한 것이라고 보기 어려우므로 법률유보의 원칙에 위반되지 않는다.

③ 법률유보원칙은 '법률에 의한' 규율만을 뜻하는 것이 아닌 '법률에 근거한' 규율을 요청하는 것이므로, 법률에 근거를 두면서 헌법 제75조가 요구하는 위임의 구체성과 명확성을 구비하기만 하면 위임입법에 의해서도 기본권을 제한할 수 있다.

④ 경찰청장이 경찰버스들로 서울특별시 서울광장을 둘러싸 통행을 제지한 경우에 경찰 임무의 하나로서 '기타 공공의 안녕과 질서유지'를 규정한 경찰관 직무집행법의 규정은 일반적 수권조항으로서 경찰권 발동의 법적 근거가 될 수 있으므로, 통행을 제지한 행위가 법률유보원칙에 위배되는 것은 아니다.

2025 해커스경찰 박철한 경찰헌법 실전동형모의고사

문 6. 평등권 및 평등원칙에 관한 헌법재판소 판례의 입장으로 가장 적절하지 <u>않은</u> 것은?

① 헌법 제11조 제1항의 규범적 의미는 '법 적용의 평등'에서 끝나지 않고, 더 나아가 입법자에 대해서도 그가 입법을 통해서 권리와 의무를 분배함에 있어서 적용할 가치평가의 기준을 정당화할 것을 요구하는 '법 제정의 평등'을 포함한다.

② 헌법상 평등의 원칙은 국가가 합리적인 기준에 따라 능력이 허용하는 범위 내에서 법적 가치의 상향적인 구현을 위한 제도의 단계적 개선을 추진하는 것을 허용한다.

③ 흉기 기타 위험한 물건을 휴대하여 형법상 폭행죄를 범한 사람에 대하여 징역형의 하한을 기준으로 최대 6배에 이르는 엄한 형을 규정한 구 폭력행위 등 처벌에 관한 법률 제3조 제1항은 평등원칙에 합치한다.

④ 차별적 취급으로 인하여 관련 기본권에 대한 중대한 제한을 초래하게 된다면 입법형성권은 축소되어 보다 엄격한 심사척도가 적용되어야 한다.

문 7. 신체의 자유에 관한 설명으로 가장 적절하지 <u>않은</u> 것은? (다툼이 있는 경우 판례에 의함)

① 성립절차상의 중대한 하자로 효력을 인정할 수 없는 처벌규정을 근거로 한 범죄경력을 보안관찰처분의 기초로 삼는다면, 이는 헌법 제12조 제1항 후단에서 말하는 '법률과 적법한 절차'에 의하여 이루어지는 보안처분이라고 할 수 없다.

② 법원이 직권으로 발부하는 영장은 명령장으로서의 성질을 갖지만, 수사기관의 청구에 의하여 법관이 발부하는 구속영장은 허가장으로서의 성질을 갖는다.

③ 우리 헌법이 추구하는 영장주의에서는 별건체포·구속이 허용되지 않는다.

④ 신체의 자유를 최대한으로 보장하려는 헌법정신, 특히 영장주의 원칙으로 인하여 불구속수사·불구속재판을 원칙으로 하고 예외적으로 피의자 또는 피고인이 도피할 우려가 있거나 증거를 인멸할 우려가 있는 때에 한하여 구속수사 또는 구속재판이 인정된다.

문 8. 우리 헌법상 보장된 사생활의 비밀과 자유에 관한 설명으로 가장 적절하지 <u>않은</u> 것은? (다툼이 있는 경우 판례에 의함)

① 사생활의 비밀과 자유는 인격권적인 성격과 자유권적 성격 및 참정권적 성격을 동시에 갖는 권리이다.

② 통신매체이용음란죄로 유죄판결이 확정된 사람을 일률적으로 신상정보등록대상자가 되도록 하는 것은 침해의 최소성에 위배되어 개인정보자기결정권을 침해한다.

③ 근로소득자인 청구인들의 진료정보가 본인들의 동의 없이 국세청 등으로 제출·전송·보관되는 것은 위 청구인들의 개인정보자기결정권을 제한하는 것이다.

④ 공직선거에 후보자로 등록하고자 하는 자가 제출하여야 하는 금고 이상의 형의 범죄경력에 실효된 형을 포함시키는 것은 사생활의 비밀과 자유를 침해하지 않는다.

문 9. 종교의 자유에 관한 설명 중 대법원의 입장으로 가장 적절하지 <u>않은</u> 것은?

① 전통사찰에 대하여 채무명의를 가진 일반채권자가 전통사찰 소유의 전법(傳法)용 경내지의 건조물 등에 대하여 압류하는 것을 금지하는 전통사찰의 보존 및 지원에 관한 법률 조항은 '전통사찰의 일반채권자'의 재산권을 제한하지만, 종교의 자유의 내용 중 어떠한 것도 제한되지 않는다.

② 종교인 비과세 혜택과 관련하여 일반인들의 경우 종교인에게 과세가 된다면 자신들의 세금 부담이 줄어들게 되어 기본권 침해 가능성을 인정할 수 있다.

③ 범죄인에게 은신처를 마련해주고 도피자금을 제공하는 것은 종교인으로서의 직무로 인한 행위가 아니므로 정당행위로 볼 수 없다.

④ 사립대학은 학생들이 신앙을 가지지 않을 자유를 침해하지 않는 범위 내에서 종교교육을 받을 것을 졸업요건으로 하는 학칙을 제정할 수 있다.

문 10. 집회·결사의 자유에 관한 내용으로 가장 적절하지 <u>않은</u> 것은? (다툼이 있는 경우 판례에 의함)

① 집회·시위장소는 집회·시위의 목적을 달성하는데 있어서 매우 중요한 역할을 수행하는 경우가 많기 때문에 집회·시위장소를 자유롭게 선택할 수 있어야만 집회·시위의 자유가 비로소 효과적으로 보장되므로 장소선택의 자유는 집회·시위의 자유의 한 실질을 형성한다.

② 헌법은 집회의 자유를 국민의 기본권으로 보장하므로, 평화적 집회 그 자체는 공공의 안녕질서에 대한 위험이나 침해로서 평가되어서는 아니 되지만, 개인이 집회의 자유를 집단적으로 행사함으로써 불가피하게 발생하는 일반대중에 대한 불편함이나 법익에 대한 위험이 국가와 제3자에 의하여 수인되어야 하는 것은 아니다.

③ 국회의장 공관의 경계 지점으로부터 100m 이내의 장소에서의 옥외집회 또는 시위를 일률적으로 금지하는 것은 집회의 자유를 침해한다.

④ 이른바 1인 시위는 집회 및 시위에 관한 법률의 적용요건인 다수인에 해당하지 않으므로, 업무방해죄를 구성함은 별론으로 하고 집회 및 시위에 관한 법률에 의한 규제를 받지 않는다.

문 11. 정치적 기본권에 관한 내용으로 가장 적절하지 <u>않은</u> 것은? (다툼이 있는 경우 판례에 의함)

① 국회의원 재·보궐선거일을 휴무일이 아닌 평일로 정한 것은 헌법에 위반되지 않는다.

② 대통령은 늦어도 국민투표일 전 18일까지 국민투표일과 국민투표안을 동시에 공고하여야 한다.

③ 19세 이상의 국민은 투표권이 있으나, 투표일 현재 공직선거법에 따라 선거권이 없는 자는 투표권이 없다.

④ 누구든지 자유롭게 국민투표운동을 할 수 있다. 그러나 국민투표법 또는 다른 법률의 규정에 의하여 금지 또는 제한되는 경우에는 그러하지 아니하다.

문 12. 공무담임권에 관한 설명으로 가장 적절하지 <u>않은</u> 것은? (다툼이 있는 경우 판례에 의함)

① 순경 공채시험 응시연령의 상한을 '30세 이하'로 규정하고 있는 것은 합리적이라고 볼 수 없으므로 침해의 최소성원칙에 위배되어 공무담임권을 침해한다.

② 수뢰죄를 범하여 금고 이상의 형의 선고유예를 받은 국가공무원을 당연퇴직하도록 한 국가공무원법 조항은 과잉금지원칙에 반하여 공무담임권을 침해한다.

③ 공무담임권의 보호영역에는 공무원이 특정의 장소에서 근무하는 것 또는 특정의 보직을 받아 근무하는 것을 포함하는 일종의 공무수행의 자유까지 포함하지는 않는다.

④ 정당의 내부경선에 참여할 권리는 헌법이 보장하는 공무담임권의 내용에 포함되지 아니하므로, 정당이 당내경선을 실시하지 않는 것이 공무담임권을 침해하는 것은 아니다.

문 13. 재판청구권에 관한 헌법재판소의 결정례로 가장 적절하지 <u>않은</u> 것은?

① 형의 집행 및 수용자의 처우에 관한 법률 시행령에서 수형자와 소송대리인인 변호사의 접견을 일반 접견에 포함시켜 시간은 30분 이내로, 횟수는 월 4회로 제한하는 것은 수형자의 재판청구권을 침해한다.

② 국민의 형사재판참여제도에서 배심원의 평결과 양형에 관한 의견은 법원을 기속하지 아니한다.

③ 재판청구권은 기본권의 침해에 대한 구제절차가 반드시 헌법소원의 형태로 독립된 헌법재판기관에 의하여 이루어질 것만을 요구하지는 않는다.

④ 건설업자가 명의대여행위를 한 경우 그 건설업 등록을 필요적으로 말소하도록 한 것은 법관의 판단재량권을 형해화시켜 법관에 의한 재판을 받을 권리를 침해하는 것이다.

문 14. 사회보장수급권에 관한 설명으로 가장 적절하지 <u>않은</u> 것은? (다툼이 있는 경우 판례에 의함)

① 공무원연금법상 퇴직연금의 수급자가 사립학교교직 원연금법 제3조의 학교기관으로부터 보수 기타 급여를 지급받고 있는 경우, 그 기간 중 퇴직연금의 지급을 정지하도록 한 것은 기본권 제한의 입법한 계를 일탈한 것으로 볼 수 없다.

② 휴직자에게 직장가입자의 자격을 유지시켜 휴직전 월의 표준보수월액을 기준으로 보험료를 부과하는 것은 사회국가원리에 위배되지 않는다.

③ 공무원연금법상의 연금수급권은 국가에 대하여 적 극적으로 급부를 요구하는 것이므로 헌법규정만으 로는 실현될 수 없고, 법률에 의한 형성을 필요로 한다.

④ 공무원연금법상의 연금수급권은 사회보장수급권의 성격을 가지고 있을 뿐 이를 재산권이라고 볼 수 없 으므로 입법자에게 넓은 입법형성권이 인정된다.

문 15. 근로의 권리에 관한 내용으로 가장 적절하지 <u>않은</u> 것은? (다툼이 있는 경우 판례에 의함)

① 노동조합 및 노동관계조정법에서 말하는 근로자에 는 특정한 사용자에게 고용돼 현실적으로 취업하고 있는 자뿐만 아니라, 일시적으로 실업상태에 있는 자나 구직 중인 자도 포함된다.

② 주 52시간 상한제조항을 두어 1주간 최대 근로시간 을 52시간으로 한정한 근로기준법 조항은 과잉금지 원칙에 반하여 상시 5명 이상 근로자를 사용하는 사업주의 계약의 자유와 직업의 자유, 근로자의 계 약의 자유를 침해한다.

③ 외국인 근로자의 사업장 변경 횟수를 3년의 체류기 간 동안 3회까지로 제한한 것은 헌법에 위반되지 않는다.

④ 외국거주 외국인유족의 퇴직공제금 수급자격을 불 인정하는 것은 헌법에 위반된다.

문 16. 헌법재판소 판례의 내용으로 가장 적절한 것은?

① 초고가 아파트 구입용으로 주택담보대출을 금지하 는 것은 헌법에 위반된다.

② 청소년의 건전한 성장과 인터넷게임 중독을 예방하 기 위하여 16세 미만 청소년에 한하여 심야시간대 만 그 제공을 금지하는 것은 헌법에 위반된다.

③ 참전군인의 2세로서 척추이분증에 걸린 사람들 중 고엽제후유증환자의 자녀만 지원을 하는 것은 평등 의 원칙에 반한다.

④ 어린이집이 시·도지사가 정한 수납한도액을 초과 하여 보호자로부터 필요경비를 수납한 것에 대해 해당 시·도지사가 영유아보육법에 근거하여 발할 수 있도록 한 '시정 또는 변경' 명령은 명확성원칙에 위배되지 않는다.

문 17. 다음 사례를 읽고 가장 적절하지 <u>않은</u> 것은? (다툼이 있는 경우 헌법재판소 다수의견에 의함)

> 북한이 4차 핵실험을 단행하고, 정거리 미사일을 발사하자 대통령은 개성공단 운영을 전면중단하기로 결정하였다. 이에 대한 대응으로 북한은 개성공단 내 남한 주민 전원 추방 및 자산 동결조치를 발표하였다. 청구인들은 피청구인들의 개성공단 전면중단 결정 및 집행이 청구인들의 재산권 등을 침해한다고 주장하며 헌법소원을 청구하였다.

① 개성공단 전면중단 조치가 고도의 정치적 결단을 요하는 문제이기는 하나, 조치 결과 개성공단 투자기업인에게 기본권 제한이 발생하였고, 국민의 기본권 제한과 직접 관련된 공권력의 행사는 고도의 정치적 고려가 필요한 행위라도 헌법과 법률에 따라 결정하고 집행하도록 견제하는 것이 헌법재판소 본연의 임무이므로, 그 한도에서 헌법소원심판의 대상이 될 수 있다.

② 개성공단 전면중단 조치는 국제평화를 위협하는 북한의 핵무기 개발을 경제적 제재조치를 통해 저지하려는 국제적 합의에 이바지하기 위한 조치로서, 통일부장관의 조정명령에 관한 남북교류협력에 관한 법률 제18조 제1항 제2호, 대통령의 국가의 계속성 보장 책무, 행정에 대한 지휘·감독권 등을 규정한 헌법 제66조, 정부조직법 제11조 등이 근거가 될 수 있으므로, 헌법과 법률에 근거한 조치로 보아야 한다.

③ 국무회의 심의, 이해관계자에 대한 의견청취절차 등을 거치지 아니한 이상 개성공단 전면중단 조치는 적법절차원칙을 위반하여 개성공단 투자기업인의 영업의 자유와 재산권을 침해한다.

④ 개성공단 전면중단 조치는 공익 목적을 위하여 개별적, 구체적으로 형성된 구체적인 재산권의 이용을 제한하는 공용 제한이 아니므로, 이에 대한 정당한 보상이 지급되지 않았다고 하더라도 그 조치가 헌법 제23조 제3항을 위반하여 개성공단 투자기업인의 재산권을 침해한 것으로 볼 수 없다.

문 18. 다음 법 규정에 관한 헌법적 판단 내용으로 가장 적절하지 <u>않은</u> 것은? (다툼이 있는 경우 판례에 의함)

> **출입국관리법(2011.7.18. 법률 제10863호로 개정된 것)**
> 제4조【출국의 금지】① 법무부장관은 다음 각 호의 어느 하나에 해당하는 국민에 대하여는 6개월 이내의 기간을 정하여 출국을 금지할 수 있다.
> 1. 형사재판에 계속(係屬) 중인 사람

① 법무부장관의 출국금지결정은 행정처분일 뿐이고 신체에 대하여 직접적으로 물리적 강제력을 수반하는 강제처분이 아니므로 영장주의가 적용되지 않는다.

② 출국금지 대상자에게 출국금지결정에 대한 사후적·절차적 참여기회를 보장해 주고 있다면, 출국금지 대상자에게 사전통지나 청문의 기회를 부여하지 않은 것만으로 적법절차원칙에 위배된다고 보기 어렵다.

③ 헌법 제14조의 거주·이전의 자유에는 '해외여행 및 해외이주의 자유'가 포함되고, 구체적인 내용으로 '출국의 자유'와 '입국의 자유'가 보장되는데, 법무부장관의 출국금지결정은 거주·이전의 자유 중 출국의 자유를 제한한다.

④ 유·무죄가 확정되지 않고 형사재판에 계속 중인 사람에게 출국금지라는 불이익을 주는 것은 형사재판에 계속 중인 사람에게 사회적 비난 내지 응보적 의미의 제재를 하지 않아야 한다는 무죄추정의 원칙에 위배된다.

문 19. 평등권에 관한 설명으로 옳은 것은 모두 몇 개인가? (다툼이 있는 경우 판례에 의함)

㉠	지방의회의원은 지방공사 직원의 직을 겸할 수 없게 하고 국회의원은 지방공사 직원의 직을 겸할 수 있도록 한 것은 불합리한 차별이 아니고 지방의회의원의 평등권을 침해한 것이라고 할 수 없다.
㉡	특정한 조세 법률 조항이 혼인이나 가족생활을 근거로 부부 등 가족이 있는 자를 혼인하지 아니한 자 등에 비하여 차별 취급하는 것은 과세단위의 설정에 대한 입법자의 입법형성의 재량에 속하는 정책적 문제이므로, 헌법 제36조 제1항의 위반 여부는 자의금지원칙에 의하여 심사한다.
㉢	부마민주항쟁을 이유로 30일 미만 구금된 자를 보상금 또는 생활지원금의 지급대상에서 제외하여 부마민주항쟁 관련자 중 8.1%만 보상금 및 생활지원금을 지급받는 결과에 이르긴 하였으나, 그 차별이 현저하게 불합리하거나 자의적이라고 보기 어렵다.
㉣	자율형 사립고(이하 '자사고')를 후기학교로 정하여 신입생을 일반고와 동시에 선발하도록 한 초·중등교육법 시행령 조항은 자사고의 도입목적에 비추어 볼 때, 자사고를 과학고와 달리 취급하고 일반고와 같이 취급하는 것으로서 자사고 학교법인의 평등권을 침해한다.
㉤	대한민국 국민인 남자에 한하여 병역의무를 부과한 구 병역법 조항은 헌법이 특별히 평등을 요구하는 경우나 관련 기본권에 중대한 제한을 초래하는 경우의 차별취급을 그 내용으로 하고 있으므로, 이 조항이 평등권을 침해하는지 여부에 대해서는 엄격한 심사기준에 따라 판단하여야 한다.

① 1개   ② 2개
③ 3개   ④ 4개

문 20. 기본권의 경합(또는 경쟁)과 충돌(또는 상충)에 관한 설명으로 가장 적절하지 <u>않은</u> 것은? (다툼이 있는 경우 판례에 의함)

① 기본권 경합의 경우에는 기본권 침해를 주장하는 자의 의도 및 기본권을 제한하는 입법자의 객관적인 동기 등을 참작하여 사안과 가장 밀접한 관계에 있고 또 침해의 정도가 큰 주된 기본권을 중심으로 그 제한의 한계를 따져 보아야 한다는 것이 헌법재판소 판례의 태도이다.

② 언론보도에 대한 반론권을 인정할 경우, 이는 언론기관의 보도의 자유와 개인의 인격권 사이에 실제적 조화를 추구한 것으로 과잉금지원칙에 위배되지 아니한다고 평가할 수 있다.

③ 친양자 입양은 친생부모의 기본권과 친양자가 될 자의 기본권이 서로 대립·충돌하는 관계라고 할 수 있고, 이들 기본권은 공히 가족생활에 관한 기본권으로서 그 서열이나 법익의 형량을 통하여 어느 한쪽의 기본권을 일방적으로 우선시키고 다른 쪽을 후퇴시키는 것은 부적절하다.

④ 예술적 표현수단을 사용하여 상업적 광고를 하는 경우 영업의 자유, 재산권, 예술의 자유 등 복합적인 기본권 경합이 발생한다.

소요시간: _____ / 15분   맞힌 답의 개수: _____ / 20

문 1. 민주주의에 관한 내용으로 가장 적절하지 <u>않은</u> 것은? (다툼이 있는 경우 판례에 의함)

① 우리 헌법은 자유민주주의 헌법의 원리에 따라 국가의 기능을 입법·행정·사법으로 분립하여 견제와 균형을 이루게 하는 권력분립제도를 채택하고 있어 행정과 사법은 법률에 기속되므로, 국회가 특정한 사항에 대하여 행정부에 위임하였음에도 불구하고 행정부가 정당한 이유 없이 이를 이행하지 않는다면 권력분립의 원칙과 법치국가의 원칙에 위배되는 것이다.

② 선거운동은 국민주권 행사의 일환일 뿐 아니라 정치적 표현의 자유의 한 형태로서 민주사회를 구성하고 움직이게 하는 요소이므로, 그 제한입법의 위헌 여부에 대하여는 엄격한 심사기준이 적용되어야 한다.

③ 헌법 제8조 제4항의 민주적 기본질서 개념은 그 외연이 확장될수록 정당해산결정의 가능성은 확대되고 이와 동시에 정당 활동의 자유는 축소되므로, 민주사회에서 정당의 자유가 지니는 중대한 함의나 정당해산심판제도의 남용가능성 등을 감안한다면 민주적 기본질서는 최대한 엄격하고 협소한 의미로 이해해야 한다.

④ 판례에 따르면 자유민주주의적 기본질서의 본질적 내용은 기본적 인권의 존중, 권력분립제도, 직업공무원제도, 복수정당제도 등이라고 판시하였다.

문 2. 헌법상 경제질서에 관한 설명으로 가장 적절하지 <u>않은</u> 것은? (다툼이 있는 경우 판례에 의함)

① 헌법 제119조 제2항에 규정된 '경제주체간의 조화를 통한 경제민주화'의 이념은 경제영역에서 정의로운 사회질서를 형성하기 위하여 추구할 수 있는 국가목표로서 기능하지만, 개인의 기본권을 제한하는 국가행위를 정당화하는 규범적 기능은 갖고 있지 않다.

② 광물 기타 중요한 지하자원·수산자원·수력과 경제상 이용할 수 있는 자연력은 법률이 정하는 바에 의하여 일정한 기간 그 채취·개발 또는 이용을 특허할 수 있다.

③ 헌법에서 채택하고 있는 사회국가의 원리는 자유민주적 기본질서의 범위 내에서 이루어져야 하고, 국민 개인의 자유와 창의를 보완하는 범위 내에서 이루어지는 내재적 한계를 지니고 있다.

④ 국방상 또는 국민경제상 긴절한 필요로 인하여 법률이 정하는 경우를 제외하고는, 사영기업을 국유 또는 공유로 이전하거나 그 경영을 통제 또는 관리할 수 없다.

문 3. 부담금에 관한 설명으로 가장 적절한 것은? (다툼이 있는 경우 판례에 의함)

① 텔레비전방송수신료는 공영방송사업이라는 특정한 공익사업의 경비조달에 충당하기 위하여 수상기를 소지한 특정집단에 대하여 부과되는 특별부담금에 해당하여 조세나 수익자부담금과는 구분된다.

② 한강수계 상수원수질개선 및 주민지원 등에 관한 법률이 규정한 '물사용량에 비례한 부담금'은 수도요금과 구별되는 별개의 금전으로서 한강수계로부터 취수된 원수를 정수하여 직접 공급받는 최종 수요자라는 특정 부류의 집단에만 강제적·일률적으로 부과되는 것으로서 사용료에 해당한다.

③ 개발이익환수에 관한 법률상 개발부담금은 '부담금'으로서 국세기본법이나 지방세기본법에서 나열하는 국세나 지방세의 목록에 빠져 있으며, 실질적으로 투기방지와 토지의 효율적인 이용 및 개발이익에 관한 사회적 갈등을 조정하기 위해 정책적 측면에서 도입된 유도적·조정적 성격을 가지는 특별부담금이다.

④ 영화관 관람객이 입장권 가액의 100분의 3을 부담하도록 하고 영화관 경영자는 이를 징수하여 영화진흥위원회에 납부하도록 강제하는 내용의 영화상영관 입장권 부과금 제도는, 영화예술의 질적 향상과 한국영화 및 영화·비디오물산업의 진흥·발전의 토대를 구축하도록 유도하는 유도적 부담금이다.

문 4. 통합진보당의 해산청구에 관한 헌법재판소의 판시 내용으로 가장 적절하지 <u>않은</u> 것은?

① 헌법재판소의 정당해산결정이 있는 경우 그 정당 소속 의원은 국회의원, 지방의원을 불문하고, 또한 비례대표, 지역구를 불문하고 모두 상실되어야 한다.

② 강제적 정당해산은 정당활동의 자유에 대한 근본적인 제한이므로 헌법 제37조 제2항의 비례의 원칙을 준수하여야 한다.

③ 어떤 정당이 민주적 기본질서를 부정하고 이를 적극적으로 공격하는 것으로 보인다 하더라도 국민의 정치적 의사형성에 참여하는 정당으로서 존재하는 한 헌법에 의해 최대한 두텁게 보호된다.

④ 정당해산 사유로서 민주적 기본질서는 현행 헌법이 채택한 민주주의의 구체적 모습과 동일하게 보아서는 안 된다.

문 5. 선거와 관련한 소송에 관한 설명으로 가장 적절하지 <u>않은</u> 것은? (다툼이 있는 경우 판례에 의함)

① 국회의원선거에 있어서 당선의 효력에 이의가 있는 선거인·정당(후보자를 추천한 정당에 한함) 또는 후보자는 당선소송을 제기할 수 있다.

② 대통령 후보자 중 최고득표자가 2인 이상일 경우에는 국회에서 과반수가 출석하고, 출석의 다수 득표자가 대통령이 된다.

③ 대통령 후보자가 1인일 때에는 그 득표수가 선거권자 총수의 3분의 1 이상이 아니면 대통령으로 당선될 수 없다.

④ 대법원은 선거에 관한 규정에 위반한 사실이 있는 때라도 선거의 결과에 영향을 미쳤다고 인정하는 때에 한하여 선거의 전부나 일부의 무효 또는 당선의 무효임을 판결한다.

문 6. 계약의 자유에 관한 설명으로 가장 적절하지 <u>않은</u> 것은? (다툼이 있는 경우 대법원 판례 및 헌법재판소 결정에 의함)

① 임대차존속기간을 20년으로 제한한 민법 조항은 과잉금지원칙을 위반하여 계약의 자유를 침해하지 않는다.

② 헌법 제10조에 의하여 보장되는 행복추구권 속에는 일반적 행동자유권이 포함되고, 이 일반적 행동자유권으로부터 계약 체결의 여부, 계약의 상대방, 계약의 방식과 내용 등을 당사자의 자유로운 의사로 결정할 수 있는 계약의 자유가 파생된다.

③ 임대인이 실제 거주를 이유로 갱신을 거절한 후 정당한 사유없이 제3자에게 임대한 경우의 손해배상책임 및 손해액을 규정한 주택임대차보호법 조항은 과잉금지원칙에 반하여 임대인의 계약의 자유와 재산권을 침해한다고 볼 수 없다.

④ 금융위원회위원장이 2019.12.16. 시중 은행을 상대로 투기지역·투기과열지구 내 초고가 아파트(시가 15억원 초과)에 대한 주택구입용 주택담보대출을 2019.12.17.부터 금지한 조치는 과잉금지원칙에 반하여 해당 주택담보대출을 받고자 하는 사람의 재산권 및 계약의 자유를 침해하지 아니한다.

문 7. 기본권의 충돌(상충)관계에 관한 설명으로 가장 적절하지 **않은** 것은? (다툼이 있는 경우 판례에 의함)

① 피해자의 반론게재청구권으로 해석되는 정정보도청구권제도는 언론의 자유와는 서로 충돌되는 면이 있으나 전체적으로는 상충되는 기본권 사이에 합리적인 조화를 이루고 있다.

② 기본권의 충돌이란 상이한 복수의 기본권 주체가 서로의 권익을 실현하기 위해 하나의 동일한 사건에서 국가에 대하여 서로 대립되는 기본권의 적용을 주장하는 경우를 말하는데, 한 기본권 주체의 기본권 행사가 다른 기본권 주체의 기본권 행사를 제한 또는 희생시킨다는 데 그 특징이 있다.

③ 기본권의 경합이란 상이한 복수의 기본권 주체가 서로의 권익을 실현하기 위해 하나의 동일한 사건에서 국가에 대하여 서로 대립되는 기본권의 적용을 주장하는 경우를 말한다.

④ 대법원은 사적단체가 남성 회원에게는 별다른 심사 없이 총회 의결권 등을 가지는 총회원 자격을 부여하면서도 여성 회원의 경우에는 지속적인 요구에도 불구하고 원천적으로 총회원 자격 심사에서 배제하여 온 것에 대해 평등권의 효력이 간접적으로 사법관계에 미친다고 하면서 기본권 침해를 인정하였다.

문 8. 국가인권위원회에 관한 설명으로 옳지 **않은** 것을 모두 고른 것은? (다툼이 있는 경우 헌법재판소 결정에 의함)

ⓐ 위원은 인권문제에 관하여 전문적인 지식과 경험이 있고 인권의 보장과 향상을 위한 업무를 공정하고 독립적으로 수행할 수 있다고 인정되는 사람으로서 국가인권위원회법 제5조 제3항 각 호의 어느 하나에 해당하는 자격을 갖춘 자 중에서 국회가 선출하는 4명(상임위원2명을 포함), 대통령이 지명하는 4명(상임위원 1명을 포함), 대법원장이 지명하는 4명을 대통령이 임명한다.

ⓑ 불법체류 중인 외국인들이라 하더라도, '인간의 권리'로서 외국인에게도 주체성이 인정되는 일정한 기본권에 관하여 불법체류 여부에 따라 그 인정 여부가 달라지는 것은 아니다. 따라서 '국가인권위원회의 공정한 조사를 받을 권리'는 헌법상 인정되는 기본권이라고 할 수 있다.

ⓒ 국가인권위원회는 법률에 설치근거를 둔 국가기관이고, 헌법에 의하여 설치되고 헌법과 법률에 의하여 독자적인 권한을 부여받은 국가기관이라고 할 수는 없으므로, 독립성이 보장된 기관이기는 하더라도 그 기관이 갖는 권한의 침해 여부에 대해 국가를 상대로 권한쟁의심판을 청구할 당사자능력은 없다.

ⓓ 국가인권위원회가 진정에 대해 각하 또는 기각결정을 하면 이 결정은 헌법소원의 대상이 되고 헌법소원의 보충성 요건을 충족한다.

---

① ㉠, ㉡, ㉣   ② ㉠, ㉣
③ ㉡, ㉢   ④ ㉢, ㉣

문 9. 현재 우리나라의 신체의 자유와 영장제도에 관한 설명으로 가장 적절한 것은? (다툼이 있는 경우 판례에 의함)

① 보안처분이라 하더라도 형벌적 성격이 강하여 신체의 자유를 박탈하거나 박탈에 준하는 정도로 신체의 자유를 제한하는 경우에는 소급효금지원칙을 적용하는 것이 법치주의 및 죄형법정주의에 부합한다.

② 모든 국민은 신체의 자유를 가진다. 누구든지 법률과 적법절차에 의하지 아니하고는 체포·구속·압수·수색을 받지 아니하며, 법률에 의하지 아니하고는 심문·처벌·보안처분 또는 강제노역을 받지 아니한다.

③ 피의자를 긴급체포하여 조사한 결과 구금을 계속할 필요가 없다고 판단하여 48시간 이내에 석방하는 경우까지도 수사기관이 반드시 체포영장발부절차를 밟게 하는 것은 인권침해적 상황을 예방하는 적절한 방법이다.

④ 기지국 수사를 허용하는 통신사실 확인자료 제공요청은 법원의 허가에 의해 해당 가입자의 동의나 승낙을 얻지 아니하고도 제3자인 전기통신사업자에게 해당 가입자에 관한 통신사실 확인자료의 제공을 요청할 수 있도록 하는 수사방법이므로 헌법상 영장주의가 적용되지 않는다.

문 10. 변호인의 조력을 받을 권리에 관한 설명으로 가장 적절한 것은? (다툼이 있는 경우 판례에 의함)

① 헌법 제12조 제4항 본문 "누구든지 체포 또는 구속을 당한 때에는 즉시 변호인의 조력을 받을 권리를 가진다."라는 규정은 피의자에 대하여 일반적으로 국선변호인의 조력을 받을 권리가 있음을 천명한 것으로 볼 수 있다.

② 서류의 열람·등사 또는 서면의 교부를 신청할 수 있는 권리는 헌법상 기본권으로 변호인이 있는 피고인의 경우에도 검사에게 공소제기된 사건에 관한 서류 또는 물건의 목록과 공소사실의 인정 또는 양형에 영향을 미칠 수 있는 서류로 검사가 증거로 신청할 서류의 열람·등사 또는 서면의 교부를 신청할 수 있다.

③ 미결수용자와 변호인 간에 주고받는 서류를 확인하고 이를 소송관계서류처리부에 등재하는 행위는 그 자체만으로는 미결수용자의 변호인 접견교통권을 제한하는 행위라고 볼 수는 없다.

④ 변호인과의 자유로운 접견은 신체구속을 당한 사람에게 보장된 변호인의 조력을 받을 권리의 가장 중요한 내용이어서 국가안전보장, 질서유지, 공공복리 등 어떠한 명분으로도 제한될 수 없다.

문 11. 양심의 자유 또는 종교의 자유에 관한 설명으로 가장 적절하지 <u>않은</u> 것은? (다툼이 있는 경우 헌법재판소 결정에 의함)

① 헌법 제20조 제2항은 국교금지와 정교분리 원칙을 규정하고 있는데 종교시설의 건축행위에만 기반시설 부담금을 면제한다면 국가가 종교를 지원하여 종교를 승인하거나 우대하는 것으로 비칠 소지가 있다.

② 종립학교의 학교법인이 국·공립학교의 경우와는 달리 종교교육을 할 자유와 운영의 자유를 가진다고 하더라도 그 종립학교가 공교육체계에 편입되어 있는 이상 원칙적으로 학생의 종교의 자유, 교육을 받을 권리를 고려한 대책을 마련하는 등의 조치를 취하는 속에서 그러한 자유를 누린다고 해석하여야 한다.

③ 군대 내에서 군종장교가 성직자의 신분에서 종교활동을 수행함에 있어 소속종단의 종교를 선전하거나 다른 종교를 비판하였다고 할지라도 그것만으로 종교적 중립을 준수할 의무를 위반하였다고 볼 수 없다.

④ 신념이 확고하다는 것은 그것이 유동적이거나 가변적이지 않다는 것을 뜻하지만, 반드시 고정불변이어야 하는 것은 아니므로, 상황에 따라 타협적이거나 전략적으로 행동하는 것을 금지하지는 아니한다. 병역거부자가 그 신념과 관련한 문제에서 상황에 따라 다른 행동을 하였다고 하더라도, 그러한 신념이 진실하지 않다고 단정할 수는 없다.

문 12. 집회의 자유에 관한 헌법재판소의 결정 내용으로 가장 적절하지 <u>않은</u> 것은?

① 집회의 자유는 다른 법익의 보호를 위하여 정당화되지 않는 한, 집회장소를 항의의 대상으로부터 분리시키는 것을 금지한다.

② 집회에 대한 허가제를 금지한 헌법 제21조 제2항은 헌법 자체에서 직접 집회의 자유에 대한 제한의 한계를 명시하고 있으므로, 기본권 제한에 관한 일반적 법률유보조항인 헌법 제37조 제2항에 앞서서 우선적이고 제1차적인 위헌심사기준이 되어야 한다.

③ 관할 경찰서장은 신고서의 미비사항이 있다는 것을 안 경우에는 접수증을 교부한 때부터 12시간 이내에 주최자에게 24시간을 기한으로 보완을 명할 수 있다.

④ 중앙선거관리위원회의 경계지점으로부터 100m 이내 장소에서의 옥외집회 또는 시위는 금지된다.

문 13. 학문과 예술의 자유에 관한 내용으로 가장 적절하지 <u>않은</u> 것은? (다툼이 있는 경우 판례에 의함)

① 학문의 자유나 대학의 자율성 내지 대학의 자치를 근거로 사립대학 교수들은 총장선임에 실질적으로 관여할 수 있는 지위에 있다고 보는 것이 대법원의 판례이다.

② 대학교수가 반국가단체로서의 북한의 활동을 찬양·고무·선전 또는 이에 동조할 목적 아래 '한국전쟁과 민족통일'이란 논문을 제작·반포하거나 발표한 것은 헌법이 보장하는 학문의 자유의 범위 안에 있지 않다.

③ 대학의 자율은 대학시설의 관리·운영만이 아니라 학사관리 등 전반적인 것이라야 하므로 연구와 교육의 내용, 그 방법과 그 대상, 교과과정의 편성, 학생의 선발, 학생의 전형도 자율의 범위에 속해야 한다. 따라서 입학시험제도도 자주적으로 마련될 수 있어야 하는 것일 뿐 원칙적으로 당해 대학 자체의 계속적 존립에까지 미치는 것은 아니다.

④ 경북대학교 총장임용후보자선거의 후보자로 등록하려면 3,000만원의 기탁금을 납부하고 제1차 투표에서 유효투표수의 100분의 15 이상을 득표한 경우에는 기탁금 전액을, 100분의 10 이상 100분의 15 미만을 득표한 경우에는 기탁금 반액을 반환하고, 반환되지 않은 기탁금은 경북대학교발전 기금에 귀속하도록 정한 경북대학교 총장임용후보자 선정 규정의 해당 조항은 재산권을 침해하지 않는다.

문 14. 재산권에 관한 설명으로 가장 적절하지 <u>않은</u> 것은? (다툼이 있는 경우 판례에 의함)

① 공무원연금법상 급여제한의 사유로 퇴직 후의 범죄사실을 포함하는 것은 과잉금지원칙을 위반하여 재산권을 침해한 것이다.

② 주택임대차보호법상 임차인 보호 규정들이 임대인의 재산권을 침해하는지 여부를 심사함에 있어서는 비례의 원칙을 기준으로 심사하되, 보다 완화된 심사기준을 적용하여야 할 것이다.

③ 농지의 경우 그 사회성과 공공성의 정도는 일반적인 토지의 경우와 동일하므로, 농지 재산권을 제한하는 입법에 대한 헌법심사의 강도는 다른 토지 재산권을 제한하는 입법에 대한 것보다 낮아서는 아니 된다.

④ 유류분 반환청구는 피상속인이 생전에 한 유효한 증여라도 그 효력을 잃게 하는 것이므로, 민법 제1117조에서 '반환하여야 할 증여를 한 사실을 안 때로부터 1년'이라는 단기소멸시효를 정한 것은 재산권을 침해하지 않는다.

문 15. 직업의 자유에 관한 설명으로 옳은 것을 모두 고른 것은? (다툼이 있는 경우 판례에 의함)

㉠ 제조업의 직접생산공정업무를 근로자파견의 대상업무에서 제외하는 파견근로자보호 등에 관한 법률 조항은 사용사업주의 직업수행의 자유를 침해한다.

㉡ 로스쿨에 입학하는 자들에 대하여 학사 전공별, 출신 대학별로 로스쿨 입학정원의 비율을 각각 규정한 법학전문대학원 설치·운영에 관한 법률 조항은 변호사가 되기 위한 과정에 있어 필요한 전문지식을 습득할 수 있는 로스쿨에 입학하는 것을 제한할 뿐이므로 직업선택의 자유를 제한하는 것으로 보기 어렵다.

㉢ 자격제도를 시행함에 있어서 설정하는 자격요건에 대한 판단은 원칙적으로 입법자의 입법형성권의 영역에 있으므로, 그것이 입법재량의 범위를 일탈하여 현저히 불합리한 경우에 한하여 헌법에 위반된다고 할 수 있다.

㉣ 사회복무요원은 출·퇴근 근무를 원칙으로 하며 퇴근 이후에는 상대적으로 자유로운 생활관계를 형성하고 있는바, 사회복무요원이 복무기관의 장의 허가 없이 다른 직무를 겸하는 행위를 한 경우 경고처분하고, 경고처분 횟수가 더하여질 때마다 5일을 연장하여 복무하도록 하는 병역법 제33조 제2항은 사회복무요원인 청구인의 직업의 자유를 침해한다.

① ㉠
② ㉢
③ ㉡, ㉢
④ ㉢, ㉣

문 16. 국민투표권에 관한 설명으로 가장 적절하지 <u>않은</u> 것은? (다툼이 있는 경우 판례에 의함)

① 신행정수도 후속대책을 위한 연기·공주지역 행정중심복합도시 건설을 위한 특별법이 수도를 분할하는 국가정책을 집행하는 내용을 가지고 있고 대통령이 이를 추진하고 집행하기 이전에 그에 관한 국민투표를 실시하지 아니하였다면 국민투표권이 행사될 수 있는 계기인 대통령의 중요정책 국민투표 부의가 행해지지 않았다고 하더라도 청구인들의 국민투표권이 행사될 수 있을 정도로 구체화되었다고 할 수 있으므로 그 침해의 가능성이 인정된다.
② 국민투표의 전부 또는 일부의 무효판결이 있을 때에는 재투표를 실시하여야 한다.
③ 국민투표의 대상으로 외교·국방·통일 기타 국가안위에 관한 중요정책을 명시한 것은 제8차 개정헌법부터이다.
④ 사립초등학교 교사는 국민투표에 관한 운동을 할 수 없으나, 국립대학교 교수는 국민투표에 관한 운동을 할 수 있다.

문 17. 교육을 받을 권리에 관한 설명으로 가장 적절하지 <u>않은</u> 것은? (다툼이 있는 경우 판례에 의함)

① 헌법재판소는 의무교육의 취학연령을 획일적으로 정하는 것이 헌법 제31조 제1항의 '능력에 따라 균등하게 교육을 받을 권리'를 본질적으로 침해한 것이라고 판시하였다.
② '부모의 자녀에 대한 교육권'은 비록 헌법에 명문으로 규정되어 있지는 아니하지만, 이는 모든 인간이 누리는 불가침의 인권으로서 혼인과 가족생활을 보장하는 헌법 제36조 제1항, 행복추구권을 보장하는 헌법 제10조 및 "국민의 자유와 권리는 헌법에 열거되지 아니한 이유로 경시되지 아니한다."라고 규정하는 헌법 제37조 제1항에서 나오는 중요한 기본권이다.
③ '2021학년도 대학입학전형기본사항' 중 재외국민 특별전형 지원자격 가운데 학생 부모의 해외체류요건 부분은 부모의 해외체류 가능성을 기준으로 학생의 지원자격을 인정하는 것으로 균등하게 교육받을 권리를 침해하지 아니한다.
④ 거주지를 기준으로 중·고등학교의 입학을 제한하는 규정은 학부모의 자녀를 교육시킬 학교선택권의 본질적 내용을 침해하는 것은 아니라는 것이 헌법재판소의 판례이다.

문 18. 근로의 권리에 관한 내용으로 가장 적절한 것은? (다툼이 있는 경우 판례에 의함)

① 하나의 사업 또는 사업장에 복수 노동조합이 존재하는 경우 '교섭대표노동조합'을 정하여 교섭을 요구하도록 하는 조항과, 자율적으로 교섭창구를 단일화하지 못하거나 사용자가 단일화 절차를 거치지 아니하기로 동의하지 않은 경우 과반수 노동조합이 '교섭대표노동조합'이 되도록 하는 조항은 과잉금지에 위반된다.
② 매월 1회 이상 정기적으로 지급하는 상여금 등 및 복리후생비의 일부를 새롭게 최저임금에 산입하도록 한 최저임금법상 산입 조항은 헌법상 용인될 수 있는 입법재량의 범위를 명백히 일탈하였다고 볼 수 없으므로 근로자들의 근로의 권리를 침해하지 아니한다.
③ 법률이 정하는 주요 방위사업체에 종사하는 근로자의 근로3권은 법률이 정하는 바에 의하여 제한하거나 인정하지 않을 수 있다.
④ 필수공익사업장에서의 노동쟁의를 노동위원회의 직권으로 중재에 회부함으로써 파업에 이르기 전에 노사분쟁을 해결하는 강제중재제도를 채택한 것은 헌법상 정당한 목적을 추구하기 위한 필요하고 적합한 수단이 아니므로 과잉금지원칙에 위배된다는 것이 판례이다.

문 19. 우리나라 헌정사에 관한 설명으로 가장 적절하지 <u>않은</u> 것은?

① 1960년 헌법(제3차 개정헌법)은 대법원장과 대법관을 법관의 자격이 있는 자로 조직되는 선거인단이 선거하고 대통령이 이를 확인하며, 그 외의 법관은 대법관회의의 결의에 따라 대법원장이 임명하도록 하였다.

② 1980년 개정헌법(제8차 개헌)은 임기 7년의 대통령을 국회에서 무기명투표로 선거하도록 하고 위헌법률심판과 탄핵심판을 담당하는 헌법위원회를 규정하였다.

③ 1960년의 제3차 개정헌법에서는 의원내각제 정부형태를 채택하였고 대통령간선제를 규정하였다.

④ 1962년의 제5차 개정헌법에서는 국회의 구성을 단원제로 환원하였고 대법원에 의한 위헌법률심사제를 두었다.

문 20. 다음 사례를 읽고 우리 헌법재판소의 다수의견과 반대되는 재판관의 의견으로 가장 적절한 것은?

> 국회는 2003년 본회의에서 신행정수도의 건설을 위한 특별조치법안을 통과시켰다. 위 법은 수도권 집중의 부작용을 시정하고 국가의 균형발전과 국가경쟁력 강화를 목적으로 행정수도를 충청권 지역으로 이전할 것을 규정하고 있다.
> 청구인들은 서울특별시 소속 공무원, 서울특별시의회 의원, 서울특별시에 주소를 둔 시민 혹은 그 밖의 전국 각지에 거주하는 국민들로서, 위 법률이 헌법개정절차를 거치지 않은 것으로 헌법에 위반되며 국민투표권, 납세자의 권리, 청문권, 평등권, 거주·이전의 자유, 직업선택의 자유, 공무담임권, 재산권 및 행복추구권을 각 침해받았다는 이유로 헌법소원심판을 각 청구하였다.

① 성문헌법의 강한 힘은 국민주권의 명시적 의사가 특정한 헌법제정절차를 거쳐서 수렴되었다는 점에서 가능한 것은 아니다. 관습만으로도 헌법을 특징화하는 그러한 우세한 힘을 보유할 수 있다.

② 수도를 설정하는 것 이외에도 국명(國名)을 정하는 것, 우리말을 국어(國語)로 하고 우리글을 한글로 하는 것, 영토를 획정하고 국가주권의 소재를 밝히는 것 등이 국가의 정체성에 관한 기본적 헌법사항이 된다.

③ 특정의 법률이 반드시 헌법전에서 규율하여야 할 기본적인 헌법사항을 헌법을 대신하여 규율하는 경우에는 그 내용이 상위의 헌법규범에 배치되는지 여부와 관계없이 경성헌법의 체계에 위반하여 헌법위반에 해당하는 것이다.

④ 수도의 소재지가 어디냐는 그 목적을 위한 '도구'에 불과하다. 그러므로 헌법상 수도의 위치가 반드시 헌법제정권자나 헌법개정권자가 직접 결정해야 할 사항이라 할 수 없다.

2025 해커스경찰 박철한 경찰헌법 실전동형모의고사

문 1. 인간다운 생활을 할 권리에 관한 내용으로 가장 적절한 것은? (다툼이 있는 경우 판례에 의함)

① 공무원이거나 공무원이었던 사람이 재직 중의 사유로 금고 이상의 형을 받거나 형이 확정된 경우 퇴직급여 및 퇴직수당의 일부를 감액하여 지급함에 있어 그 이후 형의 선고의 효력을 상실하게 하는 특별사면 및 복권을 받은 경우를 달리 취급하는 규정을 두지 아니한 구 공무원연금법 규정은 합리적인 이유가 없다고 할 것이므로 청구인의 재산권 및 인간다운 생활을 할 권리를 침해한다.

② 사적자치에 의해 규율되는 사인 사이의 법률관계에서 계약갱신을 요구할 수 있는 권리나 보증금을 우선하여 변제받을 수 있는 권리 등은 헌법 제34조의 인간다운 생활을 할 권리의 보호대상에 포함된다.

③ 공무원연금법이 개정되어 시행되기 전에 청구인이 이미 퇴직하여 퇴직연금을 수급할 수 있는 기초를 상실한 경우에는 공무원퇴직연금의 수급요건을 재직기간 20년에서 10년으로 완화한 개정 공무원연금법 규정이 청구인의 재산권을 제한한다고 볼 수 없다.

④ 헌법 제34조에 따른 '생활보호능력 없는 국민에 대한 국가의 보호의무'는 생활보호법에 의해 구체화되어 있으며, 이러한 생활보호법상 보호는 부양의무자의 부양과 기타 다른 법령에 의한 보호보다 우선한다.

문 2. 범죄피해자구조청구권에 관한 설명으로 가장 적절하지 않은 것은?

① 피해자가 사망한 경우에는 피해자의 사망 당시 피해자의 수입에 의하여 생계를 유지하고 있던 유족에게 유족구조금을 지급한다.

② 범죄피해구조금의 지급을 받을 권리는 그 구조결정이 당해 신청인에게 송달된 날로부터 2년간 행사하지 않으면 시효로 인하여 소멸한다.

③ 피해자 또는 유족이 당해 범죄피해를 원인으로 하여 산업재해보상보험법에 의한 장해급여를 지급받을 수 있는 경우에는 그 지급받을 금액의 범위 안에서 범죄피해구조금을 지급하지 않을 수 있다.

④ 범죄피해자구조청구권의 주체는 자연인과 법인이며, 외국인은 상호보증이 있는 경우에 한하여 주체가 될 수 있다.

문 3. 재판청구권에 관한 설명으로 가장 적절하지 <u>않은</u> 것은? (다툼이 있는 경우 판례에 의함)

① 심의위원회의 배상금 등 지급결정에 신청인이 동의한 때에는 국가와 신청인 사이에 민사소송법에 따른 재판상 화해가 성립된 것으로 보는 4·16 세월호참사 피해구제 및 지원 등을 위한 특별법 규정은 신청인의 재판청구권을 침해하지 않는다.

② 법원에 의한 범죄인인도심사는 국가형벌권의 확정을 목적으로 하는 형사절차와 같은 전형적인 사법절차의 대상은 아니지만 법률에 의하여 인정된 절차라는 점에서 범죄인인도심사를 고등법원의 단심제로 하는 것은 적법절차에서 요구되는 합리성과 정당성을 결여한 것이다.

③ 헌법이 대법원을 최고법원으로 규정하였다고 하여 대법원이 곧바로 모든 사건을 상고심으로서 관할하여야 한다는 결론이 당연히 도출되는 것은 아니며, 헌법과 법률이 정한 법관에 의하여 법률에 의한 재판을 받을 권리가 사건의 경중을 가리지 아니하고 모든 사건에 대하여 대법원을 구성하는 법관에 의한 균등한 재판을 받을 권리를 의미한다거나 또는 상고심재판을 받을 권리를 의미하는 것이라고 할 수는 없다.

④ 심급제도가 몇 개의 심급으로 형성되어야 하는가에 관하여 헌법이 전혀 규정하는 바가 없으므로 이는 입법자의 광범위한 형성권에 맡겨져 있는 것이며, 모든 구제절차나 법적 분쟁에서 반드시 보장되는 것은 아니다.

문 4. 현행 헌법 제23조 제3항은 "공공필요에 의한 재산권의 수용·사용 또는 제한 및 그에 대한 보상은 법률로써 하되 정당한 보상을 지급하여야 한다."라고 규정하고 있다. 이에 관한 해석상 가장 적절한 것은? (다툼이 있는 경우 판례에 의함)

① 재산권의 제한과 손실보상은 원칙적으로 입법기관에 의하여 제정된 형식적 의미의 법률에 의해서만 가능하다. 그러나 예외적으로 군사상 긴급한 필요에 의하여 국민의 재산을 수용 또는 사용하는 경우에는 법률의 근거가 없는 경우에도 가능하다고 보는 것이 판례의 태도이다.

② 토지의 협의취득 또는 수용 후 당해 공익사업이 다른 공익사업으로 변경되는 경우에 당해 토지의 원소유자 또는 그 포괄승계인의 환매권을 제한하고, 환매권 행사기간을 변환 고시일부터 기산하도록 한 구 공익사업을 위한 토지 등의 취득 및 보상에 관한 법률 조항은 이들의 재산권을 침해한다.

③ 공용침해는 침해법정주의를 채택하고 있는 것이며, 따라서 대통령의 긴급재정경제처분·명령에 의하여 재산권을 침해하는 것은 침해법정주의를 위반하는 것으로서 위헌이다.

④ 보안거리에 저촉되는 화약류저장소에 대한 시설이전명령 때문에 화약류저장소를 이용한 영업을 하지 못하게 된다하더라도 그로 인해 상실되는 영리획득의 기회를 헌법에 의해 보장되는 재산권으로 보기는 어렵다.

문 5. 결사에 관한 내용으로 가장 적절한 것은? (다툼이 있는 경우 판례에 의함)

① 헌법 제21조가 규정하는 결사의 자유란 다수의 자연인 또는 법인이 공동의 목적을 위하여 단체를 결성할 수 있는 자유를 말하는 것으로, 결사의 자유에서 말하는 결사란 자유의사에 기하여 결합하고 조직화된 의사형성이 가능한 단체를 말하는 것이므로 공법상의 결사도 이에 포함된다.

② 헌법 제21조 제1항의 결사의 자유에 의해 보호되는 결사의 개념에는 법이 특별한 공공목적에 의하여 구성원의 자격을 정하고 있는 특수단체의 조직활동까지 포함된다.

③ 결사란 자연인 다수가 상당한 기간 동안 공동목적을 위하여 자유의사에 기하여 결합하고 조직화된 의사형성이 가능한 단체를 말하는 것으로 법인은 향유 주체가 될 수 없다.

④ 제2공화국 헌법은 결사의 자유와 더불어 정당설립의 자유를 규정한 바 있다.

문 6. 국선변호인에 관한 내용으로 가장 적절한 것은?

① 군사법원에서 사선변호인이 없는 때는 본인의 신청을 전제로 국선변호인이 선임된다.

② 피고인이 빈곤해서 변호인을 선임하지 못할 경우 법원은 직권으로 변호인을 선임한다.

③ 피의자의 경우 체포·구속적부심사에서 국선변호인을 선임할 수 있으나, 이는 헌법에 규정된 것은 아니다.

④ 국선변호인의 경우 피고인의 명시적으로 거부하는 경우에도 피고인의 권리보호를 위하여 필요한 경우라면 직권으로 선정해야 한다.

문 7. 일반적 인격권에 관한 법원 및 헌법재판소의 결정과 일치하는 것은?

① 자필증서에 의한 유언의 방식으로 전문과 성명의 자서에 더하여 '날인'을 요구하는 것은 유언자의 일반적 행동자유권을 침해하지 않는다.

② 보험사기를 이유로 체포된 피의자가 경찰서 내에서 수갑을 차고 얼굴을 드러낸 상태에서 조사받는 모습을 촬영할 수 있도록 허용한 행위는 일반 국민의 알 권리 보장을 위한 것이어서 목적의 정당성은 인정되나, 그 얼굴 및 수갑 등의 노출을 방지할 만한 조치를 전혀 취하지 아니한 것은 침해의 최소성 원칙을 충족하였다고 볼 수 없어 결국 피의자의 인격권을 침해하였다고 할 것이다.

③ 이미 탑승을 위한 출국 수속 과정에서 일반적인 보안검색을 마쳤음에도, 취항 예정지 국가인 체약국의 요구가 있다는 이유로 항공기 탑승 전 또는 탑승구 앞에서 보안 담당자로부터 신체검사 등 보안검색을 당한다고 하여 해당 승객의 인격권 침해 여부가 문제된다고 볼 수 없다.

④ 지문정보는 그 자체로 개인의 존엄과 인격권에 큰 영향을 미칠 수 있는 민감한 정보라고 볼 수 있어, 유전자정보 등과 같은 다른 생체정보와 같이 그 보호정도가 높다고 할 수 있다.

문 8. 기본권의 갈등에 관한 내용으로 가장 적절하지 <u>않은</u> 것은? (다툼이 있는 경우 판례에 의함)

① 사적 단체를 포함하여 사회공동체 내에서 개인이 성별에 따른 불합리한 차별을 받지 아니하고 자신의 희망과 소양에 따라 다양한 사회적·경제적 활동을 영위하는 것은 그 인격권 실현의 본질적 부분에 해당하므로 평등권이라는 기본권의 침해도 민법 제750조의 일반규정을 통하여 사법상 보호되는 인격적 법익침해의 형태로 구체화되어 논하여질 수 있고, 그 위법성 인정을 위하여 반드시 사인간의 평등권 보호에 관한 별개의 입법이 있어야만 하는 것은 아니다.

② 헌법재판소는 양심적 병역거부가 종교의 교리나 종교적 신념에 따라 행해진 것이라도, 양심의 자유를 기준으로 그 합헌성 여부를 심사하였다.

③ 국립대학교 총장임용후보자 선거시 투표에서 일정 수 이상을 득표한 경우에만 기탁금 전액이나 일부를 후보자에게 반환하고, 반환되지 않은 기탁금은 국립대학교 발전기금에 귀속시키는 기탁금귀속조항에 대해서는 재산권보다 공무담임권을 중심으로 살핀다.

④ 위법하게 취득한 타인 간의 대화내용을 공개하는 자를 처벌하는 통신비밀보호법 조항은 대화자의 통신의 비밀을 보호하기 위한 것이나, 다른 한편으로는 대화내용을 공개하는 자의 표현의 자유를 제한하게 되므로 두 기본권이 충돌하게 된다.

문 9. 포괄위임금지에 관한 설명으로 가장 적절하지 <u>않은</u> 것은? (다툼이 있는 경우 판례에 의함)

① 구 영화진흥법이 제한상영가 상영등급분류의 구체적 기준을 영상물등급위원회의 규정에 위임하고 있는 것은 포괄위임금지원칙에 위배된다.

② 위임하는 법률 자체로부터 하위규범에 규정될 내용의 대강을 예측할 수 있다면 포괄위임입법금지원칙에 위배되지 않는다.

③ 헌법이 인정하고 있는 위임입법의 형식은 한정적·열거적인 것으로 보아야 하므로, 법률이 입법사항을 고시와 같은 행정규칙의 형식으로 위임하는 것은 법률유보원칙에 위배된다.

④ 포괄위임금지원칙은 법률의 명확성원칙이 위임입법에 관하여 구체화된 특별규정이므로, 수권법률조항의 명확성원칙 위반 여부는 헌법 제75조의 포괄위임금지원칙 위반 여부에 대한 심사로써 충족된다.

문 10. 공무원제도에 관한 내용으로 가장 적절하지 <u>않은</u> 것은? (다툼이 있는 경우 판례에 의함)

① 국가공무원법 제33조 제6호의4 나목 중 아동복지법 제17조 제2호 가운데 '아동에게 성적 수치심을 주는 성희롱 등의 성적 학대행위로 형을 선고받아 그 형이 확정된 사람은 일반직 공무원으로 임용될 수 없도록 한 것'에 관한 부분은 공무담임권을 침해한다.

② 직무의 기능이나 영향력을 이용하여 선거에서 국민의 자유로운 의사형성과정에 영향을 미치고 정당 간의 경쟁관계를 왜곡할 가능성은 정부나 지방자치단체의 집행기관에 있어서 더욱 크다고 판단되므로 대통령, 지방자치단체의 장 등에게는 다른 공무원보다도 선거에서의 정치적 중립성이 특히 요구된다.

③ 직업공무원제도가 적용되는 공무원은 정치적 공무원이나 임시적 공무원까지 포함하는 것이다.

④ 공무담임권의 보호영역에는 공직취임의 기회의 자의적인 배제뿐 아니라 공무원 신분의 부당한 박탈까지 포함된다.

문 11. 평등의 원칙 또는 평등권에 관한 설명으로 가장 적절하지 않은 것은? (다툼이 있는 경우 헌법재판소 판례에 의함)

① 전기판매사업자에게 약관의 명시·교부의무를 면제한 약관의 규제에 관한 법률 해당 조항 중 '전기사업'에 관한 부분은 일반 사업자와 달리 전기판매사업자에 대하여 약관의 명시·교부의무를 면제하고 있더라도 평등원칙에 위반되지 아니한다.

② '국가, 지방자치단체, 공공기관의 운영에 관한 법률에 따른 공공기관'이 시행하는 개발사업과 달리, 학교법인이 시행하는 개발사업은 그 일체를 개발부담금의 제외 또는 경감 대상으로 규정하지 않은 개발이익 환수에 관한 법률 해당 조항 중 '공공기관의 운영에 관한 법률에 따른 공공기관'에 관한 부분은 평등원칙에 위반된다.

③ 헌법불합치결정에 따라 실질적인 혼인관계가 존재하지 아니한 기간을 제외하고 분할연금을 산정하도록 개정된 국민연금법 조항을 개정법 시행 후 최초로 분할연금 지급사유가 발생한 경우부터 적용하도록 하는 국민연금법 부칙 제2조가 분할연금 지급사유 발생시점이 신법 조항 시행일 전·후인지와 같은 우연한 사정을 기준으로 달리 취급하는 것은 합리적인 이유를 찾기 어렵다.

④ '직계혈족, 배우자, 동거친족, 동거가족 또는 그 배우자' 이외의 친족 사이의 재산범죄를 친고죄로 규정한 형법 제328조 제2항은 일정한 친족 사이에서 발생한 재산범죄의 경우 피해자의 고소를 소추조건으로 정하여 피해자의 의사에 따라 국가형벌권 행사가 가능하도록 한 것으로서 합리적 이유가 있다.

문 12. 선거의 원칙에 관한 내용으로 가장 적절하지 않은 것은? (다툼이 있는 경우 판례에 의함)

① 피선거권의 요건으로 과도한 기탁금의 요구나 지나치게 많은 추천자 서명을 요구하는 것은 보통선거의 원칙에 반한다.

② 보통선거의 원칙이 선거권의 귀속에 대한 불합리한 차별을 금지하는 것이라면, 평등선거의 원칙은 선거권의 가치에 대한 불합리한 차별을 금지하는 것이다.

③ 헌법이 모든 국민은 '법률이 정하는 바에 의하여' 선거권을 가진다고 규정함으로써 법률유보의 형식을 취하고 있지만, 이것은 국민의 선거권이 '법률이 정하는 바에 따라서만 인정될 수 있다'는 포괄적인 입법권의 유보하에 있음을 의미하는 것이 아니다.

④ 지방공사 상근직원의 선거운동을 금지하고, 이를 위반한 자를 처벌하는 공직선거법 조항의 해당 부분은 지방공사 상근직원에 대하여 '그 지위를 이용하여' 또는 '그 직무 범위 내에서' 하는 선거운동을 금지하는 방법만으로는 선거의 공정성이 충분히 담보될 수 없어 지방공사 상근직원의 선거운동의 자유를 침해하지 아니한다.

문 13. 국제질서에 관한 설명으로 가장 적절한 것은? (다툼이 있는 경우 판례에 의함)

① 자유권규약위원회는 자유권규약의 이행을 위해 만들어진 조약상의 기구이므로, 규약의 당사국은 그 견해를 존중하여야 하며, 우리 입법자는 자유권규약위원회의 견해의 구체적인 내용에 구속되어 그 모든 내용을 그대로 따라야 하는 의무를 부담한다.

② 일반적으로 승인된 국제법규는 성문의 국제법규만을 말하며, 국내문제불간섭과 같은 국제관습법은 포함되지 않는다.

③ 국내에 주소 등을 두고 있지 아니한 원고에게 법원이 소송비용담보제공명령을 하도록 한 구 민사소송법 제117조 제1항이 주로 외국인에게 적용된다는 사정으로 인해 외국인의 지위를 침해하는 법률조항이라고 할 수 있다.

④ '남북 사이의 화해와 불가침 및 교류협력에 관한 합의서'는 일종의 공동성명 또는 신사협정에 준하는 성격을 가짐에 불과하여 법률이 아님은 물론 국내법과 동일한 효력이 있는 조약이나 이에 준하는 것으로 볼 수 없다.

문 14. 사회국가 헌법에 관한 헌법재판소 판시 내용으로 가장 적절하지 <u>않은</u> 것은?

① 의료광고를 금지하는 것은 새로운 의료인들에게 광고와 선전을 할 기회를 배제함으로써 기존의 의료인과의 경쟁에서 불리한 결과를 초래하므로 자유롭고 공정한 경쟁을 추구하는 현행 헌법상의 시장경제질서에 부합하지 않는다.

② "대한민국의 경제질서는 개인과 기업의 경제상의 자유와 창의를 존중함을 기본으로 한다."고 규정한 헌법 제119조 제1항에 비추어 보더라도, 개인의 사적 거래에 대한 공법적 규제는 되도록 사전적 · 일반적 규제보다는, 사후적 · 구체적 규제방식을 택하여 국민의 거래자유를 최대한 보장하여야 할 것이다.

③ 사회국가란 사회정의의 이념을 헌법에 수용한 국가로 경제 · 사회 · 문화의 모든 영역에서 사회현상에 관여하고 간섭하고 분배하고 조정하는 국가를 말하지만 국가에게 국민 각자가 실제로 자유를 행사할 수 있는 그 실질적 조건을 마련해 줄 의무까지 부여하는 것은 아니다.

④ 금융소득에 대한 분리과세를 하면서 그 세율을 인상하고 소득계층에 관계없이 동일한 세율을 적용하는 금융실명거래 및 비밀보장에 관한 법률 부칙 제12조는 헌법상의 경제질서에 위반되는 것이라고 볼 수 없다.

문 15. 학문 · 예술의 자유에 관한 설명으로 가장 적절하지 <u>않은</u> 것은? (다툼이 있는 경우 판례에 의함)

① 대학의 자율성은 헌법 제22조 제1항이 보장하는 학문의 자유의 확실한 보장수단으로서 대학에 부여된 헌법상의 기본권이다. 따라서 대학의 자치의 주체는 대학이며, 그 주체의 범위에 교수회까지 포함할 수는 있고 개별 교수가 단독으로 그 주체성을 주장할 수도 있다.

② 이사회와 재경위원회에 일정 비율 이상의 외부인사를 포함하는 내용 등을 담고 있는 구 국립대학법인 서울대학교 설립 · 운영에 관한 법률 규정의 이른바 '외부인사 참여 조항'이 대학의 자율의 본질적인 부분을 침해하였다고 볼 수 없다.

③ 헌법이 대학의 자율을 보장하는 취지는 대학에 대한 공권력 등 외부세력의 간섭을 배제하고 대학구성원 자신이 대학을 자주적으로 운영할 수 있도록 하기 위함이므로 국립대학법인인 서울대학교의 이사회에 일정 비율 이상의 외부인사를 포함하는 내용을 담고 있는 법률조항은 대학의 자율을 침해한다.

④ 극장의 자유로운 운영에 대한 제한은 공연물 · 영상물이 지니는 표현물, 예술작품으로서의 성격에 기하여 예술의 자유의 제한과 관련성이 있으므로, 학교정화구역 내의 극장 시설 및 영업을 일률적으로 금지하고 있는 학교보건법은 정화구역 내에서 극장업을 하고자 하는 극장운영자의 예술의 자유를 과도하게 침해한다.

문 16. 헌법개정에 관한 내용으로 가장 적절하지 <u>않은</u> 것은?

① 헌법개정안에 대한 국민투표의 효력에 관하여 이의가 있는 경우에는 투표인 10만명 이상의 찬성으로 중앙선거관리위원회위원장을 피고로 하여 투표일로부터 20일 이내에 대법원에 국민투표무효 등 소송을 제기할 수 있다.

② 제안된 헌법개정안은 대통령이 30일간 공고할 수 있다.

③ 1962년 헌법개정의 제안은 국회의 재적의원 3분의 1 이상 또는 국회의원선거권자 50만인 이상의 찬성으로써 하였다.

④ 헌법개정안에 대한 국회의 의결은 무기명투표로써 하며, 재적의원 3분의 2 이상을 찬성을 얻어야 한다.

문 17. 국가배상청구권에 관한 설명으로 가장 적절하지 <u>않은</u> 것은? (다툼이 있는 경우 판례에 의함)

① 국가 또는 지방자치단체가 사경제의 주체로 활동하였을 경우에 발생한 손해에 대해서는 그 손해배상책임에 국가배상법이 적용될 수 없다.

② 일반적인 공무원의 직무상 불법행위로 손해를 받은 국민의 손해배상청구에 관하여 그 국가배상청구권의 소멸시효 기산점을 피해자나 법정대리인이 그 손해 및 가해자를 안 날(주관적 기산점) 및 불법행위를 한 날(객관적 기산점)로 정하되, 그 시효기간을 주관적 기산점으로부터 3년, 객관적 기산점으로부터 5년으로 정한 것이 국가배상청구권을 침해한다고 볼 수 없다.

③ 국가배상법은 법치국가원리에 따라 국가의 공권력 행사는 적법해야 함을 전제로 모든 공무원의 직무행위상 불법행위로 발생한 손해에 대해 국가가 책임지도록 규정한 것이므로, 조항의 의미와 목적을 살펴볼 때 법관과 다른 공무원은 본질적으로 다른 집단이라고 볼 수는 없다.

④ 특수임무수행자 보상에 관한 법률에 규정된 재판상 화해 조항에 의하면 보상금 등의 지급결정은 신청인이 동의한 때에는 특수임무수행 또는 이와 관련한 교육훈련으로 입은 피해에 대하여 민사소송법의 규정에 따른 재판상 화해가 성립된 것으로 본다고 하였는데, 이는 재판청구권을 침해한다.

문 18. 소비자의 권리에 관한 내용으로 가장 적절하지 <u>않은</u> 것은? (다툼이 있는 경우 판례에 의함)

① 불매운동의 목표로서 '소비자의 권익'이란 원칙적으로 사업자가 제공하는 물품이나 용역의 소비생활과 관련된 것으로서 상품의 질이나 가격, 유통구조, 안전성 등 시장적 이익에 국한된다.

② 물품등의 공급자나 사업자 이외의 제3자를 상대로 불매운동을 벌일 경우 그 경위나 과정에서 제3자의 영업의 자유 등 권리가 부당하게 침해된다 할지라도 제3자는 이를 수인하여야 한다.

③ 소비자보호운동에 관한 현행 헌법의 규정은 소비자보호운동의 구체적 권리성에 관한 근거가 되는 것은 아니다.

④ 변칙세일은 물품구매동기에 있어서 중요한 요소인 가격조건에 관하여 기망이 이루어진 것으로서 그 사술의 정도가 사회적으로 용인될 수 있는 상술의 정도를 넘은 것이어서 위법성이 있으며, 백화점 측은 소비자들의 정신적·물질적 피해를 배상하여야 한다.

문 19. 무죄추정의 원칙에 관한 설명으로 가장 적절하지 <u>않은</u> 것은? (다툼이 있는 경우 판례에 의함)

① 구 아동·청소년의 성보호에 관한 법률상 성폭력범죄 피해아동의 진술이 수록된 영상녹화물에 대하여 피해아동의 법정 진술 없이도 조사과정에 동석하였던 신뢰관계에 있는 자의 진술에 의하여 그 성립의 진정함이 인정된 때 그 증거능력을 인정하는 조항은 무죄추정원칙에 위배된다.

② 변호사에 대한 징계 절차가 개시되어 그 재판이나 징계 결정의 결과 등록취소, 영구제명 또는 제명에 이르게 될 가능성이 매우 크고, 그대로 두면 장차 의뢰인이나 공공의 이익을 해칠 구체적인 위험성이 있는 경우 법무부징계위원회의 의결을 거쳐 법무부장관이 업무정지를 명한 경우 무죄추정원칙에 위배되지 않는다.

③ 형사재판이 계속 중인 사람에 대하여 출국금지 처분을 할 수 있도록 한 출입국관리법 규정은 무죄추정의 원칙에 위반되지 않는다.

④ 법무부장관이 형사사건으로 공소가 제기된 변호사에 대하여 판결이 확정될 때까지 업무정지를 명하도록 한 구 변호사법 제15조는 무죄추정의 원칙에 위배된다.

문 20. 국민의 기본의무에 관한 설명으로 가장 적절하지 <u>않은</u> 것은? (다툼이 있는 경우 판례에 의함)

① 대체복무요원의 복무기간을 '36개월'로 한 대체역법 제18조 제1항, 대체복무기관을 '교정시설'로 한정한 대체역의 편입 및 복무 등에 관한 법률 시행령 제18조, 대체복무요원으로 하여금 '합숙'하여 복무하도록 한 대체역법 제21조 제2항은 청구인들의 양심의 자유를 침해하지 않는다.

② 헌법 규정상 모든 국민은 법률이 정하는 바에 의하여 납세의 의무를 진다.

③ 지원에 의하여 현역복무를 마친 여성의 경우 현역복무 과정에서의 훈련과 경험을 통해 예비전력으로서의 자질을 갖추고 있을 것으로 추정할 수 있으므로 지원에 의하여 현역복무를 마친 여성을 예비역 복무의무자의 범위에서 제외한 군인사법 제41조 제4호 및 단서, 제42조는 예비역 복무의무자인 남성이 청구인의 평등권을 침해한다.

④ 세금의 사용에 대해 이의를 제기하거나 잘못된 사용의 중지를 요구하는 내용의 기본권은 인정되지 않는다.

소요시간: _____ / 15분   맞힌 답의 개수: _____ / 20

문 1. 헌법상의 경제질서에 관한 헌법재판소 판례의 입장으로 가장 적절하지 않은 것은?

① 택시운송사업자에게 운송수입금 전액 수납의무를 부과하는 것은 헌법 제126조에 의하여 원칙적으로 금지되는 기업 경영과 관련한 국가의 광범위한 감독과 통제 또는 관리에 해당되지 않는다.

② 헌법은 중소기업이 국민경제에서 차지하는 중요성 때문에 '중소기업의 보호'를 국가 경제정책적 목표로 명문화하고, 대기업과의 경쟁에서 불리한 위치에 있는 중소기업의 지원을 통하여 경쟁에서의 불리함을 조정하고, 가능하면 균등한 경쟁조건을 형성함으로써 대기업과의 경쟁을 가능하게 해야 할 국가의 과제를 부과하고 있다. 중소기업의 보호는 넓은 의미의 경쟁정책의 한 측면을 의미하므로, 중소기업의 보호는 원칙적으로 경쟁질서의 범주 내에서 경쟁질서의 확립을 통하여 이루어져야 한다.

③ 구 특정범죄 가중처벌 등에 관한 법률에서 관세포탈 등의 예비범에 대하여 본죄에 준하여 가중처벌하도록 한 규정의 입법 목적은 헌법 제119조 제2항(경제의 규제·조정), 제125조(무역의 규제 조정)의 정신에 부합한다.

④ 헌법 제123조 제5항은 국가에게 '농·어민의 자조조직을 육성할 의무'와 '자조조직의 자율적 활동과 발전을 보장할 의무'를 아울러 규정하고 있는바, 국가는 자조조직이 제대로 활동하고 기능하는 시기에는 적극적으로 이를 육성하여야 할 전자의 의무를 다하여야 하지만, 만약 어떠한 이유에서든 그 조직이 제대로 기능하지 못하고 향후의 전망도 불확실하다면 그 조직의 자율성을 침해하지 않도록 하는 후자의 의무를 다하면 된다고 할 것이다.

문 2. 문화국가원리에 관한 설명으로 가장 적절한 것은? (다툼이 있는 경우 판례에 의함)

① 국가의 문화육성의 대상에는 원칙적으로 모든 사람에게 문화창조의 기회를 부여한다는 의미에서 모든 문화가 포함되므로 엘리트문화뿐만 아니라 서민문화, 대중문화도 그 가치를 인정하고 정책적인 배려의 대상으로 하여야 한다.

② 헌법은 제9조에서 '문화의 영역에 있어서 각인의 기회를 균등히' 할 것을 선언하고 있을 뿐 아니라, 국가에게 전통문화의 계승·발전과 민족문화의 창달을 위하여 노력할 의무를 지우고 있다.

③ 문화는 사회의 자율영역을 바탕으로 하지만, 이를 근거로 혼인과 가족의 보호가 헌법이 지향하는 자유민주적 문화국가의 필수적인 전제조건이라 하기는 어렵다.

④ 학교환경위생 정화구역 중 유치원 근방에서 당구장을 설치하는 것은 허용되지 않는다.

문 3. 우리나라의 정당에 관한 내용으로 가장 적절하지 **않은** 것은? (다툼이 있는 경우 판례에 의함)

① 정당의 목적이나 조직이 민주적 기본질서에 위배될 때에는 정부는 헌법재판소에 그 해산을 제소할 수 있고, 정당은 헌법재판소의 심판에 의하여 해산된다.

② "정당은 그 목적·조직과 활동이 민주적이어야 하며, 국민의 정치적 의사형성에 참여하는 데 필요한 조직을 가져야 한다."라는 규정은, 정당의 자유에 대한 한계로 작용하는 한도에서 정당의 자유의 구체적인 내용을 제시한다고는 할 수 있으나, 정당의 자유의 헌법적 근거를 제공하는 근거규범은 아니다.

③ 헌법재판소는 정당해산심판의 청구를 받은 때에는 직권 또는 청구인의 신청에 의하여 종국결정의 선고시까지 피청구인의 활동을 정지하는 결정을 할 수 있다.

④ 헌법이 특별히 정당설립의 자유와 복수정당제를 보장하고, 정당의 해산을 엄격한 요건 아래 인정하면서 정당을 특별히 보호한다고 하여도, 정당은 국민의 자발적 조직으로서, 그 법적 성격은 일반적으로 사적·정치적 결사 내지는 법인격 없는 사단이므로, 정당이 공권력의 행사 주체로서 국가기관의 지위가 있는 것은 아니다.

문 4. 긴급권에 관한 설명으로 가장 적절한 것은? (다툼이 있는 경우 판례에 의함)

① 대통령이 발한 긴급재정경제명령은 국가긴급권의 일종으로서 고도의 정치적 결단에 의하여 발동되는 행위이므로 사법심사가 불가능하다.

② 대통령은 전시·사변 또는 이에 준하는 국가비상사태에 병력으로써 군사상의 필요에 응하거나 공공의 안녕질서를 유지할 필요가 있을 때 국회의 집회가 불가능한 때에 한하여 계엄을 선포할 수 있다.

③ 국회재적의원 과반수 이상의 찬성으로 계엄의 해제를 요구한 때에는 대통령은 이를 해제하여야 한다.

④ 대통령이 발한 긴급명령이 국회의 승인을 얻지 못한 경우 동 명령은 소급하여 효력을 상실한다.

문 5. 선거에 관한 설명으로 가장 적절하지 **않은** 것은? (다툼이 있는 경우 헌법재판소 판례에 의함)

① 비밀선거는 자유선거를 실질적으로 보장하기 위한 수단으로서 유권자 스스로 이를 포기할 수도 있으므로 비밀선거의 원칙에 대한 예외를 두는 법률조항이 선거권을 침해하는지 여부를 판단할 때에는 헌법 제37조 제2항에 따른 엄격한 심사가 적용되지 아니한다.

② 공직선거에 출마할 정당 추천 후보자를 선출하기 위한 당내경선에서의 당선 또는 낙선을 위한 행위는 '선거운동'에 해당하지 아니한다.

③ 자신의 개인 소셜 네트워크 서비스 계정에 언론의 인터넷기사나 타인의 게시글을 단순히 '공유하기'한 행위만으로는 특정 선거에서 특정 후보자의 당선 또는 낙선을 도모하려는 목적의사가 명백히 드러났다고 단정할 수는 없다.

④ 기초의회의원선거 후보자로 하여금 특정 정당으로부터의 지지 또는 추천받음을 표방할 수 없도록 하는 선거법 관련 규정은 정치적 표현의 자유를 침해한다.

문 6. 다음 사실관계를 읽고, 이에 관한 최근 헌법재판소의 의견과 일치하지 <u>않는</u> 것은?

> 제청신청인은 2008.5.9. 19:35경부터 21:47경까지 야간에 옥외에서 미국산 쇠고기 수입반대 촛불집회를 주최하였다는 등의 이유로 집회 및 시위에 관한 법률 위반 등 혐의로 기소되었고, 1심 계속 중 제청신청인에게 적용된 '집회 및 시위에 관한 법률' 제10조, 제23조 제1호가 헌법상 금지되는 집회의 사전허가제를 규정한 것으로서 헌법에 위반된다고 주장하며 위헌법률심판 제청신청을 하였다.

① 우리 헌법상 집회의 자유는 우선, 국가에 대한 방어권으로서 집회의 주체, 주관, 진행, 참가 등에 관하여 국가권력의 간섭이나 방해를 배제할 수 있는 주관적 권리로서의 성격을 가지며, 아울러 자유민주주의를 실현하려는 사회공동체에 있어서는 불가결한 객관적 가치질서로서의 이중적 성격을 갖는다.

② 이러한 의미에서 헌법이 집회의 자유를 보장한 것은 관용과 다양한 견해가 공존하는 다원적인 '열린 사회'에 대한 헌법적 결단인 것이다.

③ 헌법규정은 헌법 자체에서 직접 집회의 자유에 대한 제한의 한계를 명시하고 있더라도 기본권 제한에 관한 일반적 법률유보조항인 헌법 제37조 제2항이 우선적인 위헌심사기준이 되어야 한다.

④ 집회의 내용 규제가 아닌 시간·장소에 관한 허가는 내용 중립적인 것이어서, 헌법에서 금지하고 있는 허가에 해당하지 않는다고 보아야 한다.

문 7. 공무원과 공무담임권에 관한 설명으로 가장 적절하지 <u>않은</u> 것은? (다툼이 있는 경우 판례에 의함)

① 제대군인지원에 관한 법률에 의하여 공익근무요원의 경우와 달리 산업기능요원의 군복무기간을 공무원재직기간으로 산입하지 않은 경우 이는 합리적인 이유가 있어 헌법에 위반되지 않는다.

② 서울교통공사는 공익적인 업무를 수행하기 위한 지방공사이나 서울특별시와 독립적인 공법인으로서 경영의 자율성이 보장되고, 서울교통공사의 직원의 신분도 지방공무원법이 아닌 지방공기업법과 정관에서 정한 바에 따르는 등, 서울교통공사의 직원이라는 직위가 헌법 제25조가 보장하는 공무담임권의 보호영역인 '공무'의 범위에는 해당되지 않는다.

③ 공무원노동조합의 설립 최소단위를 '행정부'로 규정하여 노동부만의 노동조합 결성을 제한한 것은 단결권 및 평등권을 침해하지 않는다.

④ 금고 이상의 형을 선고받고 그 집행유예의 기간이 완료된 날로부터 2년간을 경과하지 아니한 자를 공무원결격 및 당연퇴직사유로 하고 있는 국가공무원법의 관계규정은 직업선택의 자유와 공무담임권, 평등권, 행복추구권, 재산권 등을 침해하는 위헌적 규정이라고 함이 헌법재판소 판결이다.

문 8. 국민주권에 관한 설명으로 가장 적절하지 <u>않은</u> 것은? (다툼이 있는 경우 판례에 의함)

① 민주주의 국가에서 국민주권과 대의제 민주주의의 실현수단으로서 선거권이 갖는 중요성으로 인해 한편으로 입법자는 선거권을 최대한 보장하는 방향으로 입법을 하여야 하며, 또 다른 한편에서 선거권을 제한하는 법률의 합헌성을 심사하는 경우에는 그 심사의 강도도 엄격하여야 한다.

② 원칙적으로 모든 국민이 균등하게 선거에 참여할 것을 요청하는 보통·평등선거원칙은 국민의 자기지배를 의미하는 국민주권의 원리에 입각한 민주국가를 실현하기 위한 필수적 요건이다.

③ 지역농협 임원 선거는 국민주권 내지 대의민주주의 원리와 관계가 있는 단체의 조직구성에 관한 것으로서 공익을 위하여 상대적으로 폭넓은 법률상 규제가 불가능하다.

④ 현대 민주사회에서 표현의 자유가 국민주권주의 이념의 실현에 불가결한 것인 점에 비추어 볼 때, 불명확한 규범에 의한 표현의 자유의 규제는 헌법상 보호받는 표현에 대한 위축적 효과를 야기한다.

문 9. 인간다운 생활을 할 권리에 관한 설명으로 가장 적절하지 **않은** 것은? (다툼이 있는 경우 헌법재판소 판례에 의함)

① 공영방송은 사회 · 문화 · 경제적 약자나 소외계층이 마땅히 누려야 할 문화에 대한 접근기회를 보장하여 인간다운 생활을 할 권리를 실현하는 기능을 수행하므로 우리 헌법상 그 존립가치와 책무가 크다.

② 재요양을 받는 경우에 재요양 당시의 임금을 기준으로 휴업급여를 산정하도록 한 구 산업재해보상보험법 조항은 진폐 근로자의 인간다운 생활을 할 권리를 침해하지 아니한다.

③ 공무원에게 재해보상을 위하여 실시되는 급여의 종류로 휴업급여 또는 상병보상연금 규정을 두고 있지 않은 공무원 재해보상법 제8조가 인간다운 생활을 할 권리를 침해할 정도에 이르렀다고 할 수는 없다.

④ 자동차사고 피해가족 중 유자녀에 대한 대출을 규정한 구 자동차손해배상 보장법 시행령 조항 중 '유자녀의 경우에는 생계유지 및 학업을 위한 자금의 대출' 부분은, 대출을 신청한 법정대리인이 상환의무를 부담하지 않으므로, 유자녀의 아동으로서의 인간다운 생활을 할 권리를 침해한다.

문 10. 기본권에 관한 설명으로 가장 적절하지 **않은** 것은? (다툼이 있는 경우 판례에 의함)

① 헌법에 열거되지 아니한 기본권을 새롭게 인정하려면, 그 필요성이 특별히 인정되고, 그 권리내용이 비교적 명확하여 구체적 기본권으로서의 실체, 즉 권리내용을 규범 상대방에게 요구할 힘이 있고 그 실현이 방해되는 경우 재판에 의하여 그 실현을 보장받을 수 있는 구체적 권리로서의 실질에 부합하여야 한다.

② 기업의 경영에 관한 의사결정의 자유 등 영업의 자유와 근로자들이 누리는 일반적 행동자유권 등이 '근로조건' 설정을 둘러싸고 충돌하는 경우에는, 근로조건과 인간의 존엄성 보장 사이의 헌법적 관련성을 염두에 두고 구체적인 사정을 종합적으로 고려한 이익형량과 함께 기본권들 사이의 실제적인 조화를 꾀하는 해석 등을 통하여 이를 해결하여야 하고, 그 결과에 따라 정해지는 두 기본권 행사의 한계 등을 감안하여 두 기본권의 침해 여부를 살피면서 근로조건의 최종적인 효력 유무 판단과 관련한 법령 조항을 해석 · 적용하여야 한다.

③ 대한예수교장로회 총회신학연구원은 장로회 총회의 단순한 내부기구에 불과하여 헌법소원에서 기본권 주체성을 인정받기 힘들다.

④ 경쟁이 없는 자격시험인 한약사시험의 응시자격을 한약학과 외의 학과출신자에게 부여하는 것은 어떠한 헌법상 기본권의 제한 또는 침해의 문제가 생기는 것은 아니라고 보는 것이 헌법재판소의 입장이다.

문 11. 기본권 제한에 관한 설명으로 가장 적절하지 **않은** 것은? (다툼이 있는 경우 판례에 의함)

① 기본권의 본질적 내용 침해금지는 제2공화국 때 처음 명문으로 규정되었다가 유신헌법 때 삭제되었으며, 제5공화국 때 다시 부활하였다.

② 헌법재판소는 긴급재정경제명령에 의한 기본권 제한이 헌법 제76조의 요건과 한계에 부합하는 것이라면 과잉금지원칙을 준수한 것이라고 본다.

③ 중혼취소청구권의 소멸사유나 제척기간을 두지 않고 언제든지 중혼을 취소할 수 있게 하는 것은 헌법 제36조 제1항의 규정에 의하여 국가에 부과된 개인의 존엄과 양성의 평등을 기초로 한 혼인과 가족생활의 유지·보장의무 이행과 직접적으로 관련되므로, 더 나아가 과잉금지원칙 위배 여부를 판단하여야 한다.

④ 기본권 제한에서 국가의 안전보장이 목적상 한계로 추가된 것은 제7차 개정헌법부터이다.

문 12. 헌법 제10조에 관한 내용으로 가장 적절하지 **않은** 것은? (다툼이 있는 경우 판례에 의함)

① 게임물 관련사업자에게 게임물 이용자의 회원가입시 본인인증을 할 수 있는 절차를 마련하도록 하고 있는 법률조항은 인터넷게임을 이용하고자 하는 사람들에게 본인인증이라는 사전적 절차를 거칠 것을 강제함으로써, 개개인이 생활방식과 취미활동을 자유롭게 선택하고 이를 원하는 방식대로 영위하고자 하는 일반적 행동의 자유를 제한한다.

② 일반적 행동자유권의 보호대상으로서 행동이란 국가가 간섭하지 않으면 자유롭게 할 수 있는 행위를 의미하므로 병역의무 이행으로서 현역병 복무도 국가가 간섭하지 않으면 자유롭게 할 수 있는 행위에 속한다는 점에서, 현역병으로 복무할 권리도 일반적 행동자유권에 포함된다.

③ 국가 등의 양로시설에 입소하는 국가유공자에게 일정 요건하에서 보상금수급권에 대한 지급정지를 규정하고 있는 것은 자유권이나 자유권의 제한영역에 관한 규정이 아니므로 행복추구권을 침해한다고 할 수 없다.

④ 법인의 대표자가 그 법인의 업무에 관하여 부당노동행위를 한 때 법인에 대하여도 벌금형을 과하도록 한 것은 헌법에 위반되지 않는다.

문 13. 평등권의 비교집단에 관한 내용으로 가장 적절하지 **않은** 것은? (다툼이 있는 경우 판례에 의함)

① 의료급여수급자와 건강보험가입자는 사회보장의 한 형태로서 의료보장의 대상인 점에서 공통점이 있고, 그 선정방법, 법적 지위, 재원조달방식, 자기기여 여부 등에서는 차이가 있기는 하지만 본질적으로는 동일한 비교집단으로 볼 수 있으므로 의료급여 수급자를 대상으로 선택병의원제도 및 비급여항목 등을 건강보험의 경우와 달리 규정하고 있는 것은 평등권을 침해하는 것이다.

② 평등원칙 위반의 특수성은 대상 법률이 정하는 '법률효과' 자체가 위헌이 아니라 그 법률효과가 수범자의 한 집단에만 귀속되어 '다른 집단과 사이에 차별'이 발생한다는 점에 있기 때문에, 평등원칙의 위반을 인정하기 위해서는 우선 법적용과 관련하여 상호 배타적인 '두 개의 비교집단'을 일정한 기준에 따라서 구분할 수 있어야 한다.

③ 공무원연금법상의 유족급여수급권자와 산재보험법상의 유족급여수급권자가 본질적으로 동일한 비교집단이라고 보기 어렵다.

④ 전동킥보드는 배기량 125cc 이하의 이륜자동차와 성능이나 이용행태가 전혀 다르므로 제품 제조·수입상의 안전기준 수립 문제에 관한 한, 둘은 동일하게 취급되어야 하는 비교집단이라 볼 수 없다.

문 14. 신체의 자유에 관한 내용으로 가장 적절하지 않은 것은? (다툼이 있는 경우 판례에 의함)

① 변호인과 증인 사이에 차폐시설을 설치하여 증인신문을 진행할 수 있도록 규정한 형사소송법 조항은 과잉금지원칙에 위배되어 청구인의 공정한 재판을 받을 권리 및 변호인의 조력을 받을 권리를 침해한다.

② 수용자가 변호사와 접견하는 경우에도 접촉차단시설이 설치된 접견실에서만 접견하도록 하는 것은 수용자의 재판청구권을 침해한다.

③ 산업단지의 지정권자로 하여금 산업단지계획안에 대한 주민의견청취와 동시에 환경영향평가서 초안에 대한 주민의견 청취를 진행하도록 한 구 산업단지 인·허가 절차 간소화를 위한 특례법 규정은 주민의 절차적 참여를 보장해 주고 있으므로, 적법절차원칙에 위배되지 않는다.

④ 교도소 내 접촉차단시설이 설치되지 않은 장소에서 수용자를 접견할 수 있는 예외 대상에 소송사건의 대리인으로 선임된 변호사만 규정하고 소송사건의 대리인이 되려는 변호사는 포함하지 않은 것은 직업의 자유를 침해하지 않는다.

문 15. 우리 헌법상 거주·이전의 자유에 관한 설명으로 가장 적절하지 않은 것은? (다툼이 있는 경우 판례에 의함)

① 거주·이전의 자유는 거주지나 체류지라고 볼 만한 정도로 생활과 밀접한 연관을 갖는 장소를 선택하고 변경하는 행위를 보호하는 기본권으로서, 생활의 근거지에 이르지 못하는 일시적인 이동을 위한 장소의 선택과 변경까지 그 보호영역에 포함되는 것은 아니다.

② 헌법재판소는 정비사업조합에 수용권한을 부여한 도시 및 주거환경정비법 조항의 위헌 여부와 관련하여, "주거로 사용하던 건물이 수용될 경우 그 효과로 거주지도 이전하여야 하는 것은 사실이나, 이는 수용에 따른 부수적 효과로서 간접적·사실적 제약에 해당한다."는 이유로 거주·이전의 자유 침해 여부는 별도로 판단하지 않았다.

③ 공익사업에 있어 수용개시일까지 토지 등의 인도의무를 정하는 규정은 토지소유자의 거주·이전의 자유를 침해하지 아니한다.

④ 거주·이전의 자유는 국적이탈의 자유와 변경의 자유를 포함한다. 따라서 우리 헌법은 외국인은 물론 무국적자가 될 자유도 보호하고 있다.

문 16. 다음 사례에 관한 설명으로 가장 적절한 것은? (다툼이 있는 경우 판례에 의함)

> 甲은 ○○컴퓨터게임장을 운영하면서 '트로피'라는 게임물을 설치하여 영업하고 있는 자로서 구 음반·비디오물 및 게임물에 관한 법률 제24조 제3항 제4호의 규정에 의하여 등급분류를 받지 아니하거나 등급분류를 받은 게임물과 다른 내용의 게임물이라는 이유로 게임기의 기판을 수거당하였다. 이에 甲은 주위적으로는 수거처분의 무효확인을 구하고, 예비적으로는 수거처분의 취소를 구하는 본안소송을 제기하는 한편, 위 법률조항 중 게임물에 관한 규정 부분에 대하여 위헌제청신청을 하였다. 법원은 이를 받아들여 이 사건 위헌법률심판제청을 하였다.

① 행정상 즉시강제인 게임물의 수거조치에는 원칙적으로 영장주의가 적용된다고 보아야 할 것이다.

② 사건의 해당 법률조항은 수거에 그치지 아니하고 폐기까지 가능하도록 규정하고 있어 피해의 최소성의 요건을 위반하여 甲의 재산권을 침해한다고 할 것이다.

③ 사건에서 해당 법률조항은 수거에 앞서 청문이나 의견제출 등 절차보장에 관한 규정을 두고 있지 않으므로 적법절차의 원칙에 위반된다고 보아야 할 것이다.

④ 게임물의 수거조치는 행정상 즉시강제의 일종으로 엄격한 실정법상의 근거를 필요로 할 뿐만 아니라, 그 발동에 있어서는 법규의 범위 안에서도 다시 행정상의 장해가 목전에 급박하고 다른 수단으로는 행정목적을 달성할 수 없는 경우이어야 하며 그 행사는 필요최소한도에 그쳐야 한다.

문 17. 헌법재판소가 언론의 자유(표현의 자유)를 침해한다고 결정한 것은 모두 몇 개인가?

> ㉠ 출판사 및 인쇄소의 등록에 관한 법률 규정 중 '저속한 간행물' 부분
> ㉡ 인터넷언론사가 선거운동기간 중 당해 홈페이지의 게시판 등에 정당·후보자에 대한 지지·반대의 정보를 게시할 수 있도록 하는 경우 실명을 확인받도록 하는 기술적 조치를 하여야 하고 이를 위반한 때에는 과태료를 부과하는 '공직선거법' 규정
> ㉢ 교통수단을 이용하여 타인의 광고를 할 수 없도록 하고 있는 '옥외광고물 등 관리법 시행령' 규정
> ㉣ 온라인서비스제공자가 자신이 관리하는 정보통신망에서 아동·청소년이용음란물을 발견하기 위하여 대통령령으로 정하는 조치를 취하지 아니하거나 발견된 아동·청소년이용음란물을 즉시 삭제하고, 전송을 방지 또는 중단하는 기술적인 조치를 취하지 아니한 경우 처벌하는 '아동·청소년의 성보호에 관한 법률' 규정

① 1개 ② 2개
③ 3개 ④ 4개

문 18. 재산권에 관한 설명으로 가장 적절한 것은? (다툼이 있는 경우 판례에 의함)

① 면세유류 관리기관인 수산업협동조합이 관리 부실로 인하여 면세유류 구입카드 또는 출고지시서를 잘못 교부·발급한 경우 해당 석유류에 대한 부가가치세 등 감면세액의 100분의 20에 해당하는 금액을 가산세로 징수하도록 규정한 구 조세특례제한법 조항은 면세유류 관리기관인 수산업협동조합의 재산권을 침해한다.

② 환경개선부담금은 경유에 리터당 부과되는 교통·에너지·환경세와 달리 개별 경유차의 오염유발 수준을 고려하므로, 경유를 연료로 사용하는 자동차의 소유자로부터 환경개선부담금을 부과·징수하도록 정한 환경개선비용 부담법 조항이 과잉금지원칙을 위반하여 경유차 소유자의 재산권을 침해한다.

③ 주택임대차보호법상 임차인 보호 규정들이 임대인의 재산권을 침해하는지 여부를 심사함에 있어서는 비례의 원칙을 기준으로 심사하되, 보다 강화된 심사기준을 적용하여야 할 것이다.

④ 공무원연금법에서 19세 미만인 자녀에 대하여 아무런 제한 없이 퇴직유족연금일시금을 선택할 수 있게 하고, 또 그 금액도 다른 유족과 동일한 계산식에 따라 산출하게 한 것은 다른 유족의 재산권을 침해하지 않는다.

문 19. 헌법 경제조항에 관한 해석으로 가장 적절한 것은? (다툼이 있는 경우 판례에 의함)

① 자동차사고의 특수성에 비추어 승객이 사망하거나 부상한 경우에는 과실책임의 원칙에 기한 일반불법행위책임과 달리 위험책임의 원리를 수용하여 운행자에게 무과실책임을 지우고 있는 것은 헌법에 위반되지 않는다.

② 국가는 농수산물의 수급균형과 유통구조의 개선에 노력하여 가격안정을 도모함으로써 소비자의 이익을 보호한다.

③ 헌법 제123조 제5항은 국가에게 '농·어민의 자조조직을 육성할 의무'와 '자조조직의 자율적 활동과 발전을 보장할 의무'를 아울러 규정하고 있는데, 국가가 농·어민의 자조조직을 적극적으로 육성하여야 할 의무까지도 수행하여야 한다고 볼 수 없다.

④ 현행 헌법이 보장하는 소비자보호운동이란 '공정한 가격으로 양질의 상품 또는 용역을 적절한 유통구조를 통해 적절한 시기에 안전하게 구입하거나 사용할 소비자의 제반 권익을 증진할 목적으로 이루어지는 구체적 활동'을 의미하므로, 소비자 권익의 증진을 위한 단체를 조직하고 이를 통하여 활동하는 형태에 이르지 않으면 소비자보호운동에 포함되지 않는다.

문 20. 국제법의 국내법적 효력에 관한 설명으로 가장 적절하지 <u>않은</u> 것은? (다툼이 있는 경우 판례에 의함)

① 아시아태평양지역에서의 고등교육의 수학, 졸업증서 및 학위인정에 관한 지역협약은 우리나라가 가입하고 있으나 법률적 효력을 가지는 것에 불과하여 의료법상 예비시험조항의 유무효에 대한 심사척도가 될 수 없다.

② 대한민국과 일본국 간의 어업에 관한 협정은 헌법 제6조 제1항에 의하여 국내법과 같은 효력을 가진다.

③ 국제법적으로, 조약은 국제법 주체들이 일정한 법률효과를 발생시키기 위하여 체결한 국제법의 규율을 받는 국제적 합의를 말하며 서면에 의한 경우가 대부분이지만 예외적으로 구두합의도 조약의 성격을 가질 수 있다.

④ 1980년 제8차 개정헌법에서는 국회가 상호원조 또는 안전보장에 관한 조약, 국제조직에 관한 조약, 통상조약, 주권의 제약에 관한 조약, 강화조약, 국가나 국민에게 중대한 재정적 부담을 지우는 조약 또는 입법사항에 관한 조약의 체결·비준에 대한 동의권을 가진다고 규정하였다.

문 1. 계엄에 관한 설명으로 옳은 것을 모두 고른 것은? (다툼이 있는 경우 판례에 의함)

> ㉠ 계엄이 해제된 후에는 계엄하에서 행해진 위반행위의 가벌성이 소멸된다고 보아야 하므로, 계엄기간 중의 계엄포고위반행위에 대해서는 행위 당시의 법령에 따라 처벌할 수 없다.
> ㉡ 계엄을 선포할 때에는 국무회의의 심의를 거쳐야 하나, 계엄을 해제할 때에는 국무회의의 심의를 거치지 않아도 된다.
> ㉢ 계엄을 선포한 때에는 대통령은 지체 없이 국회에 통고하여야 한다.
> ㉣ 비상계엄이 선포된 때에는 법률이 정하는 바에 의하여 영장제도, 언론·출판·집회·결사의 자유, 정부나 법원의 권한에 관하여 특별한 조치를 할 수 있다.

① ㉠, ㉡   ② ㉠, ㉢
③ ㉡, ㉣   ④ ㉢, ㉣

문 2. 다음 사례에 관한 설명으로 가장 적절하지 않은 것은? (다툼이 있는 경우 헌법재판소 판례에 의함)

> 행정자치부장관은 2006.2.28. 甲시에 자치사무에 대한 정부합동감사를 통보하고 2006.9.14.부터 2006.9.29.까지 이 사건 합동감사를 실시하였다. 이에 甲시는 2006.9.19. 이 사건 합동감사대상으로 지정된 자치사무에 관하여 법령위반사실이 밝혀지지 아니하였고 법령위반 가능성에 대한 합리적인 의심조차 없는 상황에서 지방자치법 제158조 단서에 위반하여 사전적·포괄적으로 이 사건 합동감사를 실시하는 것은 헌법과 지방자치법이 청구인에게 부여한 자치행정권, 자치재정권 등 지방자치권을 침해하였다고 주장하며 권한쟁의심판을 청구하였다.

① 피청구인 등 중앙행정기관의 장이 청구인 등 지방자치단체의 자치사무에 관하여는 원칙적으로 합법성 감사만 할 수 있고 합목적성 감사는 할 수 없다는 점에 대하여 청구인과 피청구인 사이에 다툼이 없다.
② 감사원의 지방자치단체에 대한 감사는 합법성 감사에 한정되고, 자치사무에 대하여서는 합목적성 감사는 불가능하다.
③ 감사과정에서 사전에 감사대상으로 특정되지 않은 사항에 관하여 위법사실이 발견된 경우, 당초 특정된 감사대상과 관련성이 있어 함께 감사를 진행해도 피감기관이 절차적인 불이익을 받을 우려가 없고, 해당 감사대상을 적발하기 위한 목적으로 감사가 진행된 것으로 볼 수 없는 사항에 대하여는 감사대상의 확장 내지 추가가 허용된다.
④ 연간 감사계획에 포함되지 아니하고 사전조사가 수행되지 아니한 감사의 경우 지방자치법에 따른 감사의 절차와 방법 등에 관한 관련 법령에서 감사대상이나 내용을 통보할 것을 요구하는 명시적인 규정이 없어, 광역지방자치단체가 기초지방자치단체의 자치사무에 대한 감사에 착수하기 위해서는 감사대상을 특정하여야 하나, 특정된 감사대상을 사전에 통보할 것까지 요구된다고 볼 수는 없다.

문 3. 대학의 자율성에 관한 설명으로 옳은 것은 모두 몇 개인가? (다툼이 있는 경우 헌법재판소 판례에 의함)

> ㉠ 학칙의 제정 또는 개정에 관한 사항 등 대학평의원회의 심의사항을 규정한 고등교육법 조항은 연구와 교육등 대학의 중심적 기능에 관한 자율적 의사결정을 방해한다고 볼 수 있어, 국·공립대학 교수회 및 교수들의 대학의 자율권을 침해한다.
> ㉡ 대학의 학문과 연구활동에서 중요한 역할을 담당하는 교원에게 그와 관련된 영역에서 주도적인 역할을 인정하는 것은 대학의 자율성의 본질에 부합하고 필요하며, 그것은 교육과 연구에 관한 사항은 모두 교원이 전적으로 결정할 수 있어야 한다는 의미이다.
> ㉢ 서울대학교 2023학년도 저소득학생 특별전형의 모집인원을 모두 수능위주전형으로 선발하도록 정한 '서울대학교 2023학년도 대학 신입학생 입학전형 시행계획'은 저소득학생 특별전형에 응시하고자 하는 수험생들의 기회를 불합리하게 박탈하였고, 이는 대학의 자율성의 범위 내에 있는 것으로 볼 수 없다.
> ㉣ '대통령긴급조치 제9호'는 학생의 모든 집회·시위와 정치관여행위를 금지하고, 위반자에 대하여는 주무부장관이 학생의 제적을 명하고 소속 학교의 휴업, 휴교, 폐쇄조치를 할 수 있도록 규정하여, 학생의 집회·시위의 자유, 학문의 자유와 대학의 자율성 내지 대학자치의 원칙을 본질적으로 침해한다.

① 1개
② 2개
③ 3개
④ 4개

문 4. 개인정보자기결정권에 관한 설명으로 가장 적절한 것은? (다툼이 있는 경우 판례에 의함)

① 법무부장관은 변호사시험 합격자가 결정되면 즉시 명단을 공고하여야 한다고 규정한 변호사시험법 제11조 중 '명단공고' 부분은 합격자 공고 후에 누구나 언제든지 이를 검색, 확인할 수 있고, 합격자 명단이 언론 기사나 인터넷 게시물 등에 인용되어 널리 전파될 수도 있어서 이러한 사익침해 상황은 시간이 흘러도 해소되지 않으므로 과잉금지원칙에 위배되어 청구인들의 개인정보자기결정권을 침해한다.

② 감염병 전파 차단을 위한 개인정보 수집의 수권조항인 구 감염병의 예방 및 관리에 관한 법률 해당 조항은 정보수집의 목적 및 대상이 제한되어 있으나, 관련 규정에서 절차적 통제장치를 마련하지 못하여 정보의 남용 가능성이 있어 정보주체의 개인정보자기결정권을 침해한다.

③ 무효인 혼인의 기록사항 전체에 하나의 선을 긋고, 말소 내용과 사유를 각 해당 사항란에 기재하는 방식의 정정 표시는 청구인의 인격주체성을 식별할 수 있게 하는 개인정보에 해당하고, 이와 같은 정보를 보존하는 가족관계등록부의 재작성에 관한 사무처리지침 조항 중 해당 부분은 청구인의 개인정보자기결정권을 제한한다.

④ 주민등록증에 지문을 수록하도록 한 구 주민등록법 제24조 제2항 본문 중 '지문(指紋)'에 관한 부분은, 주민등록증의 수록사항의 하나로 지문을 규정하고 있을 뿐 "오른손 엄지손가락 지문"이라고 특정한 바가 없으므로, 과잉금지원칙을 위반하여 개인정보자기결정권을 침해한다.

문 5. 본질적 내용 침해금지에 관한 내용으로 가장 적절하지 **않은** 것은? (다툼이 있는 경우 판례에 의함)

① 기본권의 본질적 내용은 만약 이를 제한하는 경우에는 기본권 그 자체가 무의미하여지는 경우에 그 본질적인 요소를 말하는 것으로서, 이는 개별 기본권마다 다를 수는 없다.

② 우리 헌법재판소는 토지거래허가제를 규정한 국토이용관리법 사안에서 그 침해로 사유재산권이 유명무실해지고 사유재산제도가 형해화될 정도의 핵심을 침해하는 경우 위헌으로 보아야 한다고 판시하여 절대설의 입장 중 핵심영역설을 취한 적도 있다.

③ 근로기준법상 퇴직금 전액에 대해서 질권자나 저당권자에 우선하는 변제수령권을 인정하는 것은 질권이나 저당권의 본질적인 내용을 침해한다.

④ 제도적 보장은 주관적 권리가 아닌 객관적 법규범이라는 점에서 기본권과 구별되기는 하지만 헌법에 의하여 일정한 제도가 보장 되면 입법자는 그 제도를 설정하고 유지할 입법의무를 지게 될 뿐만 아니라 헌법에 규정되어 있기 때문에 법률로써 이를 폐지할 수 없고, 비록 내용을 제한하더라도 그 본질적 내용을 침해할 수 없다.

문 6. 평등권과 평등원칙에 관한 설명으로 가장 적절하지 **않은** 것은? (다툼이 있는 경우 판례에 의함)

① 중혼의 취소청구권자로 직계존속과 4촌 이내의 방계혈족을 규정하면서도, 직계비속을 제외하는 민법규정은 헌법에 위반된다.

② 교원징계재심위원회의 재심결정에 대해 학교법인의 불복을 금지하는 것은 합헌이다.

③ 사실상 노무에 종사하는 공무원에 대하여서만 근로3권을 보장하고 그 이외의 공무원들에 대하여는 근로3권의 행사를 제한하는 것은 헌법상 평등의 원칙에 위반되는 것이 아니다.

④ 주민투표권 행사를 위한 요건으로 주민등록을 요구함으로써 국내거소신고만 할 수 있고 주민등록을 할 수 없는 국내거주 재외국민에 대하여 주민투표권을 인정하지 않는 것은 국내거주 재외국민의 평등권을 침해한다.

문 7. 거주·이전의 자유에 관한 내용으로 가장 적절하지 **않은** 것은? (다툼이 있는 경우 판례에 의함)

① 법인이 과밀억제권역 내에 본점의 사업용 부동산으로 건축물을 신축하여 이를 취득하는 경우, 취득세를 중과세하는 구 지방세법 조항은 법인의 영업의 자유를 제한하는 것으로 법인의 거주·이전의 자유를 제한하는 것은 아니다.

② 북한 고위직 출신의 탈북 인사인 여권발급 신청인에 대하여 신변에 대한 위해 우려가 있다는 이유로 미국 방문을 위한 여권발급을 거부한 것은 거주·이전의 자유를 과도하게 제한하는 것이다.

③ 거주·이전의 자유는 토지소유권의 보장·직업선택의 자유·영업의 자유와 더불어 자본주의 존립에 불가결한 경제적 기본권으로서의 성격도 가진다.

④ 거주·이전의 자유의 내용에는 출국의 자유와 입국의 자유가 포함된다.

문 8. 개인정보자기결정권에 관한 설명으로 가장 적절하지 **않은** 것은? (다툼이 있는 경우는 판례에 의함)

① 거짓이나 그 밖의 부정한 방법으로 보조금을 교부받거나 보조금을 유용한 어린이집 운영정지, 폐쇄명령 또는 과징금처분을 받은 어린이집에 대해 그 위반사실을 공표하도록 규정한 구 영유아보육법 조항은 개인정보자기결정권을 침해한다.

② 야당 소속 후보자 지지 혹은 정부 비판은 정치적 견해로서 개인의 인격주체성을 특정짓는 개인정보에 해당하고, 그것이 지지 선언 등의 형식으로 공개적으로 이루어진 것이라고 하더라도 여전히 개인정보자기결정권의 보호범위 내에 속한다.

③ 개인정보자기결정권의 보호대상이 되는 개인정보는 반드시 개인의 내밀한 영역이나 사사(私事)의 영역에 속하는 정보에 국한되지 않고 공적 생활에서 형성되었거나 이미 공개된 개인정보까지 포함한다.

④ 소년에 대한 수사경력자료의 삭제와 보존기간에 대하여 규정하면서 법원에서 불처분결정된 소년부송치 사건에 대하여 규정하지 않은 구 형의 실효 등에 관한 법률의 규정은 과잉금지원칙을 위반하여 소년부송치 후 불처분결정을 받은 자의 개인정보자기결정권을 침해한다.

문 9. 대학의 자치에 관한 설명으로 가장 적절한 것은?
(다툼이 있는 경우 판례에 의함)

① 국립대학의 장 후보자 선정을 직접선거의 방법으로
실시하기로 해당 대학 교원의 합의가 있는 경우 그
선거관리를 선거관리위원회에 의무적으로 위탁시키
도록 하는 것은 대학의 자율을 침해하는 것이 아니다.

② 대학의 자율은 대학시설의 관리·운영만이 아니라
학사관리 등 전반적인 것이라야 하므로 연구와 교
육의 내용, 그 방법과 그 대상, 교과과정의 편성,
학생의 선발, 학생의 전형도 자율의 범위에 속해야
한다. 따라서 입학시험제도도 자주적으로 마련될
수 있어야 하는 것뿐만 아니라 원칙적으로 당해 대
학 자체의 계속적 존립에까지 미친다.

③ 고신대학교 신입생 자격을 학습인 이상으로 제한한
조치는 재학생들의 학문의 자유 및 참여권을 침해
한다.

④ 대학의 자율성, 즉 대학의 자치란 대학이 그 본연의
임무인 연구와 교수를 외부의 간섭 없이 수행하기
위하여 인사·학사·시설·재정 등의 사항을 자주
적으로 결정하여 운영하는 것을 말한다. 따라서 연
구·교수 활동의 담당자인 교수가 그 핵심주체라
할 것이고, 학생·직원 등은 이에 포함될 수 없다.

문 10. 재산권 보장의 의미를 설명한 내용으로 가장 적절하지
않은 것은? (다툼이 있는 경우 판례에 의함)

① 비록 하급심 법원에서 무죄판결이 선고된 경우에도
수사기관의 수사결과 사무장병원으로 확인된 의료
기관에 대한 요양급여비용을 전액 지급보류하는 것
은 재산권을 침해하지 않는다.

② 이동전화번호에 대하여 사적 유용성 및 그에 대한
원칙적 처분권을 내포하는 재산가치 있는 구체적
권리인 재산권이 생긴다고 볼 수 없다.

③ '모든 재산 가치 있는 구체적 권리'라 함은 경제적
가치가 있는 모든 공·사법상의 권리를 뜻하므로
민법상 물권, 채권뿐만 아니라 공법상 권리도 포함
되나 단순기대이익이나 반사적 이익은 포함되지 않
는다.

④ 예비군 교육훈련에 참가한 예비군대원이 훈련 과정
에서 식비, 여비 등을 스스로 지출함으로써 생기는
경제적 부담은 헌법에서 보장하는 재산권의 범위에
포함된다고 할 수 없고, 예비군 교육훈련 기간 동안
의 일실수익과 같은 기회비용 역시 경제적인 기회
에 불과하여 재산권의 범위에 포함되지 아니한다.

문 11. 재판청구권에 관한 설명으로 가장 적절한 것은?
(다툼이 있는 경우 판례에 의함)

① 재판청구권과 같은 절차적 기본권은 원칙적으로 제
도적 보장의 성격이 강하기 때문에, 자유권적 기본
권의 경우와 비교하여 볼 때 상대적으로 축소된 입
법형성권이 인정된다.

② 소송구조에 대한 재판을 상소심법원이 아닌 소송기
록을 보관하고 있는 법원이 하도록 한 것은 입법자
의 재량권을 벗어나 소송구조 신청인의 공정한 재
판을 받을 권리를 침해한다.

③ 소취하간주의 경우는 실질적인 재판이 이루어진 것
이 아님에도 원고를 패소자로 보고 변호사보수가
산입된 소송비용을 원칙적으로 원고가 부담하도록
하는 것은 원고의 재판청구권을 침해한다.

④ 대법원은 비상계엄 해제 후에 대통령이 필요하다고
인정할 때에는 군사법원의 재판권을 1월 이내에 한
하여 연기할 수 있다는 계엄법 제12조 단서규정에
대해 합헌판결한 바 있다.

문 12. 국가배상청구권에 관한 설명으로 가장 적절한 것은?
(다툼이 있는 경우 판례에 의함)

① 헌법은 영조물의 설치·관리의 하자로 인한 손해발
생의 경우 국가배상청구권을 명시적으로 인정하고
있다.

② 국가배상청구권의 성립요건으로서 공무원의 고의
또는 과실을 규정한 것은 원활한 공무집행을 위한
입법정책적 고려에 따라 법률로 이미 형성된 국가
배상청구권의 행사 및 존속을 제한한 것이다.

③ 현역병으로 입영하여 경비교도로 전입된 자는 군인
의 신분을 유지하고 있으므로, 이중배상이 금지되
는 군인에 해당된다.

④ 진실·화해를 위한 과거사정리 기본법상 민간인 집
단희생사건, 중대한 인권침해·조작의혹사건에 민
법상 소멸시효 조항의 객관적 기산점이 적용되도록
하는 것은 청구인들의 국가배상청구권을 침해한다.

문 13. 사회적 기본권에 관한 헌법재판소의 판시 내용으로 가장 적절하지 <u>않은</u> 것은?

① 국가가 생계보호에 관한 입법을 전혀 하지 아니하였다던가 그 내용이 현저히 불합리하여 헌법상 용인될 수 있는 재량의 범위를 명백히 일탈한 경우에 한하여 인간다운 생활을 보장하기 위한 헌법적 의무에 위반된다고 할 수 있다.

② 인간다운 생활을 할 권리는 헌법재판에 있어서는 다른 국가기관, 즉 입법부나 행정부가 국민으로 하여금 인간다운 생활을 영위하도록 하기 위하여 객관적으로 필요한 최소한의 조치를 취할 의무를 다하였는지를 기준으로 국가기관의 행위의 합헌성을 심사하여야 한다는 통제규범으로 작용한다.

③ 실업방지 및 부당한 해고로부터 근로자를 보호하여야 할 국가의 의무를 도출할 수 있을 것이나, 국가에 대한 직접적인 직장존속보장청구권을 근로자에게 인정할 헌법상의 근거는 없다.

④ 경과실에 의한 범죄행위에 기인하는 보험사고에 대하여 의료보험급여를 부정하는 것이 사회적 기본권으로서의 의료보험수급권의 본질을 침해하지 않는다고 보았다.

문 14. 교육에 관한 내용으로 가장 적절하지 <u>않은</u> 것은? (다툼이 있는 경우 판례에 의함)

① 학부모의 자녀교육권과 학생의 교육을 받을 권리에는 학교교육이라는 국가의 공교육 급부의 형성과정에 균등하게 참여할 권리로서의 참여권이 내포되어 있다.

② 학교교육에 있어서 교원의 가르치는 권리를 수업권이라고 한다면 이것은 교원의 지위에서 생기는 것으로서 학생에 대한 일차적인 교육상의 직무권한이지만 어디까지나 학생의 학습권 실현을 위하여 인정되는 것이므로, 학생의 학습권은 교원의 수업권에 대하여 우월한 지위에 있다.

③ 초등학교 교육과정의 편제와 수업시간은 교육여건의 변화에 따른 시의적절한 대처가 필요하므로 교육현장을 가장 잘 파악하고 교육과정에 대해 적절한 수요 예측을 할 수 있는 해당 부처에서 정하도록 할 필요가 있으므로 초·중등교육법이 교육과정의 기준과 내용에 관한 기본적인 사항을 교육부장관이 정하도록 위임한 것은 교육제도 법정주의에 반한다고 보기 어렵다.

④ 헌법재판소는 의무교육무상제도와 관련하여 무상초등교육을 받을 권리는 구체적 권리이나 무상중등교육을 받을 권리는 추상적 권리라고 하였다.

문 15. 근로3권에 관한 설명으로 가장 적절하지 <u>않은</u> 것은?
(다툼이 있는 경우 판례에 따름)

① 공무원의 노동조합 설립 및 운영 등에 관한 법률이
공무원인 노동조합원의 쟁의행위를 처벌하면서 사
용자 측인 정부교섭대표의 부당노동행위에 대하여
는 그 구제수단으로서 민사상의 구제절차를 마련하
는데 그치고 형사처벌까지 규정하지 아니하는 것이
공무원의 단체교섭권을 침해하여 헌법에 위반된다
고 할 수는 없다.

② 국가의 행정관청이 사법상 근로계약을 체결한 경우
국가는 그러한 근로계약관계에 있어서 사업주로서 단
체교섭의 당사자의 지위에 있는 사용자에 해당한다.

③ 노동조합에 가입할 수 있는 특정직공무원의 범위를
'6급 이하의 일반직공무원에 상당하는 외무행정·
외교정보관리직 공무원'으로 한정하여 소방공무원
을 노동조합 가입대상에서 제외한 것은 헌법 제33
조 제2항에 근거를 두고 있을 뿐 아니라 합리적인
이유가 있다.

④ 헌법은 "여자"와 "연소자", "노인"의 근로는 특별한
보호를 받는다고 규정하고 있다.

문 16. 환경권에 관한 설명으로 가장 적절하지 <u>않은</u> 것은?
(다툼이 있는 경우 판례에 의함)

① 환경권은 명문의 법률규정이나 관계 법령의 규정
취지 및 조리에 비추어 권리의 주체, 대상, 내용,
행사 방법 등이 구체적으로 정립될 수 있어야만 인
정되는 것이므로, 사법상의 권리로서의 환경권을
인정하는 명문의 규정이 없으면 환경권에 기하여
직접 방해배제청구권을 인정할 수는 없다.

② 헌법 제35조 제1항은 환경정책에 관한 국가적 규제
와 조정을 뒷받침하는 헌법적 근거가 되며 국가는
환경정책 실현을 위한 재원마련과 환경침해적 행위
를 억제하고 환경보전에 적합한 행위를 유도하기
위한 수단으로 환경부담금을 부과·징수하는 방법
을 선택할 수 있다.

③ 환경영향평가 대상사업의 경우 그 대상지역 안의
주민들이 환경침해를 받지 아니하고 쾌적한 환경에
서 생활할 수 있는 환경상의 이익은 주민 개개인에
대하여 개별적으로 보호되는 직접적·구체적 이익
이다.

④ 환경영향평가 대상사업이라도 그 대상지역 밖의 주
민의 경우에는 그들이 누리는 환경상의 이익은 공
익으로서의 추상적 이익에 해당하므로 대상사업을
허용하는 허가나 승인처분 등의 취소를 구할 원고
적격이 인정되지 않는다.

문 17. 국민의 의무에 관한 내용으로 가장 적절하지 <u>않은</u> 것은? (다툼이 있는 경우 판례에 의함)

① 국방의 의무는 병역법에 의하여 군복무에 임하는 등의 직접적인 병력형성의무만을 가리키는 것이 아니라, 병역법, 예비군법, 민방위기본법, 비상대비에 관한 법률 등에 의한 간접적인 병력형성의무도 포함한다.

② 현역병이 전투경찰순경으로 전임하여 대간첩작전을 수행하는 것도 국방의 의무를 수행하는 것에 해당한다.

③ 헌법 제39조 제2항("누구든지 병역의무의 이행으로 인하여 불이익한 처우를 받지 아니한다.")이 규정하고 있는 '병역의무의 이행으로 인한 불이익'에는 병역의무 그 자체를 이행하느라 받은 불이익도 포함된다.

④ 국가는 납세자가 자신과 가족의 기본적인 생계유지를 위하여 꼭 필요로 하는 소득을 제외한 잉여소득 부분에 대해서만 납세의무를 부과할 수 있는 것이므로, 소득에 대한 과세는 원칙적으로 최저생계비를 초과하는 소득에 대해서만 가능하다.

문 18. 다음 사례에 관한 설명으로 가장 적절하지 <u>않은</u> 것은? (다툼이 있는 경우 판례에 의함)

〈사례〉

甲은 회사 단체협약 제77조에 규정된 "회사와 조합은 이 협약에서 정하는 단체교섭의 협의에서 해결되지 아니하는 경우 이외에는 쟁의행위를 하지 않는다."라는 평화조항을 위반하였다는 것으로 기소가 제기되어 제청법원은 위 당해사건의 재판계속 중에 甲에게 적용될 구 노동조합법 제46조의3에 헌법위반의 의심이 있다고 하여 직권으로 위헌 여부의 심판을 제청하였다.

〈참고〉

노동조합법 제46조의3【벌칙】 제34조 제1항의 규정에 의하여 체결된 단체협약(후단부분 생략)에 위반한 자는 1,000만원 이하의 벌금에 처한다.

① 단체협약에는 임금, 근로시간 등과 같이 근로자의 근로조건에 직결되는 내용을 비롯하여 인사, 노동쟁의 등과 같이 노사관계에 관한 기본적이고도 중요한 내용이 포함되어 있는 등 단체협약의 내용은 정형화되어 있을 뿐 아니라 그 피적용자인 노사 양측은 단체협약 체결의 당사자이므로 충분히 그 내용을 예측, 인식할 수 있는 지위에 있으므로 이 사건 법률조항은 명확성의 원칙에 위반하지 않는다.

② "법률이 없으면 범죄도 없고 형벌도 없다."라는 말로 표현되는 죄형법정주의는 법치주의, 국민주권 및 권력분립의 원리에 입각한 것으로서 일차적으로 무엇이 범죄이며 그에 대한 형벌이 어떠한 것인가는 반드시 국민의 대표로 구성된 입법부가 제정한 성문의 법률로써 정하여야 한다는 원칙이고, 여기서 말하는 '법률'이란 입법부에서 제정한 형식적 의미의 법률을 의미하는 것이다.

③ 처벌법규의 위임은 특히 긴급한 필요가 있거나 미리 법률로서 자세히 정할 수 없는 부득이한 사정이 있는 경우에 한정되어야 한다.

④ 이 사건 법률조항은 형벌 구성요건의 실질적 내용을 법률에서 직접 규정하지 아니하고 모두 단체협약에 위임하고 있어 죄형법정주의의 기본적 요청으로서 범죄와 형벌에 관하여는 입법부가 제정한 형식적 의미의 '법률'로써 정하여야 한다는 법률주의에 위배된다.

문 19. 한국헌법사에 관한 설명으로 가장 적절한 것은?

　① 1972년 헌법(제7차 개정헌법)은 대통령의 임기를 5년으로 하고, 통일주체국민회의에서 대통령을 토론 없이 기명투표로 선거하도록 하였으며, 통일주체국민회의에서 재적대의원 과반수의 찬성을 얻은 자를 대통령당선자로 하도록 규정하였다.

　② 독립된 헌법기관인 중앙선거관리위원회가 선거의 공정한 관리를 위하여 1960년 헌법개정으로 처음 도입된 이래 현행 헌법에 이르기까지 선거관리기능을 담당해 왔다.

　③ 제3공화국 때 헌법재판을 담당했던 기관은 오늘날과 같이 헌법재판소였다.

　④ 국회의 양원제와 단원제가 지니는 각각의 장단점에도 불구하고 1962년 헌법 이래로 국회의 단원제가 정착되었는데, 1948년 헌법제정 이래 1962년 헌법개정 전까지는 국회의 양원제가 채택되었다.

문 20. 국적에 관한 설명으로 가장 적절하지 <u>않은</u> 것은? (다툼이 있는 경우 판례에 의함)

　① 모계출생자가 대한민국 국적을 취득할 수 있는 특례를 두면서 2004년 12월 31일까지 국적 취득신고를 한 경우에만 대한민국 국적을 취득하도록 한 것은 특례의 적용을 받는 모계출생자가 그 권리를 조속히 행사하도록 하여 위 모계출생자가 권리를 남용할 가능성을 억제하기 위한 것으로 합리적 이유 있는 차별이다.

　② 대한민국의 국민으로서 외국 국적을 취득하여 대한민국 국적을 상실하게 된 자의 배우자나 미성년의 자로서 그 외국의 법률에 따라 함께 그 외국 국적을 취득하게 된 자는 그 외국 국적을 취득한 때부터 6개월 내에 법무부장관에게 대한민국 국적을 보유할 의사가 있다는 뜻을 신고하지 아니하면 그 외국 국적을 취득한 때로 소급하여 대한민국 국적을 상실한 것으로 본다.

　③ 미성년인 외국인이 입양으로 국적을 취득하려면 3년 이상 대한민국에 주소가 있어야 한다.

　④ 대한민국의 민법상 성년이 되기 전에 외국인에게 입양된 후 외국 국적을 취득하고 외국에서 계속 거주하다가 국적회복허가를 받은 자는 대한민국 국적을 취득한 날부터 1년 내에 외국 국적을 포기하거나 법무부장관이 정하는 바에 따라 대한민국에서 외국 국적을 행사하지 아니하겠다는 뜻을 법무부장관에게 서약하여야 한다.

2025 해커스경찰 박철한 경찰헌법 실전동형모의고사

실전동형모의고사 정답 및 해설

정답

p.8

01	②	02	②	03	③	04	②	05	④
06	④	07	①	08	②	09	③	10	③
11	④	12	③	13	②	14	③	15	④
16	④	17	④	18	①	19	①	20	①

01
정답 ②

① [O] 헌법 전문의 '대한민국임시정부 법통의 계승' 또는 헌법 제2조 제2항의 '재외국민 보호의무' 규정이 중국동포와 같이 특수한 국적상황에 처해 있는 자들의 이중국적 해소 또는 국적선택을 위한 특별법 제정의무를 명시적으로 위임한 것이라고 볼 수 없다(헌재 2006.3.30, 2003헌마806).

❷ [×] '3·1운동으로 건립된 대한민국임시정부의 법통을 계승'한다는 것은 대한민국이 일제에 항거한 독립운동가의 공헌과 희생을 바탕으로 이룩된 것임을 선언한 것으로, 국가는 자주독립을 위하여 공헌한 독립유공자와 그 유족에 대해 응분의 예우를 해야 할 헌법적 의무를 지닌다.

③ [O] 유구한 역사와 전통에 빛나는 우리 대한국민은 3·1운동의 숭고한 독립정신과 4·19의거 및 5·16혁명의 이념을 계승하고 … (유신헌법 전문)

④ [O] 대한민국임시정부의 법통 계승은 현행 헌법에 최초로 명문화되었다.

02
정답 ②

① [O] 예비행위를 본죄에 준하여 처벌하도록 하고 있는 심판대상조항은 그 불법성과 책임의 정도에 비추어 지나치게 과중한 형벌을 규정하고 있는 것이다. 또한 예비행위의 위험성은 구체적인 사건에 따라 다름에도 심판대상조항에 의하면 위험성이 미약한 예비행위까지도 본죄에 준하여 처벌하도록 하고 있어 행위자의 책임을 넘어서는 형벌이 부과되는 결과가 발생한다(헌재 2019.2.28, 2016헌가13).
▶ 따라서 헌법에 위반된다. / 밀수가 아닌 경우는 합헌이다.

❷ [×] 사회적 기본권은 입법과정이나 정책결정과정에서 사회적 기본권에 규정된 국가목표의 무조건적인 최우선적 배려가 아니라 단지 적절한 고려를 요청하는 것이다(헌재 2002.12.18, 2002헌마52).

③ [O] 우리 민법은 헌법 제119조 제1항의 자유시장 경제질서에서 파생된 과실책임의 원칙을 일반불법행위에 관한 기본원리로 삼고 있다. 그런데 현대산업사회에서는 고속교통수단, 광업 및 원자력산업 등의 위험원(危險源)이 발달하고 산업재해 및 환경오염으로 인한 피해가 증가함에 따라, 헌법이념의 하나인 사회국가원리의 실현을 위하여 과실책임의 원리를 수정하여 위험원을 지배하는 자로 하여금 그 위험이 현실화된 경우의 손해를 부담하게 하는 위험책임의 원리가 필요하게 되었다. 위험책임의 원리는 위험원의 지배를 책임의 근거로 하여 위험을 지배하는 자에게 책임을 지우는 원리로서 단순한 결과책임주의와는 다른 것이다[헌재 1998.5.28 96헌가4, 97헌가6·7, 95헌바58(병합)].

④ [O] 헌재 2005.12.22, 2003헌바88

03
정답 ③

① [O] 보통선거의 반대개념은 제한선거이며, 차등선거는 평등선거의 반대개념이다.

② [O] 우리 헌법에는 자유선거의 원칙은 명문으로 규정되어 있지 않으나, 일반적으로 헌법에 내재하는 당연한 선거원칙으로 해석하고 있으며, 헌법재판소 역시 이를 인정하고 있다(헌재 1994.7.29, 93헌가4 등).

❸ [×] 1년 이상의 수형자는 선거권이 인정되지 않으나, 1년 미만이나 집행유예자인 경우는 선거권이 인정된다. 지문의 경우에는 유예기간이 종료까지 되었으니 당연히 선거권이 인정된다.

④ [O] 대통령의 선거개입은 선거의 공정을 해할 우려가 무척 높다. 결국 선거활동에 관하여 대통령의 정치활동의 자유와 선거중립의무가 충돌하는 경우에는 후자가 강조되고 우선되어야 한다(헌재 2008.1.17, 2007헌마700).

04
정답 ②

[참고판례] 헌재 2002.9.19, 2000헌바84

① [×] 직업선택의 자유는 헌법상 법인에게도 인정되는 기본권이며(헌재 1991.6.3, 90헌마56, 판례집 3, 289, 295 ; 헌재 1996.3.28, 94헌바42, 판례집 8-1, 199, 206-207), 또한 법인의 설립은 그 자체가 간접적인 직업선택의 한 방법이기도 하다(헌재 1996.4.25, 92헌바47 ; 헌재 2000.11.30, 99헌마190).

❷ [O] 헌법재판소는 결사의 자유에서 말하는 '결사'란 자연인 또는 법인의 다수가 상당한 기간 동안 공동목적을 위하여 자유의 의사에 기하여 결합하고 조직화된 의사형성이 가능한 단체를 말하는 것(헌재 1996.4.2, 92헌바47)이라고 정의하여 공동목적의 범위를 비영리적인 것으로 제한하지는 않았고, 다만, 결사 개념에 공법상의 결사(헌재 1996.4.2, 92헌바47)나 법이 특별한 공공목적에 의하여 구성원의 자격을 정하고 있는 특수단체의 조직활동(헌재 1994.2.24, 92헌바43)은 해당되지 않는다고 판시한 바 있을 뿐이며, 연혁적 이유 이외에는 달리 영리단체를 결사에서 제외하여야 할 뚜렷한 근거가 없는 터이므로, 영리단체도 헌법상 결사의 자유에 의하여 보호된다고 보아야 할 것이다. 그렇다면, 앞에서 살펴본 바와 같이 이 사건 법률조항은 합리적 이유없이 모든 법인에 의한 약국의 개설을 금지함으로써 법인을 설립하여 약국을 경영하려는 약사 개인들과 이러한 법인의 단체결성 및 단체활동의 자유를 제한하고 있으므로, 결국 이들의 결사의 자유를 침해하고 있다고 하겠다.

③ [×] 법률조항은 헌법에서 특별히 평등을 요구하는 부분에 대한 것이 아니고, 직업수행의 자유는 공익을 위하여 상대적으로 넓은 규제가 가능하다고 인정되기 때문에 이 사건 법률조항에 의하여 직업수행의 자유가 일부 제한된다고 하여 관련기본권에 대한 중대한 침해가 있다고 볼 수 없으므로, 완화된 심사기준 즉, 차별기준 내지 방법의 합리성여부가 헌법적 정당성여부의 판단기준이 된다고 하겠다. … 이 사건 법률조항은 합리적 근거없이 자의적으로 약사로 구성된 법인에 대하여 변호사 등 다른 전문직종들 및 의약품제조업자 등 약사법상의 다른 직종들로 구성된 법인과는 달리 그 직업, 즉 약국을 개설하고 운영하는 일을 수행할 수 없게 하고, 또한 약사들에 대하여는 법인을 구성하는 방법으로 그 직업을 수행할 수 없게 함으로써, 약사들만으로 구성된 법인 및 그 구성원인 약사들의 헌법상 기본권인 평등권을 침해하고 있다고 할 것이다.

④ [×] 특히 직업결정의 자유나 전직의 자유에 비하여 직업종사(직업수행)의 자유에 대하여서는 공익을 위하여 상대적으로 더욱 넓은 법률상의 규제가 가능하다(헌재 1993.5.13, 92헌마80 ; 헌재 1995.2.23, 93헌가1).

05 정답 ④

① [×] 국민의 알 권리는 정보에의 접근·수집·처리의 자유를 뜻하며 그 자유권적 성질의 측면에서는 일반적으로 정보에 접근하고 수집·처리함에 있어서 국가권력의 방해를 받지 아니한다고 할 것이므로, 개인은 일반적으로 접근가능한 정보원, 특히 신문, 방송 등 매스미디어로부터 방해받음이 없이 알 권리를 보장받아야 할 것이다. 미결수용자에게 자비(自費)로 신문을 구독할 수 있도록 한 것은 일반적으로 접근할 수 있는 정보에 대한 능동적 접근에 관한 개인의 행동으로서 이는 알 권리의 행사이다(헌재 1998.10.29, 98헌마4).

② [×] 친권자에게는 미성년자인 자녀를 보호하고 교육할 의무가 있는 데서도 알 수 있듯이(민법 제913조 참조), 부모는 아직 성숙하지 못하고 인격을 닦고 있는 초·중·고등학생인 자녀를 교육시킬 교육권을 가지고 있으며, 그 교육권의 내용 중 하나

로서 자녀를 교육시킬 학교선택권이 인정된다. 이러한 부모의 학교선택권은 미성년인 자녀의 교육을 받을 권리를 실효성 있게 보장하기 위한 것이므로, 미성년인 자녀의 교육을 받을 권리의 근거규정인 헌법 제31조 제1항에서 헌법적 근거를 찾을 수 있을 것이다(헌재 1995.2.23, 91헌마204).

③ [×] 흡연자들이 자유롭게 흡연할 권리를 흡연권이라고 한다면, 이러한 흡연권은 인간의 존엄과 행복추구권을 규정한 헌법 제10조와 사생활의 자유를 규정한 헌법 제17조에 의하여 뒷받침된다(헌재 2004.8.26, 2003헌마457).

❹ [O] 보호영역으로서의 '선거운동'의 자유가 문제되는 경우 표현의 자유 및 선거권과 일반적 행동자유권으로서의 행복추구권은 서로 특별관계에 있어 기본권의 내용상 특별성을 갖는 표현의 자유 및 선거권이 우선 적용된다(헌재 2004.4.29, 2002헌마467).

06 정답 ④

① [O] 선거운동의 자유를 감안하여 선거운동을 위한 확성장치를 허용할 공익적 필요성이 인정된다고 하더라도 정온한 생활환경이 보장되어야 할 주거지역에서 출근 또는 등교 이전 및 퇴근 또는 하교 이후 시간대에 확성장치의 최고출력 내지 소음을 제한하는 등 사용시간과 사용지역에 따른 수인한도 내에서 확성장치의 최고출력 내지 소음 규제기준에 관한 규정을 두지 아니한 것은, 국민이 건강하고 쾌적하게 생활할 수 있도록 노력하여야 할 국가의 기본권 보호의무를 과소하게 이행한 것으로서, 청구인의 건강하고 쾌적한 환경에서 생활할 권리의 침해를 가져온다(헌재 2019.12.27, 2018헌마730).

② [O] 국가가 국민의 생명·신체의 안전에 대한 보호의무를 다하지 않았는지 여부를 헌법재판소가 심사할 때에는 이른바 '과소보호금지원칙'의 위반 여부를 기준으로 삼아, 국민의 생명·신체의 안전을 보호하기 위한 조치가 필요한 상황인데도 국가가 아무런 보호조치를 취하지 않았든지 아니면 취한 조치가 법익을 보호하기에 전적으로 부적합하거나 매우 불충분한 것임이 명백한 경우에 한하여, 국가의 보호의무의 위반을 확인하여야 한다(헌재 2008.12.26, 2008헌마419).

③ [O] 국가의 기본권 보호의무란 사인인 제3자에 의한 생명이나 신체에 대한 침해로부터 이를 보호하여야 할 국가의 의무를 말하는 것으로, 이 사건처럼 국가가 직접 주방용오물분쇄기의 사용을 금지하여 개인의 기본권을 제한하는 경우에는 국가의 기본권 보호의무 위반 여부가 문제되지 않는다(헌재 2018.6.28, 2016헌마151).

❹ [×] 태평양전쟁 관련 강제동원자들에 대한 국가의 지원이 충분하지 못한 점이 있다 하더라도, 이 사건은 국가가 국내 강제동원자들을 위하여 아무런 보호조치를 취하지 아니하였다거나 아니면 국가가 취한 조치가 전적으로 부적합하거나 매우 불충분한 것임이 명백한 경우라고 단정하기 어려우므로, 이 사건 **법률조항**이 국민에 대한 국가의 기본권 보호의무에 위배된다고 볼 수 없다(헌재 2011.2.24, 2009헌마94).

07

정답 ①

❶ [×] 사안에서 판례는 평등권과 직업의 자유는 침해한다고 보았으나, 명확성의 원칙과 신뢰는 침해하지 않는다고 보았다(헌재 2015.5.28, 2013헌마799).

② [O] 고등학교 진학 기회의 제한은 대학 등 고등교육기관에 비하여 당사자에게 미치는 제한의 효과가 더욱 크므로 보다 더 엄격히 심사하여야 한다. 따라서 이 사건 중 복지원금지 조항의 차별 목적과 차별의 정도가 비례원칙을 준수하는지 살펴본다(헌재 2019.4.11, 2018헌마221).

③ [O] 구 소년법 규정이 소년으로 범한 죄에 의하여 형의 선고를 받은 자가 그 집행을 종료하거나 면제받은 때와 달리 집행유예를 선고받은 소년범에 대한 자격완화 특례규정을 두지 아니하여 자격제한을 함에 있어 군인사법 등 해당 법률의 적용을 받도록 한 것은 불합리한 차별이라 할 것이므로 평등원칙에 위반된다(헌재 2018.1.25, 2017헌가7).

④ [O] 버스운송사업에 있어서는 운송비용 전가 문제를 규제할 필요성이 없으므로 택시운송사업에 한하여 택시운송사업의 발전에 관한 법률에 운송비용전가의 금지조항을 둔 것은 규율의 필요성에 따른 합리적인 차별이어서 평등원칙에 위반되지 아니한다(헌재 2018.6.28, 2016헌마153).

08

정답 ②

① [O] 보안관찰처분의 취소를 구하는 행정소송을 적법하게 제기하더라도 소송이 종료되기 전에 처분기간 2년이 만료되어 버리면 권리보호이익을 상실하게 되어 소각하판결을 받게 되므로 피보안관찰자의 귀책사유 없이도 보안관찰처분의 당부에 대해 사법적 판단을 받지 못하는 불이익을 입을 수 있다(헌재 2001.4.26, 98헌바79 등).

❷ [×] 과거에는 그렇게 보았으나, 최근 변경된 판시에 따르면 상소 제기기간의 구금일수를 전혀 본형에 산입하지 않는 것은 신체의 자유를 침해하는 것으로 보아 헌법에 합치되지 않는다고 보았다(헌재 2000.7.20, 99헌가7).

③ [O] 형벌과 보호감호는 신체의 자유를 박탈하는 수용처분이라는 점에서 서로 유사한 점이 있기는 하지만 그 본질, 추구하는 목적과 기능이 다른 별개의 제도이므로 형벌과 보호감호를 서로 병과하여 선고한다 하여 이중처벌금지의 원칙에 위반되는 것은 아니다(헌재 1996.11.28, 95헌바20).

④ [O] 과료는 가장 경한 형벌로서 주로 경미한 범죄에 과해지는 것이나, 이 역시 죄를 범한 자에 대하여 부과하는 형벌의 하나이므로, 그 집행을 강제하여 국가형벌권의 실현을 담보할 필요가 있다. 노역장유치조항은 과료의 철저한 징수를 통하여 과료형의 형벌효과를 유지, 확보하기 위한 것으로 목적의 정당성이 인정되고, 과료미납자에 대한 노역장 유치는 과료납입을 대체 혹은 강제할 수 있는 유효한 수단이므로 수단의 적합성도 갖추었다(헌재 2020.12.23, 2018헌바445).

정답 ③

① [O] 수사기관의 위치정보 추적자료 제공요청에 대해 법원의 허가를 거치도록 규정하고 있으나 수사의 필요성만을 그 요건으로 하고 있어 절차적 통제마저도 제대로 이루어지기 어려운 현실인 점 등을 고려할 때, 이 사건 요청조항은 과잉금지원칙에 반하여 청구인들의 개인정보자기결정권과 통신의 자유를 침해한다(헌재 2018.6.28, 2012헌마191 등).

② [O] 대통령긴급조치 제1호, 제2호 및 제9호는 기본권을 제한하기 위한 입법목적의 정당성과 방법의 적절성이 인정되지 아니하고, 죄형법정주의에 위배되며, 참정권, 표현의 자유, 영장주의 및 신체의 자유, 재판을 받을 권리 등 기본권을 지나치게 제한하거나 침해하므로, 모두 헌법에 위반된다(헌재 2013.3.21, 2010헌바132).

❸ [×] 검사, 사법경찰관 또는 정보수사기관의 장은 제1항의 규정에 의한 통신제한조치(이하 '긴급통신제한조치'라 한다)의 집행착수 후 지체 없이 제6조 및 제7조 제3항의 규정에 의하여 법원에 허가청구를 하여야 하며, 그 긴급통신제한조치를 한 때부터 36시간 이내에 법원의 허가를 받지 못한 때에는 즉시 이를 중지하여야 한다(통신비밀보호법 제8조 제2항). 지체 없이 청구하여야 하며, 그 마지막 시간도 48시간이 아니라 36시간이다.

④ [O] 인터넷회선 감청의 특성을 고려하여 그 집행 단계나 집행 이후에 수사기관의 권한남용을 통제하고 관련 기본권의 침해를 최소화하기 위한 제도적 조치가 제대로 마련되어 있지 않은 상태에서, 범죄수사 목적을 이유로 인터넷회선 감청을 통신제한조치 허가 대상 중 하나로 정하고 있으므로 이는 헌법에 위반된다(헌재 2018.8.30, 2016헌마263).

정답 ③

① [O] 헌재 2002.12.18, 2000헌마764 – 옥외광고물등관리법 제3조 제1항 제6호 등 위헌확인

② [O] 허위사실의 표현도 헌법 제21조가 규정하는 언론·출판의 자유의 보호영역에는 해당하되, 다만 헌법 제37조 제2항에 따라 제한될 수 있는 것이다(헌재 2010.12.28, 2008헌바157 등).

❸ [×] 선례가 금치기간 중 집필을 전면 금지한 조항을 위헌으로 판단한 이후, 입법자는 집필을 허가할 수 있는 예외를 규정하고 금치처분의 기간도 단축하였다. 나아가 미결수용자는 징벌집행 중 소송서류의 작성 등 수사 및 재판 과정에서의 권리행사는 제한 없이 허용되는 점 등을 감안하면, 금치처분 기간 중 집필을 금지하면서 예외적인 경우에만 교도소장이 집필을 허가할 수 있도록 한 이 사건 집필제한 조항은 청구인의 표현의 자유를 침해하지 아니한다(헌재 2014.8.28, 2012헌마623).

④ [O] 헌재 1992.6.26, 90헌바26 – 정기간행물등록등에관한법률 제10조 제1항 등에 대한 헌법소원

11

① [O] 직업수행의 자유에 대한 제한이지만 그 실질이 직업수행의 자유를 형해화시키는 경우에는 그것이 직업선택이 아닌 직업수행의 자유에 대한 제한이라고 하더라도 엄격한 심사기준이 적용된다 할 것이다(헌재 2008.11.27, 2006헌마352).

② [O] 안경의 잘못된 조제로 인한 분쟁 발생시 법인과 고용된 안경사 간의 책임 소재가 불분명해지는 문제도 발생할 수 있고, 법인 안경업소가 무면허자를 고용하는 등의 행위를 사전에 차단하기 어렵다. 사후적 단속·구제로는 국민보건상 부작용을 미연에 방지할 수 없다(헌재 2021.6.24, 2017헌가31).
   ▶ 따라서 직업의 자유를 침해하지 않는다.

③ [O] 소송진행을 법률적·사무적으로 충분히 오랫동안 보조하여 전문적인 법률지식과 실무경험을 갖추게 된 경력 공무원에게 법무사시험을 치르지 않고 법무사 자격을 부여하는 것은 합리적 이유가 있다(헌재 2001.11.29, 2000헌마84).

❹ [×] 이 사건 법률조항은 변리사라는 자격제도의 형성에 관련된 것이므로 입법자에게 광범위한 입법형성권이 인정되어 그 내용이 합리적인 이유 없이 자의적으로 규정된 경우에만 위헌이라고 할 것이다. 따라서 이 사건의 쟁점은 입법자가 변리사제도를 형성하면서 변리사의 업무범위에 특허침해소송의 소송대리를 포함하지 않은 것이 입법재량의 범위를 벗어나 청구인들의 직업의 자유를 침해하지 않는다(헌재 2012.8.23, 2010헌마740).

12

① [O] 분쟁의 당사자이자 재심절차의 피청구인인 학교법인에게는 효율적인 권리구제절차를 제공하지 아니하므로 학교법인의 재판청구권을 침해한다(헌재 2006.2.23, 2005헌가7, 2005헌마1163).

② [O] 헌법 제27조는 국민의 재판청구권을 보장하고 있는데, 여기에는 공정한 재판을 받을 권리가 포함되어 있다. 그런데 재판청구권에는 민사재판, 형사재판, 행정재판뿐만 아니라 헌법재판을 받을 권리도 포함되므로, 헌법상 보장되는 기본권인 '공정한 재판을 받을 권리'에는 '공정한 헌법재판을 받을 권리'도 포함된다(헌재 2016.11.24, 2015헌마902).

❸ [×] 특별검사가 공소제기한 사건의 재판기간과 상소절차 진행기간을 일반사건보다 단축하고 있는 것은 공정한 재판을 받을 권리를 침해하지 않는다(헌재 2008.1.10, 2007헌마1468).

④ [O] 심판대상조항은 절차에 위반되거나 소송절차 지연을 목적으로 하는 기피신청의 남용을 방지하여 형사소송절차의 신속성의 실현이라는 공익을 달성하고자 하는 것으로 그 입법목적이 정당하고, … 심판대상조항은 관할 위반, 기피사유서 미제출의 경우나 소송절차 지연을 목적으로 하는 것이 '명백'한 경우에 한하여 이를 허용하고 있으므로 침해의 최소성도 갖추고 있다고 할 것이며, … 공정한 재판을 받을 권리를 침해하였다고 할 수 없다(헌재 2006.7.27, 2005헌바58).

13

① [O] 이러한 이유로 이 사건 법률조항이 노동조합의 대표자 또는 노동조합으로부터 위임을 받은 자에게 단체교섭권만이 아니라 단체협약체결권도 부여한 것이라 하겠다(헌재 1998.2.27, 94헌바13 등).

❷ [×] 근무조건과 '직접' 관련되지 않는 국가 또는 지방자치단체의 정책결정이나 임용권의 행사와 같은 기관의 관리·운영에 관한 사항은 행정기관이 전권을 가지고 자신의 권한과 책임하에 집행해야 할 사항을 교섭대상에서 배제하고 있는 공무원노조법 조항은 공무원노조의 단체교섭권에 대한 과도한 제한이라고 보기 어렵다(헌재 2013.6.27, 2012헌바16).

③ [O] 단체협약 중 조합원의 차량별 고정승무발령, 배차시간, 대기기사 배차순서 및 일당기사 배치에 관하여 노조와 사전합의를 하도록 한 사항은 그 내용이 한편으로는 사용자의 경영권에 속하는 사항이지만 다른 한편으로는 근로자들의 근로조건과 밀접한 관련이 있는 부분으로서 사용자의 경영권을 근본적으로 제약하는 것은 아니라고 보여지므로 단체협약의 대상이 될 수 있다(대판 1994.8.26, 93누8993).

④ [O] 근로기준법상 형사처벌의 대상이 되는 해고의 기준으로 일반추상적 개념인 '정당한 이유'의 유무를 두고 있기는 하지만, 그 의미가 법적 자문을 고려한 예견가능성이 있고, 집행자의 자의가 배제될 정도로 의미가 확립되어 있으므로 헌법상 명확성의 원칙에 위배되지 아니한다(헌재 2005.3.31, 2003헌바12).

14

① [O] 변협은 변호사등록에 관한 한 공법인으로서 공권력 행사의 주체이다(헌재 2019.11.28, 2017헌마759).

② [O] 건강한 작업환경, 일에 대한 정당한 보수, 합리적인 근로조건의 보장 등을 요구할 수 있는 권리 등을 포함하는 '일할 환경에 관한 권리'는 외국인 근로자도 주체가 될 수 있다(헌재 2016.3.31, 2014헌마367).

❸ [×] 형사보상의 경우에는 외국인도 기본권 주체가 된다. 다만 범죄피해자구조청구권이나 국가배상청구권 등은 상호주의에 따라 인정된다.

④ [O] 국가기관이나 지방자치단체와 같은 공법인은 저항권의 객체일 뿐 주체가 될 수는 없다.

15

① [O] 입법자의 결단은 최고보상제도 시행 이후에 산재를 입는 근로자들부터 적용될 수 있을 뿐, 제도 시행 이전에 이미 재해를 입고 산재보상수급권이 확정적으로 발생한 청구인들에 대하여 그 수급권의 내용을 일시에 급격히 변경하여 가면서까지 적용될 수 있는 것은 아니라고 보아야 할 것이다. 따라서, 심판대상조항은 신뢰보호의 원칙에 위배하여 청구인들의 재산권을 침해하는 것으로서 헌법에 위반된다(헌재 2009.5.28, 2005헌바20).

1회 실전동형모의고사 정답 및 해설 **141**

② [O] 기존 국세관련 경력공무원 중 일부에게만 구법 규정을 적용하여 세무사자격이 부여되도록 규정한 위 세무사법 부칙 제3항은 충분한 공익적 목적이 인정되지 아니함에도 청구인들의 기대가치 내지 신뢰이익을 과도하게 침해한 것으로서 헌법에 위반된다(헌재 2001.9.27, 2000헌마52).

③ [O] 구 매장법이 장사법으로 전부개정되면서 그 부칙 제3조에서 종전의 법령에 따라 설치된 봉안시설을 장사법에 의하여 설치된 봉안시설로 보도록 함으로써 구 매장법에 따라 설치허가를 받은 봉안시설 설치·관리인의 기존의 법상태에 대한 신뢰는 이미 보호되었다. 더 나아가 장사법 시행 후 추가로 설치되는 부분에 대해서까지 기존의 법상태에 대한 보호가치 있는 신뢰가 있다고 보기 어렵다. 따라서 심판대상조항은 신뢰보호원칙에 위반되지 아니한다(헌재 2021.8.31, 2019헌바453).

❹ [×] 신뢰보호원칙은 법률이나 그 하위법규뿐만 아니라 국가관리의 입시제도와 같이 국·공립대학의 입시전형을 구속하여 권리에 직접 영향을 미치는 제도운영지침의 개폐에도 적용되는 것이다.

---

16 정답 ④

①②③ [O] 전부 판례의 법정의견으로 원문 그대로이다. 헌법재판소 전원재판부(주심 宋寅準 재판관)는 2005년 11월 24일 재판관 7 : 2의 의견으로, 당해 사업장에 종사하는 근로자의 3분의 2 이상을 대표하는 노동조합의 경우 단체협약을 매개로 한 조직강제[이른바 유니언 숍(Union Shop) 협정의 체결]를 용인하고 있는 노동조합 및 노동관계조정법 제81조 제2호 단서는 근로자의 단결권을 보장한 헌법 제33조 제1항 등에 위반되지 아니하고 평등의 원칙에도 위배되지 않는다는 결정을 선고하였다(헌재 2005.11.24, 2002헌바95 등).

❹ [×] 헌법재판소 법정의견이 아닌 반대의견이다.

---

17 정답 ④

① [×] 긴급재정경제명령은 정상적인 재정운용·경제운용이 불가능한 중대한 재정·경제상의 위기가 현실적으로 발생하여야 한다(그러므로 위기가 발생할 우려가 있다는 이유로 사전적·예방적으로 발할 수는 없다)(헌재 1996.2.29, 93헌마186).

② [×] 긴급재정경제명령이 아래에서 보는 바와 같은 헌법 제76조 소정의 요건과 한계에 부합하는 것이라면 그 자체로 목적의 정당성, 수단의 적정성, 피해의 최소성, 법익의 균형성이라는 기본권제한의 한계로서의 과잉금지원칙을 준수하는 것이 되는 것이다. 그러므로 이 사건 긴급명령이 헌법 제76조가 정하고 있는 요건과 한계에 부합하는 것인지 살펴본다(헌재 1996.2.29, 93헌마186).
▶ 즉, 헌법 제76조 요건에 부합하면 자동준수로 과잉금지가 충족된다.

③ [×] 국가긴급권은 비상적인 위기상황을 극복하고 헌법질서를 수호하기 위해 헌법질서에 대한 예외를 허용하는 것이기 때문에 그 본질상 일시적·잠정적으로만 행사되어야 한다는 시간적 한계가 있다(헌재 2015.3.26, 2014헌가5).

❹ [O] 헌법 제76조에 근거 긴급명령은 불가능할 때, 재정경제명령은 여유가 없을 때 발할 수 있다.

---

18 정답 ①

위임입법의 한계를 일탈했다고 판시한 것은 ㉠이다.

㉠ [O] 보건복지부령에 정하여질 요양기관지정취소 사유를 짐작하게 하는 어떠한 기준도 제시하고 있지 않으므로 이는 헌법상 위임입법의 한계를 일탈한 것으로서 헌법 제75조 및 제95조에 위반되고, 나아가 우리 헌법상의 기본원리인 권력분립의 원리, 법치주의의 원리, 의회입법의 원칙 등에 위배된다(헌재 2002.6.27, 2001헌가30).

㉡ [×] 이 법률조항은 중과세되는 부동산등기의 지역적 범위에 관한 기본사항을 정한 다음 단지 세부적, 기술적 사항만을 대통령령에 위임한 것이라 할 것이므로 조세법률주의나 포괄위임입법금지원칙에 위반되지 아니한다(헌재 2002.3.28, 2001헌바24 등).

㉢ [×] 이 사건 위임사항이 이러한 의미의 불공정거래행위의 기준과 유형을 한계지우는 내용이 될 것임은 무리없이 예측할 수 있으므로 이 사건 조항인 신문고시 제3조 제1항 제2호는 동 수권사항을 위임받은 범위 내에서 이를 구체화하고 있을 뿐이어서 위임입법의 헌법적 한계를 초과하지 아니한다(헌재 2002.7.18, 2001헌마605).

㉣ [×] 이 사건 법률조항의 피적용자는 주로 해당 분야의 전문가라고 할 수 있는 사업시행자와 그로부터 산업입지를 분양 등 처분받는 기업들인데, 이들은 대통령령에 규정될 내용이 대체적으로 어떤 것인지 충분히 예측할 수 있는 지위에 있다는 사정을 고려하면 더욱 그러하다. 따라서 이 사건 법률조항은 헌법 제75조에서 정한 위임입법의 한계 내에 있다고 보아야 할 것이다(헌재 2002.12.18, 2001헌바52).

---

19 정답 ①

❶ [×] 부부 간의 인위적인 자산 명의의 분산과 같은 가장행위 등은 상속세및증여세법상 증여의제규정 등을 통해서 방지할 수 있고, 부부의 공동생활에서 얻어지는 절약가능성을 담세력과 결부시켜 조세의 차이를 두는 것은 타당하지 않으며, 자산소득이 있는 모든 납세의무자 중에서 혼인한 부부가 혼인하였다는 이유만으로 혼인하지 않은 자산소득자보다 더 많은 조세부담을 하여 소득을 재분배하도록 강요받는 것은 부당하며, 부부 자산소득 합산과세를 통해서 혼인한 부부에게 가하는 조세부담의 증가라는 불이익이 자산소득합산과세를 통하여 달성하는 사회적 공익보다 크다고 할 것이므로, 소득세법 제61조 제1항이 자산소득합산과세의 대상이 되는 혼인한 부부를 혼인하지 않은 부부나 독신자에 비하여 차별취급하는 것은 헌법상 정당화되지 아니하기 때문에 헌법 제36조 제1항에 위반된다(헌재 2002.8.29, 2001헌바82).

② [O] 현대사회에서 개인이 국가가 운영하는 제도를 이용하려면 주민등록과 같은 사회적 신분을 갖추어야 하고, 사회적 신분의 취득은 개인에 대한 출생신고에서부터 시작한다. 대한민국 국민으로 태어난 아동은 태어난 즉시 '출생등록될 권리'를 가진다. 이러한 권리는 '법 앞에 인간으로 인정받을 권리'로서 모든 기본권 보장의 전제가 되는 기본권이므로 법률로써도 이를 제한하거나 침해할 수 없다(대결 2020.6.8, 2020스575).

③ [O] 부성주의를 규정한 것 자체는 헌법에 위반된다고 할 수 없으나 가족관계의 변동 등으로 구체적인 상황하에서는 부성의 사

용을 강요하는 것이 개인의 가족생활에 대한 심각한 불이익을 초래하는 것으로 인정될 수 있는 경우에도 부성주의에 대한 예외를 규정하지 않고 있는 것은 인격권을 침해하고 개인의 존엄과 양성의 평등에 반하는 것이어서 헌법 제10조, 제36조 제1항에 위반된다고 할 것이라는 헌법불합치결정하였다.

④ [O] 이 사건 법률조항은 계자의 친부와 계모의 혼인의사를 일률적으로 계자에 대한 입양 또는 그 대리의 의사로 간주하기는 어려우므로, 계자의 친부와 계모의 혼인에 따라 가족생활을 자유롭게 형성할 권리를 침해하지 아니하고, 또한 개인의 존엄과 양성평등에 반하는 전래의 가족제도를 개선하기 위한 입법이므로 가족제도를 보장하는 헌법 제36조 제1항에 위반된다고 볼 수도 없다(헌재 2011.2.24, 2009헌바89 등).

20 정답 ①

❶ [×] 조세는 다른 유사개념과의 비교 문제가 자주 출제된다. 조세의 가장 큰 특징은 그 대상자가 특정인들에 국한되지 않는다는 점, 그리고 반대급부가 없다는 점이다. 따라서 반대급부를 제공한다는 지문은 틀린 지문이다. 또한 납세의무는 국민이 스스로 국가적 공동체의 재정력을 형성한다는 적극적 성격 외에 자의적 과세로부터 재산권을 침해당하지 아니한다는 소극적 성격을 아울러 가지고 있다.

② [O] 원칙적으로 납세의무는 국민과 외국인, 법인 모두에게 부과된다. 다만, 외교관 등 외교특권을 누리는 경우 납세의무가 면제되기도 한다.

③ [O] 납세의 의무는 국가가 모든 국민에게 경제상의 개성신장과 경제활동의 자유를 보장하는 대가로 국민에게 지우는 경제적인 부담으로서의 성격을 갖는 동시에 사회국가실현의 방법적 기초로서의 성격을 가진다.

④ [O] 세금은 반대급부가 없지만 사용료나 수수료 등은 반대급부를 조건으로 한다는 점에서 구별된다.

정답

p.18

01	④	02	④	03	②	04	①	05	①
06	②	07	②	08	③	09	②	10	①
11	④	12	④	13	③	14	②	15	④
16	②	17	③	18	①	19	①	20	④

01
정답 ④

① [O] 합헌적 법률해석은 외형상 법률이 다소의 위헌성이 있다고 하더라도 되도록이면 합헌으로 해석해야 한다는 원칙을 말하고, 규범통제(위헌법률심사)는 법률이 헌법에 위배되는 것을 심사하는 것을 말한다. 즉, 합헌적 법률해석과 규범통제는 서로 상이한 것임을 주의하여야 한다. 헌법은 합헌적 법률해석에서는 법률해석의 기준이 되고, 규범통제에서는 법률심사의 기준이 된다.

② [O] 합헌적 법률해석은 어디까지나 법률조항의 문언과 목적에 비추어 가능한 범위 안에서의 해석을 전제로 하는 것이고, 법률조항의 문구 및 그로부터 추단되는 입법자의 명백한 의사에도 불구하고 문언상 가능한 해석의 범위를 넘어 다른 의미로 해석할 수는 없다(헌재 2007.11.29, 2005헌가10).

③ [O] 법률의 합헌적 해석은 "내용상 합헌해석의 가능성이 있다면 법률의 효력을 지속시켜야 한다."라는 소극적 의미와 "법률의 위헌적 요소를 헌법정신에 맞도록 법률내용을 제한·보충해야 한다."라는 적극적 의미가 있다. 이 적극적 의미에서의 합헌적 법률해석은 입법권이 침해될 가능성이 크고 헌법재판소가 법률의 위헌결정 회피수단으로 한정합헌결정을 남용할 경우 기본권 침해의 우려도 있기 때문에 합헌적 법률해석의 한계로 논의되기도 한다.

❹ [×] 합헌적 법률해석은 법률을 해석·적용하는 것이지 헌법을 입법자의 취지대로 해석하는 것이 아니다.

02
정답 ④

① [×] 헌법개정의 제안은 국회의 재적의원 3분의 1 이상 또는 국회의원선거권자 50만인 이상의 찬성으로써 한다(제5차 개헌 제119조 제1항).

② [×] 공고기간이 경과한 후가 아니라 공고된 날로부터 60일 이내에 의결하여야 한다(헌법 제130조 제1항).

③ [×] 헌법 제130조 제3항을 참조할 때 헌법은 이런 예외규정을 두고 있지 않다.

❹ [O] 헌법 제130조 제2항

03
정답 ②

① [O] 피신청인의 공천은 헌법과 정당법에 위배되며, 지구당 당원의 민주적인 절차에 관한 권리를 침해하는 것으로 효력을 인정할 수 없다(서울민사지법 2000.3.24, 2000카합489).

❷ [×] 현재 우리나라는 정당의 경우 허가제가 금지된다. 따라서 등록의 경우 형식적인 요건만을 그 요건으로 하여야 한다. 군주제를 표방하는 정당이라 할지라도 형식적인 요건을 구비한다면 등록시켜줘야 한다.

③ [O] 정당이 그 소속 국회의원을 제명하기 위해서는 당헌이 정하는 절차를 거치는 외에 그 소속 국회의원 전원의 2분의 1 이상의 찬성이 있어야 한다(정당법 제33조).

④ [O] 헌법 제8조 제1항 전단은 단지 정당설립의 자유만을 명시적으로 규정하고 있지만, 정당의 설립만이 보장될 뿐 설립된 정당이 언제든지 해산될 수 있거나 정당의 활동이 임의로 제한될 수 있다면 정당설립의 자유는 사실상 아무런 의미가 없게 되므로, 정당설립의 자유는 당연히 정당존속의 자유와 정당활동의 자유를 포함하는 것이다. 한편, 정당의 명칭은 그 정당의 정책과 정치적 신념을 나타내는 대표적인 표지에 해당하므로, 정당설립의 자유는 자신들이 원하는 명칭을 사용하여 정당을 설립하거나 정당활동을 할 자유도 포함한다고 할 것이다(헌재 2014.1.28, 2012헌마431 등).

04
정답 ①

❶ [O] 범죄자에게 형벌의 내용으로 선거권을 제한하는 경우에도 선거권 제한 여부 및 적용범위의 타당성에 관하여 보통선거원칙에 입각한 선거권 보장과 그 제한의 관점에서 헌법 제37조 제2항에 따라 엄격한 비례심사를 해야 한다(헌재 2014.1.28, 2012헌마409).

② [×] 자유선거원칙의 내용이다. 비밀선거는 공개선거에 대응하는 것으로 선거인이 누구에게 투표하였는가를 제3자가 알지 못하게 하는 선거원칙이다.

③ [×]

> 공직선거법 제15조【선거권】② 18세 이상으로서 제37조
> 제1항에 따른 선거인명부작성기준일 현재 다음 각 호의
> 어느 하나에 해당하는 사람은 그 구역에서 선거하는 지방
> 자치단체의 의회의원 및 장의 선거권이 있다.
> 　　3. 「출입국관리법」 제10조에 따른 영주의 체류자격 취득
> 　　　 일 후 3년이 경과한 외국인으로서 같은 법 제34조에
> 　　　 따라 해당 지방자치단체의 외국인등록대장에 올라 있
> 　　　 는 사람

▶ 피선거권이 아닌 선거권이 있다.

④ [×] 최근 판례는 평균인구수를 기준으로 상하 33% 편차, 즉 인구
비례 2:1을 넘게 되면 위헌이라고 보았다(헌재 2014.10.30,
2012헌마192).

05　　　　　　　　　　　　　　　　　　정답 ①

❶ [×] 지방자치단체가 스스로의 책임하에 수행하는 자치사무에 대
해서까지 국가감독이 중복되어 광범위하게 이루어지는 것은
지방자치의 본질을 훼손할 가능성마저 있으므로 지방자치권
의 본질적 내용을 침해할 수 없다는 견지에서 중앙행정기관
의 지방자치단체의 자치사무에 대한 이 사건 관련규정의 감
사권은 사전적·일반적인 포괄감사권이 아니라 그 대상과 범
위가 한정적인 제한된 감사권이라 해석함이 마땅하다(헌재
2009.5.28, 2006헌라6).

② [○] 대한민국국회가 지방선거의 선거비용을 지방자치단체가 부담
하도록 공직선거법을 개정한 것은 지방자치단체의 자치권한
을 침해한 것이라고 볼 수 없다(헌재 2008.6.26, 2005헌라7).

③ [○] 조례안의 일부조항이 법령에 위반되어 위법한 경우 그 조례
안에 대한 지방의회의 재의결 전부의 효력이 부인된다(대판
2001.11.27, 2001추57).

④ [○] 계속 재임을 3기로 제한함에 있어 폐지되는 지방자치단체장
으로 재임한 것까지 포함시킬지 여부는 입법재량에 달려 있
다(헌재 2010.6.24, 2010헌마167).

06　　　　　　　　　　　　　　　　　　정답 ②

① [○] 어업인과 비어업인을 합리적인 이유 없이 달리 취급하고 있
다고 주장하나, 어업인이 잠수용 스쿠버장비를 사용하여 수산
자원을 포획·채취하는 행위 역시 수산업법에 따라 처벌되므
로 어업인과 비어업인 사이에 어떠한 차별취급이 존재한다고
볼 수 없다(헌재 2016.10.27, 2013헌마450).

❷ [×] 사안과 가장 밀접한 관계에 있고 또 침해의 정도가 큰 주된
기본권을 중심으로 해서 그 제한의 한계를 따져 보아야 할 것
이다. 이 사건에서는 제청신청인과 제청법원이 언론·출판의
자유의 침해를 주장하고 있고, 입법의 일차적 의도도 출판내
용을 규율하고자 하는 데 있으며, 규제수단도 언론·출판의
자유를 더 제약하는 것으로 보이므로 언론·출판의 자유를
중심으로 해서 이 사건 법률조항이 그 헌법적 한계를 지키고
있는지를 판단하기로 한다(헌재 1998.4.30, 95헌가16).

③ [○] 사법인적 성격을 지니는 농협·축협의 조합장 선거에서 조합
장을 선출하거나 선거운동을 하는 것은 헌법에 의하여 보호되

는 선거권의 범위에 포함되지 않는다(헌재 2016.11.24, 2015헌
바62).

④ [○] 출·퇴근 과정에서 재해를 업무상 재해에서 제외하는 것은
평등권을 침해하는 것으로 공정한 재판을 받을 권리를 제한
하는 것은 아니다(헌재 2016.9.29, 2014헌바254).

07　　　　　　　　　　　　　　　　　　정답 ②

① [○] 국가유공자 본인의 경우는 별론으로 하고, 그 가족의 경우는
위에서 본 바와 같이 헌법 제32조 제6항이 가산점제도의 근거
라고 볼 수 없으므로 그러한 완화된 심사는 부적절한 것이다[헌
재 2006.2.23, 2004헌마675·981·1022(병합) 전원재판부].

❷ [×] 사립학교 관계자와 언론인 못지않게 공공성이 큰 민간분야
종사자에 대해서 청탁금지법이 적용되지 않는다는 이유만으
로 부정청탁금지조항과 금품수수금지조항 및 신고조항과 제
재조항이 청구인들의 평등권을 침해한다고 볼 수 없다(헌재
2016.7.28, 2015헌마236 등).

③ [○] 교사의 신규채용에 있어서는 국·공립의 교원양성기관 졸업
자를 우선적으로 채용하도록 한 법률은 헌법의 평등조항에
어긋난다고 할 수 있다(헌재 1990.10.8, 89헌마89).

④ [○] 공중보건의사는 장교의 지위에 있는 군의관과 입법 연혁, 선
발과정, 보수, 수행 업무의 내용 등 여러 가지 면에서 동일하
거나 유사한 측면이 있다는 점을 고려하면, 군사교육소집기간
의 복무기간 산입 여부와 같은 정책적인 사항에 대하여 전문
연구요원과 달리 규정한다고 해서 이를 부당한 차별취급이라
고 단정하기는 어렵다. 따라서 심판대상조항이 전문연구요원
과 달리 공중보건의사의 군사교육소집기간을 복무기간에 산
입하지 않은 데에는 합리적 이유가 있으므로, 청구인들의 평
등권을 침해하지 않는다(헌재 2020.9.24, 2019헌마472 등).

08　　　　　　　　　　　　　　　　　　정답 ③

[관련판례] 낙태죄(헌재 2019.4.11, 2017헌바127)

사안은 최신 판례인 낙태죄에 관한 헌법재판소 판시내용이다. 나머지
는 모두 판례의 내용이나, ③의 경우 틀린 지문이다. 판례는 사안에서
과거와 같이 일률적으로 태아의 생명권을 자기결정권보다 우월하게 보
는 것이 아니라, 양자를 조화롭게 해결해볼 수 있는 방법을 모색하고
있다. 그 기준이 22주라고 할 수 있다.

❸ [×] 임신한 여성과 태아의 특별한 관계를 고려할 때 추상적인 형
량에 의하여 양자택일 방식으로 선택된 어느 하나의 법익을
위해 다른 법익을 희생할 것이 아니라, 실제적 조화의 원칙에
따라 양 기본권의 실현을 최적화할 수 있는 해법을 모색하고
마련할 것을 국가에게 요청하고 있다.

④ [○] 자기낙태죄 조항은 모자보건법이 정한 예외를 제외하고는 임
신기간 전체를 통틀어 모든 낙태를 전면적·일률적으로 금지
하고, 이를 위반할 경우 형벌을 부과함으로써 임신의 유지출
산을 강제하고 있으므로, 임신한 여성의 자기결정권을 제한한
다. 자기낙태죄 조항은 태아의 생명을 보호하기 위한 것으로
서, 정당한 입법목적을 달성하기 위한 적합한 수단이다(헌재
2019.4.11, 2017헌바127).

▶ 수단은 적합하나 침해의 최소성과 법익의 균형성에 반한다.

① [O] 가족관계등록법상의 각종 증명서 발급에 있어 형제자매에게 정보주체인 본인과 거의 같은 지위를 부여한다. 즉, 형제자매는 본인과 관련된 모든 증명서를 발급받을 수 있고, 기록사항 전부가 현출된 증명서를 발급받을 수 있다. 이는 증명서 교부청구권자의 범위를 필요한 최소한도로 한정한 것이라고 볼 수 없다(이복형제의 경우에도 가능함)(헌재 2016.6.30, 2015헌마924).

❷ [×] 수사기관은 이미 소재를 파악한 상태였거나 다른 수단으로 충분히 파악할 수 있었으므로 민감정보인 요양급여정보가 수사기관에 제공되어 중대한 불이익을 받게 되었다. 따라서 이는 개인정보자기결정권을 침해하였다(헌재 2018.8.30, 2014헌마368).

③ [O] 가축전염병의 발생 예방 및 확산 방지를 위해 축산관계시설 출입차량에 차량무선인식장치를 설치하여 이동경로를 파악할 수 있도록 한 구 가축전염병예방법 조항은 축산관계시설에 출입하는 청구인들의 개인정보자기결정권을 침해하지 않는다(헌재 2015.4.30, 2013헌마81).

④ [O] 이 사건 구법 조항이 법원에서 불처분결정된 소년부송치 사건에 대한 수사경력자료의 삭제 및 보존기간에 대하여 규정하지 아니하여 수사경력자료에 기록된 개인정보가 당사자의 사망시까지 보존되면서 이용되는 것은 당사자의 개인정보자기결정권에 대한 제한에 해당하는바, 이 사건 구법 조항이 과잉금지원칙을 위반하여 개인정보자기결정권을 침해하는지 여부가 문제된다(헌재 2021.6.24, 2018헌가2).

❶ [×] 우리 사회에서 정당한 노동인력으로서의 지위를 부여받은 상황임을 전제로 하는 이상, 이 사건 청구인인 외국인에게 직장선택의 자유에 대한 기본권 주체성을 인정할 수 있다 할 것이다(헌재 2011.9.29, 2009헌마351).

② [O] 운전면허를 받은 사람이 자동차 등을 이용하여 살인 또는 강간 등의 범죄행위를 한 때 필요적으로 운전면허를 취소하도록 규정한 도로교통법은 직업의 자유를 침해한 것이다(헌재 2015.5.28, 2013헌가6).

③ [O] 의료는 단순한 상거래의 대상이 아니라 사람의 생명과 건강을 다루는 특별한 것으로서, 국민보건에 미치는 영향이 크다. 그 외에 우리나라의 취약한 공공의료의 실태, 의료인이 여러 개의 의료기관을 운영할 때 의료계 및 국민건강보험 재정 등 국민보건 전반에 미치는 영향, 국가가 국민의 건강을 보호하고 적정한 의료급여를 보장해야 하는 사회국가적 의무 등을 종합하여 볼 때, 의료의 질을 관리하고 건전한 의료질서를 확립하기 위하여 1인의 의료인에 대하여 운영할 수 있는 의료기관의 수를 제한하고 있는 입법자의 판단이 입법재량을 명백히 일탈하였다고 보기는 어렵다(헌재 2019.8.29, 2014헌바212 등).

④ [O] 직업의 자유에 '해당 직업에 합당한 보수를 받을 권리'까지 포함되어 있다고 보기 어려우므로 이 사건 법령조항이 청구인이 원하는 수준보다 적은 봉급월액을 규정하고 있다고 하여 이로 인해 청구인의 직업선택이나 직업수행의 자유가 침해되었다고 할 수 없다(헌재 2008.12.26, 2007헌마444).

① [O] 같은 법 제20조 또는 제21조 제1항에 따라 처벌되지 아니하는 행위 및 과실에 의한 행위는 제외한다(범죄피해자 보호법 제3조 제1항 제4호).

② [O]
> **범죄피해자 보호법 제19조【구조금을 지급하지 아니할 수 있는 경우】** ① 범죄행위 당시 구조피해자와 가해자 사이에 다음 각 호의 어느 하나에 해당하는 친족관계가 있는 경우에는 구조금을 지급하지 아니한다.
> 1. 부부(사실상의 혼인관계를 포함한다)

③ [O]
> **범죄피해자 보호법 제19조【구조금을 지급하지 아니할 수 있는 경우】** ④ 구조피해자가 다음 각 호의 어느 하나에 해당하는 행위를 한 때에는 구조금의 일부를 지급하지 아니한다.
> 1. 폭행·협박 또는 모욕 등 해당 범죄행위를 유발하는 행위

❹ [×] 구조피해자 또는 그 유족과 가해자 사이의 관계, 그 밖의 사정을 고려하여 구조금의 전부 또는 일부를 지급하는 것이 사회통념에 위배된다고 인정될 때에는 구조금의 전부 또는 일부를 지급하지 아니할 수 있다(범죄피해자 보호법 제19조 제6항).
▶ '아니한다'가 아니라 '아니할 수 있다'가 적절하다.

① [O] 장해급여제도는 본질적으로 소득재분배를 위한 제도가 아니고, 손해배상 내지 손실보상적 급부인 점에 그 본질이 있는 것으로, 산업재해보상보험이 갖는 두 가지 성격 중 사회보장적 급부로서의 성격은 상대적으로 약하고 재산권적인 보호의 필요성은 보다 강하다고 볼 수 있어 다른 사회보험수급권에 비하여 보다 엄격한 보호가 필요하다(헌재 2009.5.28, 2005헌바20 등).

② [O] 군인연금법상 퇴역연금수급권은 사회보장수급권과 재산권이라는 두 가지 성격이 불가분적으로 혼화되어, 전체적으로 재산권의 보호 대상이 되면서도 순수한 재산권만이 아닌 특성을 지니므로, 비록 퇴역연금수급권이 재산권으로서의 성격을 일부 지닌다고 하더라도 사회보장법리에 강하게 영향을 받을 수밖에 없다(헌재 2015.7.30, 2014헌바371).

③ [O] 공무원연금제도와 산재보험제도는 사회보장 형태로서 사회보험이라는 점에 공통점이 있을 뿐, 보험가입자, 보험관계의 성립 및 소멸, 재정조성 주체 등에서 큰 차이가 있어, 공무원연금법상의 유족급여수급권자와 산재보험법상의 유족급여수급권자가 본질적으로 동일한 비교집단이라고 보기 어렵다(헌재 2014.5.29, 2012헌마555).

❹ [×] 헌법 제25조의 공무담임권이 공무원의 재임기간 동안 충실한 공무수행을 담보하기 위하여 공무원의 퇴직급여 및 공무상 재해보상을 보장할 것까지 그 보호영역으로 하고 있다고 보기 어렵고, 공무원연금법이 선출직 지방자치단체의 장을 위한 별도의 퇴직급여제도를 마련하지 않은 것은 인간다운 생활을 할 권리를 침해하지 아니한다(헌재 2014.6.26, 2012헌마459).

　　　　　　　　　　　　　　　　　정답 ③

① [O] '운전자가 출근 또는 퇴근을 주된 목적으로 삼아 주거지와 근무지 사이를 통상적인 경로를 통해 이동하면서, 출퇴근 경로가 일부 또는 전부 일치하는 사람을 승용차에 동승시키고 금전적 대가를 받는 행위'에 한하여 자가용자동차의 유상운송 제공을 허용한다고 해석된다(헌재 2021.4.29, 2018헌바100). 즉, 명확성의 원칙에 반하지 않는다.

② [O] 비약적으로 증가되는 의료인 수를 고려할 때, 이 사건 조항에 의한 의료광고의 금지는 새로운 의료인들에게 자신의 기능이나 기술 혹은 진단 및 치료방법에 관한 광고와 선전을 할 기회를 배제함으로써, 기존의 의료인과의 경쟁에서 불리한 결과를 초래할 수 있는데, 이는 자유롭고 공정한 경쟁을 추구하는 헌법상의 시장경제질서에 부합되지 않는다(헌재 2005.10.27, 2003헌가3).

❸ [X] 납세의무자의 경제적 불이익이 소득의 재분배 촉진 및 일감 몰아주기 억제라는 공익에 비하여 크다고 할 수 없고, 구 상증세법 제45조의3 제1항은 재산권을 침해하지 아니한다(헌재 2018.6.28, 2016헌바347 등).

④ [O] 헌법 제124조는 "국가는 건전한 소비행위를 계도하고 생산품의 품질향상을 촉구하기 위한 소비자보호운동을 법률이 정하는 바에 의하여 보장한다."고 규정하고 있는바, 헌법이 보장하는 소비자보호운동이란 '공정한 가격으로 양질의 상품 또는 용역을 적절한 유통구조를 통해 적절한 시기에 안전하게 구입하거나 사용할 소비자의 제반 권익을 증진할 목적으로 이루어지는 구체적 활동'을 의미한다(헌재 2011.12.29, 2010헌바54).

　　　　　　　　　　　　　　　　　정답 ②

① [O] 과거 지구당의 고비용 저효율의 정당구조를 개선하기 위해 사무소를 설치할 수 없도록 하는 것이므로 이는 정당활동의 자유를 침해하지 아니한다(헌재 2016.3.31, 2013헌가22).

❷ [X] 비례원칙 준수 여부는 그것이 통상적으로 기능하는 위헌심사의 척도가 아니라 헌법재판소의 정당해산결정이 충족해야 할 일종의 헌법적 요건 혹은 헌법적 정당화 사유에 해당한다(헌재 2014.12.19, 2013헌다1).

③ [O] 대한민국 국민이 아닌 자는 당원이 될 수 없다(정당법 제22조 제2항).

④ [O] 창당준비위원회는 중앙당의 경우에는 200명 이상의, 시·도당의 경우에는 100명 이상의 발기인으로 구성한다(정당법 제6조).

　　　　　　　　　　　　　　　　　정답 ④

① [X] 민사재판의 경우는 합헌이지만, 형사재판의 경우에는 위헌이다(헌재 2011.2.24, 2009헌마209).

② [X] 촬영허용행위는 언론 보도를 보다 실감나게 하기 위한 목적 외에 어떠한 공익도 인정할 수 없는 반면, 청구인은 피의자로서 얼굴이 공개되어 초상권을 비롯한 인격권에 대한 중대한 제한을 받았고, 촬영한 것이 언론에 보도될 경우 범인으로서의 낙인 효과와 그 파급효는 매우 가혹하여 법익균형성도 인

정되지 아니하므로, 촬영허용행위는 과잉금지원칙에 위반되어 청구인의 인격권을 침해하였다(헌재 2014.3.27, 2012헌마652).

③ [X] 배아 수의 지나친 증가와 그로 인한 사회적비용의 증가 및 부적절한 연구목적의 이용가능성을 방지하여야 할 공익적 필요성의 정도가 배아생성자의 자기결정권이 제한됨으로 인한 불이익의 정도에 비해 작다고 볼 수 없는 점 등을 고려하면, 이 사건 심판대상조항이 피해의 최소성에 반하거나 법익의 균형성을 잃었다고 보기 어렵다(헌재 2010.5.27, 2005헌마346).

❹ [O] '연명치료 중단에 관한 자기결정권'을 보장하는 방법으로서 '법원의 재판을 통한 규범의 제시'와 '입법' 중 어느 것이 바람직한가는 입법정책의 문제로서 국회의 재량에 속한다 할 것이다. 그렇다면 헌법해석상 '연명치료 중단 등에 관한 법률'을 제정할 국가의 입법의무가 명백하다고 볼 수 없다(헌재 2009.11.26, 2008헌마385).

　　　　　　　　　　　　　　　　　정답 ②

① [O] 공직선거법 제56조 제1항 제1호(대통령선거는 3억원)

❷ [X] 제1항에 따라 예비후보자등록을 신청하는 사람은 다음 각 호의 서류를 제출하여야 하며, 제56조 제1항 각 호에 따른 해당 선거 기탁금의 100분의 20에 해당하는 금액을 중앙선거관리위원회규칙으로 정하는 바에 따라 관할선거구선거관리위원회에 기탁금으로 납부하여야 한다(공직선거법 제60조의2 제2항). 따라서 3억원의 5분의 1인 6천만원을 기탁해야 하는 것이 최근 신설되었다. 기존에는 예비후보자는 기탁금을 내지 않아도 되었다.

③ [O] 공직선거법 제58조의2

④ [O] 최근 개정법에 따르면 외국인의 경우도 지방선거는 선거운동을 할 수 있다(공직선거법 제60조 제1항 제1호 단서).

　　　　　　　　　　　　　　　　　정답 ③

㉠㉣ [O] 헌재 1998.5.28, 96헌가5

㉡ [X] 여기서 헌법재판소는 결사의 자유가 아니라 행복추구권에 대해서 본안판단을 하였다. 결사의 자유에 대한 제한은 법 제3조가 가져오는 간접적이고 부수적인 효과일 뿐이다. 법 제3조가 규율하려고 하는 국민의 생활영역은 기부금품의 모집행위이므로, 모집행위를 보호하는 기본권인 행복추구권이 우선적으로 적용된다. 청구인은 법 제3조가 재산권행사의 자유를 침해한다고 주장하나, 법 제3조는 기부금품의 모집을 하고자 하는 자의 재산권행사와는 전혀 무관할 뿐 아니라, 기부를 하고자 하는 자의 재산권보장이란 관점에서 보더라도 기부를 하고자 하는 자에게는 기부금품의 모집행위와 관계없이 자신의 재산을 기부행위를 통하여 자유로이 처분할 수 있는 가능성은 법 제3조에 의한 제한에도 불구하고 변함없이 남아 있으므로, 법 제3조가 기부를 하고자 하는 자의 재산권행사를 제한하지 아니한다.

㉢ [X] 여부가 아니라 방법을 먼저 규제해야 한다.

18
정답 ①

❶ [×] 보안관찰법 제6조 제1항 전문 후단이 보안관찰처분대상자에게 출소 후 신고의무를 법 집행기관의 구체적 처분(예컨대 신고의무부과처분)이 아닌 법률로 직접 부과하고 있기는 하나 위 조항은 보안관찰처분대상자 중에서 일부 특정 대상자에게만 적용되는 것이 아니라 위 대상자 모두에게 적용되는 일반적이고 추상적인 법률규정이므로 법률이 직접 출소 후 신고의무를 부과하고 있다고 하더라도 처분적 법률 내지 개인적 법률에 해당된다고 볼 수 없으므로 권력분립원칙에 위반되지 아니한다(헌재 2003.6.26, 2001헌가17).

② [O] 방송통신위원회의 정보통신망 이용촉진 및 정보보호등에 관한 법률상 불법정보에 대한 취급거부·정지·제한명령은 행정처분으로서 행정소송을 통한 사법적사후심사가 보장되어 있고, 그 자체가 법원의 재판이나 고유한 사법작용이 아니므로 사법권을 법원에 둔 권력분립원칙에 위반되지 않는다(헌재 2014.9.25, 2012헌바325).

③ [O] 특정 사안에 있어 법관으로 하여금 증거조사에 의한 사실판단도 하지말고, 최초의 공판기일에 공소사실과 검사의 의견만을 듣고 결심하여 형을 선고하라는 것은 입법에 의해서 사법의 본질적인 중요부분을 대체시켜 버리는 것에 다름 아니어서 우리 헌법상의 권력분립원칙에 어긋나는 것이다. 우리 헌법은 권력 상호간의 견제와 균형을 위하여 명시적으로 규정한 예외를 제외하고는 입법부에게 사법작용을 수행할 권한을 부여하지 않고 있다. 그런데도 입법자가 법원으로 하여금 증거조사도 하지 말고 형을 선고하도록 하는 법률을 제정한 것은 헌법이 정한 입법권의 한계를 유월하여 사법작용의 영역을 침범한 것이라고 할 것이다(헌재 1996.1.25, 95헌가5).

④ [O] 헌법상 권력분립의 원칙이란 국가권력의 기계적 분립과 엄격한 절연을 의미하는 것이 아니라, 권력 상호 간의 견제와 균형을 통한 국가권력의 통제를 의미하는 것이다. 따라서 특정한 국가기관을 구성함에 있어 입법부, 행정부, 사법부가 그 권한을 나누어 가지거나 기능적인 분담을 하는 것은 권력분립의 원칙에 반하는 것이 아니라 권력분립의 원칙을 실현하는 것으로 볼 수 있다(헌재 2008.1.10, 2007헌마1468).

19
정답 ①

❶ [×] 이는 대법원의 견해이며, 헌법재판소는 이렇게 하면 관세근거를 새로이 창설하는 결과에 이르는 입법행위일 뿐만 아니라 헌법상의 조세법률주의의 원칙에도 위배되는 것이라 보지 않을 수 없다고 판시하였다(헌재 2012.5.31, 2009헌바123).

② [O] '국민의 신체와 생명에 대한 보호를 강화'하는 것이 현행 헌법의 주요 개정이유임을 고려하면, 현행 헌법이 종래의 "구금"을 "구속"으로 바꾼 것은 헌법 제12조에 규정된 신체의 자유의 보장 범위를 구금된 사람뿐 아니라 구인된 사람에게까지 넓히기 위한 것으로 해석하는 것이 타당하다(헌재 2018.5.31, 2014헌마346).

③ [O] 합헌적 법률해석의 이론적 근거로는 법질서 통일성의 유지, 권력분립과 민주적 입법기능의 존중, 법적 안정성의 유지가 이야기될 수 있으나, 그 한계로도 어의적 한계, 입법목적적 한계, 헌법허용적 한계가 존재한다.

④ [O] 즉, 합헌적 법률해석으로 입법자의 의도 자체를 바꾸는 것이 되기 때문이다. 만약 위헌이라 한다면 입법자는 다시 입법을 하게 되지만 해석을 통해 새로운 목적을 가지게 하면 헌법재판소가 입법을 하는 셈이 되기 때문이다.

20
정답 ④

① [×] 자유시장 경제질서를 기본으로 하면서도 사회국가원리를 수용하고 있는 우리 헌법의 이념에 비추어, 일반 불법행위책임에 관하여는 과실책임의 원리를 기본원칙으로 하면서 이 사건 법률조항과 같은 특수한 불법행위책임에 관하여 위험책임의 원리를 수용하는 것은 입법정책에 관한 사항으로서 입법자의 재량에 속한다고 할 것이므로, 이 사건 법률조항이 위험책임의 원리에 기하여 무과실책임을 지운 것만으로 자유시장 경제질서에 위반된다고 할 수 없다(헌재 1998.5.28, 96헌가4).

② [×] 토지거래허가제 그 자체는 헌법에 합치되는 제도이며, 무허가 토지거래계약의 사법적 효력을 부인함으로써 침해되는 그 당사자의 사적 이익과 투기적 토지거래를 방지함으로써 지가상승을 억제하여 국민의 경제생활을 안정시키려는 공익을 비교교량해 보면 침해되는 사적 이익보다 이 제도를 통하여 달성할 수 있는 공익이 훨씬 크다고 할 수 있고, 또 달리 최소침해의 요구를 충족할 수 있는 적절한 방법이 있다고도 볼 수 없으므로 헌법에 위반되지 않는다(헌재 1989.12.22, 88헌가13 ; 헌재 1997.6.26, 92헌바5).

③ [×] 퇴직금을 퇴직일로부터 14일 이내에 지급하도록 한 것과 임금을 매월 1회 이상 정기적으로 지급하도록 한 것은 필요한 범위를 넘어 사용자의 계약의 자유 및 기업활동의 자유를 침해하지 아니한다(헌재 2005.9.29, 2002헌바11).

❹ [O] 이 사건 법률조항은 사기적·투기적·사행적 금융거래를 규제함으로써 선량한 거래자를 보호하고 건전한 금융질서를 확립하려는 데에 그 입법취지가 있다고 할 수 있다. 경제주체 간의 부조화를 방지하고 금융시장의 공정성을 확보하기 위하여 마련된 이 사건 법률조항은 그 정당성이 헌법 제119조 제2항에 의하여 뒷받침될 수 있으며, 따라서 우리 헌법의 경제질서에 반하는 것이라 할 수 없다(헌재 2003.2.27, 2002헌바4).

정답

p.26

01	④	02	②	03	②	04	②	05	④
06	②	07	②	08	③	09	①	10	①
11	④	12	④	13	④	14	④	15	②
16	①	17	①	18	④	19	③	20	②

01   정답 ④

① [O] 국가 간의 단순한 행정협조적 또는 기술적 사항(행정협정, 문화교류협정 등)에 관한 내용으로 조약을 체결·비준하는 경우에는 국회의 동의를 요하지 아니한다.

② [O] 국회의원의 심의·표결권은 국회의 대내적인 관계에서 행사되고 침해될 수 있을 뿐 다른 국가기관과의 대외적인 관계에서는 침해될 수 없는 것이므로, 대통령 등 국회 이외의 국가기관과 사이에서는 권한침해의 직접적인 법적 효과를 발생시키지 아니한다. 따라서 피청구인 대통령이 국회의 동의 없이 조약을 체결·비준하였다 하더라도 국회의 체결·비준 동의권이 침해될 수는 있어도 국회의원인 청구인들의 심의·표결권이 침해될 가능성은 없다(헌재 2007.7.26, 2005헌라8).

③ [O] 헌법 제73조, 제89조 제3호

❹ [×] 외교관계에 관한 비엔나협약 규정의 적용을 받는 외국대사관과 어떠한 법률행위를 할 것인지의 여부는 전적으로 국민의 자유의사에 맡겨져 있다고 할 것이므로 협약규정의 적용에 의하여 어떠한 손해가 발생하였다고 하여 그것이 국가의 공권력 행사로 말미암은 것이라고 볼 수 없다.

02   정답 ②

① [O] 태어난 즉시 '출생등록될 권리'는 '출생 후 아동이 보호를 받을 수 있을 최대한 빠른 시점'에 아동의 출생과 관련된 기본적인 정보를 국가가 관리할 수 있도록 등록할 권리로서, 아동이 사람으로서 인격을 자유로이 발현하고, 부모와 가족 등의 보호하에 건강한 성장과 발달을 할 수 있도록 최소한의 보호장치를 마련하도록 요구할 수 있는 권리이다. 이는 헌법에 명시되지 아니한 독자적 기본권으로서, 자유로운 인격실현을 보장하는 자유권적 성격과 아동의 건강한 성장과 발달을 보장하는 사회적 기본권의 성격을 함께 지닌다(헌재 2023.3.23, 2021헌마975).

❷ [×] 심판대상조항들이 혼인 중인 여자와 남편 아닌 남자 사이에서 출생한 자녀의 경우에 혼인 외 출생자의 신고의무를 모에게만 부과하고, 남편 아닌 남자인 생부에게 자신의 혼인 외

자녀에 대해서 출생신고를 할 수 있도록 규정하지 아니한 것은 모는 출산으로 인하여 그 출생자와 혈연관계가 형성되는 반면에, 생부는 그 출생자와의 혈연관계에 대한 확인이 필요할 수도 있고, 그 출생자의 출생사실을 모를 수도 있다는 점에 있으며, 이에 따라 가족관계등록법은 모를 중심으로 출생신고를 규정하고, 모가 혼인 중일 경우에 그 출생자는 모의 남편의 자녀로 추정하도록 한 민법의 체계에 따르도록 규정하고 있는 점에 비추어 합리적인 이유가 있다. 그렇다면, 심판대상조항들은 생부인 청구인들의 평등권을 침해하지 않는다(헌재 2023.3.23, 2021헌마975).

③ [O] 혼인 중인 여자와 남편이 아닌 남자 사이에서 출생한 자녀의 경우, 혼인 중인 여자와 그 남편이 출생신고의 의무자에 해당하나, 해당 자녀의 모가 남편과의 관계에서 발생하는 여러 사정을 고려하여 출생신고를 하지 아니하는 경우가 발생하고 있고, 그 남편이 해당 자녀의 출생의 경위를 알고도 출생신고를 하는 것은 사실상 기대하기 어렵다(헌재 2023.3.23, 2021헌마975).

▶ 즉, 이는 출생등록될 권리를 침해한다.

④ [O] 태어난 즉시 '출생등록될 권리'는 입법자가 출생등록제도를 통하여 형성하고 구체화하여야 할 권리이다. 그러나 태어난 즉시 '출생등록될 권리'의 실현은 일반적인 사회적 기본권과 달리 국가 자원 배분의 문제와는 직접적인 관련이 없고, 이를 제한하여야 할 다른 공익을 상정하기 어려우며, 출생등록이 개인의 인격 발현에 미치는 중요한 의미를 고려할 때, 입법자는 출생등록제도를 형성함에 있어 단지 출생등록의 이론적 가능성을 허용하는 것에 그쳐서는 아니되며, 실효적으로 출생등록될 권리가 보장되도록 하여야 한다(헌재 2023.3.23, 2021헌마975).

03   정답 ②

① [O] 공제회는 이처럼 공법인적 성격과 사법인적 성격을 겸유하고 있는데, 공제회가 일부 공법인적 성격을 갖고 있다고 하더라도 공무를 수행하거나 고권적 행위를 하는 경우가 아닌 사경제주체로서 활동하는 경우나 조직법상 국가로부터 독립한 고

유 업무를 수행하는 경우, 그리고 다른 공권력 주체와의 관계에서 지배복종관계가 성립되어 일반 사인처럼 그 지배하에 있는 경우 등에는 기본권 주체가 될 수 있다(헌재 2013.9.26, 2012헌마271).

❷ [×] 청구인이 국회법 제48조 제3항 본문에 의하여 침해 당하였다고 주장하는 기본권은 청구인이 국회 상임위원회에 소속하여 활동할 권리, 청구인이 무소속 국회의원으로서 교섭단체소속 국회의원과 동등하게 대우받을 권리라는 것으로서 이는 입법권을 행사하는 국가기관인 국회를 구성하는 국회의원의 지위에서 향유할 수 있는 권한일 수는 있을지언정 헌법이 일반국민에게 보장하고 있는 기본권이라고 할 수는 없다(헌재 2000.8.31, 2000헌마156).

③ [O] 축협중앙회는 공법인성과 사법인성을 겸유한 특수한 법인으로서 이 사건에서 기본권의 주체가 될 수 있다고 할 것이지만, 위와 같이 두드러진 공법인적 특성이 축협중앙회가 가지는 기본권의 제약요소로 작용하는 것만은 이를 피할 수 없다고 할 것이다(헌재 2000.6.1, 99헌마553).

④ [O] 대통령은 국가기관으로서의 지위와 사인(私人)으로서의 지위를 모두 가진다. 따라서 사인으로서 소속정당을 위하여 정당활동을 할 수 있는 범위 내에서는 제한적으로 기본권의 주체가 될 수 있다는 것이 헌법재판소의 입장이다(헌재 2008.1.17, 2007헌마700).

04 　　　　　　　　　　　　　　　정답 ②

① [×] 인간의 존엄성 규정이 1962년에 헌법에 규정되었으며, 행복추구권은 1980년에 헌법에 규정되었다. 그 내용에 대해서는 여전히 논란이 많다.

❷ [O] 세월호피해지원법은 배상금 등의 지급 이후 효과나 의무에 관한 일반규정을 두거나 이에 관하여 범위를 정하여 하위 법규에 위임한 바가 없다. 이의제기금지조항은 기본권 제한의 법률유보원칙에 위반하여 법률의 근거 없이 대통령령으로 청구인들에게 세월호 참사와 관련된 일체의 이의제기금지의무를 부담시킴으로써 일반적 행동의 자유를 침해한 것이다(헌재 2017.6.29, 2015헌마654).

③ [×] 헌법재판소는 사죄광고나 사과문 게재를 명하는 조항에 대하여 양심의 자유와 인격권 침해를 인정하여 왔으나, 이 사건에서는 가해학생의 선도와 피해학생의 피해회복 및 정상적인 교육관계회복을 위한 특별한 교육적 조치로 보아 피해학생에 대한 서면사과 조치가 가해학생의 양심의 자유와 인격권을 침해하지 않는다고 판단하였다(헌재 2023.2.23, 2019헌바93 등).

④ [×] 헌법 제10조의 행복추구권은 국민이 행복을 추구하기 위하여 급부를 국가에게 적극적으로 요구할 수 있는 것이 아니라 국민이 행복을 추구하기 위한 활동을 국가권력의 간섭 없이 자유롭게 할 수 있다는 포괄적 의미의 자유권으로서의 성격을 가진다.

---

① [O] 헌재 2005.12.22, 2004헌바25, 판례집 17-2, 695, 704-704

② [O] 호흡측정행위는 진술이 아니므로 호흡측정에 응하도록 요구하고 이를 거부할 경우 처벌한다고 하여도 '진술강요'에 해당한다고 할 수는 없다 할 것이다(헌재 1997.3.27, 96헌가11).

③ [O] 청구인들이 자진신고의무를 부담하는 것은, 수사 및 재판 단계에서 의도적으로 신분을 밝히지 않은 행위에서 비롯된 것으로서 이미 예상가능한 불이익인 반면, 인사상 불균형을 방지함으로써 군 조직의 내부 기강 및 질서를 유지하고자 하는 공익은 매우 중대하다(헌재 2021.8.31, 2020헌마12). 따라서 진술거부권을 침해하지 않는다.

❹ [×] 회계장부 · 명세서 · 영수증을 보존하는 행위는 앞에서 본 진술거부권의 보호대상이 되는 '진술', 즉 언어적 표출의 등가물로 볼 수 없다고 할 것이므로, 더 나아가 살필 필요 없이 이 조항은 헌법 제12조 제2항의 진술거부권을 침해하지 않는다(헌재 2005.12.22, 2004헌바25). 따라서 단순 서류제출은 진술로 볼 수 없다.

06 　　　　　　　　　　　　　　　정답 ②

① [×] 인터넷 사용자가 전기통신역무를 이용한 사실에 관한 인터넷 로그 기록 자료는 통신사실 확인 자료에 포함된다.

❷ [O] 온라인 서비스 제공자인 인터넷상의 홈페이지 운영자가 자신이 관리하는 전자게시판에 타인의 명예를 훼손하는 내용이 게재된 것을 방치하였을 때 명예훼손으로 인한 손해배상책임을 지게 되기 위하여는 그 운영자에게 그 게시물을 삭제할 의무가 있음에도 정당한 사유 없이 이를 이행하지 아니한 경우여야 하고, 그의 삭제의무가 있는지는 게시의 목적, 내용, 게시기간과 방법, 그로 인한 피해의 정도, 게시자와 피해자의 관계, 반론 또는 삭제 요구의 유무 등 게시에 관련한 쌍방의 대응태도, 당해 사이트의 성격 및 규모 · 영리 목적의 유무, 개방정도, 운영자가 게시물의 내용을 알았거나 알 수 있었던 시점, 삭제의 기술적 · 경제적 난이도 등을 종합하여 판단하여야 할 것으로서, 특별한 사정이 없다면 단지 홈페이지 운영자가 제공하는 게시판에 다른 사람에 의하여 제3자의 명예를 훼손하는 글이 게시되고 그 운영자가 이를 알았거나 알 수 있었다는 사정만으로 항상 운영자가 그 글을 즉시 삭제할 의무를 지게 된다고 할 수는 없다(대판 2003.6.27, 2002다72194).

③ [×] 이는 미국의 입장이며 우리나라의 경우에는 피해자가 아닌 언론사가 입증책임을 진다고 보고 있다(대판 1998.5.8, 97다34563).

④ [×] 전기통신사업법 제53조는 '공공의 안녕질서 또는 미풍양속을 해하는'이라는 불온통신 개념을 전제로 하여 규제를 가하는 것으로서 불온통신 개념의 모호성, 추상성, 포괄성으로 말미암아 필연적으로 규제되지 않아야 할 표현까지 다 함께 규제하게 되어 과잉금지원칙에 어긋난다(헌재 2002.6.27, 99헌마480).

① [O] 예술의 자유는 1919년 바이마르헌법에 규정이 있었고, 우리나라는 1962년 제5차 개정헌법에서 그 모습을 확인할 수 있다.

❷ [×] 상업광고의 경우 표현의 자유에서 보호를 해줄 수는 있으나 이는 자기목적성을 요구하는 예술의 자유의 보호대상은 아니다. 물품판매가 목적이기 때문이다.

③ [O] 예술의 자유는 전문가인 예술가에게만 한정되는 것이 아니라 모든 인간에게 보장되는 자유이다. 헌법재판소도 음반제작업자가 예술품 보급의 자유와 관련하여 예술표현의 자유를 향유하고 있다고 판시한 바 있다(헌재 1993.5.13, 91헌바17).

④ [O] 학술의 범위에 속하는 저작물의 경우 학술적인 내용은 만인에게 공통되는 것이고 누구에 대하여도 자유로운 이용이 허용되어야 하는 것이므로 그 저작권의 보호는 창작적인 표현형식에 있지 학술적인 내용에 있는 것은 아니라 할 것이다(대판 1993.6.8, 93다3073).

① [O] 개발제한구역의 지정으로 말미암아 일부 토지소유자에게 사회적 제약의 범위를 넘는 가혹한 부담이 발생하는 예외적인 경우에 대하여 보상규정을 두지 않은 것에 위헌성이 있는 것이고, 보상의 구체적 기준과 방법은 헌법재판소가 결정할 성질의 것이 아니라 광범위한 입법형성권을 가진 입법자가 입법정책적으로 정할 사항이다(헌재 1998.12.24, 89헌마214 등).

②④ [O] 사용수익이 가능한 경우에 일정한 지가 하락등의 위험은 수인가능하나, 사용수익이 불가능한 경우에는 이에 대한 보상이 필요하다(헌재 1998.12.24, 89헌마214 등).

❸ [×] 토지는 사회적 기능에 있어서나 국민경제의 측면에서 다른 재산권과 같게 다룰 수 있는 성질의 것이 아니므로 공동체의 이익이 보다 강하게 관철되어야 한다.

❶ [×] 저작권 등 침해행위를 기술적으로 통제하고 감독할 수 있는 지위에 있다고 할 특수한 유형의 온라인서비스제공자에게 한정된 범위에서 기술적 의무 등을 부과한 것이 온라인서비스제공자의 직업의 자유에 대한 중대한 제한이 된다고 보기는 어려운 반면, 달성되는 공익은 매우 중요하다는 점에서 법익균형성의 원칙에도 위반되지 않는다. 따라서 이 사건 법률조항들은 과잉금지원칙에 위배하여 직업의 자유를 침해하지 않는다(헌재 2011.2.24, 2009헌바13).

② [O] 택시운송사업에 사용되는 차량의 총량을 합리적으로 조정함으로써 수요공급의 균형을 이루어 택시운송업의 안정적 발전을 유지하고자 하는 것은 중대한 공익이라고 할 것이다. 심판대상조항으로 인하여 일반택시운송사업자가 원하는 시기에 자유롭게 택시운송사업을 양도하지 못함으로써 직업수행의 자유와 재산권을 제한받게 된다고 하더라도, 그로 인하여 입게 되는 불이익이 심판대상조항을 통하여 달성하고자 하는 공익보다 크다고 할 수 없으므로, 심판대상조항은 추구하는 공익과 제한되는 기본권 사이의 법익균형성 요건도 충족하고

있다. 심판대상조항은 과잉금지원칙을 위반하여 일반택시운송사업자의 직업수행의 자유와 재산권을 침해하지 아니한다(헌재 2019.9.26, 2017헌바467).

③ [O] 외국 의과대학의 교과 내지 임상교육 수준이 국내와 차이가 있을 수 있으므로 국민의 보건을 위하여 기존의 면허시험만으로 검증이 부족한 측면을 보완할 공익적 필요성이 있다. 그러므로 예비시험 조항은 청구인들의 직업선택의 자유를 침해하지 않는다(헌재 2003.4.24, 2002헌마611).

④ [O] '변호사등이 아님에도 변호사등의 직무와 관련한 서비스의 취급·제공 등을 표시하거나 소비자들이 변호사등으로 오인하게 만들 수 있는 자에게 광고를 의뢰하거나 참여·협조하는 행위를 금지'하고 있다. 이는 비변호사의 법률사무 취급행위를 미연에 방지함으로써 법률 전문가로서 변호사 자격제도를 유지하고 소비자의 피해를 방지하기 위한 적합한 수단이다(헌재 2022.5.26, 2021헌마619).

❶ [×] 최초로 국민투표제도가 도입된 것은 제2차 개헌(1954년)이었다.

② [O] 대통령은 헌법상 국민에게 자신에 대한 <u>신임을 국민투표의 형식으로 물을 수 없을 뿐만 아니라, 특정 정책을 국민투표에 부치면서 이에 자신의 신임을 결부시키는 대통령의 행위도 위헌적인 행위로서 헌법적으로 허용되지 않는다.</u> 뿐만 아니라, 헌법은 명시적으로 규정된 국민투표 외에 다른 형태의 재신임 국민투표를 허용하지 않는다(헌재 2004.5.14, 2004헌나1).

③ [O] 특정의 국가정책에 대하여 다수의 국민들이 국민투표를 원하고 있음에도 불구하고 대통령이 이러한 희망과는 달리 국민투표에 회부하지 아니한다고 하여도 이를 헌법에 위반된다고 할 수 없고 국민에게 특정의 국가정책에 관하여 국민투표에 회부할 것을 요구할 권리가 인정된다고 할 수도 없다(헌재 2005.11.24, 2005헌마579 등).

④ [O] 대통령의 부의권을 부여하는 헌법 제72조는 가능하면 대통령에 의한 국민투표의 정치적 남용을 방지할 수 있도록 엄격하고 축소적으로 해석되어야 한다(헌재 2004.5.14, 2004헌나1).

① [O] 국가배상법 제2조 제1항 단서 중 군인에 관련되는 부분을 일반 국민이 직무집행 중인 군인과의 공동불법행위로 직무집행 중인 다른 군인에게 공상을 입혀 그 피해자에게 공동의 불법행위로 인한 손해를 배상한 다음 공동불법행위자인 군인의 부담부분에 관하여 국가에 대하여 구상권을 행사하는 것을 허용하지 않는다고 해석한다면, 이는 위 단서 규정의 헌법상 근거규정인 헌법 제29조가 구상권의 행사를 배제하지 아니하는데도 이를 배제하는 것으로 해석하는 것으로서 합리적인 이유 없이 일반국민을 국가에 대하여 지나치게 차별하는 경우에 해당하므로 헌법 제11조, 제29조에 위반된다(헌재 1994.12.29, 93헌바21).

② [O] 통설과 판례는 외형이론을 취해 국가배상의 성립범위를 넓히고 있다.

③ [O] 헌법 제29조 제1항 제1문은 '공무원의 직무상 불법행위'로 인한 국가 또는 공공단체의 책임을 규정하면서 제2문은 '이 경우 공무원 자신의 책임은 면제되지 아니한다'고 규정하여 헌법상 국가배상책임은 공무원의 책임을 일정 부분 전제하는 것으로 해석될 수 있고, 헌법 제29조 제1항에 법률유보 문구를 추가한 것은 국가재정을 고려하여 국가배상책임의 범위를 법률로 정하도록 한 것으로 해석된다(헌재 2015.4.30, 2013헌바395).

❹ [X] 공무원 개인에게 고의나 중과실이 있는 경우에만 선택적 청구가 가능하다고 판시하였다(대판 1997.2.11, 95다5110). 공무원에게 경과실뿐인 경우에는 공무원 개인은 손해배상책임을 부담하지 아니한다고 해석하는 것이 헌법 제29조 제1항 본문과 단서 및 국가배상법 제2조의 입법취지에 조화되는 올바른 해석이다(대판 1996.2.15, 95다38677).

12 정답 ④

① [O] 심판대상조항은 공무원연금법에 따른 퇴직연금일시금을 지급받은 사람 및 그 배우자를 기초연금 수급권자의 범위에서 제외하고 있는바, 이는 한정된 재원으로 노인의 생활안정과 복리향상이라는 기초연금법의 목적을 달성하기 위한 것으로서 합리성이 인정되고, 국가가 기초연금제도 외에도 다양한 노인 복지제도와 저소득층 노인의 노후소득보장을 위한 기초생활보장제도를 실시하고 있으며, 퇴직공무원의 후생복지 및 재취업을 위한 사업을 실시하고 있는 점을 고려할 때 인간다운 생활을 할 권리를 침해한다고 볼 수 없다(헌재 2018.8.30, 2017헌바197 등).

② [O] 군인연금법에 의한 퇴역연금의 지급정지의 경우 그 요건 및 내용을 대통령령으로 위임한 것은 포괄위임금지원칙에 위배되어 위헌판결을 받았다(헌재 2007.10.25, 2005헌바68).

③ [O] 아무리 적은 규모라도 어떤 형태이든지 정부의 재정지원이 있기만 하면 총리령이 정하는 바에 따라 지급정지대상기관이 될 수 있게 위임의 범위가 너무 넓어져 버렸다면 이 경우는 포괄위임금지원칙에 위배된다(헌재 2005.10.27, 2004헌가20).

❹ [X] '직무와 관련 없는 과실로 인한 경우' 및 '소속상관의 정당한 직무상의 명령에 따르다가 과실로 인한 경우'를 제외하고 재직 중의 사유로 금고 이상의 형을 받은 경우, 퇴직급여 등을 감액하도록 규정한 구 '사립학교교직원 연금법' 제42조 제1항 전문 중 공무원연금법 제64조 제1항 제1호 준용부분이 헌법에 위반되지 아니한다는 결정을 선고하였다(헌재 2013.8.29, 2010헌가89).
  ▶ 따라서 직무와 관련이 없는 경우라 할지라도 고의의 경우에는 퇴직금 감액이 가능하다.

13 정답 ④

① [O] 이를 개연성 이론이라고 한다. 따라서 폐수가 배출되고, 이 폐수가 김양식장에 도달하였으며, 김에 피해가 있었다는 사실이 모순 없이 증명된 이상 피고가 공장폐수 중에는 김의 생육에 악영향을 끼칠 수 있는 원인물질이 들어 있지 않으며, 원인물질이 들어 있다 하더라도 그 해수혼합률이 안전농도 범위 내에 속한다는 사실을 반증으로 들어 인과관계를 부정하지 못하는 한 그 불이익은 피고에게 돌려야 마땅할 것이다(대판 1984.6.12, 81다558).

② [O] 헌법은 환경권을 하나의 기본권으로 규정하고 있어서 사법의 해석과 적용에 있어서도 기본권이 충분히 보장되도록 배려하여야 하나, 헌법규정이 개개의 국민에게 직접 구체적으로 사법상의 권리를 부여한 것으로 보기 어렵고, 사법적 권리인 환경권이 인정되려면 그에 관한 법률의 명문규정이 있거나 관계 법령의 규정취지나 조리에 비추어 권리의 주체, 대상, 내용 및 행사방법 등이 구체적으로 정립될 수 있어야 한다(대판 1995.5.23, 94마2218).

③ [O] 국가가 국민의 기본권을 적극적으로 보장하여야 할 의무가 인정된다는 점, 헌법 제35조 제1항이 국가와 국민에게 환경보전을 위하여 노력하여야 할 의무를 부여하고 있는 점, 환경침해는 사인에 의해서 빈번하게 유발되므로 입법자가 그 허용 범위에 관해 정할 필요가 있다는 점, 환경피해는 생명·신체의 보호와 같은 중요한 기본권적 법익 침해로 이어질 수 있다는 점 등을 고려할 때, 일정한 경우 국가는 사인인 제3자에 의한 국민의 환경권 침해에 대해서도 적극적으로 기본권 보호조치를 취할 의무를 진다(헌재 2019.12.27, 2018헌마730).

❹ [X] 심판대상조항에 마사토 운동장에 대한 기준이 도입되지 않았다는 사정만으로 국민의 환경권을 보호하기 위한 국가의 의무가 과소하게 이행되었다고 평가할 수는 없다. 따라서 심판대상조항은 청구인의 환경권을 침해하지 아니한다(헌재 2024.4.25, 2020헌마107).
  ▶ 사안은 기본권 보호의무에 관한 사안으로 과잉금지가 아닌 과소보호가 그 심사기준이다.

14 정답 ④

① [O] 행정기관이 개발촉진지구 지역개발사업으로 실시계획을 승인하고 이를 고시하기만 하면 고급골프장 사업과 같이 공익성이 낮은 사업에 대해서까지도 시행자인 민간개발자에게 수용권한을 부여하는 것은 헌법 제23조 제3항에 위배된다(헌재 2014.10.30, 2011헌바172).

② [O] '알선'이란 법률사건의 당사자와 그 사건에 관하여 대리 등의 법률사무를 취급하는 상대방(변호사 포함) 사이에서 양자 간에 법률사건이나 법률사무에 관한 위임계약 등의 체결을 중개하거나 그 편의를 도모하는 행위를 말하는바, 이 사건 법률조항에 의하여 금지되고, 처벌되는 행위의 의미가 문언상 불분명하다고 할 수 없으므로 이 사건 법률조항은 죄형법정주의의 명확성원칙에 위배되지 않는다(헌재 2013.2.28, 2012헌바62).

③ [O] 피상속인을 장기간 유기하거나 정신적·신체적으로 학대하는 등의 패륜적인 행위를 일삼은 상속인의 유류분을 인정하는 것은 일반 국민의 법감정과 상식에 반한다고 할 것이므로, 민법 제1112조에서 유류분상실사유를 별도로 규정하지 아니한 것은 불합리하다고 아니할 수 없다(헌재 2024.4.25, 2020헌가4).

❹ [X] 단순히 그 시기가 늦춰진 것에 불과하여 이 사건 부칙조항은 침해의 최소성 및 법익균형성도 갖추고 있어 청구인의 선거권, 공무담임권을 침해하지 아니한다(헌재 2013.2.28, 2012헌마131).

15

정답 ②

① [×] 일반적으로 자의금지의원칙에 대한 심사요건은, 본질적으로 동일한 것을 다르게 취급하고 있는지에 관련된 차별취급의 존재 여부와, 이러한 차별취급이 존재한다면 이를 자의적인 것으로 볼 수 있는지 여부라고 할 수 있다(헌재 2003.1.30, 2001헌바64).

❷ [O] 헌재 2003.1.30, 2001헌바64

③ [×] 민족문화유산을 보존하는 것이 국가의 은혜적 시혜가 아니라 헌법상 의무이므로, 일단 관할 국가기관에 의하여 민족문화유산으로 지정된 전통사찰의 경우, 사정이 허락하는 한 이를 최대한 지속적으로 보존하는 것이 헌법 제9조 등의 규정취지에 부합한다(헌재 2003.1.30, 2001헌바64).

④ [×] 헌법상 명령에 근거하여 엄격한 보존방법이 규정된 전통사찰보존법을 제정함으로써 민족문화유산으로 지정된 전통사찰을 철저하게 보존하겠다는 입법자의 의사가 분명하게 표명된 이상, 그 경내지 등의 소유권변동으로 인한 전통사찰의 훼손이 불가피한 것인지 여부와 이러한 보존 및 훼손에 관한 판단 · 결정이 헌법 등에 근거하여 정당한 권한을 행사할 수 있는 관할 국가기관에 의하여 이루어지는 것인지 여부 등이 가장 본질적인 문제이고, 전통사찰을 훼손할 수 있는 경내지 등에 대한 소유권변동을 시도한 주체가 사인(私人)인지 아니면 건설부장관과 같은 제3자적 국가기관인지 여부, 또는 그 형식이 양도(혹은 강제집행)인지 아니면 공용수용인지 여부는 본질적인 문제가 될 수 없다(헌재 2003.1.30, 2001헌바64).

16

정답 ①

양심의 자유의 보호영역에 속한다고 판단한 것은 ㉠, ㉡이다.

㉠ [O] 의사가 자신이 진찰하고 치료한 환자에 관한 사생활과 정신적 · 신체적 비밀을 유지하고 보존하는 것은 의사의 근원적이고 보편적인 윤리이자 도덕이고, 환자와의 묵시적 약속이라고 할 것이다. 만일 의사가 환자의 신병(身病)에 관한 사실을 자신의 의사에 반하여 외부에 알려야 한다면, 이는 의사로서의 윤리적 · 도덕적 가치에 반하는 것으로서 심한 양심적 갈등을 겪을 수밖에 없을 것이다(헌재 2008.10.30, 2006헌마1401 등).

㉡ [O] 우리 헌법이 보호하고자 하는 정신적 기본권의 하나인 양심의 자유의 제약(법인의 경우라면 그 대표자에게 양심표명의 강제를 요구하는 결과가 된다)이라고 보지 않을 수 없다(헌재 1991.4.1, 89헌마160).

㉢ [×] 지문을 날인할 것인지 여부의 결정이 선악의 기준에 따른 개인의 진지한 윤리적 결정에 해당한다고 보기는 어려워, 열 손가락 지문날인의 의무를 부과하는 이 사건 시행령 조항에 대하여 국가가 개인의 윤리적 판단에 개입한다거나 그 윤리적 판단을 표명하도록 강제하는 것으로 볼 여지는 없다고 할 것이므로, 이 사건 시행령 조항에 의한 양심의 자유의 침해가능성 또한 없는 것으로 보인다(헌재 2005.5.26, 99헌마513 등).

㉣ [×] 제재를 받지 않기 위하여 어쩔 수 없이 좌석안전띠를 매었다 하여 청구인이 내면적으로 구축한 인간양심이 왜곡 · 굴절되고 청구인의 인격적인 존재가치가 허물어진다고 할 수는 없어 양심의 자유의 보호영역에 속하지 아니하므로, 운전 중 운전자가 좌석안전띠를 착용할 의무는 청구인의 양심의 자유를 침해하는 것이라 할 수 없다(헌재 2003.10.30, 2002헌마518).

17

정답 ①

❶ [×] 헌법 제12조 제3항이 정한 영장주의가 수사기관이 강제처분을 함에 있어 중립적 기관인 법원의 허가를 얻어야 함을 의미하는 것 외에 법원에 의한 사후 통제까지 마련되어야 함을 의미한다고 보기 어렵다(헌재 2018.8.30, 2016헌마263).

② [O] 헌법상 영장주의는 체포 · 구속 · 압수 · 수색 등 기본권을 제한하는 강제처분에 적용되므로, 강제력이 개입되지 않은 임의수사에 해당하는 수사기관 등의 통신자료 취득에는 영장주의가 적용되지 않는다(헌재 2022.7.21, 2016헌마388 등).

③ [O] 통신사실 확인자료 제공요청은 수사 또는 내사의 대상이 된 가입자 등의 동의나 승낙을 얻지 아니하고도 공공기관이 아닌 전기통신사업자를 상대로 이루어지는 것으로 통신비밀보호법이 정한 수사기관의 강제처분이다. 이러한 통신사실 확인자료 제공요청과 관련된 수사기관의 권한남용 및 그로 인한 정보주체의 기본권 침해를 방지하기 위해서는 법원의 통제를 받을 필요가 있으므로, 통신사실 확인자료 제공요청에는 헌법상 영장주의가 적용된다(헌재 2018.6.28, 2012헌마191 등).

④ [O] 이 사건 영장청구조항은 사후 구속영장의 청구시한을 체포한 때부터 48시간으로 정하고 있다. 이는 긴급체포의 특수성, 긴급체포에 따른 구금의 성격, 형사절차에 불가피하게 소요되는 시간 및 수사현실 등에 비추어 볼 때 입법재량을 현저하게 일탈한 것으로 보기 어렵다(헌재 2021.3.25, 2018헌바212).

18

정답 ④

헌법에 규정된 사항은 ㉠, ㉡, ㉢, ㉣ 4개이다.

㉠ [O] 국가는 노인과 청소년의 복지향상을 위한 정책을 실시할 의무를 진다(헌법 제34조 제4항).

㉡ [O] 학교교육 및 평생교육을 포함한 교육제도와 그 운영, 교육재정 및 교원의 지위에 관한 기본적인 사항은 법률로 정한다(헌법 제31조 제6항).

㉢ [O] 신체장애자 및 질병 · 노령 기타의 사유로 생활능력이 없는 국민은 법률이 정하는 바에 의하여 국가의 보호를 받는다(헌법 제34조 제5항).

㉣ [O] ㉤ [×] 교육의 자주성 · 전문성 · 정치적 중립성 및 대학의 자율성은 법률이 정하는 바에 의하여 보장된다(헌법 제31조 제4항).

19

정답 ③

① [×] 심판대상조항은 이미 종료된 사실 · 법률관계가 아니라, 현재 진행 중인 사실관계, 즉 특정경유자동차에 배출가스저감장치를 부착하여 운행하고 있는 소유자에 대하여 심판대상조항의 신설 또는 개정 이후에 '폐차나 수출 등을 위한 자동차등록의 말소'라는 별도의 요건사실이 충족되는 경우에 배출가스저감장치를 반납하도록 한 것으로서 부진정소급입법에 해당하며, 이 조항이 신설되기 전에 이미 배출가스저감장치를 부착하였던 소유자들이 자동차 등록 말소 후 경제적 잔존가치가 있는 장치의 사용 및 처분에 관한 신뢰를 가졌다고 하더라도, 위와 같은 공익의 중요성이 더 크다고 할 것이므로, 이 조항이 신

뢰보호원칙을 위반하여 재산권을 침해한다고 보기도 어렵다 (헌재 2019.12.27. 2015헌바45).

② [×] 법인세를 부당환급받은 법인은 소급입법을 통하여 이자상당액을 포함한 조세채무를 부담할 것이라고 예상할 수 없었고, 환급세액과 이자상당액을 법인세로서 납부하지 않을 것이라는 신뢰는 보호할 필요가 있다. 나아가 개정 전 법인세법 아래에서도 환급세액을 부당이득반환청구를 통하여 환수할 수 있었으므로, 신뢰보호의 요청에 우선하여 진정소급입법을 하여야 할 매우 중대한 공익상 이유가 있다고 볼 수도 없다(헌재 2014.7.24. 2012헌바105).

❸ [○] 헌재 2007.10.25. 2005헌바68

④ [×] 청구인들이 주장하는 교원으로 우선임용받을 권리는 헌법상 권리가 아니고 단지 구 교육공무원법 제11조 제1항의 규정에 의하여 비로소 인정되었던 권리일 뿐이며, 헌법재판소가 1990.10.8. 위 법률조항에 대한 위헌결정을 하면서 청구인들과 같이 국·공립 사범대학을 졸업하고 아직 교사로 채용되지 아니한 자들에게 교원으로 우선임용받을 권리를 보장할 것을 입법자나 교육부장관에게 명하고 있지도 아니하므로 국회 및 교육부장관에게 청구인들을 중등교사로 우선임용하여야 할 작위의무가 있다고 볼 근거가 없어 국회의 입법불행위 및 교육부장관의 경과조치불작위에 대한 이 사건 헌법소원심판청구 부분은 부적법하다(헌재 1995.5.25. 90헌마196).

20 정답 ②

① [○] 합헌적 법률해석은 사법소극주의로 합헌으로 해석해서 법률을 살리는 것이고, 사법적극주의는 적극적으로 나서서 헌법에 맞지 않는 법률을 제거하는 방식이다.

❷ [×] 구 군인사법 제48조 제4항 후단의 무죄의 선고를 받은 때의 의미와 관련하여, 형식상 무죄판결뿐 아니라 공소기각재판을 받았다 하더라도 그와 같은 공소기각의 사유가 없었더라면 무죄가 선고될 현저한 사유가 있는 이른바 내용상 무죄 재판의 경우에 이에 포함된다고 해석하는 것은 법률의 문의적 한계를 벗어난 것이 아니고, 합헌적 법률해석에 부합한다(대판 2004.8.20. 2004다22377).

③ [○] 헌법재판소가 행하는 구체적 규범통제의 심사기준은 원칙적으로 헌법재판을 할 당시에 규범적 효력을 가지는 현행 헌법이다(헌재 2013.3.1. 2010헌바132).

④ [○] 합헌적 법률해석은 어디까지나 법률조항의 문언과 목적에 비추어 가능한 범위 안에서의 해석을 전제로 하는 것이고, 법률조항의 문구 및 그로부터 추론되는 입법자의 명백한 의사에도 불구하고 문언상 가능한 해석의 범위를 넘어 다른 의미로 해석할 수는 없다. 따라서 이 사건 법률조항을 그 문언상 명백한 의미와 달리 "종업원의 범죄행위에 대해 영업주의 선임 감독상의 과실이 인정되는 경우"라는 요건을 추가하여 해석하는 것은 문언상 가능한 범위를 넘어서는 해석으로 허용되지 않는다(헌재 2007.11.29. 2005헌가10).

정답

p.34

01	①	02	②	03	②	04	②	05	③
06	②	07	②	08	④	09	③	10	④
11	④	12	②	13	④	14	①	15	②
16	②	17	②	18	③	19	④	20	①

01
정답 ①

❶ [O] 사기업에 있어서 근로자의 이익분배균점권은 도입 당시 사회화 경향을 나타내는 대표적 조문으로, 폐지된 시기까지 출제되고 있다.

② [×] 중앙선거관리위원회가 헌법에 최초로 도입된 것은 제3차 개정헌법이었으며, 각급 선거관리위원회가 헌법에 도입된 것이 제5차 개정헌법이었다.

③ [×] 1948년 헌법에서 위헌법률심판권은 헌법위원회에 있었다.

④ [×] 제1차 개헌에서는 양원제가 규정되었으나, 실제로 운영되지 않았다.

02
정답 ②

① [O] 이 사건 협정조항은 어업에 관한 협정으로서 배타적경제수역을 직접 규정한 것이 아니고, 이러한 점들은 이 사건 협정에서의 이른바 중간수역에 대해서도 동일하다고 할 것이어서 독도가 중간수역에 속해 있다 할지라도 독도의 영유권문제나 영해문제와는 직접적인 관련을 가지지 아니하므로, 이 사건 협정조항이 헌법상 영토조항을 위반하였다고 할 수 없다(헌재 2009.2.26, 2007헌바35).

❷ [×] 대법원은 제헌헌법의 공포와 동시에 대한민국의 국적을 취득한 자가 그 후 다시 북한법의 규정에 따라 북한국적을 취득하여 중국주재 북한대사관으로부터 북한의 해외공민증을 발급받은 경우라도 대한민국 국적이 상실되지 않는다(대판 1996.11.12, 96누1221).

③ [O] 남북합의서는 조약으로 인정할 수 없다(헌재 1997.1.16, 92헌바6 등).

④ [O] 타인의 저작물을 복제, 배포, 발행함에 필요한 요건과 저작재산권의 존속기간을 규정한 저작권법 제36조 제1항, 제41조, 제42조, 제47조 제1항의 효력은 대한민국 헌법 제3조에 의하여 여전히 대한민국의 주권범위 내에 있는 북한지역에도 미치는 것이다(대판 1990.9.28, 89누6396).

03
정답 ②

① [O] 경제적 약자의 보호문제는 민법상의 일반원칙에 맡길 것인가는 입법자의 재량에 속하는 것으로 보아 합헌적으로 보았다(헌재 2001.1.18, 2000헌바7).

❷ [×] 도시개발구역에 있는 국가나 지방자치단체 소유의 재산으로서 도시개발사업에 필요한 재산에 대한 우선 매각 대상자를 도시 개발사업의 시행자로 한정하고 국공유지의 점유자에게 우선 매수 자격을 부여하지 않는 도시개발법 관련 규정은 사적 자치의 원칙을 기초로 한 자본주의 시장경제질서를 규정한 헌법 제119조 제1항에 위반되지 않는다(헌재 2009.11.26, 2008헌마711).

③ [O] 우리 헌법은 헌법 제119조 이하의 경제에 관한 장에서 "균형 있는 국민경제의 성장과 안정, 적정한 소득의 분배, 시장의 지배와 경제력남용의 방지, 경제주체간의 조화를 통한 경제의 민주화, 균형있는 지역경제의 육성, 중소기업의 보호육성, 소비자보호 등"의 경제영역에서의 국가목표를 명시적으로 언급함으로써 국가가 경제정책을 통하여 달성하여야 할 '공익'을 구체화하고, 동시에 헌법 제37조 제2항의 기본권 제한을 위한 법률유보에서의 '공공복리'를 구체화하고 있다(헌재 1996.12.26, 96헌가18).

④ [O] 이는 권력적 사실행위로 보아 헌법재판소는 본안 판단하였고 사안의 경우 제3자인수방식으로 국제그룹을 해체시킨 것은 우리 헌법상 경제질서에 위배된다고 판시하였다(헌재 1993.7.29, 89헌마31).

04
정답 ②

① [O] 정치인에게 직접 정치자금을 무상대여하는 것을 허용할 경우, 후원금에 대한 각종 법적 규제를 우회·잠탈할 여지가 크고, 결국 정치자금의 적정 제공을 보장하고 대의민주주의가 제대로 기능하도록 하려는 목적에서 마련된 정치자금법의 취지가 몰각될 가능성이 높으므로, 재판관 전원의 일치된 의견으로 심판대상조항에 대한 합헌결정을 한 것이다(헌재 2017.8.31, 2016헌바45).

❷ [×] 5석 이상의 정당에게는 2%가 아니라 5%이다. 따라서 5석의 경우도 2%가 아니라 5%를 지급해야 한다(정치자금법 제27조).

③ [O] 정치자금의 투명성 강화 및 부정부패 근절에 대한 국민적 요구가 커지고 선거관리위원회가 데이터 생성·저장·유통 기술 발전을 이용해 업무부담을 줄일 수 있다는 점 등을 고려해 위 선례를 변경하고 이 사건 열람기간제한조항에 대하여 위헌 결정을 하였다. 이번 결정으로 국민들의 정치자금 자료에 대한 접근권이 보다 강하게 보장될 것으로 예상되고, 궁극적으로는 정치자금의 투명성을 강화하고 부정부패를 근절하는 데 일조할 것으로 기대된다(헌재 2021.5.27, 2018헌마168).

④ [O] '기탁금'이라 함은 정치자금을 정당에 기부하고자 하는 개인이 이 법의 규정에 의하여 선거관리위원회에 기탁하는 금전이나 유가증권 그 밖의 물건을 말한다(정치자금법 제3조 제5호).

05   정답 ③

① [O] 대통령의 경우 선거일 현재 5년 이상 국내에 거주하고 있는 40세 이상의 국민이 대통령의 피선거권이 있다고 규정하고 있다(공직선거법 제16조). 다만, 국회의원의 경우 25세 이상의 나이만 규정되어 있을 뿐 거주요건은 따로 규정되어 있지 않다.

② [O] 정당의 공직선거 후보자 선출은 자발적 조직 내부의 의사결정에 지나지 아니한다. 따라서 청구인이 정당의 내부경선에 참여할 권리는 헌법이 보장하는 공무담임권의 내용에 포함된다고 보기 어렵다(헌재 2014.11.27, 2013헌마814).

❸ [×] 비례대표국회의원후보자의 경우 이를 금지하여도 제한되는 이익 내지 정당활동의 자유가 결코 크다고 볼 수 없다(헌재 2013.10.24, 2012헌마311).

④ [O] 정당이 당내경선[당내경선(여성이나 장애인 등에 대하여 당헌·당규에 따라 가산점 등을 부여하여 실시하는 경우를 포함한다)의 후보자로 등재된 자(이하 '경선후보자'라 한다)를 대상으로 정당의 당헌·당규 또는 경선후보자 간의 서면합의에 따라 실시한 당내경선을 대체하는 여론조사를 포함한다]을 실시하는 경우 경선후보자로서 당해 정당의 후보자로 선출되지 아니한 자는 당해 선거의 같은 선거구에서는 후보자로 등록될 수 없다(공직선거법 제57조의2 제2항).

06   정답 ②

① [O] 공무원 임용을 위한 면접전형에 있어서 임용신청자의 능력이나 적격성 등에 관한 판단은 면접위원의 고도의 교양과 학식, 경험에 기초한 자율적 판단에 의존하는 것으로서 오로지 면접위원의 자유재량에 속하고, 그와 같은 판단이 현저하게 재량권을 일탈 내지 남용한 것이 아니라면 이를 위법하다고 할 수 없다(대판 1997.11.28, 97누11911 – 검사임용거부처분취소).

❷ [×] 헌법 제7조 제2항의 직업공무원제도는 헌법 제7조 제1항의 전체국민을 위한 봉사자의 수단이 된다.

③ [O] 평생법관제 정착을 위한 노력 등을 고려할 때 경험 많은 법관의 조기퇴직을 유도할 필요성이 상대적으로 크다고 할 수 없는 점 등을 종합하여 볼 때, 심판대상조항으로 인하여 법관이 연령정년만을 기준으로 정년잔여기간을 산정하는 다른 경력직공무원에 비하여, 명예퇴직수당 지급 여부 및 액수 등에 있

어 불이익을 볼 가능성이 있다 하더라도, 이를 자의적인 차별이라 볼 수는 없다(헌재 2020.4.23, 2017헌마321).

④ [O] 국가공무원법 조항은 정무직 공무원들의 일반적 정치활동을 허용하는 데 반하여, 이 사건 법률조항은 그들로 하여금 정치활동 중 '선거에 영향을 미치는 행위'만을 금지하고 있으므로, 위 법률조항은 선거영역에서의 특별법으로서 일반법인 국가공무원법 조항에 우선하여 적용된다고 할 것이다(헌재결 2008.1.17, 2007헌마700).

07   정답 ②

① [O] 산업기술연수사증을 발급받은 외국인이 정부가 실시하는 외국인 산업기술연수제도의 국내 대상 업체에 산업기술연수생으로 배정되어 대상 업체와 사이에 상공부장관의 지침에 따른 계약서의 양식에 따라 연수계약을 체결하였다 하더라도 그 계약의 내용이 단순히 산업기술의 연수만에 그치는 것이 아니고 대상 업체가 지시하는 바에 따라 소정시간 근로를 제공하고, 그 대가로 일정액의 금품을 지급받으며 더욱이 소정시간 외의 근무에 대하여는 근로기준법에 따른 시간외 근로수당을 지급받기로 하는 것이고, 이에 따라 당해 외국인이 대상 업체의 사업장에서 실질적으로 대상 업체의 지시·감독을 받으면서 근로를 제공하고 수당 명목의 금품을 수령하여 왔다면 당해 외국인도 근로기준법 제14조 소정의 근로자에 해당한다(대판 1995.12.22, 95누2050).

❷ [×] 대통령의 피선거권은 현행 헌법 제67조 제4항에 규정되어 있으나, 국회의원의 피선거권은 공직선거법 제16조에 규정되어 있다.

③ [O] 교섭단체에 정책연구위원을 둔다는 국회법 제34조 제1항 규정은 교섭단체를 구성한 정당에게 정책연구위원을 배정한다는 것과 실질적으로 다를 바 없다고 할 것인바, 이 규정은 교섭단체 소속의원과 그렇지 못한 의원을 차별하는 것인 동시에, 교섭단체를 구성한 정당과 그렇지 못한 정당도 차별하고 있다고 할 것이다. 그렇다면 국회의원 20인 이상을 확보하지 못하여 교섭단체를 구성하지 못한 청구인은 이 사건 규정으로 인하여 자신의 기본권을 침해받을 가능성이 있다(헌재 2008.3.27, 2004헌마654).

④ [O] 사자(死者)에 대한 사회적 명예와 평가의 훼손은 사자(死者)와의 관계를 통하여 스스로의 인격상을 형성하고 명예를 지켜온 그들의 후손의 인격권, 즉 유족의 명예 또는 유족의 사자(死者)에 대한 경애추모의 정을 제한하는 것이다(헌재 2010.10.28, 2007헌가23).

08   정답 ④

① [×] 법률구조요청은 피해자의 명시한 의사에 반하여 할 수 없다(국가인권위원회법 제47조 제2항).

② [×] 위원회는 위원장 1명과 상임위원 3명을 포함한 11명의 인권위원(이하 '위원'이라 한다)으로 구성한다(국가인권위원회법 제5조 제1항).

③ [×] 국가인권위원회의 의결 정족수는 일반 의결 정족수가 아닌 재적과반수이다.

❹ [O] 위원회의 진정에 대한 조사·조정 및 심의는 비공개한다. 다만, 위원회의 의결이 있는 때에는 이를 공개할 수 있다(국가인권위원회법 제49조).

09

① [×] '표시' 및 '표시된 것의 판매'에 관한 부분을 준용하는 부분의 '의학적 효능·효과 등'이라는 표현은 해당 물품이 약사법 제2조 제7호에서 정한 바대로 사용됨으로써 발생할 것으로 기대되는 일정한 효능·효과를 의미하는바, 약사법의 다른 규정들과의 체계 조화적 해석 등을 통해 법률의 적용단계에서 다의적 해석의 우려 없이 그 의미가 구체화될 수 있으므로, 죄형법정주의의 명확성원칙에 위반되지 않는다(헌재 2024.4.25, 2022헌바204).

② [×] 회계직원책임법 제2조 제1호 카목 및 이를 구성요건으로 하고 있는 이 사건 특정범죄가중법 조항은 죄형법정주의의 명확성원칙에 위배되지 아니한다(헌재 2024.4.25, 2021헌바21 등).

❸ [O] '그 위반행위로 얻은 이익 또는 회피한 손실액의 2배 이상 5배 이하의 벌금형'을 규정한 심판대상조항은 애매모호하거나 추상적이어서 법관의 자의적인 해석이 가능하다고 볼 수 없어 죄형법정주의의 명확성원칙에 위배되지 않는다(헌재 2024.7.18, 2022헌가6).

④ [×] 신고의무조항의 '선박의 감항성의 결함'이란 '선박안전법에서 규정하고 있는 각종 검사 기준에 부합하지 아니하는 상태로서, 선박이 안전하게 항해할 수 있는 성능인 감항성과 직접적인 관련이 있는 흠결'이라는 의미로 명확하게 해석할 수 있으므로, 신고의무조항은 죄형법정주의의 명확성원칙에 위배되지 않는다(헌재 2024.5.30, 2020헌바234).

10

① [O] 구치소장이 변호인접견실에 CCTV를 설치하여 미결수용자와 변호인간의 접견을 관찰한 행위는 청구인의 변호인의 조력을 받을 권리를 침해하지 않는다(헌재 1992.1.28, 91헌마111).

② [O] 변호인과의 접견 자체에 대해 아무런 제한도 가할 수 없다는 것을 의미하는 것이 아니므로 미결수용자의 변호인 접견권 역시 국가안전보장·질서유지 또는 공공복리를 위해 필요한 경우에는 법률로써 제한될 수 있음은 당연하다. 따라서 원하는 특정한 시점에 접견이 이루어지지 못한 것은 합헌이라고 판시하였다(헌재 2011.5.26, 2009헌마341).

③ [O] 그렇다면 고소장과 피의자신문조서에 대한 열람 및 등사를 거부한 피청구인의 정보비공개결정은 청구인의 피구속자를 조력할 권리 및 알 권리를 침해하여 헌법에 위반된다고 할 것이다(헌재 2003.3.27, 2000헌마474).

❹ [×] 헌법 제12조 제4항 본문에 규정된 변호인의 조력을 받을 권리는 형사절차에서 피의자 또는 피고인의 방어권을 보장하기 위한 것으로서 출입국관리법상 보호 또는 강제퇴거의 절차에도 적용된다고 보기 어렵다고 판시한 우리 재판소 결정은, 이 결정 취지와 저촉되는 범위 안에서 변경한다(헌재 2018.5.31, 2014헌마346).

11

① [O] 양심의 자유 중 양심형성의 자유나 양심유지의 자유는 그 제한이 불가능하거나 불필요하기까지 하나, 양심실현의 자유의 경우에는 일정한 제약이 불가피하다고 본다(헌재 1997.11.27, 92헌바28).

② [O] 수범자는 수혜를 스스로 포기하거나 권고를 거부함으로써 법질서와 충돌하지 아니한 채 자신의 양심을 유지, 보존할 수 있으므로 양심의 자유에 대한 침해가 된다 할 수 없다(헌재 2002.4.25, 98헌마425등).

③ [O] 헌법상 양심의 자유에 의해 보호받는 '양심'으로 인정할 것인지의 판단은 그것이 깊고, 확고하며, 진실된 것인지 여부에 따르게 된다. 그리하여 양심적 병역거부를 주장하는 사람은 자신의 '양심'을 외부로 표명하여 증명할 최소한의 의무를 진다(헌재 2018.6.28, 2011헌바379 등).

❹ [×] 피고인이 부양해야 할 배우자, 어린 딸과 갓 태어난 아들이 있는 상태에서 형사처벌의 위험을 감수하면서도 종교적 신념을 이유로 병역거부 의사를 유지하고 있는 사정에 비추어 보면, 피고인의 입영거부 행위는 진정한 양심에 따른 것으로서 구 병역법(2013.6.4. 법률 제11849호로 개정되기 전의 것) 제88조 제1항에서 정한 '정당한 사유'에 해당할 여지가 있는데도, 피고인이 주장하는 양심이 위 조항의 정당한 사유에 해당하는지 심리하지 아니한 채 양심적 병역거부가 정당한 사유에 해당하지 않는다고 보아 유죄를 인정한 원심판결에 양심적 병역거부와 위 조항에서 정한 정당한 사유의 해석에 관한 법리를 오해한 잘못이 있다(대판 2018.11.1, 2016도10912).

12

① [O] 이중기준의 이론이 적용되어 표현의 자유 등 정신적 자유권은 경제적 자유권에 비하여 우월적 지위를 가지므로 표현의 자유를 제한하는 입법은 엄격한 기준의 사법심사 대상이 된다. 또한 언론·출판의 자유를 규제하는 법률은 다른 법률과 달리 합헌성 추정이 배제된다.

❷ [×] 상업광고 규제에 관한 비례의 원칙 심사에 있어서 '피해의 최소성'원칙은 같은 목적을 달성하기 위하여 달리 덜 제약적인 수단이 없을 것인지 혹은 입법목적을 달성하기 위하여 필요한 최소한의 제한인지를 심사하기보다는 '입법목적을 달성하기 위하여 필요한 범위 내의 것인지'를 심사하는 정도로 완화되는 것이 상당하다(헌재 2005.10.27, 2003헌가3).

③ [O] 언론·출판의 자유를 규제하는 법령의 규정은 명확해야 한다. 애매하고, 모호하고, 광범위한 용어를 사용하여 언론·출판을 제한하는 것은 위헌이 된다(막연하므로 무효원칙).

④ [O] "형법이 명예훼손죄를 처벌함으로써 보호하고자 하는 사람의 가치에 대한 평가인 외부적 명예는 개인적 법익으로서, 국민의 기본권을 보호 내지 실현해야 할 책임과 의무를 지고 있는 공권력의 행사인 국가나 지방자치단체는 기본권의 수범자일 뿐 기본권의 주체가 아니고, 그 정책결정이나 업무수행과 관련된 사항은 항상 국민의 광범위한 감시와 비판의 대상이 되어야 하며 이러한 감시와 비판은 그에 대한 표현의 자유가 충분히 보장될 때에 비로소 정상적으로 수행될 수 있으므로, 국가나 지방자치단체는 국민에 대한 관계에서 형벌의 수단을

통해 보호되는 외부적 명예의 주체가 될 수는 없고, 따라서 명예훼손죄의 피해자가 될 수 없다."라고 판시함으로써 … (대판 2016.12.27, 2014도15290).

13 정답 ④

① [O] 민간주택건설사업시행자에게 사업부지 내 토지를 취득할 수 있는 매도청구권을 부여하는 것은 토지소유자에게 대지의 매도를 강요하여 재산권을 잃게 한다는 점에서 수용과 유사하나, 시가에 따른 대금을 지급케 하여 정당한 보상을 보장하고 대규모 주택건설이라는 공익사업을 원활하게 추진하려는 공익이 매도청구권행사로 제한받는 사익을 능가하므로 토지소유자의 재산권을 침해하지 않는다(헌재 2006.7.27, 2003헌바18).

② [O] 의료급여법상 의료급여수급권은 공공부조의 일종으로 순수하게 사회정책적 목적에서 주어지는 권리이므로 개인의 노력과 금전적 기여를 통하여 취득되는 재산권의 보호대상에 포함된다고 보기 어렵다(헌재 2009.9.24, 2007헌마1092).

③ [O] 명예퇴직공무원이 재직 중의 사유로 금고 이상의 형을 받은 경우, 공무원의 조기퇴직을 유도하기 위해 지급하는 명예퇴직수당을 필요적으로 환수하는 것은 명예퇴직수당을 받은 자의 재산권을 침해하지 않는다(헌재 2010.11.25, 2010헌바93).

❹ [X] 이주대책은 헌법 제23조 제3항에 규정된 정당한 보상에 포함되는 것이라기보다는 이에 부가하여 이주자들에게 종전의 생활상태를 회복시키기 위한 생활보상의 일환으로서 국가의 정책적인 배려에 의하여 마련된 제도라고 볼 것이다. 따라서 이주대책의 실시 여부는 입법자의 입법정책적 재량의 영역에 속하므로 공익사업을 위한 토지 등의 취득 및 보상에 관한 법률 시행령 제40조 제3항 제3호가 이주대책의 대상자에서 세입자를 제외하고 있는 것이 세입자의 재산권을 침해하는 것이라 볼 수 없다(헌재 2006.2.23, 2004헌마19).

14 정답 ①

❶ [O] 청원서가 일반인에게 공개되면 그로부터 30일 이내에 10만 명 이상의 동의를 받도록 한 것은 국회의 한정된 심의 역량과 자원의 효율적 배분을 고려함과 동시에, 일정 수준 이상의 인원에 해당하는 국민 다수가 관심을 갖고 동의하는 의제가 논의 대상이 되도록 하기 위한 것이다(헌재 2023.3.23, 2018헌마460).

② [X] 청원을 수리한 기관은 심사·처리하여 통지하면 족하고(청원법 제9조), 심리·재결까지 할 의무는 없다(헌재 1997.7.16, 93헌마239).

③ [X] 적법한 청원에 대하여 국가기관이 이를 수리, 심사하여 그 결과를 청원인에게 통보하였다면 이로써 당해 국가기관은 헌법 및 청원법상의 의무이행을 다한 것이고, 그 통보 자체에 의하여 청구인의 권리의무나 법률관계가 직접 무슨 영향을 받는 것도 아니므로 비록 그 통보내용이 청원인이 기대하는 바에는 미치지 못한다고 하더라도 그러한 통보조치가 헌법소원의 대상이 되는 구체적인 공권력의 행사 내지 불행사라고 볼 수는 없다(헌재 2000.10.25, 99헌마458).

④ [X] 동일인이 동일한 내용의 청원서를 동일한 기관에 2건 이상 제출하거나 2 이상의 기관에 제출한 때에는 나중에 접수된 청원서는 이를 반려할 수 있다(청원법 제8조).

15 정답 ②

① [O] 대법원은 공무원이 직무수행 중 불법행위로 타인에게 손해를 입힌 경우에 국가 등이 국가배상책임을 부담하는 외에는 공무원 개인은 고의 또는 중과실이 있는 경우에 한하여 불법행위로 인한 손해배상책임을 진다고 해석하는 것이 헌법 제29조 제1항 본문과 단서 및 국가배상법 제2조의 입법취지에 조화되는 올바른 해석이라고 판시하였다(대판 1996.2.15, 95다38677).

❷ [X] 공동불법행위의 일반적인 경우와 달리 예외적으로 민간인은 피해 군인 등에 대하여 그 손해 중 국가 등이 민간인에 대한 구상의무를 부담한다면 그 내부적인 관계에서 부담하여야 할 부분을 제외한 나머지 자신의 부담부분에 한하여 손해배상의무를 부담하고, 한편 국가 등에 대하여는 그 귀책부분의 구상을 청구할 수 없다고 해석함이 상당하다 할 것이다(대판 2001.2.15, 96다42420).

▶ 즉, 헌법재판소가 아닌 대법원의 견해이다.

③ [O] 종합적으로 고려한 입법재량 범위 내에서의 입법자의 결단의 산물인 것으로 국가배상청구권의 본질적인 내용을 침해하는 것이라고는 볼 수 없고 기본권 제한에 있어서의 한계를 넘어서는 것이라고 볼 수도 없으므로 헌법에 위반되지 아니한다(헌재 1997.2.20, 96헌바24).

④ [O] 대법원과 헌법재판소는 '전투경찰순경'도 국가배상법 제2조 제1항 단서 소정의 경찰공무에 포함시키고 있지만[대판 1995.3.24, 94다25414 ; 헌재 1996.6.13, 94헌마118(병합)], 다만 '경비교도'와 '공익근무요원'은 국가배상법 제2조 제1항 단서가 정하는 군인 등에 해당하지 아니한다고 보았다(대판 1997.2.10, 97다45914 ; 대판 1997.3.28, 97다4036).

16 정답 ②

① [O] 심판대상조항은 재학 중인 학생들이 서울대에 계속하여 재학 내지 수강하는 것을 제한하는 내용을 담고 있지 않을 뿐만 아니라, 재학 중인 학교의 법적 형태를 법인이 아닌 공법상 영조물인 국립대학으로 유지하여 줄 것을 요구할 권리는 학생의 교육받을 권리에 포함되지 아니하므로 교육을 받을 권리의 침해 가능성도 인정되지 아니한다(헌재 2014.4.24, 2011헌마612).

❷ [X] 헌법재판소는 과외교습금지의 위헌 여부에 대하여 "학교교육의 범주 내에서는 국가의 교육권한이 헌법적으로 독자적인 지위를 부여받음으로써 부모의 교육권과 함께 자녀의 교육을 담당하지만, 학교 밖의 교육영역에서는 원칙적으로 부모의 교육권이 우위를 차지한다."고 하여 학교교육에 있어서 양자의 관계를 대등·협력관계로 본다[헌재 2000.4.27, 98헌가16, 98헌마429(병합)].

③ [O] 경제력의 차이 등으로 말미암아 교육의 기회에 있어서 사인 간에 불평등이 존재한다면, 국가는 원칙적으로 의무교육의 확

대 등 적극적인 급부활동을 통하여 사인간의 교육기회의 불평등을 해소할 수 있을 뿐, 과외교습의 금지나 제한의 형태로 개인의 기본권행사인 사교육을 억제함으로써 교육에서의 평등을 실현할 수는 없다는 것이 헌법재판소의 결정례이다(헌재 2000.4.27, 98헌가16).

④ [O] 대학입학지원서가 모집정원에 미달한 경우라도 대학이 정한 수학능력이 없는 자에 대해 불합격처분을 한 것은 교육법 제111조 제1항에 위반되지 아니하여 무효라 할 수 없고 또 위 학교에서 정한 수학능력에 미달하는 지원자를 불합격으로 한 처분이 재량권의 남용이라고 볼 수 없다(대판 1983.6.28, 83누193).

17 정답 ②

옳은 것은 ⓛ, ⓔ이다.

㉠ [×] 사망일시금은 사회보험의 원리에서 다소 벗어난 장제부조적·보상적 성격을 갖는 급여로 사망일시금은 헌법상 재산권에 해당하지 아니한다(헌재 2019.2.28, 2017헌마432).

㉡ [O] 우리 헌법의 재산권 보장은 사유재산의 처분과 그 상속을 포함하는 것인바, 유언자가 생전에 최종적으로 자신의 재산권에 대하여 처분할 수 있는 법적 가능성을 의미하는 유언의 자유는 생전증여에 의한 처분과 마찬가지로 헌법상 재산권의 보호를 받는다. 한편 유언의 자유는 단순한 재산권 처분의 권능 이외에도 사적 자치의 실현이라는 의미를 지닌다는 점에서 유언을 할 지의 여부, 그 구체적인 내용의 선택, 유언의 방식 등은 기본적으로 개인의 자유로운 의사결정에 맡겨져 있다. 그러므로 이 사건 법률조항과 같이 자필증서에 의한 유언에 있어서 그 방식을 제한하는 것은 헌법 제10조의 행복추구권에서 파생된 유언자의 일반적 행동의 자유를 제한하는 것이 된다(헌재 2008.12.26, 2007헌바128).

㉢ [×] '생업의 근거를 상실하게 된 자에 대하여 일정 규모의 상업용지 또는 상가분양권 등을 공급하는' 생활대책은 헌법 제23조 제3항에 규정된 정당한 보상에 포함되는 것이라기보다는 생활보상의 일환으로서 국가의 정책적인 배려에 의하여 마련된 제도이므로, 그 실시 여부는 입법자의 입법정책적 재량의 영역에 속한다(헌재 2013.7.25, 2012헌바71).

㉣ [O] 행정기관이 개발촉진지구 지역개발사업으로 실시계획을 승인하고 이를 고시하기만 하면 고급골프장 사업과 같이 공익성이 낮은 사업에 대해서까지도 시행자인 민간개발자에게 수용 권한을 부여하는 것은 헌법 제23조 제3항에 위반된다(헌재 2014.10.30, 2011헌바172).

18 정답 ③

① [O] 이 사건 법률조항 중 '기타 이와 유사한 것'에 '정보통신망을 이용하여 인터넷 홈페이지 또는 그 게시판·대화방 등에 글이나 동영상 등 정보(UCC)를 게시하거나 전자우편을 전송하는 방법'이 포함되는 것으로 해석하여 이를 금지하고 처벌하는 것은 과잉금지원칙에 위배하여 청구인들의 선거운동의 자유 내지 정치적 표현의 자유를 침해한다(헌재 2011.12.29, 2007헌마1001 등).

② [O] 종교행사 등 참석불허 처우는 과잉금지원칙을 위반하여 청구인의 종교의 자유를 침해한다(헌재 2011.12.29, 2009헌마527).

❸ [×] 2010.5.24.자 대북조치가 개성공단에서의 신규투자와 투자확대를 불허함에 따라 청구인이 보유한 개성공단 내의 토지이용권을 사용·수익하지 못하게 되는 제한이 발생하기는 하였으나, 이는 개성공단이라는 특수한 지역에 위치한 사업용 재산이 받는 사회적 제약이 구체화된 것일 뿐이므로, 공익목적을 위해 이미 형성된 구체적 재산권을 개별적, 구체적으로 제한하는 헌법 제23조 제3항 소정의 공용 제한과는 구별된다(헌재 2022.5.26, 2016헌마95).
▶ 즉 사회적 제약일 뿐 공용침해의 정도는 아니라는 의미이다.

④ [O] '건전한 통신윤리'라는 개념이 다소 추상적이기는 하나 우리 사회가 요구하는 최소한의 질서 또는 도덕률을 의미한다고 볼 수 있다(헌재 2012.2.23, 2011헌가13).

19 정답 ④

① [O] 상속개시 후 인지에 의하여 공동상속인이 된 자가 다른 공동상속인에 대해 그 상속분에 상당한 가액의 지급에 관한 청구권(상속분가액지급청구권)을 행사하는 경우에도 상속회복청구권에 관한 10년의 제척기간을 적용하도록 한 민법 조항이 청구인의 재산권과 재판청구권을 침해하여 헌법에 위반된다(헌재 2024.6.27, 2021헌마1588).

② [O] 심판대상조항이 약식명령에 대하여 피고인만이 정식재판을 청구한 사건에 불이익변경금지원칙을 적용하지 아니하였다는 이유만으로 재판청구권에 관한 합리적인 입법형성권의 범위를 일탈하여 공정한 재판을 받을 권리를 침해한다고 볼 수 없다(헌재 2024.5.30, 2021헌바6 등).

③ [O] '조세범 처벌절차법'에 따른 통고처분에 대하여 형사절차와 별도의 행정쟁송절차를 두는 것은 신속한 사건 처리를 저해할 수 있고, 절차의 중복과 비효율을 초래할 수 있다. 위와 같은 점을 종합하여 보면, '조세범 처벌절차법'에 따른 통고처분에 대하여 행정쟁송을 배제하고 있는 입법적 결단이 현저히 불합리하다고 보기 어렵다. 따라서 심판대상조항이 청구인의 재판청구권을 침해한다고 할 수 없다(헌재 2024.4.25, 2022헌마251).

❹ [×] 심판대상조항은 의료급여비용의 지급보류처분에 관한 실체법적 근거규정으로서 권리구제절차 내지 소송절차에 관한 규정이 아니므로, 이로 인하여 재판청구권이 침해될 여지는 없다.
▶ 지급보류기간동안 의료기관의 개설자가 수인해야 했던 재산권 제한상황에 대한 적절하고 상당한 보상으로서의 이자 내지 지연손해금의 비율에 대해서도 규율이 필요하다. 따라서 재산권을 침해한다(헌재 2024.6.27, 2021헌가19).

20 정답 ①

❶ [×] 근무조건과 '직접' 관련되지 않는 국가 또는 지방자치단체의 정책결정이나 임용권의 행사와 같은 기관의 관리·운영에 관한 사항은 행정기관이 전권을 가지고 자신의 권한과 책임 하에 집행해야 할 사항을 교섭대상에서 배제하고 있는 공무원노조법 조항은 공무원노조의 단체교섭권에 대한 과도한 제한이라고 보기 어렵다(헌재 2013.6.27, 2012헌바6).

② [O] 근로3권을 규정한 헌법 제33조 제1항으로부터 노동조합이 조세법상 비과세 혜택을 받을 권리가 파생한다거나 이에 상응하는 국가의 조세법규범 정비의무가 발생한다고 보기도 어렵다(헌재 2009.2.26, 2007헌바27).

③ [O] 자본주의 경제질서하에서 근로자가 기본적 생활수단을 확보하고 인간의 존엄성을 보장받기 위하여 최소한의 근로조건을 요구할 수 있는 권리는 자유권적 기본권의 성격도 아울러 가지므로 이러한 경우 외국인 근로자에게도 그 기본권 주체성을 인정함이 타당하다(헌재 2007.8.30, 2004헌마670).

④ [O] 형법상 업무방해죄는 모든 쟁의행위에 대하여 무조건 적용되는 것이 아니라, 단체행동권의 내재적 한계를 넘어 정당성이 없다고 판단되는 쟁의행위에 대하여만 적용되는 조항임이 명백하다고 할 것이므로, 그 목적이나 방법 및 절차상 한계를 넘어 업무방해의 결과를 야기시키는 쟁의행위에 대하여만 이 사건 법률조항을 적용하여 형사처벌하는 것은 헌법상 단체행동권을 침해하였다고 볼 수 없다(헌재 2010.4.29, 2009헌바168).

정답

p.42

01	②	02	④	03	④	04	④	05	④
06	②	07	③	08	④	09	①	10	③
11	①	12	③	13	③	14	④	15	③
16	①	17	①	18	③	19	②	20	②

01
정답 ②

① [O] 충돌과 경합의 비교로 옳은 지문이다.
❷ [×] 친양자가 될 자의 헌법 제36조 제1항 및 헌법 제10조에 의한 가족생활에서의 기본권을 보장하기 위해 친양부모의 동의를 무시하고 친양자 입양을 성립시키는 경우에는 친생부모의 기본권이 제한되게 되고, 친생부모의 친족관계유지에 대한 기본권을 보장하기 위해 친생부모가 동의하지 않는 이상 무조건 친양자 입양이 성립되지 않는다고 보는 경우에는 친양자가 될 자의 기본권이 제한될 가능성이 발생한다. 결국 친양자 입양은 친생부모의 기본권과 친양자가 될 자의 기본권이 서로 대립·충돌하는 관계라고 볼 수 있다(헌재 2012.5.31, 2010헌바87).
③ [O] 옳은 지문이다.
④ [O] 이 사건 법률조항은 채권자에게 채권의 실효성 확보를 위한 수단으로서 채권자취소권을 인정함으로써, 채권자의 재산권과 채무자와 수익자의 일반적 행동의 자유 내지 계약의 자유 및 수익자의 재산권이 서로 충돌하게 되는바, 위와 같은 채권자와 채무자 및 수익자의 기본권들이 충돌하는 경우에 기본권의 서열이나 법익의 형량을 통하여 어느 한 쪽의 기본권을 우선시키고 다른 쪽의 기본권을 후퇴시킬 수는 없다고 할 것이다(헌재 2007.10.25, 2005헌바96).
▶ 즉, 규범조화적으로 해결

02
정답 ④

① [×] 외국에서만 주로 체류·거주하면서 대한민국과는 별다른 접점이 없는 사람도 있을 수 있는데, 심판대상법률조항은 전혀 예외를 인정하지 않고 위 시기가 경과하면 병역의무에서 벗어나는 경우에만 국적이탈이 가능하도록 규정하고 있는바, 이 결정에서 헌법재판소는 그러한 일률적인 제한에 위헌성이 있다(헌재 2020.9.24, 2016헌마889).
② [×] 공무원이 그 직무상 대한민국 국적을 상실한 자를 발견하면 지체 없이 법무부장관에게 그 사실을 통보하여야 한다(국적법 제16조 제2항).
③ [×] 특별귀화의 경우는 부모가 대한민국 국민인 자를 말하지 국민이었던 자를 말하는 것이 아니다(국적법 제7조).
④ [O]

> 국적법 제6조 【간이귀화 요건】② 배우자가 대한민국의 국민인 외국인으로서 다음 각 호의 어느 하나에 해당하는 사람은 제5조 제1호 및 제1호의2의 요건을 갖추지 아니하여도 귀화허가를 받을 수 있다.
> 2. 그 배우자와 혼인한 후 3년이 지나고 혼인한 상태로 대한민국에 1년 이상 계속하여 주소가 있는 사람

03
정답 ④

① [×] 지속가능한 국민경제의 성장은 현행 헌법에 명시되어 있지 않다.
② [×] 농지소유자가 농지를 농업경영에 이용하지 아니하여 농지처분명령을 받았음에도 불구하고 정당한 사유 없이 이를 이행하지 아니하는 경우, 당해 농지가액의 100분의 20에 상당하는 이행강제금을 그 처분명령이 이행될 때까지 매년 1회 부과할 수 있도록 한 것은 합헌이다(헌재 2010.2.25, 2010헌바39).
③ [×] 국방상 또는 국민경제상 긴절한 필요로 인하여 법률이 정하는 경우를 제외하고는 사영기업을 국유 또는 공유로 이전하거나 그 경영을 통제 또는 관리할 수 없다(헌법 제126조). 따라서 예외적으로 이전하는 것이 가능하다.
❹ [O] 헌법 제123조 제4항은 국가는 농수산물의 수급균형과 유통구조의 개선에 노력하여 가격안정을 도모함으로써 농·어민의 이익을 보호한다고 규정하고 있다.

04
정답 ④

① [×] 국고보조조항은 제8차 개헌(1980년) 때 신설되었다.
② [×] 정당조항은 제3차 개헌(1960년) 때 신설되었다.
③ [×] 제5차 개헌(1962년)인 제3공화국은 극단적인 정당국가 경향을 띠어 국회의원입후보의 무소속출마가 금지되었고, 국회의원이 당적을 이탈하거나 변경할 때에는 국회의원직이 상실되도록 하였다.

❹ [O] 정당은 그 조직과 활동이 민주적이어야 한다(제8차 개정헌법 제7조 제2항). 현행 헌법은 정당은 그 목적·조직과 활동이 민주적이어야 한다고 하여(제9차 개정헌법 제8조 제2항) 목적의 민주화가 추가되었다.

05 정답 ④

① [X] 선거인과 당선인 간에는 어떤 법률관계가 있는 것인지에 대해 견해가 대립하나, 헌법 제46조 제2항에서 "국회의원은 국가이익을 우선하여 양심에 따라 직무를 행한다."라고 규정함으로써 무기속위임의 원칙을 명백히 하고 있기에 기속위임이라는 것은 적절하지 않다.

② [X] 비례대표 전국선거구 국회의원 선거후보자 중 100분의 50 이상을 여성으로 추천하도록 하였다(정당법 제47조).

③ [X] 공직선거법은 비례대표 국회의원 선거에서 유효투표총수의 100분의 3 이상을 득표하였거나 지역구 국회의원 총선거에서 5석 이상의 의석을 차지한 각 정당에 대하여 당해 의석할당정당이 비례대표국회의원선거에서 얻은 득표비율에 따라 비례대표 국회의원 의석을 배분하도록 하였다(공직선거법 제189조 제1항).

❹ [O] 공직선거법 제25조 제2항

06 정답 ②

① [O] 지방의회의 의결에 대한 주무부장관 또는 시·도지사의 재의요구에 따른 재의결과 지방의회 재적의원 과반수의 출석과 출석의원 3분의 2 이상의 찬성으로 전과 같은 의결을 하는 경우, 지방자치단체의 장은 재의결된 사항이 법령에 위반된다고 판단되는 때에는 대법원에 소를 제기할 수 있다.

❷ [X] 자치제도의 보장은 지방자치단체에 의한 자치행정을 일반적으로 보장한다는 것뿐이고 특정 자치단체의 존속을 보장한다는 것은 아니다(헌재 1996.3.23, 94헌마175).

③ [O] 지방의회의원과 지방자치단체장을 선출하는 지방선거는 지방자치단체의 기관을 구성하고 그 기관의 각종 행위에 정당성을 부여하는 행위라 할 것이므로 지방선거사무는 지방자치단체의 존립을 위한 자치사무에 해당한다(헌재 2008.6.26, 2005헌라7).

④ [O] 제4공화국은 조국의 통일이 될 때까지, 제5공화국은 재정 자립도를 고려하여 지방자치를 실시한다고 규정하였다.

07 정답 ③

① [O] 사인 간 기본권 충돌의 경우 입법자에 의한 규제와 개입은 개별 기본권 주체에 대한 기본권 제한의 방식으로 흔하게 나타나며, 노사관계의 경우도 마찬가지이다. 예컨대, 사용자와 근로자는 근로계약 체결단계에서부터 계약상 의무 위반에 이르기까지 근로기준법, 최저임금법 등 노동 관계법령에 의한 국가적 개입을 받고 있으며, 이러한 국가의 개입이 기본권을 침해하는지 여부가 문제될 수는 있으나, 사적 계약관계라는 이유로 국가가 개입할 수 없다고 볼 것은 아니다(헌재 2022.5.26., 2012헌바66).

② [O] 간접적용설을 취하는 경우에도 모든 기본권이 다 간접적용되어야 한다고 보지는 않는다.

❸ [X] 전체 법질서의 통일성과 사법질서의 독자성을 동시에 존중하고자 하는 입장에서, 헌법은 최고법이므로 모든 법은 헌법의 테두리 내에서만 타당하며 사법도 예외일 수 없다는 기초에서 출발하는 이론은 간접적용설에 대한 설명이다.

④ [O] 무죄추정이나 영장주의 등은 처음부터 국가에 대한 문제로 제3자효가 논의되기 어렵다.

08 정답 ④

① [X] 동물장묘업 등록에 관하여 다른 지역적 제한사유를 규정하지 않았다는 사정만으로 청구인들의 환경권을 보호하기 위한 입법자의 의무를 과소하게 이행하였다고 평가할 수는 없다(헌재 2020.3.26, 2017헌마1281).

② [X] 형벌은 국가가 취할 수 있는 유효적절한 수많은 수단 중의 하나일 뿐이지, 결코 형벌까지 동원해야만 보호법익을 유효적절하게 보호할 수 있다는 의미의 최종적인 유일한 수단이 될 수는 없다 할 것이다. 따라서 이 사건 법률조항은 국가의 기본권보호의무의 위반 여부에 관한 심사기준인 과소보호금지의 원칙에 위반한 것이라고 볼 수 없다(헌재 2009.2.26, 2005헌마764).

③ [X] 이 사건 법률조항이 교통사고로 인한 피해자에게 중상해가 아닌 상해의 결과만을 야기한 경우 가해운전자에 대하여 가해차량이 종합보험 등에 가입되어 있음을 이유로 공소를 제기하지 못하도록 규정한 한도 내에서는, 그 제정목적인 교통사고로 인한 피해의 신속한 회복을 촉진하고 국민생활의 편익을 도모하려는 공익과 동 법률조항으로 인하여 침해되는 피해자의 재판절차에서의 진술권과 비교할 때 상당한 정도 균형을 유지하고 있으며, 단서조항에 해당하지 않는 교통사고의 경우에는 대부분 가해 운전자의 주의의무태만에 대한 비난가능성이 높지 아니하고, 경미한 교통사고피의자에 대하여는 비형벌화하려는 세계적인 추세 등에 비추어도 위와 같은 목적의 정당성, 방법의 적절성, 피해의 최소성, 이익의 균형성을 갖추었으므로 과잉금지의 원칙에 반하지 않는다(헌재 2009.2.26, 2005헌마764).

❹ [O] 보상금 등 지급결정에 동의한 때 재판상 화해의 성립을 간주하는 것은 재판청구권을 침해하지 않으나, 민주화보상법상 보상금에는 정신적 손해에 대한 배상이 포함되어 있지 않은 것은 국가의 기본권보호의무를 규정한 헌법 취지에 반하는 것이다(헌재 2018.8.30, 2014헌바180).

09 정답 ①

❶ [X] 평화적 생존권을 헌법에 열거되지 아니한 기본권으로 특별히 새롭게 인정할 필요성이 있다거나 그 권리내용이 비교적 명확하여 구체적 권리로서의 실질에 부합한다고 보기 어렵다 할 것이다. 따라서 평화적 생존권은 헌법상 보장되는 기본권이라고 할 수는 없다 할 것이다(헌재 2009.5.28, 2007헌마369).

② [O] 헌법이 보호하는 명예권은 그 기본권 주체가 가지고 있는 인격과 명예가 부당하게 훼손되는 것의 배제를 청구할 권리이

지, 국가가 기본권 주체에게 최대한의 사회적 평가를 부여하도록 국가에게 요청할 권리라고 볼 수는 없다(헌재 2014.6.26. 2012헌마757).
③ [O] '카메라나 그 밖에 이와 유사한 기능을 갖춘 기계장치를 이용하여 성적 욕망 또는 수치심을 유발할 수 있는 다른 사람의 신체를 그 의사에 반하여 촬영한 자'를 형사처벌하는 법률규정은, 행위자의 일반적 행동자유권을 제한하지만 과잉금지원칙에 위배되지는 않는다(헌재 2016.12.29. 2016헌바153).
④ [O] 음식물 찌꺼기 등이 하수도로 바로 배출되더라도 이를 적절히 처리할 수 있는 하수도 시설을 갖추는 등 주방용오물분쇄기의 판매와 사용을 허용할 수 있는 사회적 기반시설이 갖추어져 있다고 보기 어렵기 때문에 이는 청구인들의 일반적 행동자유권, 직업의 자유를 침해하지 않는다(헌재 2018.6.28. 2016헌마1151).

10
정답 ③

① [O] 국가보안법 위반죄 등 일부 범죄혐의자를 법관의 영장 없이 구속, 압수, 수색할 수 있도록 규정하고 있던 구 인신구속 등에 관한 임시 특례법 조항은 영장주의에 위배된다(헌재 2012.12.27. 2011헌가5).
② [O] 형의 집행 및 수용자의 처우에 관한 법률 중 '미결수용자의 접견내용의 녹음·녹화'에 관한 부분에 따라 접견내용을 녹음·녹화하는 것은 직접적으로 물리적 강제력을 수반하는 강제처분이 아니므로 영장주의가 적용되지 않아 영장주의에 위배된다고 할 수 없다(헌재 2016.11.24. 2013헌바190).
❸ [X] 인터넷회선 감청은 서버에 저장된 정보가 아니라, 인터넷상에서 발신되어 수신되기까지의 과정 중에 수집되는 정보, 즉 전송 중인 정보의 수집을 위한 수사이므로, 압수·수색과 구별된다(헌재 2018.8.30. 2016헌마263).
④ [O] 압수·수색시 영장주의는 규정되어 있으나, 사전통지나 참여권 보장이 헌법에 명문으로 규정되어 있는 것은 아니다.

11
정답 ①

❶ [O] 통신비밀보호법상 "공개되지 아니한 타인 간의 대화를 녹음 또는 청취하지 못한다."라는 규정의 취지는 대화에 원래부터 참여하지 않는 제3자가 그 대화를 하는 타인들 간의 발언을 녹음해서는 아니된다는 것이다(대판 2006.10.12. 2006도4981).
② [X] 통신제한조치기간의 연장을 허가함에 있어 총연장기간 또는 총연장횟수의 제한이 없을 경우 수사와 전혀 관계없는 개인의 내밀한 사생활의 비밀이 침해당할 우려도 심히 크기 때문에 기본권 제한의 법익균형성 요건도 갖추지 못하였다. 따라서 이 사건 법률조항은 헌법에 위반된다 할 것이다(헌재결 2010.12.28. 2009헌가30).
③ [X] 인터넷회선 감청의 특성을 고려하여 그 집행 단계나 집행 이후에 수사기관의 권한남용을 통제하고 관련 기본권의 침해를 최소화하기 위한 제도적 조치가 제대로 마련되어 있지 않은 상태에서, 범죄수사 목적을 이유로 인터넷회선 감청을 통신제한조치 허가 대상 중 하나로 정하고 있으므로 이는 헌법에 위반된다(헌재 2018.8.30. 2016헌마263).

④ [X] 개인정보자기결정권, 통신의 자유가 제한되는 불이익과 비교했을 때, 명의도용피해를 막고, 차명휴대전화의 생성을 억제하여 보이스피싱 등 범죄의 범행도구로 악용될 가능성을 방지함으로써 잠재적 범죄 피해 방지 및 통신망 질서 유지라는 더욱 중대한 공익의 달성효과가 인정된다(헌재 2019.9.26. 2017헌마1209).

12
정답 ③

① [O] 집회 및 시위에 관한 법률 제9조 제1항
② [O] 집회·시위 등 현장에서 집회·시위 참가자에 대한 사진이나 영상촬영 등의 행위는 집회·시위 참가자들에게 심리적 부담으로 작용하여 여론형성 및 민주적 토론절차에 영향을 주고 집회의 자유를 전체적으로 위축시키는 결과를 가져올 수 있으므로 집회의 자유를 제한한다(헌재 2018.8.30. 2014헌마843).
❸ [X] 심판대상조항은 대통령 관저 인근 일대를 광범위하게 집회금지장소로 설정함으로써, 집회가 금지될 필요가 없는 장소까지도 집회금지장소에 포함되게 한다. 대규모 집회 또는 시위로 확산될 우려가 없는 소규모 집회의 경우, 심판대상조항에 의하여 보호되는 법익에 대해 직접적인 위험이 발생할 가능성은 상대적으로 낮다. 나아가 '대통령 등의 안전이나 대통령 관저 출입과 직접적 관련이 없는 장소'에서 '소규모 집회'가 열릴 경우에는, 이러한 위험성은 더욱 낮아진다. 결국 심판대상조항은 법익에 대한 위험 상황이 구체적으로 존재하지 않는 집회까지도 예외 없이 금지하고 있다(헌재 2022.12.22. 2018헌바48). 따라서 헌법에 위반된다.
④ [O] 집회의 금지와 해산은 집회의 자유를 보다 적게 제한하는 다른 수단, 즉 조건(예컨대 시위참가자수의 제한, 시위대상과의 거리 제한, 시위방법, 시기, 소요시간의 제한 등)을 붙여 집회를 허용하는 가능성을 모두 소진한 후에 비로소 고려될 수 있는 최종적인 수단이다(헌재 2003.10.30. 2000헌바67).

13
정답 ③

① [X] 세무사 자격 보유 변호사에게 그 전문성과 능력이 인정되는 점, 세무조정업무는 세무사의 업무 중 가장 핵심적인 업무에 속하는 점 등을 고려할 때, 심판대상조항이 세무사 자격 보유 변호사에 대하여 세무조정업무를 일체 수행할 수 없도록 전면 금지하는 것은 세무사 자격 부여의 의미를 상실시키는 것일 뿐만 아니라, 세무사 자격에 기한 직업선택의 자유를 지나치게 제한하는 것이다(헌재 2018.4.26. 2016헌마116).
② [X] 심판대상조항은 청원경찰이 저지른 범죄의 종류나 내용을 불문하고 금고 이상의 형의 선고유예를 받게 되면 당연히 퇴직되도록 규정함으로써 청원경찰에게 공무원보다 더 가혹한 제재를 가하고 있으므로, 침해의 최소성원칙에 위배된다. 심판대상조항은 청원경찰이 저지른 범죄의 종류나 내용을 불문하고 범죄행위로 금고 이상의 형의 선고유예를 받게 되면 당연히 퇴직되도록 규정함으로써 그것이 달성하려는 공익의 비중에도 불구하고 청원경찰의 직업의 자유를 과도하게 제한하고 있어 법익의 균형성 원칙에도 위배된다. 따라서, 심판대상조항은 과잉금지원칙에 반하여 직업의 자유를 침해한다(헌재 2018.1.25. 2017헌가26).

❸ [O] 성인대상 성범죄로 형을 선고받아 확정된 자가 그 형의 집행을 종료한 날부터 10년 동안 아동·청소년 관련 교육기관 등을 운영하거나 위 기관에 취업할 수 없도록 한 것은 성인대상 성범죄로 형을 선고받아 확정된 자의 직업선택의 자유를 침해한다(헌재 2016.7.28, 2013헌마436).

④ [×] '직업'의 개념에 비추어 보면 비록 학업 수행이 청구인과 같은 대학생의 본업이라 하더라도 방학기간을 이용하여 또는 휴학 중에 학비 등을 벌기 위해 학원강사로서 일하는 행위는 어느 정도 계속성을 띤 소득활동으로서 직업의 자유의 보호영역에 속한다고 봄이 상당하다(헌재 2003.9.25, 2002헌마519).

14   정답 ④

① [O] 형사재판에 있어 범죄사실의 확정과 책임은 행위시를 기준으로 하지만, 재판권 유무는 원칙적으로 재판 시점을 기준으로 해야 하며, 형사재판은 유죄인정과 양형이 복합되어 있는데 양형은 일반적으로 재판받을 당시, 즉 선고시점의 피고인의 군인신분을 주요 고려 요소로 해 군의 특수성을 반영할 수 있어야 하므로, 이러한 양형은 군사법원에서 담당하도록 하는 것이 타당하다. 나아가 군사법원의 상고심은 대법원에서 관할하고 군사법원에 관한 내부규율을 정함에 있어서도 대법원이 종국적인 관여를 하고 있으므로 이 사건 법률조항이 군사법원의 재판권과 군인의 재판청구권을 형성함에 있어 그 재량의 헌법적 한계를 벗어났다고 볼 수 없다(헌재 2009.7.30, 2008헌바162).

② [O] 대량적·반복적으로 행해지는 처분이라는 점에서도 행정심판에 의하여 행정의 통일성을 확보할 필요성이 인정된다. 따라서 이 사건 법률조항은 국민의 재판청구권을 과도하게 침해하는 위헌인 규정이라 할 수 없다(헌재 2002.10.31, 2001헌바40).

③ [O] 민사소송법 제98조가 소송당사자의 실효적인 권리구제를 보장하고, 남소와 남상소를 방지하기 위해 원칙적으로 패소한 당사자에게 소송비용을 부담시키는 것은 합리적인 이유가 인정된다. 또한 민사소송법 제99조 내지 제101조는 소송비용의 패소자부담원칙에 일정한 예외를 인정하고, 민사소송법, 민사소송비용법, 대법원규칙 등에서 소송비용의 범위와 액수를 한정하며, 소송비용 확정결정에 대한 즉시항고제도나 소송구조제도를 두어 기본권 제한을 최소화하고 있으므로 재판청구권을 과도하게 제한한다고 볼 수 없다(헌재 2013.5.30, 2012헌바335).

❹ [×] 신속한 재판을 받을 권리의 실현을 위해서는 구체적인 입법형성이 필요하며, 다른 사법절차적 기본권에 비하여 폭넓은 입법재량이 허용된다. 특히 신속한 재판을 위해서 적정한 판결선고기일을 정하는 것은 법률상 쟁점의 난이도, 개별사건의 특수상황, 접수된 사건량 등 여러 가지 요소를 복합적으로 고려하여 결정되어야 할 사항인데, 이때 관할 법원에게는 광범위한 재량권이 부여된다. 따라서 법률에 의한 구체적 형성 없이는 신속한 재판을 위한 어떤 직접적이고 구체적인 청구권이 발생하지 아니한다. 따라서 피청구인들이 위 보안처분들의 효력만료 전까지 판결을 선고해야 할 구체적인 의무가 헌법상으로 직접 도출된다고는 볼 수 없다[헌재 1999.9.16, 98헌마75 - 재판지연 위헌확인(각하)].

15   정답 ③

① [×] 헌법상 형사보상청구권은 국가의 형사사법절차에 내재하는 불가피한 위험에 의하여 국민의 신체의 자유에 관하여 피해가 발생한 경우 형사사법기관의 귀책사유를 따지지 않고 국가에 대하여 정당한 보상을 청구할 수 있는 권리로서, 실질적으로 국민의 신체의 자유와 밀접하게 관련된 중대한 기본권이다(헌재 2022.2.24, 2018헌마998 등).

▶ 본인의 귀책사유는 따지지만 국가기관, 즉 형사사법기관의 귀책사유는 따지지 않는다. 꼭 구별해야 하는 문제이다.

② [×] 형사보상청구권의 주체가 청구를 하지 않고 사망한 경우 상속인이 청구를 할 수는 있다(형사보상법 제3조 제1항).

❸ [O]

> 형사보상법 제4조 【보상하지 아니할 수 있는 경우】 다음 각 호의 어느 하나에 해당하는 경우에는 법원은 재량으로 보상청구의 전부 또는 일부를 기각할 수 있다.
> 1. 형법 제9조 및 제10조 제1항의 사유로 무죄재판을 받은 경우

④ [×] 형사피고인으로서 구금되었던 자가 법률이 정한 무죄판결을 받은 경우에 국가에 대하여 물질적·정신적 피해에 대한 정당한 보상을 청구할 수 있는 권리를 보장하여 국가의 형사사법작용에 의하여 신체의 자유가 침해된 국민에게 그 구제를 인정하여 국민의 기본권 보호를 강화하는 데 그 목적이 있다. 즉, 신체의 자유와 관련된 중대한 기본권이라고 할 것이다(헌재 2010.7.29, 2008헌가4).

16   정답 ①

❶ [×] 헌법 제32조 제1항이 규정한 근로의 권리는 근로자를 개인의 차원에서 보호하기 위한 권리로서 개인인 근로자가 그 주체가 되는 것이고 노동조합은 그 주체가 될 수 없다(헌재 2009.2.26, 2007헌바27).

② [O] 근로관계 종료 전 사용자로 하여금 근로자에게 해고예고를 하도록 하는 것은 개별 근로자의 인간 존엄성을 보장하기 위한 최소한의 근로조건 가운데 하나에 해당하므로, 해고예고에 관한 권리는 근로의 권리의 내용에 포함된다(헌재 2015.12.23, 2014헌바3).

③ [O] 행정관청의 설립신고서 수리 여부에 대한 결정은 재량 사항이 아니라 의무 사항으로 그 요건 충족이 확인되면 설립신고서를 수리하고 그 신고증을 교부하여야 한다는 점에서 단체의 설립 여부 자체를 사전에 심사하여 특정한 경우에 한해서만 그 설립을 허용하는 '허가'와는 다르다. 따라서 이 사건 법률조항의 노동조합 설립신고서 반려제도가 헌법 제21조 제2항 후단에서 금지하는 결사에 대한 허가제라고 볼 수 없다(헌재 2012.3.29, 2011헌바53).

④ [O] 노동관계 당사자가 쟁의행위를 함에 있어서는 그 목적, 방법 및 절차상의 한계를 벗어나지 아니한 범위 안에서 관계자들의 민사상 및 형사상 책임이 면제된다(헌재 1990.1.15, 89헌가103).

❶ [O] 병역의무의 이행으로 말미암아 불이익한 처우를 받게 되는 것이라 아니할 수 없어 이의 금지를 규정한 헌법 제39조 제2항에 위반된다(헌재 1989.11.20, 89헌가102).

② [×] 청구인이 주장하는 재정사용의 합법성과 타당성을 감시하는 납세자의 권리를 헌법에 열거되지 않은 기본권으로 볼 수 없으므로 그에 대한 침해의 가능성 역시 인정될 수 없다(헌재 2005.11.24, 2005헌마579).

③ [×] 이 사건 공고는 현역군인 신분자에게 다른 직종의 시험응시 기회를 제한하고 있으나 이는 병역의무 그 자체를 이행하느라 받는 불이익으로서 병역의무 중에 입는 불이익에 해당될 뿐, 병역의무의 이행을 이유로 한 불이익은 아니므로 이 사건 공고로 인하여 현역군인이 타 직종에 시험응시를 하지 못하는 것은 헌법 제39조 제2항에서 금지하는 '불이익한 처우'라 볼 수 없다(헌재 2007.5.31, 2006헌마627).

④ [×] 이는 국방의 의무를 이행하느라 입는 불이익이라고 할 수는 있을지언정, 이를 가리켜 병역의무의 이행으로 불이익한 처우를 받는 것이라고는 할 수 없다(헌재 1999.2.25, 97헌바3).

① [O] 헌법은 제26조 제2항에서 청원에 대한 수리와 심사의 의무만을 국가의 의무로 규정하고 있으나, 청원법에서는 그 결과를 청원인에게 통지할 의무까지 규정하고 있다(청원법 제9조). 다만, 그에 대한 재결이나 결정할 의무까지 있는 것은 아니고, 또한 처리결과를 통지할 경우에 법률에 특별한 규정이 없는 한 처리이유까지 밝혀야 할 필요는 없다.

② [O] 청원기관의 장은 공개청원의 공개결정일부터 30일간 청원사항에 관하여 국민의 의견을 들어야 한다(청원법 제13조 제2항).

❸ [×] 청원은 청원인의 성명(법인인 경우에는 명칭 및 대표자의 성명을 말한다)과 주소 또는 거소를 기재하고 서명한 문서(전자정부법에 의한 전자문서를 포함한다)로 하여야 한다(청원법 제6조 제항).

④ [O] 국회가 '민원처리장화'되는 것을 방지하기 위하여 적절한 수단을 선택할 수 있다 할 것이므로 의원의 소개를 청원서 제출의 요건으로 규정하여 의원의 소개를 얻은 민원은 일반의안과 같이 처리하고, 그 외 의원의 소개를 얻지 못한 민원은 진정으로 처리하는 방식을 택하는 것은 입법자에게 부여된 입법재량이라 할 것이다. 그렇다면 이 사건 법률조항은 입법형성의 재량의 범위를 넘어 기본권을 침해하였다고 볼 수 없다(헌재 2006.6.29, 2005헌마604).

① [O] 노동조합으로 하여금 행정관청이 요구하는 경우 결산결과와 운영상황을 보고하도록 하고 그 위반시 과태료에 처하도록 하는 것은 노동조합의 단결권을 침해하지 않는다(헌재 2013.7.25, 2012헌바116).

❷ [×] 특수경비원 업무의 강한 공공성과 특히 특수경비원은 소총과 권총 등 무기를 휴대한 상태로 근무할 수 있는 특수성 등을 감안할 때, 특수경비원의 신분이 공무원이 아닌 일반근로자라는 점에만 치중하여 특수경비원에게 근로3권 즉 단결권, 단체교섭권, 단체행동권 모두를 인정하여야 한다고 보기는 어렵고, 적어도 특수경비원에 대하여 단결권, 단체교섭권에 대한 제한은 전혀 두지 아니하면서 단체행동권 중 '경비업무의 정상적인 운영을 저해하는 일체의 쟁의행위'만을 금지하는 것은 입법목적 달성에 필요불가결한 최소한의 수단이라고 할 것이어서 … 과잉금지원칙에 위배되지 아니하므로 헌법에 위반되지 아니한다(헌재 2009.10.29, 2007헌마1359).

③ [O] 국가비상사태하에서라도 단체교섭권 · 단체행동권이 제한되는 근로자의 범위를 구체적으로 제한함이 없이 그 허용 여부를 주무관청의 조정결정에 포괄적으로 위임하고 이에 위반할 경우 형사처벌하도록 규정하는 것은 모든 근로자의 단체교섭권 · 단체행동권을 사실상 전면적으로 부정하는 것으로서 헌법에 규정된 근로3권의 본질적 내용을 침해하는 것이다(헌재 2015.3.26, 2014헌가5).

④ [O] 노동조합 및 노동관계조정법상의 근로자성이 인정되는 한, 출입국관리법령에 의하여 취업활동을 할 수 있는 체류자격을 얻지 아니한 외국인 근로자도 노동조합의 결성 및 가입이 허용되는 근로자에 해당된다(대판 2015.6.25, 2007두4995).

① [O] 흡연권은 인간의 존엄과 행복추구권을 규정한 헌법 제10조와 사생활의 자유를 규정한 헌법 제17조에 의하여 뒷받침된다. 그러므로 제9조, 제12조, 제34조 제1항과는 무관하다. … 혐연권은 헌법 제17조, 제10조, 건강권과 생명권에서 그 헌법적 근거를 찾을 수 있다(헌재 2004.8.26, 2003헌마457).

❷ [×] 흡연권은 사생활의 자유를 실질적 핵으로 하는 것이고 혐연권은 사생활의 자유뿐 아니라 생명권에까지 연결되는 것이므로 흡연권이 혐연권보다 상위의 기본권이라 할 수 있다. 이처럼 상하의 위계질서가 있는 기본권끼리 충돌하는 경우에는 상위기본권우선의 원칙에 따라 하위기본권이 제한될 수 있으므로, 결국 흡연권은 혐연권을 침해하지 않는 한에서 인정되어야 한다(헌재 2004.8.26, 2003헌마457).

③ [O] 국민은 헌법 제36조 제3항이 규정한 보건권에 기하여 국가로 하여금 흡연을 규제하도록 요구할 권리가 있으므로, 흡연에 대한 제한은 국가의 의무라고까지 할 수 있다. 따라서 국민의 건강과 혐연권을 보장하기 위하여 흡연권을 제한하는 것은 합리적인 이유가 있다 할 것이므로 평등권을 침해하였다고 할 수 없다(헌재 2004.8.26, 2003헌마457).

④ [O] 이 사건 조문은 국민의 건강을 보호하기 위한 것으로서(국민건강증진법 제1조 및 국민건강증진법시행규칙 제1조 참조) 목적의 정당성을 인정할 수 있고, 흡연자와 비흡연자가 생활을 공유하는 곳에서 일정한 내용의 금연구역을 설정하는 것은 위 목적의 달성을 위하여 효과적이고 적절하여 방법의 적정성도 인정할 수 있다. 또한 이 사건 조문으로 달성하려고 하는 공익(국민의 건강)이 제한되는 사익(흡연권)보다 크기 때문에 법익균형성도 인정된다(헌재 2004.8.26, 2003헌마457).

정답

p.48

01	④	02	③	03	①	04	④	05	③
06	③	07	①	08	①	09	④	10	①
11	①	12	③	13	②	14	③	15	①
16	③	17	③	18	③	19	③	20	④

01
정답 ④

① [O] 현행 헌법은 직접 명문규정은 없으나 국가의 최고규범이다. 따라서 하위법에 대해 존재근거인 동시에 효력근거가 된다.

② [O] 미국이나 일본은 명문으로 인정하고 있지만, 우리나라는 직접 명문으로 인정하고 있지는 않다.

③ [O] 위헌법률심사, 국가창설, 경성헌법 등은 헌법의 최고규범성을 관철 또는 강화하기 위한 제도이다.

❹ [X] 헌법은 국가를 창설하는 기능을 가지므로 최고규범성을 갖는다.

02
정답 ③

① [O] 대법원장과 대법관은 법관의 자격이 있는 자로써 조직되는 선거인단이 이를 선거하고 대통령이 확인한다(제3차 개정헌법 제78조).

② [O] 1962년 헌법 제119조 제1항

❸ [X] 범죄피해자구조청구권이 새로 도입된 것은 1980년 헌법이 아니라 현행 헌법, 즉 1987년 헌법이다.

④ [O] 헌법에 감사원이 처음 도입된 것은 제3공화국 1962년 제5차 개정부터이다. 건국헌법에는 감사원에 관한 규정이 존재하지 않았다.

03
정답 ①

❶ [X] 공소시효가 아직 완성되지 않은 경우 부진정소급효를 갖게 되는데 이 경우는 공소시효제도에 근거한 개인의 신뢰와 공소시효의 연장을 통하여 달성하려는 공익을 비교형량하여 공익이 개인의 신뢰보호이익에 우선하는 경우에는 소급효를 갖는 법률도 헌법상 정당화될 수 있다[헌재 1996.2.16, 96헌바7 · 13(병합)].
　▶ 그런데 대부분의 부진정소급효의 경우는 합헌이 나오고 있다.

② [O] 청구인들의 변리사자격 부여에 대한 신뢰는 보호할 필요성이 있는 합리적이고도 정당한 신뢰라 할 것이고, 위 변리사법 제

3조 제1항 등의 개정으로 말미암아 청구인들이 입게 된 불이익의 정도, 즉 신뢰이익의 침해 정도는 중대하다고 아니할 수 없는 반면, 청구인들의 신뢰이익을 침해함으로써 일반 응시자와의 형평을 제고한다는 공익은 위와 같은 신뢰이익 제한을 헌법적으로 정당화할 만한 사유라고 보기 어렵다. 그러므로 기존 특허청 경력공무원 중 일부에게만 구법 규정을 적용하여 변리사자격이 부여되도록 규정한 위 변리사법 부칙 제3항은 충분한 공익적 목적이 인정되지 아니함에도 청구인들의 기대가치 내지 신뢰이익을 과도하게 침해한 것으로서 헌법에 위반된다[헌재 2001.9.27, 2000헌마208 · 501(병합)].

③ [O] 노역장유치조항은 1억원 이상의 벌금형을 선고받는 자에 대하여 유치기간의 하한을 중하게 변경시킨 것이므로, 이 조항 시행 전에 행한 범죄행위에 대해서는 범죄행위 당시에 존재하였던 법률을 적용하여야 한다. 그런데 부칙조항은 노역장유치조항의 시행 전에 행해진 범죄행위에 대해서도 공소제기의 시기가 노역장유치조항의 시행 이후이면 이를 적용하도록 하고 있으므로, 이는 범죄행위 당시 보다 불이익한 법률을 소급 적용하도록 하는 것으로서 헌법상 형벌불소급원칙에 위반된다(헌재 2017.10.26, 2015헌바239 등).

④ [O] 기존의 법에 의하여 형성되어 이미 굳어진 개인의 법적 지위를 사후입법을 통하여 박탈하는 것 등을 내용으로 하는 진정소급입법은 개인의 신뢰보호와 법적 안정성을 내용으로 하는 법치국가원리에 의하여 특단의 사정이 없는 한 헌법적으로 허용되지 아니하는 것이 원칙이며, 진정소급입법이 허용되는 예외적인 경우로는 일반적으로 국민이 소급입법을 예상할 수 있었거나 법적상태가 불확실하고 혼란스러웠거나 하여 보호할 만한 신뢰의 이익이 적은 경우와 소급입법에 의한 당사자의 손실이 없거나 아주 경미한 경우, 그리고 신뢰보호의 요청에 우선하는 심히 중대한 공익상의 사유가 소급입법을 정당화하는 경우 등을 들 수 있다(헌재 1998.9.30, 97헌바38).

① [O] 헌법상 영토에 관한 권리를 영토권이라 구성하여 헌법소원의 대상인 기본권으로 간주하는 것은 가능하다(헌재 2001.3.21. 99헌마139 등).

② [O] 중요 조약의 국회동의를 규정한 헌법 제60조 제1항 자체로부터 개별적인 국민들의 특정한 주관적 권리의 보장을 이끌어 낼 수는 없다.

③ [O] 국제노동기구 산하 '결사의 자유위원회'의 권고는 국내법과 같은 효력이 있거나 일반적으로 승인된 국제법규라고 볼 수 없다(헌재 2014.5.29. 2010헌마606).

❹ [×] 강제노동의 폐지에 관한 국제노동기구(ILO)의 제105호 조약은 우리나라가 비준한 바가 없고, 헌법 제6조 제1항에서 말하는 일반적으로 승인된 국제법규로서 헌법적 효력을 가지는 것이라고 볼 만한 근거도 없다(헌재 1998.7.16. 97헌바23).

❸ [×] 헌법재판소에 의해 강제해산된 정당의 의원직 상실과 관련해서 현행법은 따로 존재하지 않으나, 판례는 상실한다고 판시하였다.

구분	중선위에 의해 등록취소	헌재에 의해 강제해산
근거	헌법 제8조 제2항	헌법 제8조 제4항
사유	형식적 요건 미구비	민주적 기본질서 위배
기존 명칭 사용	가능	불가능
유사정당 설립	가능	불가능
잔여재산	1차 당헌, 나머지 국고	국고
소속의원	무소속 자격유지	학설대립
법원제소	가능	불가능

① [×] 정부는 이 사건 폐지법률안을 국회에 제출하기에 앞서 행정절차법 제41조와 법제업무운영규정 제15조에 따라 입법예고를 통해 이해당사자는 물론 전 국민에게 세무대학 폐지의 의사를 미리 공표하였으며, 헌법 제89조에 따라 국무회의의 심의를 거치는 등 헌법과 법률이 정한 절차와 방법을 준수하였다. 따라서 국회가 이 사건 폐지법을 제정하는 과정절차를 거치지 않았다고 해서 그것만으로 곧 헌법 제12조의 적법절차를 위반하였다고 볼 수는 없다(헌재 2001.2.22. 99헌마613).

② [×] 행정절차상 강제처분에 의해 중립적인 기관이 이를 통제하도록 하는 것은 적법절차원칙의 중요한 내용에 해당한다. 심판대상조항에 의한 보호는 신체의 자유를 제한하는 정도가 박탈에 이르러 형사절차상 '체포 또는 구속'에 준하는 것으로 볼 수 있는 점을 고려하면, 보호의 개시 또는 연장 단계에서 그 집행기관인 출입국관리공무원으로부터 독립되고 중립적인 지위에 있는 기관이 보호의 타당성을 심사하여 이를 통제할 수 있어야 한다(헌재 2023.3.23. 2020헌가1 등).

▶ 이 문제도 상당히 조심해야 한다. 과거 기출은 대부분 신체의 자유를 침해한다 쪽이었는데… 이번엔 왜 침해인가? 즉, 이유를 묻고 있다.

❸ [O] 심판대상조항에 따른 출국금지결정은 성질상 신속성과 밀행성을 요하므로, 출국금지 대상자에게 사전통지를 하거나 청문을 실시하도록 한다면 국가 형벌권 확보라는 출국금지제도의 목적을 달성하는 데 지장을 초래할 우려가 있다. 나아가 출국금지 후 즉시 서면으로 통지하도록 하고 있고, 이의신청이나 행정소송을 통하여 출국금지결정에 대해 사후적으로 다툴 수 있는 기회를 제공하여 절차적 참여를 보장해 주고 있으므로 적법절차원칙에 위배된다고 보기 어렵다(헌재 2015.9.24. 2012헌바302).

④ [×] 효율적인 수사와 정보수집의 신속성, 밀행성 등의 필요성을 고려하여 사전에 정보주체인 이용자에게 그 내역을 통지하도록 하는 것이 적절하지 않다면 수사기관 등이 통신자료를 취득한 이후에 수사 등 정보수집의 목적에 방해가 되지 않는 범위 내에서 통신자료의 취득사실을 이용자에게 통지하는 것이 얼마든지 가능하다. 그럼에도 이 사건 법률조항은 통신자료 취득에 대한 사후통지절차를 두지 않아 적법절차원칙에 위배된다(헌재 2022.7.21. 2016헌마388 등).

❶ [×] 국회의원이나 교섭단체에게 부여된 질의권, 토론권 및 표결권 등 각종 권한은 그들이 국회의 구성원으로서 국회의 의안처리 과정에서 행사할 수 있는 권한이다(헌재 1995.2.23. 90헌라1). 즉, 권리가 아니다. 따라서 국회 구성원, 즉 국가기관의 지위에서는 기본권 주체가 될 수 없다.

② [O] 검사가 발부한 형집행장에 의하여 검거된 벌금미납자의 신병에 관한 업무와 관련하여 경찰공무원인 청구인에게 헌법소원을 제기할 청구인적격이 인정되지 않는다(헌재 2009.3.24. 2009헌마118).

③ [O] 축협중앙회는 공법인성과 사법인성을 겸유한 특수한 법인으로서 이 사건에서 기본권(결사의 자유)의 주체가 될 수 있다(헌재 2000.6.1. 99헌마553).

④ [O] 순수하게 직무상의 권한행사와 관련된 것이라기보다는 공직의 상실이라는 개인적인 불이익과 연관된 공무담임권을 다투고 있으므로, 이 사건에서 청구인에게는 기본권의 주체성이 인정된다 할 것이다(헌재 2009.3.26. 2007헌마843).

❶ [×] 중요한 판례 중 하나로 꼽혔던 사형제도 판례(헌재 2010.2.25. 2008헌가23)로, 지문은 반대의견이다.

② [O] 국토이용관리법 제21조의3 제1항의 토지거래허가제는 사유재산제도의 부정이 아니라 그 제한의 한 형태이고 토지의 투기적 거래의 억제를 위하여 그 처분을 제한함은 부득이한 것이므로 재산권의 본질적인 침해가 아니며, 헌법상의 경제조항에도 위배되지 아니하고 현재의 상황에서 이러한 제한수단의 선택이 헌법상의 비례의 원칙이나 과잉금지의 원칙에 위배된다고 할 수도 없다(헌재 1989.12.22. 88헌가13).

③ [O] 유신헌법에서 최초로 규정된 국가안전보장은 국가의 독립과 영토의 보전, 헌법과 법률의 규범력과 헌법기관의 유지 등 국가적 안전의 확보를 말한다.

④ [O] 개별적 헌법유보란 헌법이 직접 특정의 기본권을 제한하는 것을 말한다. 대표적으로 헌법 제29조 제2항의 이중배상금지나 헌법 제33조 제2항·제3항의 근로3권 제한 등을 들 수 있다.

09 정답 ④

① [×] 담배제조자가 면세담배를 용도 외로 사용하는지 여부에 관하여 이를 관리하거나 감독할 수 있는 법적 권리나 의무는 존재하지 않는 것으로 자신의 통제권 내지 결정권이 미치지 않는데 대하여까지 책임을 지게 하는 것은 자기책임의 원리에 부합한다고 보기 어렵다고 판시하였다(헌재 2004.6.24, 2002헌가27).

② [×] 장애인 준강간죄의 보호법익의 중요성, 죄질, 행위자 책임의 정도 및 일반예방이라는 형사정책의 측면 등 여러 요소를 고려하여 본다면, 입법자가 형법상 준강간죄나 장애인 위계 등 간음죄(성폭력처벌법 제6조 제5항)의 법정형보다 무거운 '무기 또는 7년 이상의 징역'이라는 비교적 중한 법정형을 정하여, 법관의 작량감경만으로는 집행유예를 선고하지 못하도록 입법적 결단을 내린 것에는 나름대로 수긍할 만한 합리적인 이유가 있는 것이고, 그것이 범죄의 죄질 및 행위자의 책임에 비하여 지나치게 가혹하다고 할 수 없다. 따라서 심판대상조항은 책임과 형벌의 비례원칙에 위배되지 아니한다(헌재 2016.11.24, 2015헌바136).

③ [×] 자신의 생명을 스스로 포기하는 자살권은 인정되지 않는다고 함이 일반적이나, 자살 또는 자살미수에 대해서는 법적 제재를 가하지 않고 있다. 그러나 자살관여죄는 처벌된다. 헌법재판소가 자살할 권리를 기본권으로 인정한 적은 없다. 미국 오리건주는 2명 이상의 의사로부터 6개월 이상 살 수 없다는 판정을 받은 불치병환자가 엄격한 절차를 거쳐 의사의 극약 처방을 받아 스스로 복용해 자살할 수 있도록 하는 존엄사법을 주민투표를 거쳐 1997.10.부터 시행하고 있다.

❹ [O] 미군기지의 이전은 공공정책의 결정 내지 시행에 해당하는 것으로서 인근 지역에 거주하는 사람들의 삶을 결정함에 있어서 사회적 영향을 미치게 되나, 개인의 인격이나 운명에 관한 사항은 아니며 각자의 개성에 따른 개인적 선택에 직접적인 제한을 가하는 것이 아니다. 따라서 그와 같은 사항은 헌법상 자기결정권의 보호범위에 포함된다고 볼 수 없다(헌재 2006.2.23, 2005헌마268).

10 정답 ①

❶ [×] 개인정보처리자는 개인정보를 익명 또는 가명으로 처리하여도 개인정보 수집목적을 달성할 수 있는 경우 익명처리가 가능한 경우에는 익명에 의하여, 익명처리로 목적을 달성할 수 없는 경우에는 가명에 의하여 처리될 수 있도록 하여야 한다(개인정보 보호법 제3조 제7항).

② [O] 통신매체이용음란죄로 유죄판결이 확정된 자는 신상정보 등록대상자가 된다고 규정한 조항은 목적의 정당성 및 수단의

적합성은 인정되나, 통신매체이용음란죄로 유죄의 확정판결을 받은 자에 대하여 개별 행위 유형에 따른 죄질 및 재범의 위험성을 고려하지 않고 모두 신상정보 등록대상자가 되도록 하여 개인정보자기결정권을 침해하여 헌법에 위반된다(헌재 2016.3.31, 2015헌마688).

③ [O] 사생활의 비밀은 본인이 비밀로 하고자 하는 사항, 즉 개인사의 공개, 명예나 신용, 본인에게 고유한 인격적 징표 등을 의미한다. 다만, 이 경우 범죄행위까지 사생활에서 보호하지는 않는다(헌재 2002.3.28, 2000헌바53).

④ [O] 국정감사 또는 국정조사권은 개인의 사생활을 침해하거나 계속 중인 재판 또는 수사 중인 사건의 소추에 관여할 목적으로 행사되어서는 아니된다(국정감사 및 조사에 관한 법률 제8조).

11 정답 ①

❶ [×] 검열금지는 제2공화국 때 신설되었으며, 유신헌법 때 폐지되었다가 제9차 개헌 때 부활하였다.

② [O] 이중기준의 원칙이란 언론·출판의 자유를 그 중핵으로 하는 정신적 기본권은 경제적 기본권에 비하여 우월적 지위에 있으므로 그 제한·규제에 있어서는 경제적 기본권의 규제입법기준인 합리성보다는 더 엄격한 기준에 따라야 한다는 주장이다.

③ [O] 언론·출판은 타인의 명예나 권리 또는 공중도덕이나 사회윤리를 침해하여서는 아니 된다. 언론·출판이 타인의 명예나 권리를 침해한 때에는 피해자는 이에 대한 피해의 배상을 청구할 수 있다(헌법 제21조 제4항).

④ [O] 헌법재판소는 언론·출판의 자유에서 파생하는 알 권리(정보에의 접근·수집·처리의 자유)의 핵심은 국민의 정부에 대한 일반적 정보공개를 구할 권리이며 이것은 인간으로서의 존엄과 가치, 행복추구권, 인간다운 생활을 할 권리, 국민주권주의, 자유민주적 기본질서와 관련된다고 보았다(헌재 1989.9.4, 88헌마22).

12 정답 ③

① [×] 등록제는 건설업이란 직업의 정상적인 수행을 담보하기 위하여 요구되는 최소한의 요건을 규정하는 소위 주관적 사유에 의한 직업허가규정에 속하는 것으로 직업선택의 자유를 제한하는 규정이다(헌재 2004.7.15, 2003헌바35 등).

② [×] 자동차등록신청대행업무를 일반행정사 이외의 자동차매매업자 및 자동차제작·판매자 등에게도 중첩적으로 허용하는 것은 일반행정사의 직업의 자유를 침해하는 것으로 볼 수 없다(헌재 1997.10.30, 96헌마107).

❸ [O] 비어업인의 수산자원의 포획금지는 일반적 행동자유를 제한하나 직업의 자유를 제한하지는 않는다(헌재 2016.10.27, 2013헌마450).

④ [×] 친족 대상 성범죄를 저질러 실형을 선고받은 것 자체가 최소한의 윤리성과 책임감을 결여하고 있는 것이며, 외부와 단절된 공간에서 취약한 사람을 상대로 성범죄를 저지를 가능성이 있어 운전자격을 박탈하는 것은 지나치다고 보기 어렵다(헌재 2020.5.27, 2018헌바264).

정답 ②

① [O] 지방자치단체장의 경우 선거일 현재 90일 이상의 거주요건에 관하여 지방자치행정의 민주성과 능률성을 도모함과 아울러 우리나라 지방자치제도의 정착을 위한 규정으로 보아 합헌결정하였다(헌재 1996.6.26, 96헌마200).

❷ [X] 정부투자기관의 '임원'이나 정부투자기관 관리기본법 시행령 제13조 제1항에서 정하는 '집행간부'에 대한 지방의회의원선거에서의 입후보 제한은 그 합리적 필요성이 있고 이를 공무담임권의 과도한 제한이라고 볼 수 없다 할 것이나, 정부투자기관의 경영에 관한 결정이나 집행에 상당한 영향력을 행사할 수 있는 지위에 있다고 볼 수 없는 직원을 임원이나 집행간부들과 마찬가지로 취급하여 지방의회의원직에 입후보를 하지 못하도록 하고 있는 구 지방의회의원선거법 제35조 제1항 제6호의 입후보금지 규정은 정부투자기관의 직원이라는 사회적 신분에 의하여 합리적인 이유 없이 청구인들을 차별하는 것이어서 헌법 제10조의 평등원칙에 위배되고, 헌법 제37조 제2항의 비례의 원칙에 어긋나서 청구인들의 기본적인 공무담임권을 침해하는 것이므로 헌법에 위반된다(헌재 1995.5.25, 91헌마67).

③ [O] 재직기간 중 사실상 제공한 근로에 대하여는 그 대가에 상응하는 금액의 반환을 부당이득으로 청구하는 등의 민사적 구제수단이 있는 점을 고려하면, 공직에 대한 국민의 신뢰보장이라는 공익과 비교하여 임용결격공무원의 사익 침해가 현저하다고 보기 어렵다. 따라서 이 사건 법률조항은 입법자의 재량을 일탈하여 공무담임권을 침해한 것이라고 볼 수 없다(헌재 2016.7.28, 2014헌바437).

④ [O] 이장은 헌법상 보호되는 공무담임권 대상으로서 공무원이라고 보기 어렵다(헌재 2009.10.29, 2009헌마127).

14

정답 ③

① [O] 재정신청은 수사와 유사한 성격을 가지는 재판절차이다. 이런 특성에 비추어 볼 때 재정신청절차는 일률적으로 구두변론절차를 거치도록 하기보다는 법원이 구체적 사정을 고려하여 필요한 경우에만 구두변론을 실시할 수 있도록 하는 것이 바람직하고 합리적이다(헌재 2018.4.26, 2016헌마1043).

② [O] 이 사건 법률조항은 약식명령에 대한 정식재판청구권 회복청구가 인용되는 경우 정식재판절차가 개시되어 약식명령이 확정되지 않은 상태로 되돌아간다는 점을 고려하여, 정식재판청구기간 경과에 귀책사유가 없는 피고인을 재판의 부당한 집행으로부터 보호하면서, 필요적 집행정지로 인한 벌금형의 실효성 저하를 방지하고자 법원으로 하여금 구체적 사정을 고려하여 재판의 집행정지 여부를 결정하도록 하는 규정이다(헌재 2014.5.29, 2012헌마104). 따라서 신체의 자유를 침해한다고 볼 수 없다.

❸ [X] 형사피해자도 이미 범죄사실을 충분히 인지하고 있어, 범죄사실에 대한 별도의 확인 없이도 얼마든지 법원이나 수사기관에 의견을 제출할 수 있으며, 직접 범죄사실의 확인을 원하는 경우에는 소송기록의 열람·등사를 신청하는 것도 가능하므로, 형사피해자가 약식명령을 고지받지 못한다고 하여 형사재판절차에서의 참여기회가 완전히 봉쇄되어 있다고 볼 수 없

다. 따라서 이 사건 고지조항은 형사피해자의 재판절차진술권을 침해하지 않는다(헌재 2019.9.26, 2018헌마1015).

④ [O] 통고처분에 대하여 이의가 있으면 통고내용을 이행하지 않음으로써 고발되어 형사재판절차에서 통고처분의 위법·부당함을 얼마든지 다툴 수 있기 때문에 관세법 제38조 제3항 제2호가 법관에 의한 재판받을 권리를 침해한다든가 적법절차의 원칙에 저촉된다고 볼 수 없다(헌재 1998.5.28, 96헌바4).

정답 ①

❶ [X] 가중처벌규정에 대하여 헌법재판소의 위헌결정이 있었음을 이유로 개시된 재심절차에서, 공소장 변경을 통해 위헌결정된 가중처벌규정보다 법정형이 가벼운 처벌규정으로 적용법조가 변경되어 피고인이 무죄재판을 받지는 않았으나 원판결보다 가벼운 형으로 유죄판결이 확정된 경우, 재심판결에서 선고된 형을 초과하여 집행된 구금에 대하여 보상요건을 전혀 규정하지 아니한 '형사보상 및 명예회복에 관한 법률' 제26조 제1항이 평등원칙을 위반하여 청구인들의 평등권을 침해한다(헌재 2022.2.24, 2018헌마998).

② [O]

> 형사보상법 제4조 【보상하지 아니할 수 있는 경우】 다음 각 호의 어느 하나에 해당하는 경우에는 법원은 재량으로 보상청구의 전부 또는 일부를 기각할 수 있다.
> 3. 1개의 재판으로 경합범의 일부에 대하여 무죄재판을 받고 다른 부분에 대하여 유죄재판을 받았을 경우

③ [O] 형사소송법의 규정에 의하여 면소 또는 공소기각의 재판을 받은 자는 면소 또는 공소기각의 재판을 할만한 사유가 없었더라면 무죄의 재판을 받을 만한 현저한 사유가 있었을 때에는 국가에 대하여 구금에 대한 보상을 청구할 수 있다(형사보상법 제26조).

④ [O] 이 법은 보상을 받을 자가 다른 법률에 따라 손해배상을 청구하는 것을 금지하지 아니한다(형사보상법 제6조 제1항).

정답 ③

① [O] 신체장애자 및 질병·노령 기타의 사유로 생활능력이 없는 국민은 법률이 정하는 바에 의하여 국가의 보호를 받는다(헌법 제34조 제5항).

② [O] 국민연금의 급여수준은 수급권자가 최저생활을 유지하는 데 필요한 금액을 기준으로 결정해야 할 것이지 납입한 연금보험료의 금액을 기준으로 결정하거나 여러 종류의 수급권이 발생하였다고 하여 반드시 중복하여 지급해야 할 것은 아니다(헌재 2000.6.1, 97헌마190).

❸ [X] 인간다운 생활을 할 권리로부터는 인간의 존엄에 상응하는 생활에 필요한 '최소한의 물질적인 생활'의 유지에 필요한 급부를 요구할 수 있는 구체적인 권리가 상황에 따라서는 직접 도출될 수 있다고 할 수는 있어도, 동 기본권이 직접 그 이상의 급부를 내용으로 하는 구체적인 권리를 발생케 한다고는 볼 수 없다고 할 것이고, 이 사건 법률조항이 헌법 제34조 제1항의 인간의 존엄에 상응하는 '최소한의 물질생활'의 보장을 내용으로 하는 인간다운 생활을 할 권리를 침해하였다거나,

헌법 제34조 제2항 소정의 헌법상의 사회보장, 사회복지의 이념이나 이를 증진시킬 국가의 의무에 명백히 반한다거나 헌법 제32조 소정의 국가유공자에 대한 우선적 보호이념에도 반한다고 할 수 없어 입법재량의 범위를 일탈한 규정이라고 할 수 없다(헌재 1995.7.21, 93헌가14 – 국가유공자예우 등에 관한 법률 제9조 본문 위헌심판).

④ [O] 지뢰피해자 및 그 유족에 대한 위로금 산정 시 사망 또는 상이를 입을 당시의 월급균임금을 기준으로 위로금을 산정하도록 한 것은 한정된 국가재정 하에서 위로금의 취지, 국가배상청구권의 소멸시효 제도와의 균형점 모색, '지뢰피해자 지원에 관한 특별법' 시행 전 이미 국가배상을 받은 피해자 및 그 유족과의 형평성 등을 고려한 것이다(헌재 2019.12.27, 2018헌바236 등).

17   정답 ③

① [O] 다수설과 헌법재판소의 태도이다(헌재 1995.12.28, 91헌마80 참조).

② [O] 납세의 의무, 국방의 의무, 근로의 의무는 제헌헌법에서부터 규정되었고, 교육을 받게 할 의무는 1962년 제3공화국 헌법에서 처음 규정되었다.

❸ [×] 국가 또는 사회에 위해를 끼친 사실이 있는 자, 품행이 단정하지 못한 자, 병역을 기피할 목적으로 대한민국의 국적을 상실하였거나 이탈하였던 자, 국가안전보장·질서유지 또는 공공복리를 위하여 법무부장관이 국적회복을 허가함이 부적당하다고 인정하는 자 등에 대하여는 법무부장관은 국적회복을 허가하지 아니한다(국적법 제9조 제2항).

④ [O] 헌재 1999.12.23, 98헌마363 – 제대군인 지원에 관한 법률 제8조 제1항 등 위헌확인

18   정답 ③

[참고판례] 헌재 2009.2.26, 2005헌마764
교통사고 피해자가 업무상 과실 또는 중대한 과실로 인하여 '중상해'를 입은 경우

① [O] 교통사고 피해자가 업무상 과실 또는 중대한 과실로 인하여 '중상해'를 입은 경우 단서조항에 해당하지 않는 교통사고로 중상해를 입은 피해자와 단서조항에 해당하는 교통사고의 중상해 피해자 및 사망사고의 피해자 사이의 차별문제는 교통사고 운전자의 기소 여부에 따라 피해자의 헌법상 보장된 재판절차진술권이 행사될 수 있는지 여부가 결정되어 이는 기본권 행사에 있어서 중대한 제한을 구성하기 때문에 엄격한 심사기준에 의하여 판단한다.

② [O] ❸ [×] 이 사건 법률조항은 자동차 수의 증가와 자가운전 확대에 즈음하여 운전자들의 종합보험 가입을 유도하여 교통사고 피해자의 손해를 신속하고 적절하게 구제하고, 교통사고로 인한 전과자 양산을 방지하기 위한 것으로 그 목적의 정당성이 인정되며, 그 수단의 적절성도 인정된다. 그러나 교통사고 피해자가 신체의 상해로 인하여 생명에 대한 위험이 발생하거나 불구 또는 불치나 난치의 질병에 이르게 된 경우, 즉 중상해를 입은 경우(형법 제258조 제1항 및 제2항 참조), 사

고발생 경위, 피해자의 특이성(노약자 등)과 사고발생에 관련된 피해자의 과실 유무 및 정도 등을 살펴 가해자에 대하여 정식 기소 이외에도 약식기소 또는 기소유예 등 다양한 처분이 가능하고 정식 기소된 경우에는 피해자의 재판절차진술권을 행사할 수 있게 하여야 함에도, 이 사건 법률조항에서 가해차량이 종합보험 등에 가입하였다는 이유로 교통사고처리특례법 제3조 제2항 단서조항(이하 '단서조항'이라고 한다)에 해당하지 않는 한 무조건 면책되도록 한 것은 기본권 침해의 최소성에 위반된다.

④ [O] 국가의 신체와 생명에 대한 보호의무는 교통과실범의 경우 발생한 침해에 대한 사후처벌뿐 아니라, 무엇보다도 우선적으로 운전면허취득에 관한 법규 등 전반적인 교통 관련 법규의 정비, 운전자와 일반국민에 대한 지속적인 계몽과 교육, 교통안전에 관한 시설의 유지 및 확충, 교통사고 피해자에 대한 보상제도 등 여러 가지 사전적·사후적 조치를 함께 취함으로써 이행된다 할 것이므로, 형벌은 국가가 취할 수 있는 유효적절한 수많은 수단 중이 하나일 뿐이지, 결코 형벌까지 동원해야만 보호법익을 유효적절하게 보호할 수 있다는 의미의 최종적인 유일한 수단이 될 수는 없다 할 것이다. 따라서 이 사건 법률조항은 국가의 기본권 보호의무의 위반 여부에 관한 심사기준인 과소보호금지의 원칙에 위반한 것이라고 볼 수 없다.

19   정답 ③

① [×] 선천적 복수국적자가 지닌 대한민국 국민으로서의 지위는 혈통에 의하여 출생과 동시에 국적법에 따라 자동적으로 취득하는 것으로, 복수국적의 선천적 취득과 이로 인한 국적이탈의 문제는 헌법상 연좌제금지원칙에서 규율하고자 하는 대상이라 볼 수 없다. 따라서 이 부분 주장에 대해서는 별도로 살펴보지 않는다(헌재 2023.2.23, 2019헌바462).

② [×] 고위공직자의 가족은 고위공직자의 직무와 관련하여 스스로 범한 죄에 대해서만 수사처의 수사를 받거나 기소되므로, 친족의 행위와 본인 간에 실질적으로 의미 있는 아무런 관련성을 인정할 수 없음에도 불구하고 오지 친족이라는 사유 그 자체만으로 불이익한 처우를 가하는 경우에만 적용되는 연좌제금지 원칙이나 자기책임의 원리 위반 여부는 문제되지 않는다(헌재 2021.1.28, 2020헌마264 등).

❸ [O] 가족 간에 실질적으로 의미 있는 아무런 관련성을 인정할 수 없음에도 불구하고 오지 배우자 등의 관계에 있다는 사유 자체만으로 불이익을 주는 것이 아니라, 아래에서 보는 바와 같이 배우자나 직계가족이라는 인적 관계의 특성상 당연히 예상할 수 있는 일체성 내지 유착가능성을 근거로 일정한 제약을 가하는 것이다. 따라서 그와 같이 제한하고 있다는 것만으로 곧바로 헌법이 금지하고 있는 연좌제에 위배된다 할 수는 없다(헌재 2013.11.28, 2007헌마1189 등).

④ [×] 친족관계의 존부를 필요조건으로 하지 아니하는 법무법인 구성원변호사 사이의 관계에 연좌제 금지 원칙이 적용될 여지가 없고, 행복추구권 침해 여부는 보다 밀접한 기본권인 재산권 침해 여부에 대하여 판단하는 이상 따로 판단하지 아니한다(헌재 2016.11.24, 2014헌바203 등).

20 　　　　　　　　　　　　　　정답 ④

① [×] 운동화착용불허행위는 시설 바깥으로의 외출이라는 기회를 이
　　　용한 도주를 예방하기 위한 것으로서 그 목적이 정당하고, 와
　　　같은 목적을 달성하기 위한 적합한 수단이라 할 것이다. 또한
　　　신발의 종류를 제한하는 것에 불과하여 법익 침해의 최소성과
　　　균형성도 갖추었다 할 것이므로, 민사재판에 출정하기 위하여
　　　수용시설 밖으로 나가는 수형자에게 운동화 착용을 불허하고
　　　고무신 착용을 강제한 이 사건 운동화착용불허행위가 기본권
　　　제한에 있어서의 과잉금지원칙에 반하여 청구인의 인격권과
　　　행복추구권을 침해하였다고 볼 수 없다(헌재 2011.2.24, 2009
　　　헌마209).

② [×] 병역의무의 이행으로서의 현역병 복무는 국가가 간섭하지 않
　　　으면 자유롭게 할 수 있는 행위에 속하지 않으므로, 현역병으
　　　로 복무할 권리가 일반적 행동자유권에 포함된다고 할 수도
　　　없다(헌재 2010.12.28, 2008헌마527).

③ [×] 교도소장이 교도소 수용자의 동절기 취침시간을 21:00로 정
　　　한 행위는 수용자의 일반적 행동자유권을 침해하지 않는다
　　　(헌재 2016.6.30, 2015헌마36).

❹ [○] 헌법 제10조로부터 도출되는 일반적 인격권에는 각 개인이
　　　그 삶을 사적으로 형성할 수 있는 자율영역에 대한 보장이 포
　　　함되어 있음을 감안할 때, 장래 가족의 구성원이 될 태아의
　　　성별 정보에 대한 접근을 국가로부터 방해받지 않을 부모의
　　　권리는 이와 같은 일반적 인격권에 의하여 보호된다고 보아
　　　야 할 것인바, 태아의 성별에 대하여 이를 고지하는 것을 금
　　　지하는 이 사건 규정은 일반적 인격권으로부터 나오는 부모
　　　의 태아 성별 정보에 대한 접근을 방해받지 않을 권리를 제한
　　　하고 있다고 할 것이다(헌재 2008.7.31, 2004헌마1010).

정답

p.56

01	②	02	②	03	④	04	③	05	③
06	①	07	②	08	②	09	①	10	①
11	④	12	②	13	③	14	③	15	④
16	①	17	④	18	②	19	③	20	③

01
정답 ②

① [×] '기탁금'이라 함은 정치자금을 정당에 기부하고자 하는 개인이 정치자금법의 규정에 의하여 선거관리위원회에 기탁하는 금전이나 유가증권 그 밖의 물건을 말한다(정치자금법 제3조 제5호). ▶ 단체는 정치자금을 기부할 수 없다.

❷ [O] 외국인, 국내외 법인 또는 단체는 정치자금을 기부할 수 없다. 누구든지 국내외 법인 또는 단체와 관련된 자금으로 정치자금을 기부할 수 없다(정치자금법 제31조).

③ [×] 현재 지방자치단체의 장 선거의 예비후보자도 후원회를 지정하여 둘 수 있으며, 지방의회 의원선거의 후보자도 후원회를 지정하여 둘 수 있다(정치자금법 제6조 참조).

④ [×] 정치자금의 투명성 강화 및 부정부패 근절에 대한 국민적 요구가 커지고 선거관리위원회가 데이터 생성·저장·유통 기술 발전을 이용해 업무부담을 줄일 수 있다는 점 등을 고려해 위 선례를 변경하고 이 사건 열람기간제한 조항에 대하여 위헌결정을 하였다(헌재 2021.5.27. 2018헌마1168).

02
정답 ②

① [×] 헌법 제2조 제1항은 대한민국 국적의 '취득'뿐만 아니라 국적의 유지, 상실을 둘러싼 전반적인 법률관계를 법률에 규정하도록 위임하고 있는 것으로 풀이할 수 있다(헌재 2000.8.31. 97헌가12).

❷ [O]
> **국적법 제15조【외국 국적 취득에 따른 국적 상실】** ② 대한민국의 국민으로서 다음 각 호의 어느 하나에 해당하는 자는 그 외국 국적을 취득한 때부터 6개월 내에 법무부장관에게 대한민국 국적을 보유할 의사가 있다는 뜻을 신고하지 아니하면 그 외국 국적을 취득한 때로 소급(遡及)하여 대한민국 국적을 상실한 것으로 본다.
> 1. 외국인과의 혼인으로 그 배우자의 국적을 취득하게 된 자

③ [×] 복수국적자로서 외국 국적을 선택하려는 자는 외국에 주소가 있는 경우에만 주소지 관할 재외공관의 장을 거쳐 법무부

관에게 대한민국 국적을 이탈한다는 뜻을 신고할 수 있다(국적법 제14조 제1항).

④ [×] 심판대상 시행규칙조항이 규정하는 '가족관계기록사항에 관한 증명서'가 어떠한 서류를 의미하는지 다른 법령에도 명시되어 있지는 않으나, 대한민국 정부는 다양한 방법으로 이를 소개, 안내하고 있으며, 설사 신고자가 이를 이해하지 못하여 기본증명서 등을 제출하지 않았다고 하더라도, 실무상 신고서만 접수되면 일단 국적이탈의 신고가 된 것으로 보고, 첨부서류는 추후 다시 보완할 수 있도록 안내하므로, 이 과정에서 청구인은 이 서류가 무엇을 지칭하는지 알 수 있다. 이러한 사정을 종합하면 심판대상 시행규칙조항은 명확성원칙에 위배되지 않는다(헌재 2020.9.24. 2016헌마889).

03
정답 ④

① [×] 헌법 제12조 제4항의 "누구든지 체포 또는 구속을 당한 때에는 즉시 변호인의 조력을 받을 권리를 가진다. 다만, 형사피고인이 스스로 변호인을 구할 수 없을 때에는 법률이 정하는 바에 의하여 국가가 변호인을 붙인다."는 규정은, 일반적으로 형사사건에 있어 변호인의 조력을 받을 권리는 피의자나 피고인을 불문하고 보장되나, 그중 특히 국선변호인의 조력을 받을 권리는 피고인에게만 인정되는 것으로 해석함이 상당하다(헌재 2008.9.25. 2007헌마1126).

② [×] 인천국제공항에서 난민인정신청을 하였으나 난민인정심사불회부결정을 받은 청구인을 인천국제공항 송환대기실에 약 5개월째 수용하고 환승구역으로의 출입을 막은 것이 헌법 제12조 제4항 본문에 규정된 '구속'에 해당된다(헌재 2018.5.31. 2014헌마346).

③ [×] 법원은 피고인이 빈곤 그 밖의 사유로 변호인을 선임할 수 없는 경우에 피고인의 청구가 있는 때에는 변호인을 선정하여야 한다(형사소송법 제33조 제2항).

❹ [O] 헌법 제12조 제4항의 변호인의 조력을 받을 권리는 신체의 자유에 관한 영역으로서 가사소송에서 당사자가 변호사를 대리인으로 선임하여 그 조력을 받는 것을 그 보호영역에 포함된다고 보기 어렵고, 이 사건 법률조항이 가사소송의 당사자

가 변호사의 조력을 얻어 소송수행을 하는 데 제약을 가하는 것도 아니므로, 재판청구권을 침해하는 것이라 볼 수도 없다(헌재 2012.10.25, 2011헌마598).

▶ 주의할 것은 변호인의 조력받을 권리는 신체의 자유를 위한 것으로 신체의 자유에 대한 제한 또는 이에 준하는 제약이어야 한다. 따라서 주로 형사재판에서 문제된다.

04 정답 ③

① [O] 북한주민과의 접촉이 그 과정에서 불필요한 마찰과 오해를 유발하여 긴장이 조성되거나, 무절제한 경쟁적 접촉으로 남북한간의 원만한 협력관계에 나쁜 영향을 미칠 수도 있으며, 북한의 정치적 목적에 이용되거나 국가의 안전보장이나 자유민주적 기본질서에 부정적인 영향을 미치는 통로로 이용될 가능성도 완전히 배제할 수 없으므로 통일부장관이 북한주민 등과의 접촉을 원하는 자로부터 승인신청을 받아 구체적인 내용을 검토하여 승인 여부를 결정하는 절차는 현 단계에서는 불가피하므로 남북교류협력에관한법률 제9조 제3항은 평화통일을 선언한 헌법전문, 헌법 제4조, 헌법 제66조 제3항 및 기타 헌법상의 통일조항에 위배된다고 볼 수 없다(헌재 2000.7.20, 98헌바63).

② [O] 유엔(UN)이 승인하였을 뿐, 우리가 승인한 것은 아니다.

❸ [×] 외국환거래의 일방 당사자가 북한의 주민일 경우 그는 이 사건 법률조항의 '거주자' 또는 '비거주자'가 아니라 남북교류법의 '북한의 주민'에 해당하는 것이다. 그러므로, 당해 사건에서 아태위원회가 법 제15조 제3항에서 말하는 '거주자'나 '비거주자'에 해당하는지 또는 남북교류법상 '북한의 주민'에 해당하는지 여부는 위에서 본 바와 같은 법률해석의 문제에 불과한 것이고, 헌법 제3조의 영토조항과는 관련이 없는 것이다(헌재 2005.6.30, 2003헌바114).

④ [O] 이 사건 협정조항은 어업에 관한 협정으로서 배타적경제수역을 직접 규정한 것이 아니고, 이러한 점들은 이 사건 협정에서의 이른바 중간수역에 대해서도 동일하다고 할 것이어서 독도가 중간수역에 속해 있다 할지라도 독도의 영유권문제나 영해문제와는 직접적인 관련을 가지지 아니하므로, 이 사건 협정조항이 헌법상 영토조항을 위반하였다고 할 수 없다(헌재 2009.2.26, 2007헌바35).

05 정답 ③

❸ [×] 1962년 개정헌법에서는 무소속 출마를 금지하여 정당기속을 강하게 인정한 것은 사실이나, 정당에 대한 국가의 보호 규정을 신설한 것은 제3차 개정헌법(1960년)이다.

06 정답 ①

❶ [×] 학교안전공제회는 행정관청 또는 그로부터 행정권한을 위임받은 공공단체로 공법인에 해당할 뿐만 아니라, 사법인적 성격도 갖는 것으로 기본권의 주체가 될 수 있다(헌재 2015.7.30, 2014헌가7).

② [O] 공적인 역할을 수행하는 결사 또는 그 구성원들이 기본권 침해를 주장하는 경우, 순수한 사적인 임의결사의 기본권이 제한되는 경우의 심사에 비해서는 완화된 기준을 적용할 수 있다(헌재 2012.12.27, 2011헌마562).

③ [O] 안마사들은 시각장애로 말미암아 공동의 이익을 증진하기 위하여 개인적으로나 이익단체를 조직하여 활동하는 것이 용이하지 않고, 안마사들로 하여금 하나의 중앙회에 의무적으로 가입하도록 하여 전국적 차원의 단체를 존속시키는 것은 그들 사이에 정보를 교환하고 친목을 도모하며 직업수행 능력을 높일 수 있고, 시각장애인으로 하여금 직업 활동을 효과적으로 수행하도록 하기 위하여 국가가 적극적으로 개입하는 것이 필요하다. 이 사건 법률조항으로 안마사회에 의무적으로 가입하고 정관을 준수하고 회비를 납부하게 되지만 과다한 부담이라고 단정하기 어렵다. 이 사건 법률 조항은 안마사들의 결사의 자유를 침해하지 않는다(헌재 2008.10.30, 2006헌가15).

④ [O] 특정 형태의 단체를 설립하기 위하여 일정 요건을 충족시킬 것을 규정하는 법률은, 한편으로는 결사의 자유를 행사하기 위한 전제조건으로서 단체제도를 입법자가 법적으로 형성하는 것이자, 동시에 결사의 자유를 제한하는 규정이다(헌재 2002.8.29, 2000헌가5).

07 정답 ②

① [O] 대학의장임용추천위원회(이하 '위원회'라 한다)에서의 선정은 원칙적인 방식이 아닌 교원의 합의된 방식과 선택적이거나 혹은 실제로는 보충적인 방식으로 규정되어 있는 점, 대학의 장 후보자 선정과 관련하여 대학에게 반드시 직접선출방식을 보장하여야 하는 것은 아니며, 다만 대학교원들의 합의된 방식으로 그 선출방식을 정할 수 있는 기회를 제공하면 족하다고 할 것이다(헌재 2006.4.27, 2005헌마1047).

❷ [×] 학문의 자유가 아니라, 직업의 자유·평등권·행복추구권 등을 침해한다(헌재 1998.7.16, 96헌마246).

▶ 학문, 재산, 보건은 침해하지 않는다.

③ [O] 진리탐구의 과정과는 무관하게 단순히 기존의 지식을 전달하거나 인격을 형성하는 것을 목적으로 하는 '교육'은 학문의 자유의 보호영역이 아니라 교육에 관한 기본권의 보호영역에 속한다(헌재 2003.9.25, 2001헌마814).

④ [O] 긴급조치 제9호 제1항 다호, 제5항에서는 허가받지 않은 학생의 모든 집회·시위와 정치관여행위를 금지하고, 이를 위반한 자에 대하여는 주무부장관이 학생의 제적을 명하고 소속 학교의 휴업, 휴교, 폐쇄조치를 할 수 있도록 규정하였다. 이는 집회·시위의 자유, 학문의 자유와 대학의 자율성 내지 대학자치의 원칙을 본질적으로 침해하는 것이다(헌재 2013.3.21, 2010헌바132등).

08 정답 ②

① [×] 징벌혐의의 조사를 받고 있는 수용자가 변호인 아닌 자와 접견 당시 교도관이 참여하여 대화내용을 기록하게 한 행위는 사생활의 비밀과 자유를 침해하였다고 볼 수 없다(헌재 2014.9.25, 2012헌마523).

❷ [O] 정보주체가 직접 또는 제3자를 통하여 이미 공개한 개인정보는 공개 당시 정보주체가 자신의 개인정보에 대한 수집이나 제3자 제공 등의 처리에 대하여 일정한 범위 내에서 동의를 했다고 보아야 하고, 따라서 정보처리자에게 영리목적이 있었다는 사정만으로 곧바로 그 정보처리행위를 위법하다고 할 수는 없다(대판 2016.8.17, 2014다235080).

③ [×] 개인의 고유성, 동일성을 나타내는 지문은 그 정보주체를 타인으로부터 식별가능하게 하는 개인정보이므로, 시장·군수 또는 구청장이 개인의 지문정보를 수집하고, 경찰청장이 이를 보관·전산화하여 범죄수사목적에 이용하는 것은 모두 개인정보자기결정권을 제한하는 것이다(헌재 2005.5.26, 99헌마513 등).

④ [×] 19세 미만자에 대하여 성폭력범죄를 저지른 때 전자장치 부착기간의 하한을 2배 가중하는 특정 범죄자에 대한 보호관찰 및 전자장치 부착 등에 관한 법률 조항이 과잉금지원칙을 위반하여 피부착자의 사생활의 비밀과 자유, 개인정보자기결정권, 신체의 자유, 인격권을 침해한다고 볼 수는 없다(헌재 2016.5.26, 2014헌바164).

09
정답 ①

❶ [×] 형벌불소급원칙에서 의미하는 '처벌'은 형법에 규정되어 있는 형식적 의미의 형벌 유형에 국한되지 않으며, 범죄행위에 따른 제재의 내용이나 실제적 효과가 형벌적 성격이 강하여 신체의 자유를 박탈하거나 이에 준하는 정도로 신체의 자유를 제한하는 경우에는 형벌불소급원칙이 적용되어야 한다(헌재 2017.10.26, 2015헌바239).

② [O] 형사처벌의 근거가 되는 것은 법률이지 판례가 아니고, 형법조항에 관한 판례의 변경은 그 법률조항의 내용을 확인하는 것에 지나지 아니하여 이로써 그 법률조항 자체가 변경된 것으로 볼 수 없으므로, 행위 당시의 판례에 의하면 처벌대상이 되지 아니하는 것으로 해석되었던 행위를 판례의 변경에 따라 확인된 내용의 형법 조항에 근거하여 처벌한다고 하여 그것이 형벌불소급원칙에 위반된다고 할 수 없다(헌재 2014.5.29, 2012헌바390).

③ [O] 전자장치 부착명령은 형벌과 구별되는 비형벌적 보안처분으로서 소급효금지원칙이 적용되지 아니한다(헌재 2012.12.27, 2010헌가82). 신상정보 공개·고지명령은 형벌과는 구분되는 비형벌적 보안처분으로서 어떠한 형벌적 효과나 신체의 자유를 박탈하는 효과를 가져오지 아니하므로 소급처벌금지원칙이 적용되지 아니한다(헌재 2016.12.29, 2015헌바196).

④ [O] 개정된 법률 이전의 행위를 소급하여 형사처벌하도록 규정하고 있는 것이 아니라 형사처벌을 규정하고 있던 행위시법이 사후 폐지되었음에도 신법이 아닌 행위시법에 의하여 형사처벌하도록 규정한 것은 헌법 제13조 제1항의 형벌불소급의 원칙의 보호영역에 포섭되지 아니한다(헌재 2015.2.26, 2012헌바268).

10
정답 ①

㉠ [O] 태아는 형성 중의 인간으로서 생명을 보유하고 있으므로 국가는 태아를 위하여 각종 보호조치들을 마련해야 할 의무가 있다. 하지만 그와 같은 국가의 기본권 보호의무로부터 태아의 출생 전에, 또한 태아가 살아서 출생할 것인가와는 무관하게, 태아를 위하여 민법상 일반적 권리능력까지도 인정하여야 한다는 헌법적 요청이 도출되지는 않는다(헌재 2008.7.31, 2004헌바81).

㉡ [O] '살아서 출생한 태아'와는 달리 '살아서 출생하지 못한 태아'에 대해서는 손해배상청구권을 부정함으로써 후자에게 불리한 결과를 초래하고 있으나 이러한 결과는 사법(私法)관계에서 요구되는 법적 안정성의 요청이라는 법치국가이념에 의한 것으로 헌법적으로 정당화된다 할 것이므로, 그와 같은 차별적 입법조치가 있다는 이유만으로 곧 국가가 기본권 보호를 위해 필요한 최소한의 입법적 조치를 다하지 않아 그로써 위헌적인 입법적 불비 불완전한 입법상태가 초래된 것이라고 볼 수 없다(헌재 2008.7.31, 2004헌바81).

㉢ [O] 태아의 경우 생명권을 비롯해서 일정한 경우 기본권 주체가 될 수 있다는 것이 판례의 태도이다(헌재 2008.7.31, 2004헌바81).

㉣ [×] 초기배아는 수정이 된 배아라는 점에서 형성 중인 생명의 첫걸음을 떼었다고 볼 여지가 있기는 하나 아직 모체에 착상되거나 원시선이 나타나지 않은 이상 현재의 자연과학적 인식 수준에서 독립된 인간과 배아 간의 개체적 연속성을 확정하기 어렵다고 봄이 일반적이라는 점 등을 종합적으로 고려할 때, 기본권 주체성을 인정하기 어렵다(헌재 2010.5.27, 2005헌마346).

11
정답 ④

① [×] 형사보상청구권은 제헌헌법에서 최초로 규정되었다.
범죄피해자구조청구권이라 함은 타인의 범죄행위로 말미암아 생명을 잃거나 신체상의 피해를 입은 국민이나 그 유족이 가해자로부터 충분한 피해배상을 받지 못한 경우에 국가에 대하여 일정한 보상을 청구할 수 있는 권리이며, 그 법적 성격은 생존권적 기본권으로서의 성격을 가지는 청구권적 기본권이라고 할 것이다(헌재 2011.12.29, 2009헌마354).

② [×] '구조대상 범죄피해'란 대한민국의 영역 안에서 또는 대한민국의 영역 밖에 있는 대한민국의 선박이나 항공기 안에서 행하여진 사람의 생명 또는 신체를 해치는 죄에 해당하는 행위(형법 제9조, 제10조 제1항, 제12조, 제22조 제1항에 따라 처벌되지 아니하는 행위를 포함하며, 같은 법 제20조 또는 제21조 제1항에 따라 처벌되지 아니하는 행위 및 과실에 의한 행위는 제외한다)로 인하여 사망하거나 장해 또는 중상해를 입은 것을 말한다(범죄피해자 보호법 제3조 제1항 제4호).

③ [×] 유족구조금을 지급받을 수 있는 배우자에 사실상 혼인관계에 있는 배우자를 포함한다(범죄피해자 보호법 제18조 제1항 제1호).

❹ [O] 그 5년이라는 기간이 지나치게 단기라든지 불합리하여 범죄피해자의 구조청구권 행사를 현저히 곤란하게 하거나 사실상 불가능 하게 하는 것으로는 볼 수 없다(헌재 2011.12.29, 2009헌마354).

12
정답 ②

① [O] 법 제37조 제2항에 의하면 기본권은 원칙적으로 법률로써만 이를 제한할 수 있다고 할 것이지만, 헌법 제75조에 의하여 법률의 위임이 있고 그 위임이 구체적으로 범위를 정하여 하는 것이라면 대통령령에 의한 기본권의 제한도 가능하다(헌재 2003.11.27, 2002헌마193).

❷ [X] 명확성의 원칙은 모든 법률에 있어서 동일한 정도로 요구되는 것은 아니고 개개의 법률이나 법조항의 성격에 따라 요구되는 정도에 차이가 있을 수 있다(헌재 2005.6.30, 2005헌가1). 보통 수익적 성격을 가지는 경우에는 부담적 성격을 가지는 경우에 비하여 명확성의 원칙이 더욱 완화된다.

③ [O] 법률의 위임 규정 자체가 그 의미 내용을 정확하게 알 수 있는 용어를 사용하여 위임의 한계를 분명히 하고 있는데도 시행령이 그 문언적 의미의 한계를 벗어났다든지, 위임 규정에서 사용하고 있는 용어의 의미를 넘어 그 범위를 확장하거나 축소함으로써 위임 내용을 구체화하는 단계를 벗어나 새로운 입법을 한 것으로 평가할 수 있다면, 이는 위임의 한계를 일탈한 것으로서 허용되지 아니한다(대판 2012.12.20, 2011두30878).

④ [O] 침해의 최소성의 관점에서 입법자는 그가 의도하는 공익을 달성하기 위하여 우선 기본권을 보다 적게 제한하는 단계인 기본권행사의 '방법'에 관한 규제로써 공익을 실현할 수 있는가를 시도하고 이러한 방법으로는 공익달성이 어렵다고 판단되는 경우에 비로소 그 다음 단계인 기본권 행사의 '여부'에 관한 규제를 선택해야 한다(헌재 1998.5.28, 96헌가5).

13
정답 ③

① [O] 정신적 손해를 고려할 수 있는 내용이 포함되지 않아 국가배상청구권을 침해한다(헌재 2021.5.27, 2019헌가17).

② [O] 국가배상법 제2조 소정의 '공무원'이라 함은 국가공무원법이나 지방공무원법에 의하여 공무원으로서의 신분을 가진 자에 국한 하지 않고, 널리 공무를 위탁받아 실질적으로 공무에 종사하고 있는 일체의 자를 가리키는 것으로서, 공무의 위탁이 일시적이고 한정적인 사항에 관한 활동을 위한 것이어도 달리 볼 것은 아니다(대판 2001.1.5, 98다39060).

❸ [X] 국가배상법 제16조의 국가배상심의회의 배상결정시 신청인이 동의한 때에는 민사소송법상의 재판상 화해가 성립된 것으로 본다는 규정은 신청인의 재판청구권을 과도하게 제한하는 것으로 과잉입법금지원칙에 위배된다(헌재 1995.5.25, 91헌가7).

④ [O] 연혁적으로도 세계 각국에서 국가배상책임이 인정되게 된 것은 일반 민사상 손해배상책임이 인정된 것과 그 배경 및 시기를 달리하는 등 국가배상사건은 그 성격에 있어서 일반 민간인, 민간단체를 상대로 하는 손해배상청구사건과는 다르다(헌재 2000.2.24, 99헌바17).

14
정답 ③

① [O] 헌법상 보호되는 양심은 어떤 일의 옳고 그름을 판단함에 있어서 그렇게 행동하지 아니하고는 자신의 인격적인 존재가치가 허물어지고 말 것이라는 강력하고 진지한 마음의 소리로서 절박하고 구체적인 양심을 말한다(헌재 1997.3.27, 96헌가11).

② [O] 일상생활에서 '양심적' 병역거부라는 말은 병역거부가 '양심적', 즉 도덕적이고 정당하다는 것을 가리킴으로써, 그 반면으로 병역의무를 이행하는 사람은 '비양심적'이거나 '비도덕적'인 사람으로 치부하게 될 여지가 있다. 하지만 앞에서 살펴본 양심의 의미에 따를 때, '양심적' 병역거부는 실상 당사자의 '양심에 따른' 혹은 '양심을 이유로 한' 병역거부를 가리키는 것일 뿐이지 병역거부가 '도덕적이고 정당하다'는 의미는 아닌 것이다(헌재 2018.6.28, 2011헌바379).

❸ [X] 지문을 날인할 것인지 여부의 결정이 선악의 기준에 따른 개인의 진지한 윤리적 결정에 해당한다고 보기는 어려워, 열 손가락 지문날인의 의무를 부과하는 이 사건 시행령조항에 대하여 국가가 개인의 윤리적 판단에 개입한다거나 그 윤리적 판단을 표명하도록 강제하는 것으로 볼 여지는 없다고 할 것이므로, 이 사건 시행령 조항에 의한 양심의 자유의 침해가능성 또한 없는 것으로 보인다(헌재 2005.5.26, 99헌마513 등).

④ [O] 국가에게 병역의무의 면제라는 특혜와 형사처벌이라는 두 개의 선택지밖에 없다면 모르되, 국방의 의무와 양심의 자유를 조화시킬 수 있는 제3의 길이 있다면 국가는 그 길을 진지하게 모색하여야 할 것이므로, 양심적 병역거부자에 대한 대체복무제를 허용하지 않는 것은 양심적 병역거부자의 양심의 자유를 침해한다(헌재 2018.6.28, 2011헌바379 등).

15
정답 ④

① [O] 퇴직연금수급권의 성격상 그 급여의 구체적인 내용은 불변적인 것이 아니라, 국가의 재정, 다음 세대의 부담 정도, 사회적 여건의 변화 등에 따라 변경될 수 있는 것이고, 공무원연금제도가 공무원신분보장의 본질적 요소라고 하더라도 '퇴직 후에 현 제도 그대로의 연금을 받는다'는 신뢰는 반드시 보호되어야 할 정도로 확고한 것이라 보기 어렵다(헌재 2022.1.27, 2019헌바161).

② [O] 헌법 제32조 제6항은 '국가유공자 본인'에 대하여 우선적 근로기회를 용인하고 있으며, 이러한 우선적 근로기회의 부여에는 공직 취업에 상대적으로 더 유리하게 가산점을 부여받는 것도 포함된다고 볼 수 있으므로, '국가유공자의 가족'의 경우 그러한 가산점의 부여는 헌법이 직접 요청하고 있는 것이 아니다(헌재 2006.2.23, 2004헌마675 · 981 · 1022).

③ [O] 5급 이상의 공무원과 6급 이하의 공무원 중 '지휘감독권 행사자' 등을 그 업무의 공공성 · 공익성이 큰 점 등을 고려하여 노동조합 가입대상에서 제외한 것이 공무원들의 단결권을 침해한다고 볼 수 없다(헌재 2008.12.26, 2005헌마971 등).

❹ [X] 미성년자에 대하여 성범죄를 범하여 형을 선고받아 확정된 자와 성인에 대한 성폭력범죄를 범하여 벌금 100만원 이상의 형을 선고받아 확정된 자는 초 · 중등교육법상의 교원에 임용될 수 없도록 한 부분이 청구인의 공무담임권을 침해하지 않는다(헌재 2019.7.25, 2016헌마754).

16 정답 ①

❶ [✕] 국가에 대하여 경제에 관한 규제와 조정을 할 수 있도록 규정한 헌법 제119조 제2항이 보유세 부과 그 자체를 금지하는 취지로 보이지 아니하므로 주택 등에 보유세인 종합부동산세를 부과하는 그 자체를 헌법 제119조에 위반된다고 보기 어렵다(헌재 2008.11.13, 2006헌바112 등).

② [O] 헌법 제120조 제1항

③ [O] 헌법 제121조 제2항

④ [O] 헌법 제126조

17 정답 ④

옳은 것은 ㉡, ㉣이다.

㉠ [✕] 정당이 임기만료에 따른 지역구국회의원선거 및 지역구지방의회의원선거에 후보자를 추천하는 때에는 각각 전국지역구 총수의 100분의 30 이상을 여성으로 추천하도록 노력하여야 한다(공직선거법 제47조 제4항).

㉡ [O] 기탁금 액수가 너무 과하지만 않다면 기탁금제도 자체가 헌법에 위반되지는 않는다.

㉢ [✕] 국회의원선거의 기탁금 1,500만원 규정에 관해 비례대표국회의원선거에 관한 부분은 헌법불합치 판결이 선고되었다(헌재 2016.12.29, 2015헌마509). 또한 공직선거법 제57조에 따르면, 지역구 국회의원의 경우 후보자가 당선되거나 사망한 경우와 유효투표총수의 100분의 15 이상을 득표한 경우에는 기탁금 전액을 기탁자에게 반환하나, 비례대표국회의원의 경우 당해 후보자명부에 올라 있는 후보 중 당선인이 있는 때에는 기탁금 전액을 반환한다.

㉣ [O] 누구든지 선거일 전 6일부터 선거일의 투표마감시각까지 선거에 관하여 정당에 대한 지지나 당선인을 예상하게 하는 여론조사의 경위와 그 결과를 공표하거나 인용하여 보도할 수 없다(공직선거법 제108조).

18 정답 ②

① [O] 수형자라 하여 모든 기본권을 제한하는 것은 허용되지 아니하며, 제한되는 기본권은 형의 집행과 도망의 방지라는 구금의 목적과 관련된 기본권(신체의 자유, 거주·이전의 자유, 통신의 자유 등)에 한정되어야 하고, 그 역시 형벌의 집행을 위하여 필요한 한도를 벗어날 수 없다. 특히 수용시설 내의 질서 및 안전 유지를 위하여 행해지는 기본권의 제한은 수형자에게 구금과는 별도로 부가적으로 가해지는 고통으로서 다른 방법으로는 그 목적을 달성할 수 없는 경우에만 예외적으로 허용되어야 한다(헌재 2003.12.18, 2001헌마163).

❷ [✕] 이 사건 계구사용행위 및 동행계호행위가 청구인들의 기본권을 부당하게 침해한다고 보기 어렵다[헌재 2008.5.29, 2005헌마137·376, 2007헌마187, 1274(병합)].

▶ 불필요한 경우에 사용한 것이 아니라 동행시 사용한 것으로 부당하게 침해한다고 보기는 어렵다.

③ [O] 행형법 제24조와 행형법 시행령 제96조는 수용자에게 매일 1시간 이내의 실외운동을 시행하도록 하면서 독거수용자에 대하여는 운동시간을 2시간까지 연장할 수 있도록 규정하고 있다. 그런데 엄중격리대상자로 지정되어 청송제2교도소로 이송된 수형자는 폭행·난동·도주 등 교정사고의 발생을 방지하기 위하여 독거실에 수용하면서 실외운동도 약 5.5평 가량의 부채꼴 모양의 1인 운동장에서 혼자 운동하게 한다. 운동장으로 이동할 때에 손목수갑을 차고 다른 수용자와 분리되어 호송되어야 하므로 운동시간도 1시간을 채우지 못하게 되지만, 1인 운동장(7개)이 부족하여 운동시간을 증가시키지 못하고 있다. 이는 교정사고 발생의 위험성이 높은 엄중격리대상자에 의한 폭행·난동·도주 등의 교정사고 발생을 방지하기 위하여 다른 수용자나 교도관과의 접촉을 차단하기 위한 조치이므로 그 목적의 정당성 및 수단의 적정성이 인정되며, 그로 인한 자유의 제한 정도도 그다지 크지 않다고 할 것이다. 이 사건 실외운동 제한행위가 청구인들의 기본권을 부당하게 침해한다고 보기 어렵다[헌재 2008.5.29, 2005헌마137·376, 2007헌마187, 1274(병합)].

④ [O] 이 사건 CCTV 설치행위에 관한 심판청구에 대해서는, 관여 재판관 5인이 청구인들의 심판청구를 인용하여야 한다는 의견을 표시하였고, 관여 재판관 4인이 청구인들의 심판청구를 기각하여야 한다는 의견을 표시하여, 청구인들의 심판청구를 인용하자는 의견이 다수이지만, 헌법소원 심판청구를 인용하기에 필요한 정족수(재판관 6인 이상의 찬성)에 미달되므로, 위 심판청구를 기각하기로 결정한다[헌재 2008.5.29, 2005헌마137·376, 2007헌마187, 1274(병합)].

19 정답 ③

① [O]
> 국적법 제18조 【국적 상실자의 권리 변동】 ② 제1항에 해당하는 권리 중 대한민국의 국민이었을 때 취득한 것으로서 양도할 수 있는 것은 그 권리와 관련된 법령에서 따로 정한 바가 없으면 3년 내에 대한민국의 국민에게 양도하여야 한다.

② [O]
> 국적법 제10조 【국적 취득자의 외국 국적 포기 의무】 ① 대한민국 국적을 취득한 외국인으로서 외국 국적을 가지고 있는 자는 대한민국 국적을 취득한 날부터 1년 내에 그 외국 국적을 포기하여야 한다.

❸ [✕] 복수국적자의 법적 지위에 관한 국적법 제11조의2를 신설하여 이중국적자라는 표현 대신에 복수국적자라는 표현을 사용하고, 동법 제11조의2 제1항에서 복수국적자는 "대한민국의 법령 적용에서 대한민국 국민으로만 처우한다."라고 규정함으로써 복수국적자의 경우에는 국내법에서는 단일국적자로 취급한다는 일반원칙을 명확히 하고 있다.

④ [O]

> **국적법 제10조 【국적 취득자의 외국 국적 포기 의무】** ① 대한민국 국적을 취득한 외국인으로서 외국 국적을 가지고 있는 자는 대한민국 국적을 취득한 날부터 1년 내에 그 외국 국적을 포기하여야 한다.
> ② 제1항에도 불구하고 다음 각 호의 어느 하나에 해당하는 자는 대한민국 국적을 취득한 날부터 1년 내에 외국 국적을 포기하거나 법무부장관이 정하는 바에 따라 대한민국에서 외국 국적을 행사하지 아니하겠다는 뜻을 법무부장관에게 서약하여야 한다.

20   정답 ③

① [O] 어업조약과 무역조약은 국회동의를 요하지 않는다.

② [O] 헌법 제60조 제1항의 국제법존중주의는 우리나라가 가입한 조약과 일반적으로 승인된 국제법규가 국내법과 같은 효력을 가진다는 것으로서 조약이나 국제법규가 국내법에 우선한다는 것은 아니다.

❸ [×] 헌법 제6조 제1항에서 선언하고 있는 국제법존중주의는 국제법과 국내법의 동등한 효력을 인정한다는 취지일 뿐이므로 유엔 자유권위원회가 국가보안법의 폐지나 개정을 권고하였다는 이유만으로 이적행위조항과 이적표현물 소지조항이 국제법존중주의에 위배되는 것은 아니다(헌재 2024.2.28. 2023헌바381).

④ [O] 한미상호방위조약은 외국군대의 주둔에 관한 것으로 국회의 동의를 얻어야 한다. 우호통상항해조약도 국회동의를 요한다.

정답

p.66

01	④	02	④	03	②	04	①	05	④
06	①	07	①	08	④	09	④	10	④
11	④	12	②	13	②	14	④	15	②
16	③	17	①	18	②	19	③	20	③

---

01 정답 ④

① [O] 헌법재판소나 법원은 국가긴급권 발동의 위헌·위법 여부를 사후적으로 심사할 수는 있다. 다만, 국가긴급권은 대통령이 헌법이 부여한 권한 범위 내에서 정치적 책임을 지고 한 판단과 선택으로서 고도의 정치적 성격을 가지므로 광범위한 판단 재량이 인정된다. 따라서 이에 대한 사법심사는 제한될 수밖에 없다.

② [O]
> 헌법 제89조 다음 사항은 국무회의의 심의를 거쳐야 한다.
> 5. 대통령의 긴급명령·긴급재정경제처분 및 명령 또는 계엄과 그 해제

③ [O] 현실적으로 발생한 경우에 사후적으로만 발동할 수 있다.

❹ [X] 국가를 보위하는 소극적 목적을 위해서만 발할 수 있고, 공공복리실현과 같은 적극적인 목적을 위해서는 발할 수 없다.

---

02 정답 ④

① [X] 행복추구권은 국민이 행복을 추구하기 위하여 필요한 급부를 국가에게 적극적으로 요구할 수 있는 것을 내용으로 하는 것이 아니라, 행복추구활동을 국가권력의 간섭 없이 자유롭게 할 수 있다는 포괄적인 의미의 자유권으로서의 성격을 가지므로 국민에 대한 일정한 보상금의 수급기준을 정하고 있는 국가유공자예우 등에 관한 법률 제9조가 행복추구권을 침해한다고 할 수 없다(헌재 1995.7.21, 93헌가14).

② [X] 법인은 성질상 인간의 존엄과 가치의 주체가 될 수 없다.

③ [X] 헌법상 명문으로 규정되어 있지는 않으나, 개성의 자유로운 발현권은 인간으로서의 존엄과 가치가 아닌 행복추구권에서 파생되는 기본권이다.

❹ [O] 성별정정의 경우 대법원은 사회통념상 남성으로 평가될 수 있는 성전환자에 해당함이 명백하므로 호적정정 및 개명을 허가할 여지가 충분히 있다고 보아 원칙적으로는 이를 허용한다(대결 2006.6.22, 2004스42). 그러나 현재 혼인 중에 있거나 미성년자인 자녀를 둔 경우 허용되지 않는다는 예외적 결정도 있다(대결 2011.9.2, 2009스117).

---

03 정답 ②

① [O] 이 사건 복무규율조항은 국군의 이념 및 사명을 해할 우려가 있는 도서로 인하여 군인들의 정신전력이 저해되는 것을 방지하기 위한 조항이라고 할 것이고, 규범의 의미내용으로부터 무엇이 금지되고 무엇이 허용되는 행위인지를 예측할 수 있으므로 명확성원칙에 위배되는 법령조항이라고 보기 어렵다(헌재 2010.10.28, 2008헌마638).

❷ [X] '영예성의 훼손'은 국립묘지의 존엄 및 경건함을 해할 우려가 있는 반국가적·반사회적인 범죄 등을 저지른 경우에 해당하여야 한다고 충분히 예측할 수 있고, 그 심의를 담당하는 안장대상심의위원회는 다양한 분야에서 전문적인 지식을 가진 20명 이내의 위원들의 3분의 2 이상 찬성으로 의결하고 있어, 아무런 기준 없이 자의적으로 법적용을 할 수 있을 정도로 안장대상심의위원회에 지나치게 광범위한 재량권을 부여하고 있다고 볼 수 없으므로, 이 사건 법률조항들은 헌법상 명확성의 원칙에 위배되지 아니한다(헌재 2011.10.25, 2010헌바272).

③ [O] 헌재 2011.10.25, 2010헌가29
반면에 징계의 중요한 절차는 징계의 효력에 중요한 영향을 미치는 경우를 의미하는바 알 수 있다고 보아 합헌인 판례도 있다(헌재 2007.7.26, 2006헌가9).

④ [O] 청구인들은 이 사건 법률조항 중 '국가안전보장에 대한 위해'의 의미가 불분명하다고 주장하나, '국가안전보장에 대한 위해를 방지하기 위한 정보수집'은 국가의 존립이나 헌법의 기본질서에 대한 위험을 방지하기 위한 목적을 달성함에 있어 요구되는 최소한의 범위 내에서의 정보수집을 의미하는 것으로 해석되므로, 명확성원칙에 위배되지 않는다(헌재 2022.7.21, 2016헌마388 등).

---

04 정답 ①

❶ [X] 심판대상 법률조항은 전자장치 부착명령을 집행할 수 없는 기간 동안 집행을 정지하고 다시 집행이 가능해졌을 때 잔여기간을 집행함으로써 재범방지 및 재사회화라는 전자장치 부

착의 목적을 달성하기 위한 것으로서 입법목적의 정당성 및 수단의 적절성이 인정되며, 부착명령 집행이 불가능한 기간 동안 집행을 정지하는 것 이외에 덜 침해적인 수단이 있다고 보기도 어렵다. 또한 특정범죄자의 재범방지 및 재사회화라는 공익을 고려하면, 침해되는 사익이 더 크다고 볼 수 없어 법익균형성도 인정되므로, 심판대상 법률조항은 과잉금지원칙에 위배되지 아니한다(헌재 2013.7.25, 2011헌마781).

② [O] 친생부인의 소 진행과정에서 발생할 수 있는 사생활 공개의 문제는 소송법상 변론 및 소송기록 비공개 제도의 운영에 관련된 문제로서 심판대상조항으로 말미암아 청구인의 사생활의 비밀과 자유가 제한된다고 보기는 어렵다(헌재 2015.4.30, 2013헌마623).

③ [O] 인터넷언론사의 공개된 게시판·대화방에서 스스로의 의사에 의하여 정당·후보자에 대한 지지·반대의 글을 게시하는 행위가 양심의 자유나 사생활 비밀의 자유에 의하여 보호되는 영역이라고 할 수 없다(헌재 2010.2.25, 2008헌마324).

④ [O] 성폭력범죄의 처벌 등에 관한 특례법 위반(카메라 등 이용촬영, 카메라 등 이용촬영미수)죄로 유죄가 확정된 자는 신상정보 등록대상자가 되도록 규정한 '성폭력범죄의 처벌 등에 관한 특례법' 제42조 제1항 중 관련 부분은 헌법에 위반되지 않고, 등록대상자의 등록정보를 20년 동안 보존·관리하도록 규정한 같은 법률 제45조 제1항은 헌법에 합치되지 않는다(헌재 2015.7.30, 2014헌마340).

05   정답 ④

① [X] 개발제한구역 지정으로 인하여 토지를 종래의 목적으로도 사용할 수 없는 경우와 달리 사회적 제약의 범주에 속하는 것으로 보아야 한다. 자신의 토지를 장래에 건축이나 개발목적으로 사용할 수 있으리라는 기대가능성이나 신뢰 및 이에 따른 지가상승의 기회는 원칙적으로 재산권의 보호범위에 속하지 않기 때문이다(헌재 1998.12.24, 89헌마214 등).

② [X] 이 사건 법률조항은 헌법 제23조 제1항이 정하는 건축주의 토지재산권을 제한함에 있어 헌법 제37조 제2항의 과잉금지원칙을 위반하지 아니하였으므로, 건축주인 청구인들의 재산권을 침해한다고 할 수 없다(헌재 2010.2.25, 2009헌바70).

③ [X] 부담금은 그 부과목적과 기능에 따라 순수하게 재정조달의 목적만 가지는 '재정조달목적 부담금'과 재정조달 목적뿐만 아니라 부담금의 부과 자체로써 국민의 행위를 특정한 방향으로 유도하거나 특정한 공법적 의무의 이행 또는 공공출연의 특별한 이익과 관련된 집단 간의 형평성 문제를 조정하여 특정한 사회·경제정책을 실현하기 위한 '정책실현목적 부담금'으로 구분할 수 있다. 전자의 경우에는 공적 과제가 부담금 수입의 지출 단계에서 비로소 실현되나, 후자의 경우에는 공적 과제의 전부 혹은 일부가 부담금의 부과 단계에서 이미 실현된다(헌재 2008.11.27, 2007헌마860).

❹ [O] 헌법은 재산권을 보장하지만 다른 기본권과는 달리 "그 내용과 한계는 법률로 정한다."고 하여 입법자에게 재산권에 관한 규율권한을 유보하고 있다. 그러므로 재산권을 형성하거나 제한하는 입법에 대한 위헌심사에 있어서는 입법자의 재량이 고려되어야 한다. 재산권의 제한에 대하여는 재산권 행사의 대상이 되는 객체가 지닌 사회적인 연관성과 사회적 기능이 크면 클수록 입법자에 의한 보다 광범위한 제한이 허용되며, 한편 개별 재산권이 갖는 자유보장적 기능, 즉 국민 개개인의 자유실현의 물질적 바탕이 되는 정도가 강할수록 엄격한 심사가 이루어져야 한다(헌재 2005.5.26, 2004헌가10).

06   정답 ①

❶ [X] 한국철도공사의 상근직원은 그 직을 유지한 채 공직선거에 입후보하여 자신을 위한 선거운동을 할 수 있음에도 타인을 위한 선거운동을 전면적으로 금지하는 것은 과도한 제한이다. 따라서 심판대상조항은 선거운동의 자유를 침해한다(헌재 2018.2.22, 2015헌바124).

② [O] 군조직은 위계질서의 확립과 기강확보가 어느 조직보다 중요시되는 특수성을 고려할 필요가 있다. 소위도 27세로 정해져 있어 연령과 체력의 보편적 상관관계 등을 고려할 때 적합해 보인다(헌재 2014.9.25, 2011헌마414).

③ [O] 국민의 본질적 지위에서 도출되는 국민투표권을 추상적 위험 내지 선거기술상의 사유로 배제하는 것은 헌법이 부여한 참정권을 사실상 박탈한 것과 다름없다. 따라서 국민투표법 조항은 재외선거인인 나머지 청구인들의 국민투표권을 침해한다(헌재 2014.7.26, 2009헌마256).

④ [O] 헌법은 명시적으로 규정된 국민투표 외에 다른 형태의 재신임 국민투표를 허용하지 않는다. 이는 주권자인 국민이 원하거나 또는 국민의 이름으로 실시하더라도 마찬가지이다. 국민은 선거와 국민투표를 통하여 국가권력을 직접 행사하게 되며, 국민투표는 국민에 의한 국가권력의 행사방법의 하나로서 명시적인 헌법적 근거를 필요로 한다. 따라서 국민투표의 가능성은 국민주권주의나 민주주의원칙과 같은 일반적인 헌법원칙에 근거하여 인정될 수 없으며, 헌법에 명문으로 규정되지 않는 한 허용되지 않는다(헌재 2004.5.14, 2004헌나1).

07   정답 ①

❶ [X]
> 국민의 형사재판 참여에 관한 법률 제46조【재판장의 설명·평의·평결·토의 등】② 심리에 관여한 배심원은 재판장의 설명을 들은 후 유·무죄에 관하여 평의하고, 전원의 의견이 일치하면 그에 따라 평결한다. 다만, 배심원 과반수의 요청이 있으면 심리에 관여한 판사의 의견을 들을 수 있다.

② [O] 공소사실의 다양한 태양과 그로 인하여 쟁점이 지나치게 복잡하게 될 가능성, 예상되는 심리기간의 장단, 주요 증인의 소재 확보 여부와 사생활의 비밀 보호 등 공판절차에서 나타나는 여러 사정을 고려하여 보았을 때 참여재판 배제사유를 일일이 열거하는 것은 불가능하거나 현저히 곤란하다. 그러므로 이 사건 참여재판 배제조항과 같이 포괄적, 일반적 배제사유를 두는 것은 불가피하고, 그 실질적 기준은 법원의 재판을 통하여 합리적으로 결정될 수 있다. 따라서 이 사건 참여재판 배제조항은 그 절차와 내용에 있어 합리성과 정당성을 갖추었다고 할 것이므로, 적법절차원칙에 위배되지 아니한다(헌재 2014.1.28, 2012헌바298).

③ [O]

> 국민의 형사재판 참여에 관한 법률 제46조【재판장의 설명ㆍ평의ㆍ평결ㆍ토의 등】⑤ 제2항부터 제4항까지의 평결과 의견은 법원을 기속하지 아니한다.

④ [O] 심판대상조항이 우리나라 국민참여재판제도의 취지와 배심원의 권한 및 의무 등 여러 사정을 종합적으로 고려하여 만 20세에 이르기까지 교육 및 경험을 쌓은 자로 하여금 배심원의 책무를 담당하도록 정한 것은 입법형성권의 한계 내의 것으로 자의적인 차별이라고 볼 수 없다(헌재 2021.5.27, 2019헌가19).

08　　　　　　　　　　　　　　　　　정답 ④

① [O] 도시환경정비사업의 시행으로 인하여 철거되는 주택의 소유자를 위하여 임시수용시설을 설치하도록 규정하지 않은 도시 및 주거환경정비법 조항은 이주대책이나 주거대책의 실시 여부 및 내용에 대해서는 폭넓은 입법재량이 인정되는데, 도시환경정비사업에서 이주대책 등을 실시하지 않는 데에는 합리적인 이유가 있으므로 이는 평등의 원칙에 위반되지 아니한다(헌재 2014.3.27, 2011헌바396).
> ▶ 주의할 것은 인간다운 생활과 거주ㆍ이전의 자유와는 관련이 없다. 따라서 침해할 수도 없다.

② [O] 연금재정의 불안정성을 차단하여 연금재정을 합리적으로 운용하기 위한 것이다. 군인연금이라는 사회보장 제도의 운영 목적과 연금재정체계 및 다른 법률에 정한 급여수급권에 관한 소멸시효 규정과 비교할 때 소멸시효 기간을 5년으로 정한 것은 수긍할 만한 이유가 존재한다(헌재 2021.4.29, 2019헌바412).
> ▶ 따라서 인간다운 생활을 할 권리를 침해하지 아니한다.

③ [O] 장애인가구는 비장애인가구와 비교하여 각종 법령 및 정부시책에 따른 각종 급여 및 부담감면으로 인하여 최저생계비의 비목에 포함되는 보건의료비, 교통ㆍ통신비, 교육비, 교양ㆍ오락비, 비소비지출비를 추가적으로 보전받고 있다. 이러한 사정들에 비추어 보면, 생활능력 없는 장애인가구 구성원의 인간다운 생활을 할 권리가 침해되었다고 할 수 없다(헌재 2004.10.28, 2002헌마328).
> ▶ 즉, 총괄한 수준으로 판단할 것을 요구한다.

❹ [×] 유족연금은 본래 생계를 책임진 자의 사망으로 생활의 곤란을 겪는 가족의 생계보호를 위하여 도입된 것이므로, 배우자의 재혼을 유족연금수급권 상실사유로 규정한 것은 배우자가 재혼을 통하여 새로운 부양관계를 형성함으로써 재혼 상대방 배우자를 통한 사적 부양이 가능해짐에 따라 더 이상 사망한 공무원의 유족으로서의 보호의 필요성이나 중요성을 인정하기 어렵다고 보았기 때문이다(헌재 2022.8.31, 2019헌가31).
> ▶ 즉, 재산권을 침해하지 않는다.

09　　　　　　　　　　　　　　　　　정답 ④

① [O] 가정폭력 가해자에 대하여 특별한 제한을 두지 아니한 채, 가정폭력 가해자인 전 배우자라도 직계혈족으로서 그 자녀의 가족관계증명서와 기본증명서를 사실상 자유롭게 발급받아서 거기에 기재된 가정폭력 피해자인 청구인의 개인정보를 무단으로 취득하게 되는 위헌성을 지적하고 이 사건 법률조항에 대하여 헌법불합치를 선언하였다(헌재 2020.8.28, 2018헌마927).

② [O] 민법 제정 이후의 사회적ㆍ법률적ㆍ의학적 사정변경을 전혀 반영하지 아니한 채, 이미 혼인관계가 해소된 이후에 자가 출생하고 생부가 출생한 자를 인지하려는 경우마저도, 아무런 예외 없이 그 자를 전남편의 친생자로 추정함으로써 친생부인의 소를 거치도록 하는 심판대상조항은 입법형성의 한계를 벗어나 모가 가정생활과 신분관계에서 누려야 할 인격권, 혼인과 가족생활에 관한 기본권을 침해한다(헌재 2015.4.30, 2013헌마623).

③ [O] 혼인으로 새로이 1세대를 이루는 자를 위하여 상당한 기간 내에 보유 주택수를 줄일 수 있도록 하고 그러한 경과규정이 정하는 기간 내에 양도하는 주택에 대해서는 혼인 전의 보유 주택수에 따라 양도소득세를 정하는 등의 완화규정을 두는 것과 같은 손쉬운 방법이 있음에도 이러한 완화규정을 두지 아니한 것은 최소침해성원칙에 위배된다고 할 것이다(헌재 2011.11.24, 2009헌바146).

❹ [×] 원칙적으로 3년 이상 혼인 중인 부부만이 친양자 입양을 할 수 있도록 규정하여 독신자는 친양자 입양을 할 수 없도록 한 것은 과잉금지원칙에 위배하여 독신자의 가족생활의 자유를 침해한다고 볼 수 없다(헌재 2013.9.26, 2011헌가42).

10　　　　　　　　　　　　　　　　　정답 ④

① [O] 학교교육에 있어서 교원의 가르치는 권리를 수업권이라고 한다면, 이것은 교원의 지위에서 생기는 학생에 대한 일차적인 교육상의 직무권한이지만 어디까지나 학생의 학습권 실현을 위하여 인정되는 것이므로, 학생의 학습권은 교원의 수업권에 대하여 우월한 지위에 있다. 특히, 교원이 고의로 수업을 거부할 자유는 어떠한 경우에도 인정되지 아니하며, 교원은 계획된 수업을 지속적으로 성실히 이행할 의무가 있다(대판 2007.9.20, 2005다25298).

② [O] 행복추구권은 다른 기본권에 대한 보충적 기본권으로서의 성격을 지니므로, 공무담임권이라는 우선적으로 적용되는 기본권이 존재하여 그 침해 여부를 판단하는 이상, 행복추구권 침해 여부를 독자적으로 판단할 필요가 없다(헌재 2000.12.14, 99헌마112 등).

③ [O] 반론권은 보도기관이 사실에 대한 보도과정에서 타인의 인격권 및 사생활의 비밀과 자유에 대한 중대한 침해가 될 직접적 위험을 초래하게 되는 경우 이러한 법익을 보호하기 위한 적극적 요청에 의하여 마련된 제도인 것이지 언론의 자유를 제한하기 위한 소극적 필요에서 마련된 것은 아니기 때문에 이에 따른 보도기관이 누리는 언론의 자유에 대한 제약의 문제는 결국 피해자의 반론권과 서로 충돌하는 관계에 있다(헌재 1991.9.16, 89헌마165).

❹ [×] 근로3권 중 단결권에는 개별 근로자가 노동조합 등 근로자단체를 조직하거나 그에 가입하여 활동할 수 있는 개별적 단결권뿐만 아니라 근로자단체가 존립하고 활동할 수 있는 집단적 단결권도 포함된다(헌재 2015.5.28, 2013헌마671).

11 정답 ④

① [O] 국가가 국민의 기본권을 보호하기 위한 충분한 입법조치를 취하지 아니함으로써 기본권보호의무를 다하지 못하였다는 이유로 입법부작위 내지 불완전한 입법이 헌법에 위반된다고 판단하기 위하여는, 국가권력에 의해 국민의 기본권이 침해당하는 경우와는 다른 판단기준이 적용되어야 마땅하다(헌재 1997.1.16, 90헌마110).

② [O] 가축사육시설의 환경이 지나치게 열악할 경우 그러한 시설에서 사육되고 생산된 축산물을 섭취하는 인간의 건강도 악화될 우려가 있으므로, 국가로서는 건강하고 위생적이며 쾌적한 시설에서 가축을 사육할 수 있도록 필요한 적절하고도 효율적인 조치를 취함으로써 소비자인 국민의 생명·신체의 안전에 관한 기본권을 보호할 구체적인 헌법적 의무가 있다(헌재 2015.9.24, 2013헌마384).

③ [O] 의료인이 아닌 자의 의료행위를 전면적으로 금지한 것은 매우 중대한 헌법적 법익인 국민의 생명권과 건강권을 보호하고 국민의 보건에 관한 국가의 보호의무(헌법 제36조 제3항)를 이행하기 위하여 적합한 조치로서, … 헌법에 위반되지 않는다(헌재 2002.12.18, 2001헌마370).

❹ [×] 피청구인은 행정부의 수반으로서 국가가 국민의 생명과 신체의 안전 보호의무를 충실하게 이행할 수 있도록 권한을 행사하고 직책을 수행하여야 하는 의무를 부담한다. 하지만 국민의 생명이 위협받는 재난상황이 발생하였다고 하여 피청구인이 직접 구조 활동에 참여하여야 하는 등 구체적이고 특정한 행위의무까지 바로 발생한다고 보기는 어렵다(헌재 2017.3.10, 2016헌나1).

12 정답 ②

① [O] 민법상 소멸시효제도의 일반적인 존재이유는 '법적 안정성의 보호, 채무자의 이중변제 방지, 채권자의 권리불행사에 대한 제재 및 채무자의 정당한 신뢰 보호'에 있다. 이와 같은 민법상 소멸시효제도의 존재 이유는 국가배상청구권의 경우에도 일반적으로 타당하고, 특히 국가의 채무관계를 조기에 확정하여 예산수립의 불안정성을 제거하기 위해서는 국가채무에 대해 단기소멸시효를 정할 필요성도 있다. 그러므로 심판대상조항들이 일반적인 공무원의 직무상 불법행위로 손해를 받은 국민의 국가배상청구권에 관한 소멸시효 기산점과 시효기간을 정하고 있는 것은 합리적인 이유가 있다(헌재 2018.8.30, 2014헌바148).

❷ [×] 국가배상책임의 성립요건으로서 공무원의 고의 또는 과실을 규정한 구 국가배상법 제2조 제1항 본문 중 '고의 또는 과실로' 부분은 합헌이라는 결정을 선고하였다(헌재 2020.3.26, 2016헌바55).
   ▶ 즉, 판례는 예외를 인정하지 않는다.

③ [O] 법관의 재판에 법령의 규정을 따르지 아니한 잘못이 있다 하더라도 이로써 바로 그 재판상 직무행위가 국가배상법 제2조 제1항에서 말하는 위법한 행위로 되어 국가의 손해배상책임이 발생하는 것은 아니고, 그 국가배상책임이 인정되려면 당해 법관이 위법 또는 부당한 목적을 가지고 재판을 하였다거나 법이 법관의 직무수행상 준수할 것을 요구하고 있는 기준을 현저하게 위반하는 등 법관이 그에게 부여된 권한의 취지에 명백히 어긋나게 이를 행사하였다고 인정할 만한 특별한 사정이 있어야 한다(대판 2003.7.11, 99다24218).

④ [O] 국가배상법 제2조 제1항의 '직무를 집행함에 당하여'라 함은 직접 공무원의 직무집행행위이거나 그와 밀접한 관련이 있는 행위를 포함하고, 이를 판단함에 있어서는 행위 자체의 외관을 객관적으로 관찰하여 공무원의 직무행위로 보여질 때에는 비록 그것이 실질적으로 직무행위가 아니거나 또는 행위자로서는 주관적으로 공무집행의 의사가 없었다고 하더라도 그 행위는 공무원이 '직무를 집행함에 당하여' 한 것으로 보아야 한다(대판 2005.1.14, 2004다26805).

13 정답 ②

① [O] 특정의 국가정책에 대하여 다수의 국민들이 국민투표를 원하고 있음에도 불구하고 대통령이 이러한 희망과는 달리 국민투표에 회부하지 아니한다고 하여도 이를 헌법에 위반된다고 할 수 없고, 국민에게 특정의 국가정책에 관하여 국민투표에 회부할 것을 요구할 권리가 인정된다고 할 수도 없다(헌재 2013.11.28, 2012헌마166).

❷ [×] 재외선거인은 대의기관을 선출할 권리가 있는 국민으로서 대의기관의 의사결정에 대해 승인할 권리가 있으므로, 국민투표권자에는 재외선거인이 포함된다고 보아야 한다. 또한, 국민투표는 선거와 달리 국민이 직접 국가의 정치에 참여하는 절차이므로, 국민투표권은 대한민국 국민의 자격이 있는 사람에게 반드시 인정되어야 하는 권리이다. 이처럼 국민의 본질적 지위에서 도출되는 국민투표권을 추상적 위험 내지 선거기술상의 사유로 배제하는 것은 헌법이 부여한 참정권을 사실상 박탈한 것과 다름없다. 따라서 재외선거인의 국민투표권을 제한한 국민투표법조항은 재외선거인의 국민투표권을 침해한다(헌재 2014.7.24, 2009헌마256).

③ [O] 한미무역협정의 경우, 국회의 동의를 필요로 하는 조약의 하나로서 법률적 효력이 인정되므로, 그에 의하여 성문헌법이 개정될 수는 없으며, 따라서 한미무역협정으로 인하여 청구인의 헌법 제130조 제2항에 따른 헌법개정절차에서의 국민투표권이 침해될 가능성은 인정되지 아니한다(헌재 2013.11.28, 2012헌마166).

④ [O] 대법원은 국민투표의 효력에 관한 소송에 있어서 국민투표에 관하여 국민투표법 또는 국민투표법에 의하여 발하는 명령에 위반하는 사실이 있는 경우라도 국민투표의 결과에 영향이 미쳤다고 인정하는 때에 한하여 국민투표의 전부 또는 일부의 무효를 판결한다(국민투표법 제93조).

정답 ④

① [×] 헌법 제12조 제3항에서 규정하고 있는 영장주의란 형사절차와 관련하여 체포·구속·압수·수색의 강제처분을 할 때 신분이 보장되는 법관이 발부한 영장에 의하지 않으면 안 된다는 원칙으로, 형사절차가 아닌 징계절차에도 그대로 적용된다고 볼 수 없다(헌재 2016.3.31, 2013헌바190).

② [×] 형사판결은 국가주권의 일부분인 형벌권 행사에 기초한 것으로서, 외국의 형사판결은 원칙적으로 우리 법원을 기속하지 않으므로 동일한 범죄행위에 관하여 다수의 국가에서 재판 또는 처벌을 받는 것이 배제되지 않는다. 따라서 이중처벌금지원칙은 동일한 범죄에 대하여 대한민국 내에서 거듭 형벌권이 행사되어서는 안 된다는 뜻으로 새겨야 할 것이므로 이 사건 법률조항은 헌법 제13조 제1항의 이중처벌금지원칙에 위배되지 아니한다(헌재 2015.5.28, 2013헌바129).

③ [×] 금치처분을 받은 수형자에 대해 원칙적으로 운동을 금지하고 예외적으로 허용하는 것은 위헌이다(헌재 2016.5.26, 2014헌마45).

❹ [O] 체포 또는 구속된 피의자 또는 그 변호인, 법정대리인, 배우자, 직계친족, 형제자매나 가족, 동거인 또는 고용주는 관할법원에 체포 또는 구속의 적부심사를 청구할 수 있다(형사소송법 제214조의2 제1항).

15

정답 ②

① [O] 절대적 종신형제도는 사형제도와는 또 다른 위헌성 문제를 야기할 수 있고, 현행 형사법령 하에서도 가석방제도의 운영 여하에 따라 사회로부터의 영구적 격리가 가능한 절대적 종신형과 상대적 종신형의 각 취지를 살릴 수 있다는 점 등을 고려하면, 현행 무기징역형제도가 상대적 종신형 외에 절대적 종신형을 따로 두고 있지 않은 것이 형벌체계상 정당성과 균형을 상실하여 헌법 제11조의 평등원칙에 반한다거나 형벌이 죄질과 책임에 상응하도록 비례성을 갖추어야 한다는 책임원칙에 반한다고 단정하기 어렵다(헌재 2010.2.25, 2008헌가23).

❷ [×] 우리 헌법은 개별적인 인간존재의 근원인 생명을 빼앗는 사형에 대하여 정면으로 이를 허용하거나 부정하는 명시적인 규정을 두고 있지 아니하지만, 헌법 제12조 제1항이 "모든 국민은 … 법률과 적법절차에 의하지 아니하고는 처벌·보안처분 또는 강제노역을 받지 아니한다."고 규정하는 한편, 헌법 제110조 제4항이 "비상계엄하의 군사재판은 … 법률이 정하는 경우에 한하여 단심으로 할 수 있다. 다만, 사형을 선고한 경우에는 그러하지 아니하다."고 규정함으로써 적어도 문언의 해석상으로는 간접적이나마 법률에 의하여 사형이 형벌로서 정해지고 또 적용될 수 있음을 인정하고 있는 것으로 보인다(헌재 1996.11.28, 95헌바1).

③ [O] 한 생명의 가치만을 놓고 본다면 인간존엄성의 활력적인 기초를 의미하는 생명권은 절대적 기본권으로 보아야 함이 당연하고, 따라서 인간존엄성의 존중과 생명권의 보장이란 헌법정신에 비추어 볼 때 생명권에 대한 법률유보를 인정한다는 것은 이념적으로는 법리상 모순이라고 할 수도 있다. 그러나 현실적인 측면에서 볼 때 정당한 이유없이 타인의 생명을 부정하거나 그에 못지 아니한 중대한 공공이익을 침해한 경우에 국법은 그중에서 타인의 생명이나 공공의 이익을 우선하여 보호할 것인가의 규준을 제시하지 않을 수 없게 되고, 이러한 경우에는 비록 생명이 이념적으로 절대적 가치를 지닌 것이라 하더라도 생명에 대한 법적 평가가 예외적으로 허용될 수 있다고 할 것이므로, 생명권 역시 헌법 제37조 제2항에 의한 일반적 법률유보의 대상이 될 수밖에 없다 할 것이다(헌재 1996.11.28, 95헌바1).

④ [O] 헌재 1996.11.28, 95헌바1

정답 ③

① [×] 이처럼 일반 공중에게 개방된 장소인 서울광장을 개별적으로 통행하거나 서울광장에서 여가활동이나 문화활동을 하는 것은 일반적 행동자유권의 내용으로 보장됨에도 불구하고, 피청구인이 이 사건 통행제지행위에 의하여 청구인들의 이와 같은 행위를 할 수 없게 하였으므로 청구인들의 일반적 행동자유권의 침해 여부가 문제된다(헌재 2011.6.30, 2009헌마406).

② [×] 결혼식 등의 당사자가 자신을 축하하러 온 하객들에게 주류와 음식물을 접대하는 행위는 인류의 오래된 보편적인 사회생활의 한 모습으로서 개인의 일반적인 행동의 자유 영역에 속하는 행위이므로 이는 헌법 제37조 제1항에 의하여 경시되지 아니하는 기본권이며 헌법 제10조가 정하고 있는 행복추구권에 포함되는 일반적 행동자유권으로서 보호되어야 할 기본권이다(헌재 1998.10.15, 98헌마168).

❸ [O] 자신이 속한 부분사회의 자치적 운영에 참여하는 것은 사회공동체의 유지, 발전을 위하여 필요한 행위로서 특정한 기본권의 보호범위에 들어가지 않는 경우에는 일반적 행동자유권의 대상이 된다(헌재 2015.7.30, 2012헌마957).

④ [×] 이 사건 법률조항으로 인하여 청구인들이 퀵서비스 배달업의 수행에 지장을 받는 점이 있다고 하더라도, 그것은 청구인들이 이륜자동차를 운행하고 이 사건 법률조항이 이륜자동차의 고속도로 등 통행을 금지하는 데서 비롯되는 간접적·사실상의 효과일 뿐이다. 이륜자동차를 운전하여 고속도로 또는 자동차전용도로를 통행한 자를 형사처벌하도록 규정한 도로교통법 규정은, 고속도로 등 통행의 자유(일반적 행동의 자유)를 헌법 제37조 제2항에 반하여 과도하게 제한한다고 볼 수 없다(헌재 2011.11.24, 2011헌바51).

정답 ①

❶ [×] 보상청구는 무죄재판을 한 법원에 대하여 하여야 한다(형사보상 및 명예회복에 관한 법률 제7조).

② [O] 판결 주문에서 무죄가 선고된 경우뿐만 아니라 판결 이유에서 무죄로 판단된 경우에도 미결구금 가운데 무죄로 판단된 부분의 수사와 심리에 필요하였다고 인정된 부분에 관하여는 보상을 청구할 수 있고, 다만 형사보상법 제4조 제3호를 유추적용하여 법원의 재량으로 보상청구의 전부 또는 일부를 기각할 수 있을 뿐이다(대결 2016.3.11, 2014모2521).

③ [O] 위헌결정된 가중처벌규정보다 법정형이 가벼운 처벌규정으로 적용법조가 변경되어 피고인이 무죄재판을 받지는 않았으나 원판결보다 가벼운 형으로 유죄판결이 확정된 경우, 재심판결

에서 선고된 형을 초과하여 집행된 구금에 대하여 보상요건을 전혀 규정하지 아니한 '형사보상 및 명예회복에 관한 법률' 제26조 제1항이 평등원칙을 위반하여 청구인들의 평등권을 침해한다(헌재 2022.2.24, 2018헌마998).

④ [O] 피고인이 대통령긴급조치 제9호 위반으로 제1, 2심에서 유죄판결을 선고받고 상고하여 상고심에서 구속집행이 정지된 한편 대통령긴급조치 제9호가 해제됨에 따라 면소판결을 받아 확정된 다음 사망하였는데, 그 후 피고인의 처(妻) 甲이 형사보상을 청구한 사안에서, 甲은 대통령긴급조치 제9호 위반으로 피고인이 구금을 당한 데 대한 보상을 청구할 수 있다(대결 2013.4.18, 2011초기689).

18   정답 ②

① [O] 이 사건 법률조항에 의하여 형의 집행유예와 동시에 사회봉사명령을 선고받은 청구인은 자신의 의사와 무관하게 사회봉사를 하지 않을 수 없게 되어 헌법 제10조의 행복추구권에서 파생하는 일반적 행동의 자유를 제한받게 된다. 청구인은 이 사건 법률조항이 신체의 자유를 제한한다고 주장하나, 이 사건 법률조항에 의한 사회봉사명령은 청구인에게 근로의무를 부과함에 그치고 공권력이 신체를 구금하는 등의 방법으로 근로를 강제하는 것은 아니어서 이 사건 법률조항이 신체의 자유를 제한한다고 볼 수 없다(헌재 2012.3.29, 2010헌바100).

❷ [×] 헌법 제12조 제3항에 규정된 영장주의는 구속의 개시시점에 한하지 않고 구속영장의 효력을 계속 유지할 것인지 아니면 취소 또는 실효시킬 것인지의 여부도 사법권독립의 원칙에 의하여 신분이 보장되고 있는 법관의 판단에 의하여 결정되어야 한다는 것을 의미한다(헌재 1992.12.24, 92헌가8).

③ [O] 노역장유치조항은 유치기간의 하한을 정하고 있을 뿐이므로 법관은 그 범위 내에서 다양한 양형요소들을 고려하여 1일 환형유치금액과 노역장유치기간을 정할 수 있다. 이러한 점들을 종합하면 노역장유치조항은 과잉금지원칙에 반하여 청구인들의 신체의 자유를 침해한다고 볼 수 없다(헌재 2017.10.26, 2015헌바239 등).

④ [O] 보안처분에 속한다는 이유만으로 일률적으로 소급입법금지원칙이 적용된다거나 그렇지 않다고 단정해서는 안 되고, 보안처분이라는 우회적인 방법으로 형벌불소급의 원칙을 유명무실하게 하는 것을 허용해서도 안 된다. 따라서 보안처분이라 하더라도 형벌적 성격이 강하여 신체의 자유를 박탈하거나 박탈에 준하는 정도로 신체의 자유를 제한하는 경우에는 소급입법금지원칙을 적용하는 것이 법치주의 및 죄형법정주의에 부합한다(헌재 2014.8.28, 2011헌마28 등).

19   정답 ③

① [×] 공고기간이 20일로 단축된 것은 제8차 개헌이 아닌 제7차 개헌이다.

② [×] 헌법개정금지조항은 제2차 개정에서 신설되었다.

❸ [O] 제3공화국, 즉 제5차와 제6차 개헌에서는 대통령에게 헌법개정 발안권이 없었다는 것이 특징 중 하나이다.

④ [×] 과거 제2차 개정 때는 헌법개정의 한계조항이 신설되었으나, 현재 제9차 개정헌법에는 헌법개정의 한계조항이 존재하지 않는다.

20   정답 ③

① [O] 공소시효제도가 헌법 제12조 제1항 및 제13조 제1항에 정한 죄형법정주의의 보호범위에 바로 속하지 않는다면, 소급입법의 헌법적 한계는 법적 안정성과 신뢰보호원칙을 포함하는 법치주의의 원칙에 따른 기준으로 판단하여야 한다(헌재 1996. 2.16, 96헌가2).

② [O] 종전의 규정에 의한 폐기물재생처리신고업자의 사업이 개정규정에 의한 폐기물중간처리업에 해당하는 경우 영업을 계속하기 위해서는 법 시행일부터 1년 이내에 개정규정에 의한 폐기물중간처리업의 허가를 받도록 함으로써 법률개정을 통하여 신고제에서 허가제로 직업요건을 강화하는 과정에서 신뢰보호를 위한 경과조치를 규정하고 있다. 위 법률조항은 종전의 규정에 의한 폐기물재생처리신고업자가 법개정으로 인한 상황변화에 적절히 대처할 수 있도록 상당한 유예기간을 두고 있는 것으로 합헌이다(헌재 2000.7.20, 99헌마452).

❸ [×] 이 사건 부칙조항은 이미 이행기가 도래하여 청구인이 퇴직연금을 모두 수령한 부분까지 사후적으로 소급하여 적용되는 것으로서 헌법 제13조 제2항에 의하여 원칙적으로 금지되는 이미 완성된 사실·법률관계를 규율하는 소급입법에 해당한다. 따라서 소급입법금지원칙에 위반하여 청구인의 재산권을 침해한다(헌재 2013.9.26, 2013헌바170).

④ [O] 전문자격시험에서 요구되는 기량을 갖추었는지 여부를 어떠한 방법으로 평가할 것인지 정하는 것뿐만 아니라 평가 그 자체도 전문적·기술적인 영역에 해당하므로, 이러한 사항을 법률로 일일이 세부적인 것까지 규정하는 것은 입법기술상 적절하지 않다. 따라서 시험과목 및 시험실시 등에 관한 사항을 대통령령에 위임할 필요성이 인정된다(헌재 2019.5.30, 2018헌마1208 등).

01
정답 ①

❶ [×] 이 사건 법률조항은 사기적·투기적·사행적 금융거래를 규제함으로써 선량한 거래자를 보호하고 건전한 금융질서를 확립하려는 데에 그 입법취지가 있다. 경제주체 간의 부조화를 방지하고 금융시장의 공정성을 확보하기 위하여 마련된 이 사건 법률조항은 그 정당성이 헌법 제119조 제2항에 의하여 뒷받침될 수 있으며, 따라서 우리 헌법의 경제질서에 반하는 것이라 할 수 없다(헌재 2003.2.27, 2002헌바4).

② [O] 신문판매업자가 거래상대방에게 제공할 수 있는 무가지와 경품의 범위를 유료신문대금의 20% 이하로 제한하고 있는 이 사건 조항은 그 보호하고자 하는 공익이 침해하는 사익에 비하여 크다고 판단되므로 동 조항은 양쪽의 법익교량의 측면에서도 균형을 도모하고 있다고 할 것이어서 결국 과잉금지의 원칙에 위배되지 아니하며, 헌법 제119조 제1항을 포함한 우리 헌법의 경제질서조항에도 위반되지 아니한다(헌재 2002.7.18, 2001헌마605 참조).

③ [O] 개별 학교법인이 그 자체로 교원노조의 상대방이 되어 단체교섭에 나서지 못하고 전국단위 또는 시·도 단위의 교섭단의 구성원으로서만 단체교섭에 참여할 수 있도록 한 이 사건 법률조항의 위헌 여부를 심사함에 있어서, 헌법 제119조 소정의 경제질서는 독자적인 위헌심사의 기준이 된다기보다는 결사의 자유에 대한 법치국가적 위헌심사기준, 즉 과잉금지원칙 내지는 비례의 원칙에 흡수되는 것이라고 할 것이다(헌재 2002.10.31, 99헌바76 등).

④ [O] 코로나19로 인하여 경제적 타격을 입었다는 점에 있어서는 영주권자, 결혼이민자, 난민인정자 간에 차이가 있을 수 없으므로 그 회복을 위한 지원금 수급대상이 될 자격에 있어서 역시 이들 사이에 차이가 발생한다고 볼 수 없다. 따라서 이는 합리적 이유 없는 차별로서 난민인정자인 청구인의 평등권을 침해함을 선언한 것이다(헌재 2024.3.28, 2020헌마1079).
▶ 인간다운 생활을 할 권리는 별도로 판단하지 않았다.

02
정답 ③

①④ [O] 헌재 2008.10.30, 2005헌마1156

② [O] 부모는 자녀의 양육에 관하여 전반적인 계획을 세우고 자신의 인생관·사회관·교육관에 따라 자녀의 양육을 자유롭게 형성할 권리를 가진다. 헌법은 제36조 제1항에서 혼인과 가정생활을 보장함으로써 가족의 자율영역이 국가의 간섭에 의하여 획일화·평준화되고 이념화되는 것으로부터 보호하고 있는데, 가족생활을 구성하는 핵심적 내용 중의 하나가 바로 자녀의 양육이다(헌재 2008.10.30, 2005헌마1156).

❸ [×] 육아휴직신청권은 헌법 제36조 제1항 등으로부터 개인에게 직접 주어지는 헌법적 차원의 권리라고 볼 수는 없고, 입법자가 입법의 목적, 수혜자의 상황, 국가예산, 전체적인 사회보장수준, 국민정서 등 여러 요소를 고려하여 제정하는 입법에 적용요건, 적용대상, 기간 등 구체적인 사항이 규정될 때 비로소 형성되는 법률상의 권리에 불과하다(헌재 2008.10.30, 2005헌마1156).

03
정답 ①

❶ [O] 협동조합이 가지는 공법인적 특성과 기능적 공공성에 더하여, 협동조합의 상근직원이 각 지역 주민들의 생활에 매우 밀접한 직무를 수행하고 있는 점 등을 고려해볼 때, 협동조합의 상근직원이 그 직을 그대로 유지한 채 선거운동을 할 경우에는 선거의 공정성·형평성이 저해될 우려가 있다. 또한 심판대상조항은 정치적 의사표현 중 당선 또는 낙선을 위한 직접적인 활동만을 금지할 뿐이므로, 협동조합의 상근직원은 여전히 선거와 관련하여 일정 범위 내에서는 자유롭게 자신의 정치적 의사를 표현하면서 후보자에 대한 정보를 충분히 교환할 수 있다. 따라서 심판대상조항은 침해의 최소성 및 법익의 균형성을 충족한다. 결국 심판대상조항은 과잉금지원칙에 반하여 청구인들의 선거운동의 자유를 침해하지 않는다(헌재 2022.11.24, 2020헌마417).

② [×] 직급에 따른 업무 내용과 수행하는 개별·구체적인 직무의 성격을 고려하여 지방공사 상근직원 중 선거운동이 제한되는

주체의 범위를 최소화하거나, 지방공사 상근직원에 대하여 '그 지위를 이용하여' 또는 '그 직무 범위 내에서' 하는 선거운동을 금지하는 방법으로도 선거의 공정성이 충분히 담보될 수 있다. 결국 심판대상조항은 과잉금지원칙을 위반하여 지방공사 상근직원의 선거운동의 자유를 침해한다(헌재 2024.1.25, 2021헌가14).

③ [×] 정치적 표현의 자유의 중대한 제한에 비하여, 안성시시설관리공단의 상근직원이 당내경선에서 공무원에 준하는 영향력이 있다고 볼 수 없는 점 등을 고려하면 심판대상조항이 당내경선의 형평성과 공정성의 확보라는 공익에 기여하는 바가 크다고 보기 어렵다. 따라서 심판대상조항은 과잉금지원칙에 반하여 정치적 표현의 자유를 침해한다(헌재 2022.12.22, 2021헌가36).

④ [×] 정치적 표현의 자유의 중대한 제한에 비하여, 이 사건 공단의 상근직원이 당내경선에서 공무원에 준하는 영향력이 있다고 볼 수 없는 점 등을 고려하면 심판대상조항이 당내경선의 형평성과 공정성의 확보라는 공익에 기여하는 바가 크다고 보기 어렵다. 따라서 심판대상조항은 과잉금지원칙에 반하여 정치적 표현의 자유를 침해한다(헌재 2021.4.29, 2019헌가11).

04 정답 ④

① [O] 간통죄사건에서 위와 같이 판시하였다. 간통죄가 최근에 판례가 변경되었으나, 내재적 한계가 존재한다는 내용이 변경된 것은 아니다(헌재 2008.10.30, 2007헌가17).

② [O] 교육공무원인 대학 교원에 대하여 보더라도, 교육공무원의 직무수행의 특성과 헌법 제33조 제1항 및 제2항의 정신을 종합해 볼 때, 교육공무원에게 근로3권을 일체 허용하지 않고 전면적으로 부정하는 것은 합리성을 상실한 과도한 것으로서 입법형성권의 범위를 벗어나 헌법에 위반된다(헌재 2018.8.30, 2015헌가38).

③ [O] 국민의 모든 자유와 권리는 국가안전보장·질서유지 또는 공공복리를 위하여 필요한 경우에 한하여 법률로써 제한할 수 있으며, 제한하는 경우에도 자유와 권리의 본질적인 내용을 침해할 수 없다(헌법 제37조 제2항).

❹ [×] 심판대상조항은 수사 및 재판과정에서 디엔에이신원확인정보의 검색결과를 수사기관이나 법원에 회보할 수 있는 근거규정이고 또 정보를 공유할 기관의 범위를 정한 것에 불과하고, 청구인의 정보공개청구권을 제한하는 규정이 아니다. 따라서 심판대상조항으로 말미암아 청구인의 법적 지위에는 아무런 영향을 미치지 아니하므로, 심판대상조항이 청구인의 알 권리 등을 제한하는 것이 아니다. 청구인은 심판대상조항에도 불구하고 정보공개법상 정보공개청구권을 행사할 수 있으므로, 심판대상조항은 청구인의 알 권리 등 기본권을 제한하지 아니하여 기본권 침해가능성이 없으므로, 청구인의 이 사건 심판청구는 부적법하다(헌재 2016.2.25, 2013헌마488).

05 정답 ①

❶ [O] 단체의 재정확보를 위한 모금행위가 단체의 결성이나 결성된 단체의 활동과 유지에 있어서 중요한 의미를 가질 수 있기 때문에 기부금품모집행위의 제한이 결사의 자유에 영향을 미칠 수 있다는 것은 인정된다. 그러나 결사의 자유에 대한 제한은 법 제3조가 가져오는 간접적이고 부수적인 효과일 뿐이다. 법 제3조가 규율하려고 하는 국민의 생활영역은 기부금품의 모집행위이므로, 모집행위를 보호하는 기본권인 행복추구권이 우선적으로 적용된다(헌재 1998.5.28, 96헌가5).

② [×] 이 사건 법률조항에 근거하여 친일반민족행위반민규명위원회(이하 '반민규명위원회'라 한다)의 조사대상자 선정 및 친일반민족행위결정이 이루어지면, 조사대상자의 사회적 평가에 영향을 미치므로 헌법 제10조에서 유래하는 일반적 인격권이 제한받는다(헌재 2010.10.28, 2007헌가23).

③ [×] 심판대상조항 중 각 '거짓이나 그 밖의 부정한 수단으로 받은 운전면허를 제외한 운전면허'를 필요적으로 취소하도록 한 부분은, 과잉금지원칙에 반하여 일반적 행동의 자유 또는 직업의 자유를 침해한다(헌재 2020.6.25, 2019헌가9 등).

④ [×] 헌법재판소는 사망 등의 결과가 발생한 경우에 조정절차를 자동으로 개시하는 것은 환자의 입장에서는 피해를 신속·공정하게 구제받을 수 있도록 하고, 보건의료인의 입장에서도 분쟁을 원만하게 해결할 수 있는 절차를 마련하였다는 점에서 그 의의가 있다고 판단하였다(헌재 2021.5.27, 2019헌마321).

06 정답 ③

① [×] 구 노동조합법 제46조의3은 "단체협약에 … 위반한 자"라고만 규정하여 범죄구성요건의 외피만 설정하였을 뿐 구성요건의 실질적 내용을 직접 규정하지 아니하고 모두 단체협약에 위임하고 있어 죄형법정주의의 기본적 요청인 '법률주의'에 위배되고, 그 구성요건도 지나치게 애매하고 광범위하여 죄형법정주의의 명확성의 원칙에 위배된다(헌재 1998.3.26, 96헌가20).

② [×] 정신성적 장애인이 치료감호시설에 수용될 수 있는 기간의 상한을 정함으로써 치료의 필요성 및 재범의 위험성에 따라 탄력적으로 치료감호를 집행함과 동시에 정신성적 장애인의 기본권이 지나치게 제한되는 것을 방지하고자 하는 것으로서 신체의 자유를 침해하지 아니한다(헌재 2017.4.27, 2015헌마989 등).

❸ [O] 행위자에게 유리하게 개정된 형벌법규의 적용 여부에 대하여, 법원의 형사재판 절차와 동일하게 헌법재판소 역시 헌법소원심판청구 결정 시의 행위자에게 유리한 신법에 따라 기소유예처분의 범죄사실이 성립하는지 여부를 판단하는 것이, 형법 제1조 제2항에 사용된 문언의 통상적인 의미에 충실한 해석이고, 피의자의 권리구제 측면에서도 타당하다(헌재 2023.2.23, 2020헌마1739).

④ [×] 과태료는 행정상의 질서유지를 위한 행정질서벌에 해당할 뿐 형벌이라고 할 수 없어 죄형법정주의의 규율대상에 해당하지 않는다(헌재 2003.12.18, 2002헌바49).

07 정답 ②

옳은 것은 ㉠, ㉣이다.

㉠ [O] 학교폭력 관련조치사항을 학교생활기록의 '행동특성 및 종합의견'에 입력하도록 규정한 것과 이렇게 입력된 조치사항을 졸업과 동시에 삭제하도록 규정한 것은 법률유보원칙이나 과잉금지원칙에 반하여 개인정보자기결정권을 침해하지 않는다(헌재 2016.4.28. 2012헌마630).

㉡ [×] 개인정보자기결정권의 보호대상이 되는 개인정보는 개인의 신체, 신념, 사회적 지위, 신분 등과 같이 개인의 인격주체성을 특징짓는 사항으로서 그 개인의 동일성을 식별할 수 있게 하는 일체의 정보라고 할 수 있고, 반드시 개인의 내밀한 영역이나 사사(私事)의 영역에 속하는 정보에 국한되지 않고 공적 생활에서 형성되었거나 이미 공개된 개인정보까지 포함한다(헌재 2005.5.26. 99헌마513).

㉢ [×] 아동·청소년 대상 성범죄자에 대하여 신상정보 등록 후 1년마다 새로 촬영한 사진을 관할경찰관서의 장에게 제출하도록 규정한 구 아동·청소년의 성보호에 관한 법률 제34조 제2항 단서 중 '사진' 부분과 사진제출의무 위반에 대하여 형사처벌을 하도록 규정한 제52조 제5항 제2호 중 '변경정보인 사진' 부분에 대하여 헌법에 위반되지 아니한다(헌재 2015.7.30. 2014헌바257).

㉣ [O] 청소년의 회원가입시 법정대리인의 동의를 확보하고 게임중독 방지라는 공익이 중대하여 개인정보자기결정권을 침해하지 아니한다(헌재 2015.3.26. 2013헌마517).

08 정답 ①

❶ [×] 대한민국 또는 헌법상 국가기관에 대하여 모욕, 비방, 사실왜곡, 허위사실 유포 또는 기타 방법으로 대한민국의 안전, 이익 또는 위신을 해하거나 해할 우려가 있는 표현에 대하여 형사처벌하도록 하는 것은 과잉금지원칙에 위배되어 해당 표현을 한 자의 표현의 자유를 침해한다. 의미내용이 불명확할 뿐만 아니라, 적용범위가 지나치게 광범위하여 헌법에 위반된다(헌재 2015.10.21. 2013헌가20).

② [O] 인터넷게시판 운영자에게 게시판 이용자에 대한 본인확인조치를 하도록 하여 게시판 이용자가 본인확인절차를 거치지 아니하면 인터넷게시판에 정보를 게시할 수 없도록 하는 본인확인제는 아래와 같이 목적달성에 필요한 범위를 넘는 과도한 제한을 하는 것으로서 침해의 최소성이 인정되지 않는다(헌재 2012.8.23. 2010헌마47).

③ [O] 정기간행물의 등록 등에 관한 법률에 의한 해당시설을 자기 소유이어야 하는 것으로 해석하여 필요 이상의 등록사항을 요구하는 것은 헌법 제21조 제3항에서 규정한 내용을 잘못 해석한 것으로서 헌법상 과잉금지의 원칙이나 비례의 원칙에 반한다(헌재 1992.6.26. 90헌가23).

④ [O] '익명표현'은 표현의 자유를 행사하는 하나의 방법으로서 그 자체로 규제되어야 하는 것은 아니고, 부정적 효과가 발생하는 것이 예상되는 경우에 한하여 규제될 필요가 있다(헌재 2021.1.28. 2018헌마456).

09 정답 ①

❶ [×] 이 사건 중단조치에 의한 영업중단으로 영업상 손실이나 주식 등 권리의 가치하락이 발생하였더라도 이는 영리획득의 기회나 기업활동의 여건 변화에 따른 재산적 손실일 뿐이므로, 헌법 제23조의 재산권보장의 범위에 속한다고 보기 어렵다(헌재 2022.1.27. 2016헌마364).

② [O] 우리 헌법상의 재산권에 관한 규정은 다른 기본권규정과는 달리 그 내용과 한계가 법률에 의해 구체적으로 형성되는 기본권 형성적 법률유보의 형태를 띠고 있으므로 재산권을 제한한다는 의미가 아니라 재산권을 형성한다는 의미를 갖는다(헌재 1993.7.29. 92헌바20).

③ [O] 유도적 부담금의 경우 재정조달목적 부담금의 헌법적 정당화에 있어서 중요하게 고려되는 재정조달 대상 공적 과제에 대한 납부의무자 집단의 특별한 재정책임 여부 내지 납부의무자 집단에 대한 부담금의 유용한 사용 여부등은 정책실현목적 부담금의 헌법적 정당화에 있어서는 그다지 결정적인 의미를 가지지 않는다고 할 것이다(헌재 2003.1.30. 2002헌바5).

④ [O] 토지거래허가제의 본래의 취지를 살리고 그 실효성을 확보하기 위하여 무허가 거래계약의 채권적 효력을 부인하는 이 사건 법률조항은 토지거래허가제와 마찬가지로 재산권의 본질적 내용을 침해한다거나 과잉금지의 원칙에 위배될 소지가 없다(헌재 1997.6.26. 92헌바5).

10 정답 ④

① [×] 행정안전부장관은 서면으로 제출된 청원을 전자적으로 관리하고, 전자문서로 제출된 청원을 효율적으로 접수·처리하기 위하여 정보처리시스템을 구축·운영하여야 한다(청원법 제10조 제1항).

② [×] 적법한 청원에 대하여 국가기관이 이를 수리, 심사하여 그 결과를 청원인에게 통보하였다면 이로써 당해 국가기관은 헌법 및 청원법상의 의무이행을 다한 것이고, 그 통보 자체에 의하여 청구인의 권리의무나 법률관계가 직접 무슨 영향을 받는 것도 아니므로 비록 그 통보내용이 청원인이 기대하는 바에는 미치지 못한다고 하더라도 그러한 통보조치가 헌법소원의 대상이 되는 구체적인 공권력의 행사 내지 불행사라고 볼 수는 없다(헌재 2000.10.25. 99헌마458).

③ [×] 청원의 남발을 규제하고 심사의 효율을 기하기 위한 것이고, 지방의회의원 모두가 소개의원이 되기를 거절하였다면 그 청원내용에 찬성하는 의원이 없는 것이므로 지방의회에서 심사하더라도 인용가능성이 전혀 없어 심사의 실익이 없으며, 청원의 소개의원도 1인으로 족한 점을 감안하면 이러한 정도의 제한은 공공복리를 위한 필요·최소한의 것이라고 할 수 있다(헌재 1999.11.25. 97헌마54).

❹ [O]

> **청원법 제13조【공개청원의 공개 여부 결정 통지 등】** ① 공개청원을 접수한 청원기관의 장은 접수일부터 15일 이내에 청원심의회의 심의를 거쳐 공개 여부를 결정하고 결과를 청원인(공동청원의 경우 대표자를 말한다)에게 알려야 한다.

① [O] 보상청구는 대리인을 통하여서도 할 수 있다(형사보상 및 명예회복에 관한 법률 제13조).

② [O] 관계기관의 고의·과실은 고려하지 않으나, 본인에게 귀책사유가 있다면 형사보상 청구권이 제한될 수 있다.

❸ [×] 외국인은 국가배상청구권이나 범죄피해자구조청구권과 같이 상호주의하에서만 인정되는 것과는 다르게 형사보상청구권의 본질에 기하여 평등주의에 따라 그 주체성이 인정될 수 있지만, 법인은 주체성이 인정될 수 없다.

④ [O] 가중처벌규정에 대하여 헌법재판소의 위헌결정이 있었음을 이유로 개시된 재심절차에서, 공소장 변경을 통해 위헌결정된 가중처벌규정보다 법정형이 가벼운 처벌규정으로 적용법조가 변경되어 피고인이 무죄재판을 받지는 않았으나 원판결보다 가벼운 형으로 유죄판결이 확정된 경우, 재심판결에서 선고된 형을 초과하여 집행된 구금에 대하여 보상요건을 전혀 규정하지 아니한 '형사보상 및 명예회복에 관한 법률' 제26조 제1항이 평등원칙을 위반하여 청구인들의 평등권을 침해한다(헌재 2022.2.24, 2018헌마998).

① [×] 실종기간이 구법 시행기간 중에 만료되는 때에도 그 실종이 개정 민법 시행일 후에 선고된 때에는 상속에 관하여 개정 민법의 규정을 적용하도록 한 민법 부칙의 조항은 재산권 보장에 관한 신뢰보호원칙에 위배된다고 볼 수 없다(헌재 2016.10.27, 2015헌바203 등).

❷ [O] 유류분 반환청구는 피상속인이 생전에 한 유효한 증여도 그 효력을 잃게 하는 것이므로 민법 제1117조의 '반환하여야 할 증여를 한 사실을 안 때로부터 1년'의 단기소멸시효는 유류분권리자의 재산권을 침해하지 않는다(헌재 2010.12.28, 2009헌바20).

③ [×] 법적으로 승인되지 아니한 사실혼은 헌법 제36조 제1항의 보호범위에 포함되지 아니하므로, 이 사건 법률조항은 헌법 제36조 제1항에 위반되지 않는다(헌재 2014.8.28, 2013헌바119).

④ [×] 이 경우 행복추구권, 평등권, 직업의 자유를 침해하지만 학문의 자유, 재산권, 보건권을 침해하는 것은 아니라고 판시하였다(헌재 1998.7.16, 96헌마246).

① [O] 헌법 제21조 제4항은 "언론·출판은 타인의 명예나 권리 또는 공중도덕이나 사회윤리를 침해하여서는 아니 된다."고 규정하고 있는바, 이는 언론·출판의 자유에 따르는 책임과 의무를 강조하는 동시에 언론·출판의 자유에 대한 제한의 요건을 명시한 규정으로 볼 것이고, 헌법상 표현의 자유의 보호영역 한계를 설정한 것이라고는 볼 수 없다(헌재 2009.5.28, 2006헌바109).

② [O] 사실적 주장에 관한 언론보도 등이 진실하지 아니함으로 인하여 피해를 입은 자(이하 '피해자'라 한다)는 해당 언론보도 등이 있음을 안 날부터 3개월 이내에 언론사, 인터넷뉴스서비스사업자 및 인터넷 멀티미디어 방송사업자(이하 '언론사 등'이라 한다)에게 그 언론보도 등의 내용에 관한 정정보도를 청구할 수 있다. 다만, 해당 언론보도 등이 있은 후 6개월이 지났을 때에는 그러하지 아니하다(언론중재 및 피해구제 등에 관한 법률 제14조 제1항).

❸ [×] '전부 불신'의 표출방법을 보장하지 않아 청구인들이 투표를 하거나 기권할 수밖에 없다고 하더라도, 이는 양심의 자유에서 말하는 인격적 존재가치로서의 '양심'과 무관하다. 그러한 행위는 진지한 윤리적 결정에 관계된 것이라기보다는 공직후보자에 대한 의견의 표현행위에 관한 것이며 양심의 자유의 보호영역에 포함된다고 볼 수 없다. 따라서 이 사건 조항은 양심의 자유를 제한하지 않는다(헌재 2007.8.30, 2005헌마975).

④ [O] 헌법 제10조로부터 도출되는 일반적 인격권에는 개인의 명예에 관한 권리도 포함된다. 심판대상조항이 공연히 타인을 모욕한 경우에 이를 처벌하는 것은 위와 같이 헌법 제10조에 의하여 보장되는 외부적 명예를 보호하기 위함이다. 그와 반면에 심판대상조항은 표현의 자유를 제한하고 있으므로 결국 심판대상조항에 의하여 명예권과 표현의 자유라는 두 기본권이 충돌하게 된다(헌재 2013.6.27, 2012헌바37).

옳은 것은 ㉢, ㉣이다.

㉠ [×] 정당은 국민의 이익을 위하여 책임 있는 정치적 주장이나 정책을 추진하고 공직선거의 후보자를 추천 또는 지지함으로써 국민의 정치적 의사형성에 참여함을 목적으로 하는 국민의 자발적 조직으로(정당법 제2조), 그 법적 성격은 일반적으로 사적·정치적 결사 내지는 법인격 없는 사단으로 파악되고 있고, 이러한 정당의 법률관계에 대하여는 정당법의 관계 조문 이외에 일반 사법 규정이 적용되므로, 정당은 공권력 행사의 주체가 될 수 없다(헌재 2007.10.30, 2007헌마1128).

㉡ [×] 누구든지 단체와 관련된 자금으로 정치자금을 기부할 수 없도록 하는 것은 과잉금지원칙에 위반하여 정치활동의 자유 등을 침해하는 것이라 볼 수 없다(헌재 2010.12.28, 2008헌바89).

㉢ [O] 정당의 시·도당 하부조직의 운영을 위하여 당원협의회 등의 사무소를 두는 것을 금지하는 것은 정당의 정당활동의 자유를 침해하지 않는다(헌재 2016.3.31, 2013헌가22).

㉣ [O] 정당에 대한 재정적 후원을 금지하고 위반시 형사처벌하는 것은 정당의 정당활동의 자유와 국민의 정치적 표현의 자유를 침해한다(헌재 2015.12.23, 2013헌바168).

15 정답 ④

① [O] 이 사건 물포발사행위는 이미 종료되어 청구인들의 기본권 침해상황이 종료되었으므로, 이 사건 심판청구가 인용된다고 하더라도 청구인들의 권리구제에 도움이 되지 않아, 권리보호의 이익이 없다(헌재 2014.6.26, 2011헌마815).

② [O] 심판대상조항에 대한 입법자의 일차적 의도는 선거기간 중 모임, 즉 집회를 금지하고자 하는 데 있으며, 단체의 모임은 단체의 다양한 활동 중의 하나에 불과하고, 헌법상 결사의 자유보다는 집회의 자유가 두텁게 보호되며, 위 조항에 의하여 직접 제약되는 자유 역시 집회의 자유라고 할 것이다. 따라서 아래에서는 심판대상조항이 과잉금지원칙에 위반하여 집회의 자유를 침해하는지를 살핀다(헌재 2013.12.26, 2010헌가90).

③ [O] 특정한 지역구의 국회의원선거에 투표하기 위해서는 '해당 지역과의 관련성'이 인정되어야 한다. 따라서 선거권조항과 재외선거인 등록신청조항이 재외선거인의 임기만료지역구국회의원선거권을 인정하지 않은 것이 나머지 청구인들의 선거권을 침해하거나 보통선거원칙에 위배된다고 볼 수 없다(헌재 2014.7.26, 2009헌마256).

❹ [×] 청구인들이 자진신고의무를 부담하는 것은, 수사 및 재판 단계에서 의도적으로 신분을 밝히지 않은 행위에서 비롯된 것으로서 이미 예상가능한 불이익인 반면, 인사상 불균형을 방지함으로써 군 조직의 내부 기강 및 질서를 유지하고자 하는 공익은 매우 중대하다(헌재 2021.8.31, 2020헌마12).

16 정답 ②

① [O] 개별사건법률은 원칙적으로 평등원칙에 위배되는 자의적 규정이라는 강한 의심을 불러일으키는 것이지만, 개별법률금지의 원칙이 법률제정에 있어서 입법자가 평등원칙을 준수할 것을 요구하는 것이기 때문에 특정규범이 개별사건법률에 해당한다 하여 곧바로 위헌을 뜻하는 것은 아니며, 이러한 차별적 규율이 합리적인 이유로 정당화될 수 있는 경우에는 합헌적일 수 있다. 이른바 12 · 12 및 5 · 18 사건의 경우 그 이전에 있었던 다른 헌정질서파괴범과 비교해 보면, 공소시효의 완성 여부에 관한 논의가 아직 진행중이고, 집권과정에서의 불법적 요소나 올바른 헌정사의 정립을 위한 과거청산의 요청에 미루어 볼 때 비록 특별법이 개별사건법률이라고 하더라도 입법을 정당화할 수 있는 공익이 인정될 수 있으므로 위 법률조항은 헌법에 위반되지 않는다(헌재 1996.2.16, 96헌가2, 96헌바7, 96헌바13).

❷ [×] 형벌불소급의 원칙은 '행위의 가벌성', 즉 형사소추가 '언제부터 어떠한 조건하에서' 가능한가의 문제에 관한 것이고, '얼마동안' 가능한가의 문제에 관한 것은 아니다.

③ [O] 과거에 이미 행한 범죄에 대하여 공소시효를 정지시키는 법률이라 하더라도 그 사유만으로 헌법 제12조 제1항 및 제13조 제1항에 규정한 죄형법정주의의 파생원칙인 형벌불소급의 원칙에 언제나 위배되는 것으로 단정할 수는 없다(헌재 1996. 2.16, 96헌가2, 96헌바7, 96헌바13).

④ [O] 공소시효가 아직 완성되지 않은 경우 위 법률조항은 단지 진행중인 공소시효를 연장하는 법률로서 이른바 부진정소급효를 갖게 되나, 공소시효제도에 근거한 개인의 신뢰와 공시시효의 연장을 통하여 달성하려는 공익을 비교형량하여 공익이 개인의 신뢰보호이익에 우선하는 경우에는 소급효를 갖는 법률도 헌법상 정당화될 수 있다. 위 법률조항의 경우에는 왜곡된 한국 반세기 헌정사의 흐름을 바로 잡아야 하는 시대적 당위성과 아울러 집권과정에서의 헌정질서파괴범죄를 범한 자들을 응징하여 정의를 회복하여야 한다는 중대한 공익이 있는 반면, 공소시효는 행위자의 의사와 관계없이 정지될 수도 있는 것이어서 아직 공소시효가 완성되지 않은 이상 예상된 시기에 이르러 반드시 시효가 완성되리라는 것에 대한 보장이 없는 불확실한 기대일 뿐이므로 공소시효에 대하여 보호될 수 있는 신뢰보호이익은 상대적으로 미약하여 위 법률조항은 헌법에 위반되지 아니한다(헌재 1996.2.16, 96헌가2, 96헌바7, 96헌바13).

17 정답 ②

① [O] 수사처가 중앙행정기관임에도 기존의 행정조직에 소속되지 않고 대통령과 기존 행정조직으로부터 구체적인 지휘 · 감독을 받지 않는 형태로 설치된 것은 수사처 업무의 특수성에 기인한 것이다(헌재 2021.1.28, 2020헌마264).

❷ [×] 본질적으로 권력통제의 기능을 가진 특별검사제도의 취지와 기능에 비추어 볼 때, 특별검사제도의 도입 여부를 입법부가 독자적으로 결정하고, 특별검사 임명에 관한 권한을 헌법기관 간에 분산시키는 것이 권력분립의 원칙에 반한다고 볼 수 없다. 한편 정치적 중립성을 엄격하게 지켜야 할 대법원장의 지위에 비추어 볼 때, 정치적 사건을 담당하게 될 특별검사의 임명에 대법원장을 관여시키는 것이 과연 바람직한 것인지에 대하여 논란이 있을 수 있으나, 그렇다고 국회의 이러한 정치적 · 정책적 판단이 헌법상 권력분립의 원칙에 어긋난다거나 입법재량의 범위에 속하지 않는다고는 할 수 없다(헌재 2008.1.10, 2007헌마1468).

③ [O] 우리 헌법은 정부조직과 관련하여 대통령이 행정부의 수반이고(제66조 제4항), 국무총리가 대통령의 명을 받아 행정각부를 통할하며(제86조 제2항), 행정각부의 설치 · 조직과 직무범위는 법률로 정한다(제96조)라고 규정하고 있을 뿐 행정부 내부 조직간의 권한 배분에 대하여는 아무런 언급이 없다. 그렇다면 행정부 내의 법률상 기관에 불과한 수사처와 다른 수사기관 사이에 권한 배분의 문제가 발생한다 하더라도 이를 헌법상의 권력분립원칙의 문제로 볼 수는 없고, 입법정책의 문제일 뿐이다(헌재 2021.1.28, 2020헌마264 등).

④ [O] 이 사건 파견결정은 그 성격상 국방 및 외교에 관련된 고도의 정치적 결단을 요하는 문제로서, 헌법과 법률이 정한 절차를 지켜 이루어진 것임이 명백하므로, 대통령과 국회의 판단은 존중되어야 하고 헌법재판소가 사법적 기준만으로 이를 심판하는 것은 자제되어야 한다(헌재 2004.4.29, 2003헌마814).

18   정답 ③

① [O] 저항권은 원칙적으로 비폭력이다. 예외적으로 폭력이다.

② [O] 3·1 운동과 4·19 민주이념에서 저항권을 긍정하는 견해가 있으나, 판례는 헌법전문에서는 기본권이 도출되지 않는다고 보고 있다(헌재 2001.3.21, 99헌마139).

❸ [×] 저항권이 헌법이나 실정법에 규정이 있는지 여부를 가려볼 필요도 없이 입법과정의 하자는 저항권 행사의 대상이 되지 아니한다(헌재 1997.9.25, 97헌가4).

④ [O] 대법원은 "저항권이 실정법에 근거를 두지 못하고 오직 자연법에만 근거하고 있는 한 법관은 이를 재판규범으로 원용할 수 없다. 더구나 오늘날 저항권의 존재를 긍정하는 학자 사이에서도 그 구체적 개념의 의의, 내용이나 성립요건에 관해서는 견해가 구구하여 일치한다 할 수 없어 결국 막연하고 추상적인 개념임을 면할 수 없고, 이미 저항권의 존재를 선언한 몇 개의 입법례도 그 구체적 요건은 서로 다르다 할 것이니, 헌법 및 법률에 저항권에 관하여 아무런 규정이 없는 우리나라의 현 단계에서는 더욱이 이 저항권이론을 재판의 준거규범으로 채용하기를 주저하지 않을 수 없다."라고 하였다(대판 1980.5.20, 80도316 - 김재규 사건 / 동일취지대판 1975.4.8, 74도3323 - 민청학련사건).

19   정답 ①

❶ [×] 국가는 균형있는 국민경제의 성장 및 안정과 적정한 소득의 분배를 유지하고, 시장의 지배와 경제력의 남용을 방지하며, 경제주체간의 조화를 통한 경제의 민주화를 위하여 경제에 관한 규제와 조정을 할 수 있다(헌법 제119조 제2항).

②③④ [O] 헌법 전문에서 규정하고 있다.

20   정답 ③

① [×] 국가가 민족문화유산을 보호하고자 하는 경우 이에 관한 헌법적 보호법익은 '민족문화유산의 존속' 그 자체를 보장하는 것이고, 원칙적으로 민족문화유산의 훼손등에 관한 가치보상(價値補償)이 있는지 여부는 이러한 헌법적 보호법익과 직접적인 관련이 없다(헌재 2003.1.30, 2001헌바64).

② [×] 사법상 보유권한의 유무를 불문하고 도굴 등이 된 문화재인 점을 안 경우, 특히 선의취득 등 사법상 보유권한의 취득 후에 도굴 등이 된 점을 알게 된 경우까지 처벌의 대상으로 삼고 있는바, … 재산권 행사의 사회적 제약을 넘어 불필요하거나 지나치게 가혹한 부담을 부과하는 것으로 헌법에 위반된다(헌재 2007.7.26, 2003헌마377).

❸ [O] 오늘날에 와서는 국가가 어떤 문화현상에 대하여도 이를 선호하거나, 우대하는 경향을 보이지 않는 불편부당의 원칙이 가장 바람직한 정책으로 평가받고 있다. 오늘날 문화국가에서의 문화정책은 그 초점이 문화 그 자체에 있는 것이 아니라 문화가 생겨날 수 있는 문화풍토를 조성하는 데 두어야 한다(헌재 2004.5.27, 2003헌가1 등).

④ [×] 국가가 개입할 수 없다든지, 전적으로 시민사회에 맡겨야 한다든지, 철저히 중립적 태도를 취해야 한다든지 등의 지문은

정답

p.82

01	②	02	①	03	①	04	②	05	③
06	④	07	③	08	①	09	④	10	①
11	③	12	③	13	③	14	③	15	③
16	②	17	③	18	①	19	①	20	①

01
정답 ②

① [O] 국회의원은 국민 전체를 대표하는 헌법상 기관에 해당하지만, 원외 당협위원장은 법률상 임의기구의 대표자에 불과하다. 관리감독에 소요되는 비용이 증가될 수 있다(헌재 2022.10.27, 2018헌마972).

❷ [X] ④ [O] 광역자치단체장선거의 예비후보자에 관한 부분은 청구인들 평등권을 침해하여 헌법에 위반되지만, 자치구의회 의원선거의 예비후보자에 관한 부분에 대하여는 헌법에 위반되지 않는다고 판시하였다(헌재 2019.12.27, 2018헌마301).

③ [O] 대통령선거경선 후보자가 후보자가 될 의사를 갖고 당내경선 후보자로 등록을 하고 선거운동을 한 경우라고 한다면, 비록 경선에 참여하지 아니하고 포기하였다고 하여도 대의민주주의의 실현에 중요한 의미를 가지는 정치과정이라는 점을 부인할 수 없다. 그렇다면 이와 같이 당내경선에 참여하였는지 여부를 기준으로 하여 대통령선거경선 후보자를 차별하는 것은 합리적인 이유가 있는 차별이라고 보기 어려울 뿐 아니라 오히려 후원회 제도 및 대통령선거경선 후보자 제도를 두고 있는 취지에 배치되는 불합리한 차별취급이라고 할 것이다(헌재 2009.12.29, 2007헌마1412).

02
정답 ①

❶ [O] 제5차 개정헌법에서 5·16혁명의 이념에 입각이란 단어와 4·19의거가 헌법전문에 들어오게 되었다.

② [X] 이 사건 긴급조치들이 유신헌법을 근거로 하여 발령된 것이긴 하나 그렇다고 하여 이미 폐기된 유신헌법에 따라 이 사건 긴급조치들의 위헌 여부를 판단하는 것은, 유신헌법 일부 조항과 긴급조치 등 이 기본권을 지나치게 침해하고 자유민주적 기본질서를 훼손하는 데에 대한 반성에 기초하여 헌법 개정을 결단한 주권자인 국민의 의사와 기본권 강화와 확대라는 헌법의 역사성에 반하는 것으로 허용할 수 없다(헌재 2013.3.21, 2010헌바132 등).
▶ 따라서 현행헌법에 근거하여 위헌 여부를 판단하여야 한다.

③ [X] 국가는 균형있는 국민경제의 성장 및 안정과 적정한 소득의 분배를 유지하고, 시장의 지배와 경제력의 남용을 방지하며, 경제주체간의 조화를 통한 경제의 민주화를 위하여 경제에 관한 규제와 조정을 할 수 있다(헌법 제119조 제2항).
▶ 이는 헌법전문이 아니라 헌법 본문 규정이다.

④ [X] 헌법은 전문(前文)에서 "3·1운동으로 건립된 대한민국임시정부의 법통을 계승"한다고 선언하고 있다. 이는 대한민국이 일제에 항거한 독립운동가의 공헌과 희생을 바탕으로 이룩된 것임을 선언한 것이고, 그렇다면 국가는 일제로부터 조국의 자주독립을 위하여 공헌한 독립유공자와 그 유족에 대하여는 응분의 예우를 하여야 할 헌법적 의무를 지닌다고 보아야 할 것이다(헌재 2005.6.30, 2004헌마859).

03
정답 ①

❶ [X] 우리나라의 현재 경제상황과 화폐가치, 변호사 개업 후 얻게 될 사회적 지위 및 수입수준, 법정단체에 가입이 강제되는 유사직역의 입회비 등을 고려했을 때 금 1,000,000원이라는 돈이 신규가입을 제한할 정도로 현저하게 과도한 금액이라고 할 수는 없다. 따라서 심판대상조항들은 과잉금지원칙에 위반하여 청구인의 직업의 자유를 침해하지 않는다(헌재 2019.11.28, 2017헌마759).

② [O] 국민권익위원회 심사보호국 소속 5급 이하 7급 이상의 일반직공무원으로 하여금 퇴직일부터 3년간 취업심사대상기관에 취업할 수 없도록 한 공직자윤리법 및 동법 시행령 조항은 과잉금지원칙에 위배되어 직업선택의 자유를 침해하지 않는다(헌재 2024.3.28, 2020헌마1527).

③ [O] 출석주의를 완화하여 최초의 전자등기신청 전에 한 차례 사용자등록을 하도록 한 부동산등기규칙 조항은 법무사인 청구인들의 직업선택의 자유를 침해하지 않는다(헌재 2021.12.23, 2018헌마49).

④ [O] 세무사법 위반으로 벌금형을 받은 세무사의 등록을 필요적으로 취소하도록 한 세무사법 조항은 세무사인 청구인의 직업선택의 자유를 침해하지 않는다(헌재 2021.10.28, 2020헌바221).

04

① [✕] 공권력의 행사자인 국가, 지방자치단체나 그 기관 또는 국가 조직의 일부나 공법인은 국민의 기본권을 보호 내지 실현해야 할 '책임'과 '의무'를 지는 주체로서 헌법소원을 청구할 수 없다(헌재 1994.12.29, 93헌마120).

❷ [O] 청구인 한국영화인협회 감독위원회는 영화인협회로부터 독립된 별개의 단체가 아니고, 영화인협회의 내부에 설치된 8개의 분과위원회 가운데 하나에 지나지 아니하며, 달리 단체로서의 실체를 갖추어 당사자 능력이 인정되는 법인아닌 사단으로 볼 자료도 없다. 따라서 감독위원회는 그 이름으로 헌법소원심판을 청구할 수 있는 헌법소원심판청구능력이 있다고 할 수 없는 것이므로 감독위원회의 이 사건 헌법소원심판청구는 더 나아가 판단할 것 없이 부적법하다(헌재 1991.6.3, 90헌마56).

③ [✕] 헌법재판소는 일관되게 부정적이다.
  • 헌재 2002.8.29, 2002헌마4 – 전라북도학교운영위원협의회 심판청구의 자기관련성을 부정한 판례
  • 헌재 2002.6.27, 2000헌마642 · 2001헌바12 – 부동산 수수료 상한을 정하는 부동산중개법 제15조에 대한 헌법소원심판에서 부동산중개인 협회의 자기관련성을 부정한 판례

④ [✕] 헌법재판소는 서울대학교 입시요강사건에서 국립대학인 서울대학교는 공법상 영조물로서 다른 국가기관 내지 행정기관과는 달리 공권력의 행사자의 지위와 함께 기본권의 주체라는 점도 중요하게 다루어져야 한다고 판시하여 대학의 자율성 등과 관련하여 기본권 주체성을 긍정하였다(헌재 1992.10.1, 92헌마68 · 76).

05

① [O] 돌봄에 취약한 환경에 놓인 아동들에게 지역아동센터가 제공하는 돌봄서비스를 우선적으로 제공할 정당성과 필요성이 인정된다고 하면서, 지역아동센터 운영자의 직업수행의 자유 및 지역아동센터 이용아동의 인격권을 침해한다고 볼 수 없다고 하였다(헌재 2022.1.27, 2019헌마583).

② [O] 본인인증 조항은 인터넷게임을 이용하고자 하는 사람들에게 본인인증이라는 사전적 절차를 거칠 것을 강제함으로써, 개개인이 생활방식과 취미활동을 자유롭게 선택하고 이를 원하는 방식대로 영위하고자 하는 일반적 행동의 자유를 제한하고, 동의확보 조항은 청소년이 친권자 등 법정대리인의 동의를 얻어야만 인터넷게임을 즐길 수 있도록 함으로써 청소년 스스로가 게임물의 이용 여부를 자유롭게 결정할 수 있는 권리를 제한하는바, 위 조항들은 자기결정권을 포함한 청구인들의 일반적 행동자유권을 제한한다(헌재 2015.3.26, 2013헌마517).

❸ [✕] 헌법이 보장하는 행복추구권이 공동체의 이익과 무관하게 무제한의 경제적 이익의 도모를 보장하는 것이라고는 볼 수 없다(헌재 1995.7.21, 94헌마125).

④ [O] 행복추구권에 관해서는 그것이 개별적 권리를 의미하느냐 아니면 포괄적 권리를 의미하느냐가 문제되고 있다. 행복추구권은 헌법에 규정된 기본권 중에서 행복추구의 수단이 될 수 있는 기본권은 물론이고 그 외에도 행복을 추구하는데 필요한 것이면 헌법에 열거되지 아니한 자유와 권리까지도 그 내용으로 하는 포괄적 기본권으로 이해하여야 한다.

06

① [✕] 죄형법정주의에 반하지 않는다(대판 1995.1.24, 94도2787 참조).

② [✕] 형벌을 유추하거나 확대해석하는 것은 죄형법정주의에 위반되나, 다른 법률에서 이미 규정한 내용을 원용하는 것은 죄형법정주의 위반이 아니다.

③ [✕] 이중처벌금지의 원칙에 있어서 처벌은 범죄에 대한 국가의 형벌권실행으로서의 과벌을 의미하는 것이고 국가가 행하는 일체의 제재나 불이익처분을 모두 포함하는 것은 아니다(헌재 1994.6.30, 92헌바50 참조).

❹ [O] 경제적 이해를 같이하거나 정서적으로 친밀한 가족 구성원 사이에서 발생하는 수인 가능한 수준의 재산범죄에 대한 형사소추 내지 처벌에 관한 특례의 필요성을 긍정하였다. 다만, 심판대상조항이 규정하는 일률적 형면제로 인하여 구체적 사안에서 형사피해자의 재판절차진술권을 형해화하는 경우가 발생할 수 있는 점을 인정하여 입법자에게 입법개선을 명하는 적용중지 헌법불합치결정을 한 것이다(헌재 2024.6.27, 2020헌마468).

07

① [O] 해당 정보만으로는 특정 개인을 알아볼 수 없더라도 다른 정보와 쉽게 결합하여 알아볼 수 있는 정보. 이 경우 쉽게 결합할 수 있는지 여부는 다른 정보의 입수 가능성 등 개인을 알아보는 데 소요되는 시간, 비용, 기술 등을 합리적으로 고려하여야 한다(개인정보 보호법 제2조 제1호 나목).

② [O] 개인정보처리자는 제24조 제3항에도 불구하고 주민등록번호가 분실 · 도난 · 유출 · 위조 · 변조 또는 훼손되지 아니하도록 암호화 조치를 통하여 안전하게 보관하여야 한다(개인정보 보호법 제24조의2 제2항).

❸ [✕] 심판대상조항은 본인확인을 거친 후에는 더 이상의 개인정보 수집이나 보관을 의무화하는 규정이 아니며, 이동통신서비스 가입자의 개인정보가 통신에 관한 각종 정보와 연결될 수 있다는 가능성이 있다고 하여 그것만으로 본인의 통신 이용 상황과 내용이 수사기관 등 제3자에 의하여 파악될 것이라고 단정할 수는 없다. 청구인들의 위와 같은 주장을 이유로 한 사생활의 비밀과 자유의 제한 문제는 심판대상조항으로 인하여 발생하는 것이 아니다(헌재 2019.9.26, 2017헌마1209).

④ [O] 개인정보 보호에 관한 사무를 독립적으로 수행하기 위하여 국무총리 소속으로 개인정보 보호위원회를 둔다(개인정보 보호법 제7조 제1항).

08

❶ [✕] 우리 헌법은 건국헌법 이래 종교의 자유를 양심의 자유와 함께 규정했다가 1962년의 제3공화국 헌법에서부터 종교의 자유가 분리되었다.

② [O] 윤리적 · 도덕적 가치에 반하는 것으로서 심한 양심적 갈등을 겪을 수밖에 없을 것이다. 그런데 의사로서는 과세자료를 제출하지 않을 경우 국세청으로부터 행정지도와 함께 세무조사와 같은 불이익을 받을 수 있다는 심리적 강박감을 가지게 되

는바, 결국 이 사건 법령조항에 대하여는 의무불이행에 대하여 간접적이고 사실적인 강제수단이 존재하므로 법적 강제수단의 존부와 관계없이 의사인 청구인들의 양심의 자유를 제한한다(헌재 2008.10.30, 2006헌마1401).

③ [O] 내심적 자유, 즉 양심형성의 자유와 양심적 결정의 자유는 내심에 머무르는 한 절대적 자유라 할 것이다(헌재결 1998.7.16, 96헌바35).

④ [O] 지문을 날인할 것인지 여부의 결정이 선악의 기준에 따른 개인의 진지한 윤리적 결정에 해당한다고 보기는 어려워, 열 손가락지문날인의 의무를 부과하는 이 사건 시행령조항에 대하여 국가가 개인의 윤리적 판단에 개입한다거나 그 윤리적 판단을 표명하도록 강제하는 것으로 볼 여지는 없다고 할 것이므로, 이 사건 시행령조항에 의한 양심의 자유의 침해가능성 또한 없는 것으로 보인다(헌재 2005.5.26, 99헌마513). 즉, 양심의 자유를 제한하지도 않는다.

09 　　　　　　　　　　　　　　　　　　　　　정답 ④

① [O] 사전허가금지의 대상은 어디까지나 언론·출판 자유의 내재적 본질인 표현의 내용을 보장하는 것을 말하는 것이지, 언론·출판을 위해 필요한 물적 시설이나 언론기업의 주체인 기업인으로서의 활동까지 포함되는 것으로 볼 수는 없다(헌재 2016.10.27, 2015헌마1206 등).

② [O] 영화의 상영으로 인한 실정법 위반의 가능성을 사전에 막고, 청소년 등에 대한 상영이 부적절한 경우 이를 유통단계에서 효과적으로 관리할 수 있도록 미리 등급을 심사하는 것은 사전검열이 아니고, 설사 등급심사를 받지 아니한 영화의 상영을 금지하고 이에 위반할 때에 행정적 제재를 가하는 경우(예컨대 영화진흥법 제21조의 상영등급분류)에도 검열에는 해당하지 아니한다(헌재 1996.10.4, 93헌가13).

③ [O] 옥외광고물설치허가제는 설치장소, 크기, 모양, 색깔 등에 대한 통제이지 광고내용통제가 아니므로 검열이 아니다(헌재 2000.3.30, 97헌마108).

❹ [X] 법률에 근거하더라도 사전허가나 검열은 금지된다. 다만, 사후심사나 앞에서 밝힌 검열의 성격을 띠지 아니한 그 외의 사전심사는 검열에 해당하지 아니한다(헌재 1996.10.4, 93헌가13 등).

10 　　　　　　　　　　　　　　　　　　　　　정답 ①

❶ [X] 지방자치단체의 채무에 대한 단기결산을 통하여 지방자치단체의 채권, 채무관계를 조기에 확정하고 예산 수립에 있어 불안정성을 제거함으로써 지방자치단체의 재정을 합리적으로 운용할 필요성이 인정된다. 또한 공공기관 기록물 중 일반사항에 관한 예산·회계관련 기록물들은 보존기간이 5년으로 정해져 있으므로 지방자치단체 채무의 변제를 둘러싼 분쟁을 방지하기 위하여 소멸시효기간을 이보다 더 장기로 정하는 것은 적절하지 않다. 이러한 점들은 공법상 원인에 기한 채권과 사법상 원인에 기한 채권에 모두 공통된다(헌재 2004.4.29, 2002헌바58).

② [O] 헌재 1994.7.29, 92헌바49 – 토초세법 제10조, 제8조 위헌소원

③ [O] 이와 같이 신고에 의하여 납세의무가 확정되는 국세에서 납세의무자가 이를 신고한 경우 그 조세채권과 저당권 등 담보권과의 우선순위를 신고일을 기준으로 하도록 정한 위 법률조항은, 담보권자의 예측가능성을 해한다거나 또는 과세관청의 자의가 개재될 소지를 허용하는 것이 아니고, 달리 그 기준시기의 설정이 현저히 불합리하다고 볼 수도 없으므로 입법재량의 범위를 벗어난 것이라고 할 수 없다(헌재 1995.7.21, 93헌바46).

④ [O] 지역구국회의원 예비후보자의 기탁금 반환 사유를 예비후보자의 사망, 당내경선 탈락으로 한정하고 있는 공직선거법 규정은 헌법에 합치하지 아니한다(헌재 2018.1.25, 2016헌마541).

11 　　　　　　　　　　　　　　　　　　　　　정답 ③

① [X] 국민투표제뿐만 아니라 국민발안제도가 제2차 개헌시부터 제6차 개헌헌법 당시까지 존속하였다.

② [X] 대통령은 필요하다고 인정할 때에는 외교·국방·통일 기타 국가안위에 관한 중요정책을 국민투표에 붙일 수 있다(헌법 제72조). 즉, 조문에 따르면 붙일 수 있다고 되어 있어 반드시 국민투표의 형태로 결정해야 하는 것은 아니다.

❸ [O] 대법원은 제92조의 규정에 의한 소송에 있어서 국민투표에 관하여 이 법 또는 이 법에 의하여 발하는 명령에 위반하는 사실이 있는 경우라도 국민투표의 결과에 영향이 미쳤다고 인정하는 때에 한하여 국민투표의 전부 또는 일부의 무효를 판결한다(국민투표법 제93조).

④ [X] 국민투표의 효력에 관하여 이의가 있는 투표인은 투표인 10만인 이상의 찬성을 얻어 중앙선거관리위원회위원장을 피고로 하여 투표일로부터 20일 이내에 대법원에 제소할 수 있다(국민투표법 제92조). 정당은 제외된다.

12 　　　　　　　　　　　　　　　　　　　　　정답 ③

① [O] 정식재판 청구기간을 약식명령의 고지를 받은 날로부터 7일 이내로 정하고 있는 형사소송법의 피고인에 관한 부분이 합리적인 입법재량의 범위를 벗어나 약식명령 피고인의 재판청구권을 침해한다고 볼 수 없다(헌재 2013.10.24, 2012헌바428).

② [O] 그런 의미에서 형사피해자는 범죄피해자보다 그 범위가 넓다고 할 수 있다.

❸ [X] 교원의 인사를 둘러싼 분쟁을 신속하게 해결하고 궁극적으로는 한국과학기술원 또는 광주과학기술원의 설립취지를 효과적으로 실현하기 위한 것이다. 따라서 공법인 형태로 국가의 출연으로 설립된 한국과학기술원이나 광주과학기술원의 경우, 한국과학기술원 총장이나 광주과학기술원에 교원소청심사결정에 대해 행정소송을 제기하지 못하도록 하더라도 재판청구권을 침해하는 것이 아니다(헌재 2022.10.27, 2019헌바117).

④ [O] 기존 불이익변경금지조항을 형종상향금지조항으로 변경하였다. 이는 범죄구성요건의 제정이나 형벌의 가중에 해당한다고 볼 수 없어 형벌불소급의 원칙에 위배되지 아니한다(헌재 2023.2.23, 2018헌바513).
▶ 공정한 재판받을 권리도 침해하지 아니한다.

13 정답 ③

① [O] 법률에 의하여 구체적으로 형성된 의료보험수급권은 공법상의 권리로서 헌법상 사회적 기본권의 성격과 재산권의 성격을 아울러 지니고 있다(헌재 2003.12.18, 2002헌바1).
② [O] 법정요건을 갖춘 후 발생하는 보상금수급권은 구체적인 법적 권리로 보장되는 경제적·재산적 가치가 있는 공법상의 권리라 할 것이지만, 법정요건을 갖추기 전에는 헌법이 보장하는 재산권이라 할 수 없고, 예우법 시행 전 또는 그 시행 중에 상이를 입은 군경이 상이를 입게 된 시점에 가지게 되는 보상금수급권에 관한 지위는 수급권 발생에 필요한 법정요건을 갖춘 후에 비로소 재산권인 보상금수급권을 취득할 수 있으리라는 기대이익에 불과하다(헌재 2011.7.28, 2009헌마27).
❸ [×] 참전유공자 중 70세 이상자에게 참전명예수당을 지급하도록 하는 것은 헌법상 평등권, 인간다운 생활을 할 권리, 행복추구권 등을 침해하지 않는다(헌재 2003.7.24, 2002헌마522).
④ [O] 업무상 질병으로 인한 업무상 재해에 있어 업무와 재해 사이의 상당인과관계에 대한 입증책임을 이를 주장하는 근로자나 그 유족에게 부담시키는 것이 사회보장수급권을 침해한다고 볼 수 없다(헌재 2015.6.25, 2014헌바269).

14 정답 ③

① [O] 옳은 지문이다.
② [O] 환경영향평가 대상지역 안의 주민들이 개발 전과 비교하여 <u>수인한도를 넘는 환경침해를 받지 아니하고 쾌적한 환경에서 생활할 수 있는 개별적 이익까지도 이를 보호하려는</u> 데에 있다 할 것이므로, 위 주민들이 위 변경승인처분과 관련하여 갖고 있는 위와 같은 환경상의 이익은 주민 개개인에 대하여 <u>개별적으로 보호되는 직접적·구체적인 이익이라고 보아야 할</u> 것이다(대판 2001.7.27, 99두2970).
❸ [×] 대법원 판례에 따르면 환경권은 추상적인 권리인바 이를 근거로 소송을 제기할 수는 없다(대판 1997.7.22, 96다56153).
   ▶ 환경권은 명문의 법률규정이나 관계 법령의 규정 취지 및 조리에 비추어 권리의 주체, 대상, 내용, 행사 방법 등이 구체적으로 정립될 수 있어야만 인정되는 것이므로, 사법상의 권리로서의 환경권을 인정하는 명문의 규정이 없는데도 환경권에 기하여 직접 방해배제청구권을 인정할 수 없다.
④ [O] 대판 1984.6.12, 81다558 – 김양식장 사건

15 정답 ③

① [O] 소송사건의 대리인인 변호사가 수형자인 의뢰인을 접견하는 경우 변호사의 직업 활동은 변호사 개인의 이익을 넘어 수형자의 재판청구권 보장, 나아가 사법을 통한 권리구제라는 법치국가적 공익을 위한 것이기도 하다. 따라서 이러한 변호사의 직업수행의 자유 제한에 대한 심사에 있어서는 변호사 자신의 직업 활동에 가해진 제한의 정도를 살펴보아야 할 뿐 아니라 그로 인해 접견의 상대방인 수형자의 재판청구권이 제한되는 효과도 함께 고려되어야 하므로, 그 심사의 강도는 일반적인 경우보다 엄격하게 해야 할 것이다(헌재 2021.10.28, 2018헌마60).

② [O] 수형자로 하여금 형사재판 출석시 아무런 예외 없이 사복착용을 금지하고 재소자용 의류를 입도록 하는 것은, 소송관계자들에게 유죄의 선입견을 줄 수 있어 무죄추정의 원칙에 위배될 소지가 클 뿐만 아니라 공정한 재판을 받을 권리, 인격권, 행복추구권을 침해한다(헌재 2015.12.23, 2013헌마712).
❸ [×] 미결수용자는 공범이나 동일사건 관련자가 있는 경우 이를 분리하여 참석하게 해야 하는 점을 고려하면 피청구인이 미결수용자 대상 종교행사를 4주에 1회 실시한 것이 침해의 최소성에 반한다고 보기 어렵다(헌재 2015.4.30, 2013헌마190).
④ [O] 헌재 2014.1.28, 2012헌마409 결정에서 지나치게 전면적·획일적으로 수형자의 선거권을 제한한 것은 헌법불합치, 집행유예자에 대한 선거권 제한은 위헌결정을 받았다. 이후 2015.8.13. 공직선거법 제18조 제1항 제2호는 "1년 이상의 징역 또는 금고의 형의 선고를 받고 그 집행이 종료되지 아니하거나 그 집행을 받지 아니하기로 확정되지 아니한 사람은 선거권이 없다. 다만, 그 형의 집행유예를 선고받고 유예기간 중에 있는 사람은 제외한다."라고 개정되었다.

16 정답 ②

① [O] 19세 이상으로서 출입국관리법 제10조에 따른 영주의 체류자격 취득일 후 3년이 경과한 외국인으로서 해당 지방자치단체의 외국인등록대장에 올라 있는 사람은 그 구역에서 선거하는 지방자치단체의 의회의원 및 장의 선거권이 있다(공직선거법 제15조 제2항 제3호).
❷ [×] 사법인적인 성격을 지니는 수협의 조합장선거에서 조합장을 선출하거나 선거운동을 하는 것은 헌법에 의하여 보호되는 선거권의 범위에 포함되지 아니한다(헌재 2017.6.29, 2016헌가1).
③ [O] 지방의회의원이 어느 공공기관·사회단체 등의 기관·단체·시설에 예산을 지원하겠다는 의사표시가 선거운동에 이용할 목적의 일환이었는지, 아니면 의정활동 등 직무상의 통상적인 권한 행사였는지 등은 개별 사안에서 법관의 법률조항에 대한 보충적 해석·적용을 통해 가려질 수 있다. 따라서 선거운동에 이용할 목적으로 기관·단체·시설에 금전·물품 등 재산상의 이익을 제공하거나 그 제공의 의사를 표시하거나 그 제공을 약속한 자를 처벌하는 공직선거법은 헌법에 위반되지 아니한다(헌재 2020.3.26, 2018헌바3).
④ [O] 비례대표 기탁금조항은 정당이 비례대표국회의원선거에 참여하여 소속 당원을 후보자로 추천하여 등록을 신청할 자유인 정당활동의 자유를 제한하는 동시에, 국민이 정당의 추천을 받아 비례대표국회의원후보자가 되어 국회의원에 취임할 수 있는 공무담임권을 제한한다. 비례대표국회의원선거 기탁금조항은 공직선거법상 허용된 선거운동을 통하여 선거의 혼탁이나 과열을 초래할 여지가 지역구국회의원선거보다 훨씬 적다고 볼 수 있음에도 지역구국회의원선거에서의 기탁금과 동일한 고액의 기탁금을 설정하고 있어 최소성원칙과 법익균형성원칙에도 위반되어 공무담임권을 침해한다(헌재 2016.12.29, 2015헌마1160).

17 정답 ③

① [×] "헌법전문에 기재된 3.1정신"은 우리나라 헌법의 연혁적·이념적 기초로서 헌법이나 법률해석에서의 해석기준으로 작용한다고 할 수 있지만, 그에 기하여 곧바로 국민의 개별적 기본권성을 도출해낼 수는 없다고 할 것이므로, 헌법소원의 대상인 "헌법상 보장된 기본권"에 해당하지 아니한다.

② [×] 국민의 개별적 기본권이 아니라 할지라도 기본권보장의 실질화를 위하여서는, 영토조항만을 근거로 하여 독자적으로는 헌법소원을 청구할 수 없다 할지라도, 모든 국가권능의 정당성의 근원인 국민의 기본권 침해에 대한 권리를, 이를테면 영토권이라 구성하여, 이를 헌법소원의 대상인 기본권의 하나로 간주하는 것은 가능한 것으로 판단한다.

❸ [O] 이 사건 협정은 배타적경제수역을 직접 규정한 것이 아닐 뿐만 아니라 배타적경제수역이 설정된다 하더라도 영해를 제외한 수역을 의미하며, 이러한 점들은 이 사건 협정에서의 이른바 중간수역에 대해서도 동일하다고 할 것이므로 독도가 중간수역에 속해 있다 할지라도 독도의 영유권문제나 영해문제와는 직접적인 관련을 가지지 아니한 것임은 명백하다 할 것이다.

④ [×] 이 사건 협정은 우리나라 정부가 일본 정부와의 사이에서 어업에 관한 체결·공포한 조약으로서 헌법 제6조 제1항에 의하여 국내법과 같은 효력을 가지므로, 그 체결행위는 공권적 행위로서 '공권력 행사'에 해당한다.

18 정답 ①

❶ [×] 이 헌법은 1988년 2월 25일부터 시행한다(헌법 부칙 제1조). 헌법은 부칙에 특별한 시행규정을 두고 있기 때문에 즉시 공포함으로써 효력이 발생하는 것은 아니다.

② [O] 헌법개정의 한계에 관한 규정을 두지 아니하고 헌법의 개정을 법률의 개정과는 달리 국민투표에 의하여 이를 확정하도록 규정하고 있다(헌법 제130조 제2항).

③ [O] 우리 헌법의 각 개별규정 가운데 무엇이 헌법제정규정이고 무엇이 헌법개정규정인지를 구분하는 것이 가능하지 아니할 뿐 아니라, 각 개별규정에 그 효력상의 차이를 인정하여야 할 형식적인 이유를 찾을 수 없다(헌재 1995.12.28, 95헌바3).

④ [O] 국회는 헌법개정안이 공고된 날로부터 60일 이내에 의결하여야 하며, 국회의 의결은 재적의원 3분의 2 이상의 찬성을 얻어야 한다(헌법 제130조 제1항).

19 정답 ①

❶ [×] 대한민국의 국민으로서 자진하여 외국 국적을 취득한 자는 그 외국 국적을 취득한 때에 대한민국 국적을 상실한다(국적법 제15조 제1항).
▶ 취득신고를 한 때가 아니라 취득한 때이다.

② [O] 법무부장관은 복수국적자로서 제12조 제1항 또는 제2항에서 정한 기간 내에 국적을 선택하지 아니한 자에게 1년 내에 하나의 국적을 선택할 것을 명하여야 한다(국적법 제14조의2 제1항).

③ [O]

구분	한국인	요건
귀화	순수 외국인	성립요건
국적회복	과거 한국인	배제요건

④ [O]

> 국적법 제7조 【특별귀화 요건】 ① 다음 각 호의 어느 하나에 해당하는 외국인으로서 대한민국에 주소가 있는 사람은 제5조 제1호·제1호의2·제2호 또는 제4호의 요건을 갖추지 아니하여도 귀화허가를 받을 수 있다.
> 2. 대한민국에 특별한 공로가 있는 사람

20 정답 ①

❶ [O] 전자장치 부착명령은 전통적 의미의 형벌이 아닐 뿐 아니라, 성폭력범죄자의 성행교정과 재범방지를 도모하고 국민을 성폭력범죄로부터 보호한다고 하는 공익을 목적으로 하며, 전자장치의 부착을 통해서 피부착자의 행동 자체를 통제하는 것도 아니라는 점에서 자유를 박탈하는 구금 형식과는 구별되고 이 사건 부칙조항이 적용되었을 때 처벌적인 효과를 나타낸다고 보기 어렵다. 그러므로 이 사건 부착명령은 범죄행위를 한 사람에 대한 응보를 주된 목적으로 그 책임을 추구하는 사후적 처분인 형벌과 구별되는 비형벌적 보안처분으로서 소급효금지원칙이 적용되지 아니한다(헌재 2012.12.27, 2010헌가82).

② [×] 도시환경정비사업의 시행자인 토지등소유자가 사업시행인가를 신청하기 전에 얻어야 하는 토지등소유자의 동의요건을 토지등소유자가 자치적으로 정하여 운영하는 규약에 정하도록 한 구 '도시 및 주거환경정비법' 제28조 제5항 본문의 '사업시행자' 중 제8조 제3항에 따라 도시환경정비사업을 토지등소유자가 시행하는 경우 '정관 등이 정하는 바에 따라' 부분은 법률유보원칙에 위반된다는 결정을 선고하였다(헌재 2012.3.29, 2010헌바1).

③ [×] '행정관청이 단체협약 중 위법한 내용에 대하여 노동위원회의 의결을 얻어 그 시정을 명한 경우에 그 명령(이하 '시정명령'이라 한다)에 위반한 행위'로서 범죄의 구성요건과 그에 대한 형벌을 법률에서 스스로 규정하고 있다(헌재 2012.8.23, 2011헌가22).

④ [×] 지방의회의원으로서 받게 되는 보수가 연금에 미치지 못하는 경우에도 연금 전액의 지급을 정지하는 것이 재산권을 과도하게 제한하여 헌법에 위반된다(헌재 2022.1.27, 2019헌바161).

정답

p.88

01	③	02	②	03	③	04	③	05	④
06	②	07	③	08	③	09	①	10	④
11	①	12	②	13	④	14	③	15	③
16	②	17	④	18	②	19	④	20	③

01
정답 ③

① [O] 근로3권이 보장되는 공무원의 범위를 사실상 노무에 종사하는 공무원에 한정하고 있으나, 이는 헌법 제33조 제2항에 근거한 것이고, 전체국민의 공공복리와 사실상 노무에 공무원의 직무의 내용, 노동조건 등을 고려해 보았을 때 입법자에게 허용된 입법재량권의 범위를 벗어난 것이라 할 수 없다(헌재 2007.8.30, 2003헌바51).

② [O] 이 사건 법률조항은 금고 이상의 선고유예의 판결을 받은 모든 범죄를 포괄하여 규정하고 있을 뿐 아니라, 심지어 오늘날 누구에게나 위험이 상존하는 교통사고 관련 범죄 등 과실범의 경우마저 당연퇴직의 사유에서 제외하지 않고 있으므로 최소침해성의 원칙에 반한다. 따라서 공무담임권을 침해하고 있는 것으로 판단된다(헌재 2002.8.29, 2001헌마788).

❸ [×] 틀린 지문이다. 제3차 개정에서 공무원 신분과 정치적 중립성을 보장하였다. 따라서 제2공화국이다.

④ [O] 헌재 2003.9.25, 2003헌마30 – 공무원임용 및 시험 시행규칙 제12조의3 위헌확인(기각)

02
정답 ②

① [O] 인천전문대학기성회 이사회는 인천전문대학 기성회로부터 독립된 별개의 단체가 아니므로, 그 이름으로 헌법소원심판을 청구할 수 있는 헌법소원심판 청구능력이 있다고 할 수 없어 인천전문대학 기성회 이사회의 헌법소원심판청구는 부적법하다(헌재 2010.7.29, 2009헌마149).

❷ [×] 이 사건에서 침해된다고 하여 주장되는 기본권은 생명·신체의 안전에 관한 것으로서 성질상 자연인에게만 인정되는 것이므로, 이와 관련하여 청구인 진보신당과 같은 권리능력 없는 단체는 위와 같은 기본권의 행사에 있어 그 주체가 될 수 없다(헌재 2008.12.26, 2008헌마419).

③ [O] 법인도 법인의 목적과 사회적 기능에 비추어 볼 때 그 성질에 반하지 않는 범위 내에서 인격권의 한 내용인 사회적 신용이나 명예 등의 주체가 될 수 있고 법인이 이러한 사회적 신용이나 명예 유지 내지 법인격의 자유로운 발현을 위하여 의사결정이나 행동을 어떻게 할 것인지를 자율적으로 결정하는 것도 법인의 인격권의 한 내용을 이룬다고 할 것이다. 그렇다면 이 사건 심판대상조항은 방송사업자의 의사에 반한 사과행위를 강제함으로써 방송사업자의 인격권을 제한한다(헌재 2012.8.23, 2009헌가27).

④ [O] 국가정책에 따라 정부의 허가를 받은 외국인은 정부가 허가한 범위 내에서 소득활동을 할 수 있는 것이므로, 외국인이 국내에서 누리는 직업의 자유는 법률에 따른 정부의 허가에 의해 비로소 발생하는 권리이다. 따라서 외국인인 청구인에게는 그 기본권 주체성이 인정되지 아니하며, 자격제도 자체를 다툴 수 있는 기본권 주체성이 인정되지 아니하는 이상 국가자격제도에 관련된 평등권에 관하여 따로 기본권 주체성을 인정할 수 없다(헌재 2014.8.28, 2013헌마359).

03
정답 ③

① [O] 다음 각 호의 어느 하나에 해당하는 경우에 인권침해나 차별행위를 당한 사람(이하 '피해자'라 한다) 또는 그 사실을 알고 있는 사람이나 단체는 위원회에 그 내용을 진정할 수 있다(국가인권위원회법 제30조 제1항).

② [O] 위원회는 제1항의 진정이 없는 경우에도 인권침해나 차별행위가 있다고 믿을 만한 상당한 근거가 있고 그 내용이 중대하다고 인정할 때에는 직권으로 조사할 수 있다(국가인권위원회법 제30조 제3항).

❸ [×]

> **국가인권위원회법 제30조 【위원회의 조사대상】** ① 다음 각 호의 어느 하나에 해당하는 경우에 인권침해나 차별행위를 당한 사람(이하 '피해자'라 한다) 또는 그 사실을 알고 있는 사람이나 단체는 위원회에 그 내용을 진정할 수 있다.
> 1. 국가기관, 지방자치단체, 초·중등교육법 제2조, 고등교육법 제2조와 그 밖의 다른 법률에 따라 설치된 각급 학교, 공직자윤리법 제3조의2 제1항에 따른 공직유관단체 또는 구금·보호시설의 업무 수행(국회의 입법 및 법원·헌법재판소의 재판은 제외한다)과 관련하여 대한민국헌법 제10조부터 제22조까지의 규정에서 보장된 인권을 침해당하거나 차별행위를 당한 경우

④ [O] 위원회는 제36조의 조사에 필요한 자료 등이 있는 곳 또는 관계인에 관하여 파악하려면 그 내용을 알고 있다고 믿을만한 상당한 이유가 있는 사람에게 질문하거나 그 내용을 포함하고 있다고 믿을만한 상당한 이유가 있는 서류와 그 밖의 물건을 검사할 수 있다(국가인권위원회법 제37조 제1항).

04 정답 ③

① [O] 자기부죄진술거부권(自己負罪陳述拒否權)은 형사피의자·피고인뿐 아니라 그 이전 단계의 자에게도 보장되고 형사절차뿐 아니라 행정절차나 국회에서의 조사절차 등에서도 보장된다는 것이 헌법재판소의 입장이다(헌재 1997.3.27, 96헌가11).

② [O] 일반형사피의자를 구속영장 없이 경찰서 보호실에 유치한 것은 적법한 공무수행이라고 볼 수 없으므로, 이러한 위법한 공무집행을 방해한 행위에 대해서는 공무집행방해죄가 성립되지 않는다는 것이 대법원의 판례이다(대판 1994.3.11, 93도958).

❸ [X] 정식재판에 있어서 피고인의 자백이 그에게 불리한 유일한 증거일 때에는 이를 유죄의 증거로 삼거나 이를 이유로 처벌할 수 없다(헌법 제12조 제7항). 따라서 정식재판이 아닌 즉결심판절차에서는 자백의 증명력 제한에 관한 위 규정의 효력이 미치지 아니한다.

④ [O] 피구속자를 조력할 변호인의 권리 중 그것이 보장되지 않으면 피구속자가 변호인으로부터 조력을 받는다는 것이 유명무실하게 되는 핵심적인 부분은, 조력을 받을 피구속자의 기본권과 표리관계에 있기 때문에 이러한 핵심부분에 관한 변호인의 조력할 권리 역시 헌법상의 기본권으로서 보호되어야 할 것이다(헌재 2003.3.27, 2000헌마474).

05 정답 ④

① [O] 미결수용자의 변호인 접견권 역시 국가안전보장·질서유지 또는 공공복리를 위해 필요한 경우에는 법률로써 제한될 수 있음은 당연하다(헌재 2011.5.26, 2009헌마341).

② [O] 헌법재판소는 교도소 내 접촉차단시설이 설치되지 않은 장소에서 수용자를 접견할 수 있는 예외 대상에 소송사건의 대리인으로 선임된 변호사만 규정하고 소송사건의 대리인이 되려는 변호사는 포함하지 않은 이 사건 심판대상조항에 대한 헌법소원 사건에서 변호사인 청구인의 직업수행의 자유를 과도하게 침해하지 않는다는 이유로 헌법에 위반되지 않는다고 판단하였다(헌재 2022.2.24, 2018헌마1010).

③ [O] 수사기관이 면회실에서 형사피의자가 자신의 변호인과 접견할 때에 소속직원이 그 대화내용을 기록하는 것은 변호인의 조력을 받을 권리를 침해하는 것이다(헌재 1992.1.28, 91헌마111).

❹ [X] 민사·행정사건에서 변호인의 조력을 받는다면 이는 변호인 조력권이 아니라 재판청구권에서 보호되는 것이다(헌재 2013. 8.29, 2011헌마122).

06 정답 ②

① [X] 일반적으로 집회는, 일정한 장소를 전제로 하여 특정 목적을 가진 다수인이 일시적으로 회합하는 것을 말하는 것으로 일컬어지고 있고, 그 공동의 목적은 '내적인 유대 관계'로 족하다(헌재 2009.5.28, 2007헌바22).

❷ [O] 이미 보편화된 야간의 일상적인 생활의 범주에 속하는 '해가 진 후부터 같은 날 24시까지의 시위'에 적용하는 한 헌법에 위반된다(헌재 2014.3.27, 2010헌가2).

③ [X] 결사 개념에 공법상의 결사(헌재 1996.4.2, 92헌바47)나 법이 특별한 공공목적에 의하여 구성원의 자격을 정하고 있는 특수단체의 조직활동(헌재 1994.2.24, 92헌바43)은 해당되지 않는다(헌재 2002.9.19, 2000헌바84).

④ [X] 헌법 제21조 제2항의 '허가'는 '행정청이 주체가 되어 집회의 허용 여부를 사전에 결정하는 것'으로서 행정청에 의한 사전허가는 헌법상 금지되지만, 입법자가 법률로써 일반적으로 집회를 제한하는 것은 헌법상 '사전허가금지'에 해당하지 않는다(헌재 2014.4.24, 2011헌가29).

07 정답 ③

① [O] 1948년 제헌헌법(제1공화국)에서는 이를 따로 규정하지 않았으며, 다수설은 거주·이전의 자유에 포함되는 것으로 보았다. 제5차 개헌(1962년)에서 명문의 규정을 두었으며, 제7차 개헌(1972년)에서는 법률유보를 둔 규정으로 변경되었는데, 제8차 개헌(1980년)에서 다시 제5차 개헌의 규정으로 복귀하였으며 제9차 개헌(1987년)은 이를 유지하고 있다.

② [O] 헌법재판소는 출판문화산업에서 존재하고 있는 자본력, 협상력 등의 차이를 간과하고 이를 그대로 방임할 경우 우리 사회 전체의 문화적 다양성 축소로 이어지게 되고, 지식문화 상품인 간행물에 관한 소비자의 후생이 단순히 저렴한 가격에 상품을 구입함으로써 얻는 경제적 이득에만 한정되지는 않는 점 등에 비추어 이 사건 심판대상조항이 청구인의 직업의 자유를 침해하지 않는다고 판단하였다(헌재 2023.7.20, 2020헌마104).

❸ [X] 직업의 요소로서 일반적으로 생활을 위한 수단성, 활동의 계속성, 공공에 대한 무해성 등을 드나, 헌법재판소는 '직업'이란 생활의 기본적 수요를 충족시키기 위한 계속적인 소득활동을 의미하며 그러한 내용의 활동인 한 그 종류나 성질을 묻지 않는다[헌재 1997.3.27, 94헌마196·225, 97헌마83(병합)]라고 하여 공공의 무해성을 요건으로 판시하지는 않았다.

④ [O] 옳은 지문이다.

08 정답 ③

① [O] 중요 정책에 관한 사항이라 하더라도 반드시 국민의 직접적인 의사를 확인하여 결정해야 한다고 보는 것은 전체적인 헌법체계와 조화를 이룰 수 없다(헌재 2005.11.24, 2005헌마579 등).

② [O] 1987년 개정헌법은 대통령직선제를 핵심으로 여야합의에 의해 제안된 헌법개정안을 국회가 의결한 후 국민투표로 확정된 것이다.

❸ [X] 대의기관의 선출주체가 곧 대의기관의 의사결정에 대한 승인주체가 되는 것은 당연한 논리적 귀결이므로, 국민투표권자의 범위는 대통령선거권자·국회의원선거권자와 일치되어야 한다(헌재 2014.7.24, 2009헌마256).

④ [O] 헌법 제72조의 중요정책 국민투표와 헌법 제130조의 헌법개정안 국민투표는 대의기관인 국회와 대통령의 의사결정에 대한 국민의 승인절차에 해당한다(헌재 2014.7.24, 2009헌마256).

09 정답 ①

❶ [X] 재심이나 준재심은 확정판결이나 화해조서 등에 대한 특별한 불복방법이고, 확정판결에 대한 법적 안정성의 요청은 미확정판결에 대한 그것보다 훨씬 크다고 할 것이므로 재심을 청구할 권리가 헌법 제27조에서 규정한 재판을 받을 권리에 당연히 포함된다고 할 수 없고 어떤 사유를 재심사유로 하여 재심이나 준재심을 허용할 것인가는 입법자가 확정된 판결이나 화해조서에 대한 법적 안정성, 재판의 신속, 적정성, 법원의 업무부담 등을 고려하여 결정하여야 할 입법정책의 문제이다(헌재 1996.3.28, 93헌바27).

② [O] 법무부변호사징계위원회의 결정이 법률에 위반된 것을 이유로 하는 경우에 한하여 법률심인 대법원에 즉시 항고할 수 있도록 한 변호사법 제81조 제4항 내지 제6항은 법관에 의한 재판을 받을 권리를 침해하고 있다(헌재 2002.2.28, 2001헌가18).

③ [O] 재판의 전심절차로서만 기능해야 함에도 불구하고 사실확정에 관한 한 사실상 최종심으로 기능하게 하고 있는 것은, 일체의 법률적 쟁송에 대한 재판기능을 대법원을 최고법원으로 하는 법원에 속하도록 규정하고 있는 헌법 제101조 제1항 및 제107조 제3항에 위반된다고 하지 아니할 수 없다(헌재 1995.9.28, 92헌가11 등).

④ [O] 법관에 대한 대법원장의 징계처분 취소청구소송을 대법원에 의한 단심재판에 의하도록 하고 있는 구 법관징계법 제27조는 입법자가 독립적으로 사법권을 행사하는 법관이라는 지위의 특수성 및 준사법절차인 법관에 대한 징계절차의 특수성을 감안하여 재판의 신속을 도모한 것으로써 그 합리성을 인정할 수 있으므로 헌법 제27조 제1항의 재판청구권을 침해하지 아니한다(헌재 2012.2.23, 2009헌바34).

10 정답 ④

① [O] 범죄피해자 보호법 제5조

② [O] 범죄피해자구조청구권의 대상이 되는 범죄피해에 해외에서 발생한 범죄피해의 경우를 포함하고 있지 아니한 것이 현저하게 불합리한 자의적인 차별이라고 볼 수 없어 평등원칙에 위반되지 아니한다(헌재 2011.12.29, 2009헌마354).

③ [O]

> **범죄피해자 보호법 제19조【구조금을 지급하지 아니할 수 있는 경우】** ① 범죄행위 당시 구조피해자와 가해자 사이에 다음 각 호의 어느 하나에 해당하는 친족관계가 있는 경우에는 구조금을 지급하지 아니한다.
> 1. 부부(사실상의 혼인관계를 포함한다)

❹ [X] 범죄피해자 보호법에 의한 범죄피해 구조금 중 위 법 제17조 제2항의 유족구조금은 사람의 생명 또는 신체를 해치는 죄에 해당하는 행위로 인하여 사망한 피해자 또는 그 유족들에 대한 손실보상을 목적으로 하는 것으로서, 위 범죄행위로 인한 손실 또는 손해를 전보하기 위하여 지급된다는 점에서 불법행위로 인한 소극적 손해의 배상과 같은 종류의 금원이라고 봄이 타당하다(대판 2017.11.9, 2017다228083).

11 정답 ①

❶ [X] 교육을 받을 권리는 자신의 교육환경이 상대적으로 열악해질 수 있음을 이유로 타인의 교육시설 참여 기회를 제한할 것을 청구하거나(헌재 2003.9.25, 2001헌마814 등 참조), 자신의 교육시설 참여 기회가 축소될 수 있다는 우려를 이유로 타인의 교육시설 참여 기회를 제한할 것을 청구할 수 있는 권리가 아니다(헌재 2008.9.25, 2008헌마456 참조).

② [O] 대학구성원이 아닌 자에게 대학도서관에서의 도서 대출 또는 열람실 이용을 제한한 서울교육대학교의 회신은 교육받을 권리를 침해하지 않는다(헌재 2016.11.24, 2014헌마977).

③ [O] '부모의 자녀의 학교선택권'은 미성년인 자녀의 교육을 받을 권리를 실효성 있게 보장하기 위한 것이므로, 미성년인 자녀의 교육을 받을 권리의 근거규정인 헌법 제31조 제1항에서 헌법적 근거를 찾을 수 있다(헌재 1995.2.23, 91헌마204).

④ [O] 학교운영지원비는 기본적으로 학부모의 자율적 협찬금의 성격을 갖고 있음에도 그 조성이나 징수의 자율성이 완전히 보장되지 않아 기본적이고 필수적인 학교 교육에 필요한 비용에 가깝게 운영되고 있다는 점 등을 고려해보면 이 사건 세입조항은 헌법 제31조 제3항에 규정되어 있는 의무교육의 무상원칙에 위배되어 헌법에 위반된다(헌재 2012.8.23, 2010헌바220).

12 정답 ②

① [O] 부부의 일방이 혼인 전부터 소유하고 있던 재산 또는 혼인 중에 상속 등으로 취득한 재산과 같은 특유재산 등으로부터 생긴 소득은 소득세 부담을 경감 또는 회피하기 위하여 인위적으로 소득을 분산한 결과에 의하여 얻어진 소득이 아니다. 따라서 이 사건 법률조항은 혼인한 자의 차별을 금지하고 있는 헌법 제36조 제1항에 위반된다(헌재 2002.8.29, 2001헌바82).

❷ [X] 이 사건 법률조항이 부성주의를 규정한 것 자체는 헌법에 위반된다고 할 수 없으나 가족관계의 변동 등으로 구체적인 상황하에서는 부성의 사용을 강요하는 것이 개인의 가족생활에 대한 심각한 불이익을 초래하는 것으로 인정될 수 있는 경우에도 부성주의에 대한 예외를 규정하지 않고 있는 것은 인격권을 침해하고 개인의 존엄과 양성의 평등에 반하는 것이어

서 헌법 제10조, 제36조 제1항에 위반된다(헌재 2005.12.22, 2003헌가5).

③ [O] 2년이란 제척기간은 자녀의 불안정한 법적 지위를 장기간 방치하지 않기 위한 것으로서 합리적 이유가 인정되므로, 심판대상조항은 입법재량의 한계를 일탈하지 않은 것으로서 헌법에 위반되지 아니한다(헌재 2015.3.26, 2012헌바357).

④ [O] 피상속인을 장기간 유기하거나 정신적·신체적으로 학대하는 등의 패륜적인 행위를 일삼은 상속인의 유류분을 인정하는 것은 일반 국민의 법감정과 상식에 반한다고 할 것이므로, 민법 제1112조에서 유류분상실사유를 별도로 규정하지 아니한 것은 불합리하다고 아니할 수 없다(헌재 2024.4.25, 2020헌가4).

13   정답 ④

① [O] 경제규제법적 성격을 가진 공정거래법에 위반하였는지 여부에 있어서도 각 개인의 소신에 따라 어느 정도의 가치판단이 개입될 수 있는 소지가 있고 그 한도에서 다소의 윤리적 도덕적 관련성을 가질 수도 있겠으나, 이러한 법률판단의 문제는 개인의 인격형성과는 무관하며, 대화와 토론을 통하여 가장 합리적인 것으로 그 내용이 동화되거나 수렴될 수 있는 포용성을 가지는 분야에 속한다고 할 것이므로 헌법 제19조에 의하여 보장되는 양심의 영역에 포함되지 아니한다(헌재 2002.1.31, 2001헌바43).

②③ [O] 단순한 사실관계의 확인과 같이 가치적·윤리적 판단이 개입될 여지가 없는 경우는 물론, 법률해석에 관하여 여러 견해가 갈리는 경우처럼 다소의 가치관련성을 가진다고 하더라도 개인의 인격형성과는 관계가 없는 사사로운 사유나 의견 등은 양심의 자유의 보호대상이 아니다(헌재 2002.1.31, 2001헌바43).

❹ [×] 법원이 피고인에게 유죄로 인정된 범죄행위를 뉘우치거나 그 범죄행위를 공개하는 취지의 말이나 글을 발표하도록 하는 내용의 사회봉사를 명하고 이를 위반할 경우 형법 제64조 제2항에 의하여 집행유예의 선고를 취소할 수 있도록 함으로써 그 이행을 강제하는 것은, 헌법이 보호하는 피고인의 양심의 자유, 명예 및 인격에 대한 심각하고 중대한 침해에 해당하므로 허용될 수 없다(대판 2008.4.11, 2007도8373).

14   정답 ③

① [O] 합리적 이유 없이 '월급근로자로서 6개월이 되지 못한 자'를 해고예고제도의 적용대상에서 제외한 것은 근무기간이 6개월 미만인 월급근로자의 근로의 권리를 침해하고, 평등원칙에도 위배된다(헌재 2015.12.23, 2014헌바3).

② [O] 노동조합 및 노동관계조정법 제32조 제1항·제2항

❸ [×] 연차유급휴가의 판단기준으로 근로연도 1년간의 재직 요건을 정한 이상, 이 요건을 충족하지 못한 근로연도 중도퇴직자의 중도퇴직 전 근로에 관하여 반드시 그 근로에 상응하는 등의 유급휴가를 보장하여야 하는 것은 아니므로, 근로연도 중도퇴직자의 중도퇴직 전 근로에 대해 1개월 개근시 1일의 유급휴가를 부여하지 않더라도 이것이 청구인의 근로의 권리를 침해한다고 볼 수 없다(헌재 2015.5.28, 2013헌마619).

④ [O] 기존에는 국공립학교 및 사립학교 교원의 근로3권이 인정되지 않았으나, 교원의 노동조합 설립 및 운영 등에 관한 법률로 인하여 쟁의행위를 제외한 단결권과 단체교섭권은 인정된다.

15   정답 ③

① [O] 헌법 제72조는 국민투표에 부쳐질 중요정책인지 여부를 대통령이 재량에 의하여 결정하도록 명문으로 규정하고 있고 헌법재판소 역시 위 규정은 대통령에게 국민투표의 실시 여부, 시기, 구체적 부의사항, 설문내용 등을 결정할 수 있는 임의적인 국민투표발의권을 독점적으로 부여하였다고 하여 이를 확인하고 있다. 따라서 특정의 국가정책에 대하여 다수의 국민들이 국민투표를 원하고 있음에도 불구하고 대통령이 이러한 희망과는 달리 국민투표에 회부하지 아니한다고 하여도 이를 헌법에 위반된다고 할 수 없고 국민에게 특정의 국가정책에 관하여 국민투표에 회부할 것을 요구할 권리가 인정된다고 할 수도 없다[헌재 2005.11.24, 2005헌마579·763(병합)].

②④ [O] 이 사건 법률에 의하면 행정중심복합도시가 건설된다고 하더라도 국회와 대통령은 여전히 서울에 소재한다. 국회는 국민의 대의기관으로서 입법기능을 담당하며 모든 국가작용은 헌법상의 법치국가원칙에 따라 법률에 기속되며, 대통령은 행정권이 속한 정부의 수반으로서 정부를 조직하고 통할하는 행정에 관한 최고책임자로서 행정과 법집행에 관한 최종적인 결정을 하고 정부의 구성원에 대하여 최고의 지휘·감독권을 행사한다. 따라서 서울은 여전히 정치·행정의 중추기능을 수행하는 곳이라 할 수 있다. 또한 대외관계의 형성과 발전은 서울에서 이루어지고 여전히 서울은 국내 제1의 거대도시로서 경제·문화의 중심지의 지위를 유지할 것이며 대법원과 헌법재판소 등 사법기능의 핵심 역시 이곳에서 이루어진다. 따라서 서울은 국가의 상징기능을 여전히 수행할 수 있다. 이와 같이 서울은 이 사건 법률에 의한 행정중심복합도시의 건설에도 불구하고 계속하여 정치·행정의 중추기능과 국가의 상징기능을 수행하는 장소로 인정할 수 있으므로 이 사건 법률에 의하여 수도로서의 기능이 해체된다고 볼 수 없다. 이 사건 법률은 행정중심복합도시의 건설과 중앙행정기관의 이전 및 그 절차를 규정한 것으로서 이로 인하여 대통령을 중심으로 국무총리와 국무위원 그리고 각부 장관 등으로 구성되는 행정부의 기본적인 구조에 어떠한 변화가 발생하지 않는다. 또한 국무총리의 권한과 위상은 기본적으로 지리적인 소재지와는 직접적으로 관련이 있다고 할 수 없다. 나아가 청구인들은 대통령과 국무총리가 서울이라는 하나의 도시에 소재하고 있어야 한다는 관습헌법의 존재를 주장하나 이러한 관습헌법의 존재를 인정할 수 없다[헌재 2005.11.24, 2005헌마579·763(병합)].

❸ [×] 소수의견. 재판관 권성, 재판관 김효종의 위헌의견
▶ 신행정수도는 중요 판례이기 때문에 기본적으로 이 판례의 주문이 각하라는 것 정도는 우리가 충분히 알고 있어야겠다. 따라서 나머지 지문들은 대부분 각하로 유도될 수 있는 지문이나 위 지문의 경우는 헌법개정의 방법에 의해야 한다고 되어 있는바 그러지 아니해서 위헌이라는 결론으로 나올 수밖에 없을 것이다. 따라서 이는 그 지문의 의미만 파악해도 충분히 풀 수 있는 문제 유형이다.

16

① [O] 헌법상 권력분립의 원칙이란 국가권력의 기계적 분립과 엄격한 절연을 의미하는 것이 아니라, 권력 상호간의 견제와 균형을 통한 국가권력의 통제를 의미하는 것이다. 따라서 특정한 국가기관을 구성함에 있어 입법부, 행정부, 사법부가 그 권한을 나누어 가지거나 기능적인 분담을 하는 것은 권력분립의 원칙에 반하는 것이 아니라 권력분립의 원칙을 실현하는 것으로 볼 수 있다(헌재 2008.1.10, 2007헌마1468).

❷ [X] 지방자치단체의 장에게 지방의회 사무직원의 임용권을 부여하고 있는 심판대상조항은 지방자치법 제101조, 제105조 등에서 규정하고 있는 지방자치단체의 장의 일반적 권한의 구체화로서 우리 지방자치의 현황과 실상에 근거하여 지방의회 사무직원의 인력수급 및 운영 방법을 최대한 효율적으로 규율하고 있다고 할 것이다. 심판대상조항에 따른 지방의회 의장의 추천권이 적극적이고 실질적으로 발휘된다면 지방의회 사무직원의 임용권이 지방자치단체의 장에게 있다고 하더라도 그것이 곧바로 지방의회와 집행기관 사이의 상호견제와 균형의 원리를 침해할 우려로 확대된다거나 또는 지방자치제도의 본질적 내용을 침해한다고 볼 수는 없다(헌재 2014.1.28, 2012헌바216).

③ [O] 헌법원칙으로서의 권력분립원칙은 구체적인 헌법질서와 분리하여 파악될 수 없는 것으로 권력분립원칙의 구체적 내용은 헌법으로부터 나오므로, 어떠한 국가행위가 권력분립원칙에 위배되는지 여부는 구체적인 헌법규범을 토대로 판단되어야 한다(헌재 2021.1.28, 2020헌마264 등).

④ [O] 수사처는 '고위공직자범죄수사처 설치 및 운영에 관한 법률'이라는 입법을 통해 도입되었으므로 의회는 법률의 개폐를 통하여 수사처에 대한 시원적인 통제권을 가지고, 수사처 구성에 있어 입법부, 행정부, 사법부를 비롯한 다양한 기관이 그 권한을 나누어 가지므로 기관간 견제와 균형이 이루어질 수 있으며, 국회, 법원, 헌법재판소에 의한 통제가 가능할 뿐 아니라 행정부 내부적 통제를 위한 여러 장치도 마련되어 있다. … 수사처의 권한 행사에 대하여는 여러 기관으로부터의 통제가 충실히 이루어질 수 있으므로, 단순히 수사처가 독립된 형태로 설치되었다는 이유만으로 권력분립원칙에 반한다고 볼 수 없다(헌재 2021.1.28, 2020헌마264).

17

모두 옳다.

㉠ [O] 우리 헌법상의 경제질서는 사유재산제를 바탕으로 하고 자유경쟁을 존중하는 자유시장경제질서를 기본으로 하면서도 이에 수반되는 갖가지 모순을 제거하고 사회복지·사회정의를 실현하기 위하여 국가적 규제와 조정을 용인하는 사회적 시장경제질서로서의 성격을 띠고 있다(헌재 2003.7.24, 2001헌가25).

㉡ [O] 헌법 전문에서 천명하고 있는 '경제 영역에 있어서 각인의 기회를 균등히 하고, 능력을 최고도로 발휘하게 하는 것'은 시장에서의 자유경쟁이 공정한 경쟁질서를 토대로 할 때 비로소 가능하고, 다양한 경제주체들의 공존을 전제로 하는 경제의 민주화가 이루어져야만 경제활동에 관한 의사결정이 한 곳에 집중되지 아니하고 분산됨으로써 경제주체간의 견제와 균형을 통해 시장기능의 정상적 작동이 가능하게 된다(헌재 2003.7.24, 2001헌가25).

㉢ [O] 입법자는 경제현실의 역사와 미래에 대한 전망, 목적달성에 소요되는 경제적·사회적 비용, 당해 경제문제에 관한 국민 내지 이해관계인의 인식 등 제반 사정을 두루 감안하여 시장의 지배와 경제력의 남용 방지, 경제의 민주화 달성 등의 경제영역에서의 국가목표를 이루기 위하여 가능한 여러 정책 중 필요하다고 판단되는 경제정책을 선택할 수 있고, 입법자의 그러한 정책판단과 선택은 그것이 현저히 합리성을 결여한 것이라고 볼 수 없는 한 경제에 관한 국가적 규제·조정권의 행사로서 존중되어야 한다(헌재 2003.7.24, 2001헌가25).

㉣ [O] 국가는 헌법 제119조 제2항에 따라 가맹본부가 우월적 지위를 남용하는 것을 방지하고, 가맹본부와 가맹점사업자간의 부조화를 시정하거나 공존과 상생을 도모하기 위해 규제와 조정을 할 수 있다(헌재 2021.10.28, 2019헌마288).

㉤ [O] 자본력 등에 차이가 있는 대형마트 등과 지역 전통시장이나 중소유통업자들의 경쟁을 형식적 자유시장 논리에 따라 그대로 방임한다면, 결국 대기업이 운영주체인 대형마트 등만 시장을 장악하여 유통시장을 독과점하는 한편, 지역 전통시장과 중소유통업자들은 현저히 위축되거나 도태될 개연성이 매우 높다. 이에 따라 유통시장은 소수 대형유통업체 등의 시장지배로 인해 공정한 경쟁질서가 깨지고, 유통시장에서의 의사결정이 소수 대형유통업체 등에 집중됨으로써 다양한 경제주체간의 견제와 균형을 통한 시장기능의 정상적 작동이 저해되며, 중소상인들의 생존 위협으로 국민생활의 균등한 향상 등 경제영역에서의 사회정의가 훼손될 수 있다. 이러한 결과는 앞서 본 바와 같이 우리 헌법이 지향하는 사회적 시장경제질서에 부합하지 않는다(헌재 2018.6.28, 2016헌바77 등).

18

헌법 규정과 다른 것은 ㉠, ㉡ 2개이다.

㉠ [X] 형사피고인은 유죄의 판결이 확정될 때까지는 무죄로 추정된다(헌법 제27조 제4항).

㉡ [X] 모든 국민은 신속한 재판을 받을 권리를 가진다. 형사피고인은 상당한 이유가 없는 한 지체 없이 공개재판을 받을 권리를 가진다(헌법 제27조 제3항).

㉢ [O] 모든 국민은 헌법과 법률이 정한 법관에 의하여 법률에 의한 재판을 받을 권리를 가진다(헌법 제27조 제1항).

㉣ [O] 형사피해자는 법률이 정하는 바에 의하여 당해 사건의 재판절차에서 진술할 수 있다(헌법 제27조 제5항).

19

① [O] 국회와 행정을 통할하며 국가를 대표하는 대통령의 소재지가 있는 곳이다(헌재 2005.11.24, 2005헌마579).

② [O] 헌법 제1조 제2항에 따라 국민이 대한민국의 주권자이며, 국민은 최고의 헌법제정권력이기 때문에 성문헌법의 제·개정에 참여할 뿐만 아니라 헌법전에 포함되지 아니한 헌법사항을 필요에 따라 관습의 형태로 직접 형성할 수 있다(헌재 2004.10.21, 2004헌마554 등).

③ [O] 관습헌법규범은 헌법전에 그에 상반하는 법규범을 첨가함에
의하여 폐지하게 되는 점에서, 헌법전으로부터 관계되는 헌법
조항을 삭제함으로써 폐지되는 성문헌법규범과는 구분된다
(헌재 2004.10.21, 2004헌마554 등). 즉, 관습헌법의 폐지도
새로운 규정을 첨가하여 폐지되니 헌법개정방식으로만 가능
한 것이다.

❹ [×] 특정의 법률이 반드시 헌법전에서 규율하여야 할 기본적인
헌법사항을 헌법을 대신하여 규율하는 경우에는 그 내용이
상위의 헌법규범에 배치되는지 여부와 관계없이 경성헌법의
체계에 위반하여 헌법 위반에 해당하는 것이다(헌재 2004.10.
21, 2004헌마554).

20
정답 ③

① [O] 국회의원은 임기 중 당적을 이탈하거나 변경한 때 또는 소속
정당이 해산된 때에는 그 자격이 상실된다. 다만, 합당 또는
제명으로 소속이 달라지는 경우에는 예외로 한다(1962년 제5
차 개정헌법).

② [O] 제1차 개정헌법(1952년)의 내용이다.

❸ [×] 이른바 사사오입개헌에는 초대대통령에 한하여 3선제한을 철
폐하고, 국무총리제를 폐지하며, 대통령 궐위시에는 부통령이
그 지위를 승계하도록 하는 것 등의 내용이 포함된다(제2차
개정헌법).

④ [O] 제5차 개헌(1962년)에 관한 것으로 옳은 지문이다.

p.96

정답

01	④	02	③	03	④	04	②	05	④
06	③	07	④	08	①	09	②	10	②
11	④	12	②	13	④	14	④	15	②
16	④	17	③	18	④	19	②	20	④

01 정답 ④

① [O] 합당으로 신설 또는 존속하는 정당은 합당 전 정당의 권리·의무를 승계한다(정당법 제19조 제5항). 이는 강행규정이다.

② [O] 정당이 그 소속 국회의원을 제명하기 위해서는 당헌이 정하는 절차를 거치는 외에 그 소속 국회의원 전원의 2분의 1 이상의 찬성이 있어야 한다(정당법 제33조).

③ [O] 입법자는 정당설립의 자유를 최대한 보장하는 방향으로 입법하여야 하고, 헌법재판소는 정당설립의 자유를 제한하는 법률의 합헌성을 심사할 때에 헌법 제37조 제2항에 따라 엄격한 비례심사를 하여야 한다(헌재 2014.1.28, 2012헌마431 등).

❹ [×] 정당법 제44조 제1항 제2호에 의해 선거에 참여하지 않은 경우 등록이 취소된다.

02 정답 ③

① [O] 조심할 것은 국내거주 재외국민이라는 문제 지문이다. 재외국민에게는 지방 참정권을 부여하지 않으나 국내거주 재외국민의 경우에는 지방참정권도 부여하여야 한다(헌재 2007.6.28, 2004헌마644).

② [O] 따라서 오늘날 평등선거의 경우는 선거구 획정이 중요한 내용이다.

❸ [×] 원칙은 90일이나 관할 구역이 겹치는 경우에는 120일까지 그만두어야 한다(공직선거법 제53조).

④ [O] 이 사건 비방금지 조항이 없더라도 진실한 사실을 적시하여 후보자가 되고자 하는 자의 명예를 훼손한 경우에는 형법 제307조 제1항의 사실적시 명예훼손죄로 처벌이 가능하며, 스스로 공론의 장에 뛰어든 사람의 명예를 일반인의 명예보다 더 두텁게 보호할 필요가 없다(헌재 2024.6.27, 2023헌바78).

03 정답 ④

①② [O] 헌재 1998.12.24, 89헌마214, 90헌바16, 97헌바78(병합)

③ [O] 결국, 구역의 지정으로 인한 개발가능성의 소멸과 그에 따른 지가의 하락이나 지가상승률의 상대적 감소는 토지소유자가 감수해야 하는 사회적 제약의 범주에 속하는 것으로 보아야 한다[헌재 1998.12.24, 89헌마214, 90헌바16, 97헌바78(병합)].

❹ [×] 재산권의 침해와 공익 간의 비례성을 다시 회복하기 위한 방법은 헌법상 반드시 금전보상만을 해야 하는 것은 아니다. 입법자는 지정의 해제 또는 토지매수청구권제도와 같이 금전보상에 갈음하거나 기타 손실을 완화할 수 있는 제도를 보완하는 등 여러 가지 다른 방법을 사용할 수 있다. 즉, 입법자에게는 헌법적으로 가혹한 부담의 조정이란 '목적'을 달성하기 위하여 이를 완화·조정할 수 있는 '방법'의 선택에 있어서는 광범위한 형성의 자유가 부여된다[헌재 1998.12.24, 89헌마214, 90헌바16, 97헌바78(병합)].

04 정답 ②

① [O] 재개발조합의 공공성과 '도시 및 주거환경정비법'에서 위 조합에 행정처분을 할 수 있는 권한을 부여한 취지 등을 종합하여 볼 때, 재개발조합이 공법인의 지위에서 행정처분의 주체가 되는 경우에 있어서는, 위 조합은 재개발사업에 관한 국가의 기능을 대신하여 수행하는 공권력 행사자 내지 기본권 수범자의 지위에 있다. 따라서 재개발조합이 기본권의 수범자로 기능하면서 행정심판의 피청구인이 된 경우에 적용되는 심판대상조항의 위헌성을 다투는 이 사건에 있어, 재개발조합인 청구인은 기본권의 주체가 된다고 볼 수 없다(헌재 2022.7.2, 2019헌바543 등).

❷ [×] 외국인이 국내에서 누리는 직업의 자유는 법률 이전에 헌법에 의해서 부여된 기본권이라 할 수 없고, 법률에 따른 정부의 허가에 의해 비로소 발생하는 권리이다(헌재 2014.8.28, 2013헌마359).

③ [O] 근로의 권리가 '일할 자리에 관한 권리'만이 아니라 '일할 환경에 관한 권리'도 함께 내포하고 있는바, 후자는 인간의 존엄성에 대한 침해를 방어하기 위한 자유권적 기본권의 성격도 갖고 있어 건강한 작업환경, 일에 대한 정당한 보수, 합리적인 근로조건의 보장 등을 요구할 수 있는 권리 등을 포함한다고 할 것이므로 외국인 근로자라고 하여 이 부분에까지 기본권 주체성을 부인할 수는 없다(헌재 2007.8.30, 2004헌마670).

④ [O] 헌법상 기본권의 주체가 될 수 있는 법인은 원칙적으로 사법인에 한하는 것이고 공법인은 헌법의 수범자이지 기본권의 주체가 될 수 없다(헌재 2000.6.1, 99헌마553).

---

05 정답 ④

① [O] 금융기관의 임원이 문책경고를 받은 경우에는 법령에서 정한 바에 따라 일정기간 동안 임원선임의 자격제한을 받으므로 문책경고는 적어도 그 제한의 본질적 사항에 관한 한 법률에 근거가 있어야 하는데, 금융감독원의 직무범위를 규정한 조직규범은 법률유보원칙에서 말하는 법률의 근거가 될 수는 없다(대판 2005.2.17, 2003두14765).

② [O] 사법시험의 제2차 시험의 합격결정에 관하여 과락제도를 정하는 구 사법시험령의 규정은 새로운 법률사항을 정한 것이라고 보기 어려우므로 법률유보의 원칙에 위반되지 않는다(대판 2007.1.11, 2004두10432).

③ [O] 법률유보원칙은 '법률에 의한' 규율만을 뜻하는 것이 아닌 '법률에 근거한' 규율을 요청하는 것이므로, 법률에 근거를 두면서 헌법 제75조가 요구하는 위임의 구체성과 명확성을 구비하기만 하면 위임입법에 의해서도 기본권을 제한할 수 있다(헌재 2005.2.24, 2003헌마289).

❹ [X] 지문은 헌법재판소의 소수 반대의견으로, 다수의견에 대한 보충의견은 경찰의 임무 또는 경찰관의 직무 범위를 규정한 경찰법 제3조, 경찰관 직무집행법 제2조는 그 성격과 내용 및 아래와 같은 이유로 '일반적 수권조항'이라 하여 국민의 기본권을 구체적으로 제한 또는 박탈하는 행위의 근거조항으로 삼을 수는 없으므로 위 조항 역시 이 사건 통행제지행위 발동의 법률적 근거가 된다고 할 수 없다고 판시하였다(헌재 2011.6.30, 2009헌마406).

---

06 정답 ③

① [O] 헌재 1992.4.28, 90헌바24 - 특정범죄 가중처벌 등에 관한 법률 제5조의3 제2항 제1호에 대한 헌법소원

② [O] 헌재 1991.2.11, 90헌가27 - 교육법 제8조의2에 관한 위헌심판

❸ [X] 폭처법상 폭행죄 조항은 형벌체계상의 정당성과 균형을 잃은 것이 명백하므로, 인간의 존엄성과 가치를 보장하는 헌법의 기본원리에 위배될 뿐만 아니라 그 내용에 있어서도 평등원칙에 위배된다(헌재 2015.9.24, 2015헌가17).

④ [O] 헌재 1999.12.23, 98헌마363 - 제대군인 지원에 관한 법률 제8조 제1항 등 위헌확인

---

07 정답 ④

① [O] 성립절차상의 중대한 하자로 효력을 인정할 수 없는 처벌규정을 근거로 한 범죄경력을 보안관찰처분의 기초로 삼는다면 적법절차에 의하여 이루어지는 보안처분이라 할 수 없다. 다만, 이 법률은 법제정당국 및 집행당국 등에 의하여 실질적으로 규범력을 갖춘 법률로 승인된 것을 종합하여 볼 때 헌법에 위반되지 않는다(헌재 2001.4.26, 98헌바79 등).

② [O] 법원이 직권으로 발부하는 영장은 명령장으로서의 성질을 갖지만, 수사기관의 청구에 의하여 법관이 발부하는 구속영장은 허가장으로서의 성질을 갖는다(헌재 1997.3.27, 96헌바28 등).

③ [O] 헌법 제12조 제1항은 적법절차를, 제12조 제3항은 영장주의를 규정하고 있다. 영장주의는 강제처분절차에 적용된다.

❹ [X] 신체의 자유를 최대한으로 보장하려는 헌법정신, 특히 무죄추정의 원칙으로 인하여 불구속수사 · 불구속재판을 원칙으로 하고 예외적으로 피의자 또는 피고인이 도피할 우려가 있거나 증거를 인멸할 우려가 있는 때에 한하여 구속수사 또는 구속재판이 인정된다.

---

08 정답 ①

❶ [X] 사생활의 비밀과 자유는 사생활의 내용을 공개당하지 아니할 권리(사생활의 비밀), 사생활의 자유로운 형성과 전개를 방해받지 아니할 권리(사생활의 자유), 자신에 관한 정보를 스스로 통제할 수 있는 권리(자기정보관리통제권) 등을 내용으로 하는 권리이다. 다만, 참정권적 성격까지 동시에 갖지는 않는다.

② [O] 통신매체이용음란죄로 유죄판결이 확정된 자는 신상정보등록대상자가 된다고 규정한 조항은 목적의 정당성 및 수단의 적합성은 인정되나, 통신매체이용음란죄로 유죄의 확정판결을 받은 자에 대하여 개별 행위 유형에 따른 죄질 및 재범의 위험성을 고려하지 않고 모두 신상정보 등록대상자가 되도록 하여 개인정보자기결정권을 침해하여 헌법에 위반된다(헌재 2016.3.31, 2015헌마688).

③ [O] 근로소득자인 청구인들의 진료정보가 본인들의 동의 없이 국세청 등으로 제출 · 전송 · 보관되는 것은 위 청구인들의 개인정보자기결정권을 제한하는 것이지만, 이 사건 법령조항은 의료비 특별공제를 받고자 하는 근로소득자의 연말정산을 위한 소득공제증빙자료 제출의 불편을 해소하는 동시에 이에 따른 근로자와 사업자의 시간적 · 경제적 비용을 절감하고 부당한 소득공제를 방지하려는 데 그 목적이 있고, 위 목적을 달성하기 위하여, 연말정산에 필요한 항목 등을 제출대상으로 삼고 있으므로, 그 방법의 적절성 또한 인정된다(헌재 2008.10.30, 2006헌마1401).

④ [O] 선거권자가 공직후보자의 자질과 적격성을 판단할 수 있도록 하기 위한 점, 전과기록은 통상 공개재판에서 이루어진 국가의 사법작용의 결과라는 점을 생각할 때 사생활의 비밀과 자유를 침해한다고 볼 수 없다(헌재 2008.4.24, 2006헌마402 등).

09
정답 ②

① [O] 전통사찰에 대하여 채무명의를 가진 일반채권자가 전통사찰 소유의 전법(傳法)용 경내지의 건조물 등에 대하여 압류하는 것을 금지하는 전통사찰의 보존 및 지원에 관한 법률 조항은 '전통사찰의 일반채권자'의 재산권을 제한하지만, 종교의 자유의 내용 중 어떠한 것도 제한되지 않는다(헌재 2012.6.27. 2011헌바34).

❷ [×] 일반인들의 경우는 종교인의 비과세 혜택이 제거된다고 하여 일반인들의 법적 지위가 향상될 여지가 없다(헌재 2020.7.16. 2018헌마319).

③ [O] 성직자는 초법규적 존재가 아니며, 성직자의 직무상 행위가 사회상규에 반하지 아니한다 하여 그에 적법성이 부여되는 것은 그것이 성직자의 행위이기 때문이 아니라 그 직무로 인한 행위에 정당성·적법성이 인정되기 때문이라고 하여 유죄를 선고하였다(대판 1983.3.8. 82도3248).

④ [O] 채플이수를 졸업요건으로 하는 것에 대하여 사립대학은 종교교육 내지 종교선전을 위하여 학생들의 신앙을 가지지 않을 자유를 침해하지 않는 범위 내에서 학생들로 하여금 일정한 내용의 종교교육을 받을 것을 졸업요건으로 하는 학칙을 제정할 수 있다(대판 1998.11.10. 96다37268).

10
정답 ②

① [O] 집회의 장소를 선택할 자유는 집회의 자유의 한 실질을 형성한다고 할 수 있다(헌재 2005.11.24. 2004헌가17 참조).

❷ [×] 헌법은 집회의 자유를 국민의 기본권으로 보장함으로써, 평화적 집회 그 자체는 공공의 안녕질서에 대한 위험이나 침해로서 평가되어서는 아니 되며, 개인이 집회의 자유를 집단적으로 행사함으로써 불가피하게 발생하는 일반대중에 대한 불편함이나 법익에 대한 위험은 보호법익과 조화를 이루는 범위 내에서 국가와 제3자에 의하여 수인되어야 한다는 것을 헌법 스스로 규정하고 있는 것이다(헌재 2003.10.30. 2000헌바67 등).

③ [O] 심판대상조항이 국회의장 공관의 기능과 안녕을 저해할 우려가 있는 집회를 금지하는 데 머무르지 않고 국회의장 공관 인근의 모든 집회를 예외 없이 금지함으로써, 구체적인 상황을 고려하여 상충하는 법익 간의 조화를 이루려는 노력을 전혀 기울이지 않고 있으므로 집회의 자유를 침해한다(헌재 2023. 3.23. 2021헌가1).

④ [O] '시위'라 함은 다수인이 공동목적을 가지고 도로·광장·공원 등 공중이 자유로이 통행할 수 있는 장소를 진행하거나 위력 또는 기세를 보여 불특정 다수인의 의견에 영향을 주거나 제압을 가하는 행위를 말한다(집회 및 시위에 관한 법률 제2조 제2호).

11
정답 ④

① [O] 국회의원 재·보궐선거일을 휴무일이 아닌 평일로 정한 것은 헌법에 위반되지 않는다(헌재 2003.11.27. 2003헌마259).

② [O] 대통령은 늦어도 국민투표일 전 18일까지 국민투표일과 국민투표안을 동시에 공고하여야 한다(국민투표법 제49조).

③ [O] 19세 이상의 국민은 투표권이 있다.

> **국민투표법 제9조【투표권이 없는 자】** 투표일 현재 공직선거법 제18조의 규정에 따라 선거권이 없는 자는 투표권이 없다.

❹ [×] 정당법상의 당원의 자격이 없는 자는 국민투표에 관한 운동을 할 수 없다(국민투표법 제28조 제1항).

12
정답 ②

① [O] 이 사건 심판대상 조항들이 순경 공채시험 등의 응시연령의 상한을 '30세 이하'로 제한하는 것이 합리적이라고 볼 수 없어 침해의 최소성원칙에 위배된다(헌재 2012.5.31. 2010헌마278).

❷ [×] 공무원 직무수행에 대한 국민의 신뢰, 직무의 정상적 운영 확보, 공무원범죄의 예방, 공직사회의 질서 유지를 위한 것으로서 목적이 정당하고, 형법 제129조 제1항의 수뢰죄로 금고 이상 형의 선고유예를 받은 국가공무원을 당연퇴직하도록 하는 것은 적절한 수단에 해당한다(헌재 2013.7.25. 2012헌바409).

③ [O] 공무담임권의 보호영역에는 일반적으로 공직취임의 기회보장, 신분박탈, 직무의 정지가 포함되는 것일 뿐, 여기서 더 나아가 공무원이 특정의 장소에서 근무하는 것 또는 특정의 보직을 받아 근무하는 것을 포함하는 일종의 '공무수행의 자유'까지 그 보호영역에 포함된다고 보기는 어렵다(헌재 2008.6.26. 2005헌마1275).

④ [O] 정당의 내부경선에 참여할 권리는 헌법이 보장하는 공무담임권의 내용에 포함되지 아니하므로, 정당이 당내경선을 실시하지 않는 것이 공무담임권을 침해하는 것은 아니다(헌재 2014. 11.27. 2013헌마814).

13
정답 ④

① [O] 심판대상조항들은 법률전문가인 변호사와의 소송상담의 특수성을 고려하지 않고 소송대리인인 변호사와의 접견을 그 성격이 전혀 다른 일반 접견에 포함시켜 접견 시간 및 횟수를 규정함으로써 수형자의 재판청구권을 지나치게 제한하여 위헌이다(헌재 2015.11.26. 2012헌마858).

② [O] 평결과 의견은 법원을 기속하지 아니한다(국민의 형사재판 참여에 관한 법률 제46조 제5항).

③ [O] 헌재 1998.5.28. 96헌마46 - 재판지연 위헌확인

❹ [×] 명의대여행위에 해당하는 경우 필요적으로 등록말소처분을 하도록 규정하고 있다고 하더라도, 그것이 곧 법관의 판단재량권을 침해하였다거나 법관독립의 원칙에 위배된다고 할 수 없고, 나아가 법관에 의한 재판을 받을 권리를 침해하는 것이라고도 할 수 없다(헌재 2001.3.21. 2000헌바27).

14
정답 ④

① [O] 공무원연금법상 퇴직연금의 수급자가 사립학교교직원연금법 제3조의 학교기관으로부터 보수 기타 급여를 지급받고 있는 경우, 그 기간 중 퇴직연금의 지급을 정지하도록 한 것은 기본권 제한의 입법한계를 일탈한 것으로 볼 수 없다(헌재 2007. 10.25, 2005헌바68).

② [O] 일시적·잠정적 근로관계의 중단에 불과한 휴직제도의 본질, 휴직자에 대한 보험급여의 필요성 등을 고려할 때 합리적인 입법재량으로 볼 수 있다(헌재 2003.6.26, 2001헌마699).

③ [O] 사회보장수급권은 헌법 제34조 제1항 및 제2항 등으로부터 개인에게 직접 주어지는 헌법적 차원의 권리라거나 사회적 기본권의 하나라고 볼 수는 없고, 다만 그 수급요건, 수급자의 범위, 수급액 등 구체적인 사항이 규정될 때 비로소 형성되는 법률적 차원의 권리에 불과하다 할 것이다(헌재 2003.7.24, 2002헌바51).

❹ [×] 공무원연금법상의 퇴직급여, 유족급여 등 각종 급여를 받을 권리, 즉 연금수급권은 사회적 기본권의 하나인 사회보장수급권의 성격과 재산권의 성격을 아울러 지니고 있다고 하겠다. 이 법상의 연금수급권의 법률적 형성에 관하여는 전체적으로 입법자에게 상당한 정도로 형성의 자유가 인정된다(헌재 1999.4.29, 97헌마333).

15
정답 ②

① [O] 따라서 노조법 제2조 제1호 및 제4호 라목 본문에서 말하는 '근로자'에는 특정한 사용자에게 고용되어 현실적으로 취업하고 있는 자뿐만 아니라, 일시적으로 실업상태에 있는 자나 구직 중인 자도 노동3권을 보장할 필요성이 있는 한 그 범위에 포함된다(대판 2004.2.27, 2001두8568).

❷ [×] 입법자는 사용자와 근로자가 일정 부분 장시간 노동을 선호하는 경향, 포괄임금제의 관행 및 사용자와 근로자 사이의 협상력의 차이 등으로 인해 장시간 노동 문제가 구조화되었다고 보고, 사용자와 근로자 사이의 합의로 주 52시간 상한을 초과할 수 없다고 판단했는데, 이러한 입법자의 판단이 현저히 합리성을 결여했다고 볼 수 없다(헌재 2024.2.28, 2019헌마500).

③ [O] 외국인고용법은 일정한 사유가 있는 경우에 3년의 체류기간 동안 3회까지 사업장을 변경할 수 있도록 하고 대통령령이 정하는 부득이한 사유가 있는 경우에는 추가로 사업장변경이 가능하도록 하고 있으므로 이 사건 법률조항이 입법자의 재량의 범위를 넘어 명백히 불합리하다고 할 수는 없다(헌재 2011.9.29, 2007헌마1083 등).

④ [O] 건설근로자가 사망한 경우 '외국거주 외국인유족'은 자신이 거주하는 국가에서 발행하는 공신력 있는 문서로서 '퇴직공제금을 지급받을 유족의 자격'을 충분히 입증할 수 있어 건설근로자공제회의 퇴직공제금 지급 업무에 특별한 어려움이 초래될 일도 없다는 점에서 '외국거주 외국인유족'을 퇴직공제금을 지급받을 유족의 범위에서 제외할 이유가 없다(헌재 2023. 3.23, 2020헌바471).

16
정답 ④

① [×] 이 사건 조치는 전반적인 주택시장 안정화를 도모함과 동시에 금융기관의 대출 건전성 관리 차원에서 부동산 부문으로의 과도한 자금흐름을 개선하기 위한 것으로 목적이 정당하다. 또한 초고가 주택에 대한 주택담보대출 금지는 수요 억제를 통해 주택 가격 상승 완화에 기여할 것이므로 수단도 적합하다(헌재 2023.3.23, 2019헌마399).

② [×] 강제적 셧다운제는 합헌이다(헌재 2014.4.24, 2011헌마659).

③ [×] 고엽제 2세로서 척추이분증에 걸린 사람들 중 고엽제후유증환자의 자녀만 '고엽제후유의증 등 환자지원 및 단체설립에 관한 법률' 제2조 제4호 중 제5조 제3항 제1호 부분에 의하여 지원을 하는 것이 평등원칙 등에 위배되지 아니하므로, 헌법에 위반되지 아니한다는 결정을 선고하였다(헌재 2014.4.24, 2011헌바228).

❹ [O] 어린이집이 시·도지사가 정한 수납한도액을 초과하여 보호자로부터 필요경비를 수납한 경우, 해당 시·도지사는 영유아보육법에 근거하여 시정 또는 변경 명령을 발할 수 있는데, 이 시정 또는 변경 명령 조항의 내용으로 환불명령을 명시적으로 규정하지 않았다고 하여 명확성원칙에 위배된다고 볼 수 없다(헌재 2017.12.28, 2016헌바249).

17
정답 ③

① [O] 개성공단 전면중단 조치가 고도의 정치적 결단을 요하는 문제이기는 하나, 조치 결과 개성공단 투자기업인 청구인들에게 기본권 제한이 발생하였고, 국민의 기본권 제한과 직접 관련된 공권력의 행사는 고도의 정치적 고려가 필요한 행위라도 헌법과 법률에 따라 결정하고 집행하도록 견제하는 것이 헌법재판소 본연의 임무이므로, 그 한도에서 헌법소원심판의 대상이 될 수 있다(헌재 2022.1.27, 2016헌마364).

② [O] 개성공단 전면중단 조치는 국제평화를 위협하는 북한의 핵무기 개발을 경제적 제재조치를 통해 저지하려는 국제적 합의에 이바지하기 위한 조치로서, 통일부장관의 조정명령에 관한 '남북교류협력에 관한 법률' 제18조 제1항 제2호, 대통령의 국가의 계속성 보장 책무, 행정에 대한 지휘·감독권 등을 규정한 헌법 제66조, 정부조직법 제11조 등이 근거가 될 수 있으므로, 헌법과 법률에 근거한 조치로 보아야 한다(헌재 2022. 1.27, 2016헌마364).

❸ [×] 국무회의 심의, 이해관계자에 대한 의견청취절차 등을 거치지 않았더라도 개성공단 전면중단 조치가 적법절차원칙을 위반하여 개성공단 투자기업인 청구인들의 영업의 자유와 재산권을 침해한다고 볼 수 없다(헌재 2022.1.27, 2016헌마364).

④ [O] 개성공단 전면중단 조치는 공익 목적을 위하여 개별적, 구체적으로 형성된 구체적인 재산권의 이용을 제한하는 공용 제한이 아니므로, 이에 대한 정당한 보상이 지급되지 않았다고 하더라도, 그 조치가 헌법 제23조 제3항을 위반하여 개성공단 투자기업인 청구인들의 재산권을 침해한 것으로 볼 수 없다(헌재 2022.1.27, 2016헌마364).

18 정답 ④

① [O] 심판대상조항에 따른 법무부장관의 출국금지결정은 형사재판에 계속 중인 국민의 출국의 자유를 제한하는 행정처분일 뿐이고 영장주의가 적용되는 신체에 대하여 직접적으로 물리적 강제력을 수반하는 강제처분이라고 할 수는 없다. 따라서 심판대상조항이 헌법 제12조 제3항의 영장주의에 위배된다고 볼 수 없다(헌재 2015.9.24, 2012헌바302).

② [O] 심판대상조항에 따른 출국금지결정은 성질상 신속성과 밀행성을 요하므로, 출국금지 대상자에게 사전통지를 하거나 청문을 실시하도록 한다면 국가 형벌권 확보라는 출국금지제도의 목적을 달성하는 데 지장을 초래할 우려가 있다. 나아가 출국금지 후 즉시 서면으로 통지하도록 하고 있고, 이의신청이나 행정소송을 통하여 출국금지결정에 대해 사후적으로 다툴 수 있는 기회를 제공하여 절차적 참여를 보장해 주고 있으므로 적법절차원칙에 위배된다고 보기 어렵다(헌재 2015.9.24, 2012헌바302).

③ [O] 거주 · 이전의 자유에는 국외에서 체류지와 거주지를 자유롭게 정할 수 있는 '해외여행 및 해외이주의 자유'가 포함되고, 이는 필연적으로 외국에서 체류하거나 거주하기 위해서 대한민국을 떠날 수 있는 '출국의 자유'와 외국체류 또는 거주를 중단하고 다시 대한민국으로 돌아올 수 있는 '입국의 자유'를 포함한다. 심판대상조항은 법무부장관으로 하여금 형사재판에 계속 중인 사람에게 6개월 이내 기간을 정하여 출국을 금지할 수 있도록 규정함으로써 거주 · 이전의 자유 중 출국의 자유를 제한하고 있으므로, 헌법 제37조 제2항의 과잉금지원칙을 준수할 것이 요구된다(헌재 2015.9.24, 2012헌바302).

❹ [×] 심판대상조항은 형사재판에 계속 중인 사람이 국가의 형벌권을 피하기 위하여 해외로 도피할 우려가 있는 경우 법무부장관으로 하여금 출국을 금지할 수 있도록 하는 것일 뿐으로, 무죄추정의 원칙에서 금지하는 유죄 인정의 효과로서의 불이익 즉, 유죄를 근거로 형사재판에 계속 중인 사람에게 사회적 비난 내지 응보적 의미의 제재를 가하려는 것이라고 보기 어렵다. 따라서 심판대상조항은 무죄추정의 원칙에 위배된다고 볼 수 없다(헌재 2015.9.24, 2012헌바302).

19 정답 ②

옳은 것은 ㉠, ㉢ 2개이다.

㉠ [O] 지방공사와 지방자치단체, 지방의회의 관계에 비추어 볼 때, 지방공사 직원의 직을 겸할 수 없도록 함에 있어 지방의회의 원과 국회의원은 본질적으로 동일한 비교집단이라고 볼 수 없으므로, 양자를 달리 취급하였다고 할지라도 이것이 지방의회의원인 청구인의 평등권을 침해한 것이라고 할 수는 없다(헌재 2012.4.24, 2010헌마605).

㉡ [×] 특정한 조세 법률조항이 혼인이나 가족생활을 근거로 부부 등 가족이 있는 자를 혼인하지 아니한 자 등에 비하여 차별취급하는 것이라면 비례의 원칙에 의한 심사에 의하여 정당화되지 않는 한 헌법 제36조 제1항에 위반된다 할 것이다. 이는 단지 차별의 합리적인 이유의 유무만을 확인하는 정도를 넘어, 차별의 이유와 차별의 내용 사이에 적정한 비례적 균형관계가 이루어져 있는지에 대해서도 심사하여야 한다는 것을

의미한다(헌재 2001.2.22, 2000헌마25).

㉢ [O] 부마항쟁보상법은 부마민주항쟁 관련자에 대하여 간이한 절차로 손해배상을 받을 수 있게 특별한 절차를 마련한 것으로 입법형성의 영역에 속한다. 생명 · 신체의 손상을 입은 경우에만 보상금을 지급하도록 한 것은 불합리하지 않다(헌재 2019.4.11, 2016헌마418).

㉣ [×] 동시선발조항은 동등하고 공정한 입학전형의 운영을 통해 '우수학생 선점 해소 및 고교서열화를 완화'하고 '고등학교 입시경쟁을 완화'하기 위한 것으로 합리적인 이유가 있으므로 청구인 학교법인의 평등권을 침해하지 아니한다(헌재 2019.4.11, 2018헌마221).

㉤ [×] 이 사건 법률조항은 헌법이 특별히 양성평등을 요구하는 경우나 관련 기본권에 중대한 제한을 초래하는 경우의 차별취급을 그 내용으로 하고 있다고 보기 어려우며, 징집대상자의 범위 결정에 관하여는 입법자의 광범위한 입법형성권이 인정된다는 점에 비추어 이 사건 법률조항이 평등권을 침해하는지 여부는 완화된 심사기준에 따라 판단하여야 한다(헌재 2011.6.30, 2010헌마460).

20 정답 ④

① [O] 당해 법률조항은 언론 · 출판의 자유, 직업선택의 자유 및 재산권을 경합적으로 제약하고 있는데, 이처럼 하나의 규제로 인해 여러 기본권이 동시에 제약을 받는 기본권 경합의 경우에는 기본권 침해를 주장하는 제청신청인과 제청법원의 의도 및 기본권을 제한하는 입법자의 객관적 동기 등을 참작하여 사안과 가장 밀접한 관계에 있고 또 침해의 정도가 큰 주된 기본권을 중심으로 해서 그 제한의 한계를 따져 보아야 할 것이다(헌재 1998.4.30, 95헌가16).

② [O] 헌법재판소는 반론보도청구권의 경우 언론의 자유와 피해자의 반론권 사이에 조화를 이루고 있어 합헌이라고 판시했다(헌재 1991.9.16, 89헌마165 ; 헌재 1996.4.25, 95헌바25).

③ [O] 친양자 입양은 친생부모의 기본권과 친양자가 될 자의 기본권이 서로 대립 · 충돌하는 관계라고 볼 수 있다. 그리고 이들 기본권은 공히 가족생활에 대한 기본권으로서 그 서열이나 법익의 형량을 통하여 어느 한쪽의 기본권을 일방적으로 우선시키고 다른 쪽을 후퇴시키는 것은 부적절하다(헌재 2012.5.31, 2010헌바87).

❹ [×] 상업광고는 예술의 자유에서 보호하지 않는다. 예술의 자유는 자기목적적이라는 것을 본질로 하나 상업광고는 물품의 판매를 목적으로 하기 때문이다. 따라서 예술의 자유는 기본권 경합의 문제가 발생하지 않는다.

정답

p.104

01	④	02	①	03	①	04	①	05	①
06	①	07	③	08	①	09	①	10	④
11	④	12	④	13	①	14	③	15	②
16	①	17	①	18	②	19	②	20	④

01

정답 ④

① [O] 우리 헌법은 국가권력의 남용으로부터 국민의 자유와 권리를 보호하려는 법치국가의 실현을 기본이념으로 하고 있고, 자유민주주의 헌법의 원리에 따라 국가의 기능을 입법·행정·사법으로 분립하여 견제와 균형을 이루게 하는 권력분립제도를 채택하고 있어, 행정과 사법은 법률에 기속되므로, 국회가 특정한 사항에 대하여 행정부에 위임하였음에도 불구하고 행정부가 정당한 이유 없이 이를 이행하지 않는다면 권력분립의 원칙과 법치국가의 원칙에 위배되는 것이다(헌재 2004.2.26, 2001헌마718).

② [O] 선거운동은 국민주권 행사의 일환일 뿐 아니라 정치적 표현의 자유의 한 형태로서 민주사회를 구성하고 움직이게 하는 요소이므로, 그 제한입법의 위헌 여부에 대하여는 엄격한 심사기준이 적용되어야 한다(헌재 2024.1.25, 2021헌가14).

③ [O] 헌법 제8조 제4항의 민주적 기본질서 개념은 정당해산결정의 가능성과 긴밀히 결부되어 있다. 이 민주적 기본질서의 외연이 확장될수록 정당해산결정의 가능성은 확대되고, 이와 동시에 정당 활동의 자유는 축소될 것이다. 민주사회에서 정당의 자유가 지니는 중대한 함의나 정당해산심판제도의 남용가능성 등을 감안한다면, 헌법 제8조 제4항의 민주적 기본질서는 최대한 엄격하고 협소한 의미로 이해해야 한다(헌재 2014.12.19, 2013헌다1).

❹ [X] 국민주권의 원리, 기본적 인권의 존중, 권력분립제도, 복수정당제도 등이 현행 헌법상 주요한 요소라고 볼 수 있다(헌재 2014.12.19, 2013헌다1). 따라서 직업공무원제도는 오답이다.

02

정답 ①

❶ [X] 헌법 제119조 제2항에 규정된 '경제주체간의 조화를 통한 경제민주화'의 이념은 경제영역에서 정의로운 사회질서를 형성하기 위하여 추구할 수 있는 국가목표로서 개인의 기본권을 제한하는 국가행위를 정당화하는 헌법규범이다(헌재 2003.11.27, 2001헌바35).

② [O] 광물 기타 중요한 지하자원·수산자원·수력과 경제상 이용할 수 있는 자연력은 법률이 정하는 바에 의하여 일정한 기간 그 채취·개발 또는 이용을 특허할 수 있다(헌법 제120조 제1항).

③ [O] 옳은 지문이다. 사회국가의 원리는 자유민주적 기본질서의 범위 내에서 이루어져야 하고, 국민 개인의 자유와 창의를 보완하는 범위 내에서 이루어지는 내재적 한계를 지니고 있다.

④ [O] 국방상 또는 국민경제상 긴절한 필요로 인하여 법률이 정하는 경우를 제외하고는 사영기업을 국유 또는 공유로 이전하거나 그 경영을 통제 또는 관리할 수 없다(헌법 제126조).

03

정답 ①

❶ [O] 헌법재판소는 수신료의 법적 성격에 관하여, 수신료는 공영방송사업이라는 특정한 공익사업의 경비조달에 충당하기 위하여 수상기를 소지한 특정집단에 대하여 부과되는 특별부담금에 해당한다고 판시하였고, 조세나 수익자부담금과는 구분된다고 보았다(헌재 2024.5.30, 2023헌마820등).

② [X] 물이용부담금은 한강수계의 수질관리를 위한 제반 조치, 주민지원사업 지원 등의 비용에 충당하기 위해 설치된 한강수계관리기금의 재원이 된다(한강수계법 제20조 내지 제22조 참조). 물이용부담금은 상수도의 직접적인 이용 대가로 볼 수 있는 수도요금과 구별되는 별개의 금전이고, 한강수계로부터 취수된 원수를 정수하여 직접 공급받는 최종 수요자 중 하류지역에만 부과되는바(한강수계법 제19조 제1항 단서 제1호), 특정 부류의 집단에만 강제적·일률적으로 부과된다(헌재 2020.8.28, 2018헌바425).

③ [X] 개발부담금은 비록 그 명칭이 '부담금'이고 국세기본법이나 지방세기본법에서 나열하고 있는 국세나 지방세의 목록에 빠져 있다고 하더라도, '국가 또는 지방자치단체가 재정수요를 충족시키기 위하여 반대급부 없이 법률에 규정된 요건에 해당하는 모든 자에 대하여 일반적 기준에 의하여 부과하는 금전급부'라는 조세로서의 특징을 지니고 있다는 점에서 실질적인 조세라 할 것이다(헌재 2020.5.27, 2018헌바465).

④ [X] 이 사건 부과금은 그 부과의 목적이 한국영화산업의 진흥 발전을 위한 각종 사업의 용도로 쓰일 영화발전기금의 재원을 마련하는 것으로서, 그 부과 자체로써 부과금의 부담 주체인 영화상영관 관람객의 행위를 특정한 방향으로 유도하거나 관람객 이외의 다른 사람들과의 형평성 문제를 조정하고자 하

는 등의 목적은 없으며, 또한 추구하는 공적 과제가 부과금으로 재원이 마련된 영화발전기금의 집행 단계에서 실현되므로 순수한 재정조달목적 부담금에 해당한다(헌재 2008.11.27, 2007헌마860).

04

[관련판례] 헌재 2014.12.19, 2013헌다1
❶ [×] 정당해산제도의 취지 등에 비추어 볼 때 헌법재판소의 정당해산결정이 있는 경우 그 정당 소속 국회의원의 의원직은 당선 방식을 불문하고 모두 상실되어야 한다. 다만, 판례는 지방의원의 경우에는 언급하지 않아 선거관리위원회는 정당이 해산되면서 비례대표 지방의원은 의원직을 상실하였지만 지역구 지방의원은 의원직을 상실하지 않는다고 보았다.
② [O] 강제적 정당해산은 헌법상 핵심적인 정치적 기본권인 정당활동의 자유에 대한 근본적 제한이므로, 헌법재판소는 이에 관한 결정을 할 때 헌법 제37조 제2항이 규정하고 있는 비례원칙을 준수해야만 한다. 따라서 헌법 제8조 제4항의 명문규정상 요건이 구비된 경우에도 해당 정당의 위헌적 문제성을 해결할 수 있는 다른 대안적 수단이 없고, 정당해산결정을 통하여 얻을 수 있는 사회적 이익이 정당해산결정으로 인해 초래되는 정당활동 자유 제한으로 인한 불이익과 민주주의 사회에 대한 중대한 제약이라는 사회적 불이익을 초과할 수 있을 정도로 큰 경우에 한하여 정당해산결정이 헌법적으로 정당화될 수 있다(헌재 2014.12.19, 2013헌다1).
③ [O] 따라서 단순히 행정부의 통상적인 처분에 의해서는 해산될 수 없고, 오직 헌법재판소가 그 정당의 위헌성을 확인하고 해산의 필요성을 인정한 경우에만 정당정치의 영역에서 배제된다. 그러나 한편 이 제도로 인해서, 정당활동의 자유가 인정된다 하더라도 민주적 기본질서를 침해해서는 안 된다는 헌법적 한계 역시 설정된다.
④ [O] 정당해산심판제도의 남용가능성 등을 감안한다면, 헌법 제8조 제4항의 민주적 기본질서는 최대한 엄격하고 협소한 의미로 이해해야 한다.

05

❶ [×] 당선의 효력에 이의가 있는 경우 제기하는 당선소송은 공직선거법 제223조에서 제222조의 선거소송과는 달리 제소자를 정당과 후보자로 한정하여 규정하고 있으므로 선거인은 청구할 수 없다.
② [O] 최고득표자가 2인 이상인 때에는 중앙선거관리위원회의 통지에 의하여 국회는 재적의원 과반수가 출석한 공개회의에서 다수표를 얻은 자를 당선인으로 결정한다(공직선거법 제187조 제2항).
③ [O] 대통령 후보자가 1인일 때에는 그 득표수가 선거권자 총수의 3분의 1 이상이 아니면 대통령으로 당선될 수 없다(헌법 제67조 제3항).
④ [O] 소청이나 소장을 접수한 선거관리위원회 또는 대법원이나 고등법원은 선거쟁송에 있어 선거에 관한 규정에 위반된 사실이 있는 때라도 선거의 결과에 영향을 미쳤다고 인정하는 때

에 한하여 선거의 전부나 일부의 무효 또는 당선의 무효를 결정하거나 판결한다(공직선거법 제224조).

06

❶ [×] 이 사건 법률조항은 입법취지가 불명확하고, 사회경제적 효율성 측면에서 일정한 목적의 정당성이 인정된다 하더라도 과잉금지원칙을 위반하여 계약의 자유를 침해한다(헌재 2013.12.26, 2011헌바234).
② [O] 헌법 제10조에 의하여 보장되는 행복추구권 속에는 일반적 행동자유권이 포함되고, 이 일반적 행동자유권으로부터 계약체결의 여부, 계약의 상대방, 계약의 방식과 내용 등을 당사자의 자유로운 의사로 결정할 수 있는 계약의 자유가 파생된다(헌재 2013.10.24, 2010헌마219 등).
③ [O] 갱신요구권의 행사기간 및 횟수가 제한되고 갱신되는 임대차의 법정 존속기간이 2년인 점, 일정한 경우 임대인이 갱신요구를 거절할 수 있는 점, 차임증액 한도를 정한 것은 갱신요구권 제도의 실효성 확보를 위한 것으로 그 액수를 직접 통제하거나 인상 자체를 금지하지 않는 점, 임대인에게 손해배상책임을 묻는 것은 갱신거절 남용을 방지하고 갱신요구 제도의 실효성을 확보하기 위한 것이고, 정당한 사유가 인정되는 임대인은 손해배상책임을 면할 수 있는 점, 손해액의 입증책임을 완화하여 분쟁을 조기에 해결할 수 있는 점 등에 비추어 피해최소성에도 어긋나지 아니한다(헌재 2024.2.28, 2020헌마343 등).
▶ 따라서 임대인의 계약의 자유와 재산권을 침해한다고 볼 수 없다.
④ [O] 이 사건 조치는 전반적인 주택시장 안정화를 도모함과 동시에 금융기관의 대출 건전성 관리 차원에서 부동산 부문으로의 과도한 자금흐름을 개선하기 위한 것으로 목적이 정당하다. 또한 초고가 주택에 대한 주택담보대출 금지는 수요 억제를 통해 주택 가격 상승 완화에 기여할 것이므로 수단도 적합하다(헌재 2023.3.23, 2019헌마1399).
▶ 따라서 이는 헌법에 위반되지 않는다.

07

① [O] 현행 정정보도청구권제도는 그 명칭에 불구하고 피해자의 반론게재청구권으로 해석되고 이는 언론의 자유와는 비록 서로 충돌되는 면이 없지 아니하나 전체적으로는 상충되는 기본권 사이에 합리적인 조화를 이루고 있는 것으로 판단된다(헌재 1991.9.16, 89헌마165).
② [O] 기본권의 충돌이란 상이한 복수의 기본권 주체가 서로의 권익을 실현하기 위해 하나의 동일한 사건에서 국가에 대하여 서로 대립되는 기본권의 적용을 주장하는 경우를 말하는데, 한 기본권 주체의 기본권 행사가 다른 기본권 주체의 기본권 행사를 제한 또는 희생시킨다는 데 그 특징이 있다(헌재 2005.11.24, 2002헌바95 등).
❸ [×] 기본권의 충돌이란 상이한 복수의 기본권 주체가 서로의 권익을 실현하기 위해 하나의 동일한 사건에서 국가에 대하여 서로 대립되는 기본권의 적용을 주장하는 경우를 말한다(헌재 2005.11.24, 2002헌바95 등). 즉, 경합이 아니라 충돌이다.

④ [O] 서울기독교청년회(서울YMCA)가 남성 회원에게는 별다른 심사 없이 총회의결권 등을 가지는 총회원 자격을 부여하면서도 여성 회원의 경우에는 지속적인 요구에도 불구하고 원천적으로 총회원 자격심사에서 배제하여 온 것은, 우리 사회의 건전한 상식과 법감정에 비추어 용인될 수 있는 한계를 벗어나 사회질서에 위반되는 것으로서 여성 회원들의 인격적 법익을 침해하여 불법행위를 구성한다(대판 2011.1.27, 2009다19864).

옳지 않은 것은 ㉠, ㉡, ㉣이다.
㉠ [×]

> **국가인권위원회 제5조 【위원회의 구성】** ① 위원회는 위원장 1명과 상임위원 3명을 포함한 11명의 인권위원(이하 "위원"이라 한다)으로 구성한다.
> ② 위원은 다음 각 호의 사람을 대통령이 임명한다.
> 1. 국회가 선출하는 4명(상임위원 2명을 포함한다)
> 2. 대통령이 지명하는 4명(상임위원 1명을 포함한다)
> 3. 대법원장이 지명하는 3명

㉡ [×] '국가인권위원회의 공정한 조사를 받을 권리'는 헌법상 인정되는 기본권이라고 하기 어렵고, 이 사건 보호 및 강제퇴거가 청구인들의 노동3권을 직접 제한하거나 침해한 바 없음이 명백하므로, 위 기본권들에 대하여는 본안판단에 나아가지 아니한다(헌재 2012.8.23, 2008헌마430).

㉢ [O] 오로지 법률에 설치근거를 둔 국가기관이라면 국회의 입법행위에 의하여 존폐 및 권한범위가 결정될 수 있으므로, 이러한 국가기관은 '헌법에 의하여 설치되고 헌법과 법률에 의하여 독자적인 권한을 부여받은 국가기관'이라고 할 수 없다(헌재 2010.10.28, 2009헌라6).

㉣ [×] 이 사건 심판청구는 행정심판이나 행정소송 등의 사전 구제절차를 모두 거친 후 청구된 것이 아니므로 보충성 요건을 충족하지 못하였다(헌재 2015.3.26, 2013헌마214).
  ▶ 과거에는 보충성의 예외를 인정하였으나, 최근에 판례가 변경되었다.

❶ [O] 보안처분의 범주가 넓고 그 모습이 다양한 이상, 보안처분에 속한다는 이유만으로 일률적으로 소급효금지원칙이 적용된다거나 그렇지 않다고 단정해서는 안되고, 보안처분이라는 우회적인 방법으로 형벌불소급의 원칙을 유명무실하게 하는 것을 허용해서도 안된다. 따라서 보안처분이라 하더라도 형벌적 성격이 강하여 신체의 자유를 박탈하거나 박탈에 준하는 정도로 신체의 자유를 제한하는 경우에는 소급효금지원칙을 적용하는 것이 법치주의 및 죄형법정주의에 부합한다(헌재 2012.12.27, 2010헌가82 등).

② [×] 모든 국민은 신체의 자유를 가진다. 누구든지 법률에 의하지 아니하고는 체포·구속·압수·수색 또는 심문을 받지 아니하며, 법률과 적법한 절차에 의하지 아니하고는 처벌·보안처분 또는 강제노역을 받지 아니한다(헌법 제12조 제1항).

③ [×] 더욱이 피의자를 긴급체포하여 조사한 결과 구금을 계속할 필요가 없다고 판단하여 48시간 이내에 석방하는 경우까지도 수사기관으로 하여금 반드시 체포영장발부절차를 밟게 한다면, 이는 피의자, 수사기관 및 법원 모두에게 비효율을 초래할 가능성이 있고(헌재 2012.5.31, 2010헌마672 참조), 경우에 따라서는 오히려 인권침해적인 상황을 발생시킬 우려도 있다(헌재 2021.3.25, 2018헌바212).
  ▶ 즉, 석방하는 경우까지도 수사기관이 반드시 체포영장발부절차를 밟게 하는 것이 바람직하지는 않다는 것이 판례의 취지이다.

④ [×] 기지국 수사를 허용하는 통신사실 확인자료 제공요청은 법원의 허가를 받으면, 해당 가입자의 동의나 승낙을 얻지 아니하고도 제3자인 전기통신사업자에게 해당 가입자에 관한 통신사실 확인자료의 제공을 요청할 수 있도록 하는 수사방법으로, 통신비밀보호법이 규정하는 강제처분에 해당하므로 헌법상 영장주의가 적용된다(헌재 2018.6.28, 2012헌마538 등). 다만, 법원의 허가를 받았기 때문에 영장주의에 위배되지는 않는다.

① [×] 헌법 제12조 제4항의 "누구든지 체포 또는 구속을 당한 때에는 즉시 변호인의 조력을 받을 권리를 가진다. 다만, 형사피고인이 스스로 변호인을 구할 수 없을 때에는 법률이 정하는 바에 의하여 국가가 변호인을 붙인다."는 규정은, 일반적으로 형사사건에 있어 변호인의 조력을 받을 권리는 피의자나 피고인을 불문하고 보장되나, 그중 특히 국선변호인의 조력을 받을 권리는 피고인에게만 인정되는 것으로 해석함이 상당하다(헌재 2008.9.25, 2007헌마1126).

② [×] 피고인 또는 변호인은 검사에게 공소제기된 사건에 관한 서류 또는 물건의 목록과 공소사실의 인정 또는 양형에 영향을 미칠 수 있는 서류로 검사가 증거로 신청할 서류의 열람·등사 또는 서면의 교부를 신청할 수 있다. 다만, 피고인에게 변호인이 있는 경우에는 피고인은 열람만을 신청할 수 있다(형사소송법 제266조의3 제1항 제1호).

③ [×] 변호인의 조력을 받을 권리의 한 내용인 변호인 접견교통권에는 접견 자체뿐만 아니라 미결수용자와 변호인 간의 서류 또는 물건의 수수도 포함되고, 이에 따라 형사소송법 제34조는 변호인 또는 변호인이 되려는 자는 신체구속을 당한 피고인 또는 피의자와 접견하고 서류 또는 물건을 수수할 수 있으며 의사로 하여금 진료하게 할 수 있도록 규정하였다. 따라서 미결수용자와 변호인 간에 주고받는 서류를 확인하고 이를 소송관계서류처리부에 등재하는 행위는 미결수용자의 변호인 접견교통권을 제한하는 행위이다(헌재 2016.4.28, 2015헌마243).

❹ [O] 변호인과의 자유로운 접견은 신체구속을 당한 사람에게 보장된 변호인의 조력을 받을 권리의 가장 중요한 내용이어서 국가안전보장·질서유지·공공복리 등 어떠한 명분으로도 제한될 수 있는 성질의 것이 아니다(헌재 1992.1.28, 91헌마111).
  ▶ 주의할 것은 이 지문이 폐기된 것은 아니라는 점이다. 헌법재판소가 91헌마111 결정에서 미결수용자와 변호인과의 접견에 대해 어떠한 명분으로도 제한할 수 없다고 한 것은

구속된 자와 변호인 간의 접견이 실제로 이루어지는 경우에 있어서의 '자유로운 접견', 즉 '대화내용'에 대하여 비밀이 완전히 보장되고 어떠한 제한, 영향, 압력 또는 부당한 간섭없이 자유롭게 대화할 수 있는 접견'을 제한할 수 없다는 것이지, 변호인과의 접견 자체에 대해 아무런 제한도 가할 수 없다는 것을 의미하는 것이 아니므로 미결수용자의 변호인 접견권 역시 국가안전보장·질서유지 또는 공공복리를 위해 필요한 경우에는 법률로써 제한될 수 있음은 당연하다(헌재 2011.5.26, 2009헌마341).

11 　　　　　　　　　　　　　　　　　　　정답 ④

① [O] 헌법 제20조 제2항은 국교금지와 정교분리 원칙을 규정하고 있는데 종교시설의 건축행위에만 기반시설부담금을 면제한다면 국가가 종교를 지원하여 종교를 승인하거나 우대하는 것으로 비칠 소지가 있다(헌재 2010.2.25, 2007헌바131 등).

② [O] 고등학교 평준화정책에 따른 학교 강제배정제도가 위헌이 아니라고 하더라도 여전히 종립학교가 가지는 종교교육의 자유 및 운영의 자유와 학생들이 가지는 소극적 종교행위의 자유 및 소극적 신앙고백의 자유 사이에 충돌이 생기게 되는데, 이와 같이 하나의 법률관계를 둘러싸고 두 기본권이 충돌하는 경우에는 구체적인 사안에서의 사정을 종합적으로 고려한 이익형량과 함께 양 기본권 사이의 실제적인 조화를 꾀하는 해석 등을 통하여 이를 해결하여야 한다(대판 2010.4.22, 2008다38288).

③ [O] 군대 내에서 군종장교는 국가공무원인 참모장교로서의 신분뿐 아니라 성직자로서의 신분을 함께 가지고 소속 종단으로부터 부여된 권한에 따라 설교·강론 또는 설법을 행하거나 종교의식 및 성례를 할 수 있는 종교의 자유를 가지는 것이므로, 군종장교가 최소한 성직자의 신분에서 주재하는 종교활동을 수행함에 있어 소속 종단의 종교를 선전하거나 다른 종교를 비판하였다고 할지라도 그것만으로 종교적 중립을 준수할 의무를 위반한 직무상의 위법이 있다고 할 수 없다(대판 2007.4.26, 2006다87903).

❹ [×] 신념이 확고하다는 것은 그것이 유동적이거나 가변적이지 않다는 것을 뜻한다. 반드시 고정불변이어야 하는 것은 아니지만, 그 신념은 분명한 실체를 가진 것으로서 좀처럼 쉽게 바뀌지 않는 것이어야 한다. 신념이 진실하다는 것은 거짓이 없고, 상황에 따라 타협적이거나 전략적이지 않다는 것을 뜻한다. 설령 병역거부자가 깊고 확고한 신념을 가지고 있더라도 그 신념과 관련한 문제에서 상황에 따라 다른 행동을 한다면 그러한 신념은 진실하다고 보기 어렵다(대판 2018.11.1, 2016도10912).

12 　　　　　　　　　　　　　　　　　　　정답 ④

① [O] 집회장소가 바로 집회의 목적과 효과에 대하여 중요한 의미를 가지기 때문에, 누구나 '어떤 장소에서' 자신이 계획한 집회를 할 것인가를 원칙적으로 자유롭게 결정할 수 있어야만 집회의 자유가 비로소 효과적으로 보장되는 것이다. 따라서 집회의 자유는 다른 법익의 보호를 위하여 정당화되지 않는 한, 집회장소를 항의의 대상으로부터 분리시키는 것을 금지한다[헌재 2003.10.30, 2000헌바67(위헌) - 집회 및 시위에 관한 법률 제11조 제1호 중 국내주재 외국의 외교기관 부분 위헌소원].

② [O] 일반적 법률유보조항인 헌법 제37조 제2항에 앞서서, 우선적이고 제1차적인 위헌심사기준이 되어야 한다(헌재 2009.9.24, 2008헌가25).

③ [O] 관할 경찰서장은 신고서의 미비사항이 있다는 것을 안 경우에는 접수증을 교부한 때부터 12시간 이내에 주최자에게 24시간을 기한으로 보완을 명할 수 있다(집회 및 시위에 관한 법률 제7조).

❹ [×] 중앙선거관리위원회는 100m 이내 장소에서 집회나 시위가 금지되는 대상기관에 해당하지 않는다(집회 및 시위에 관한 법률 제11조).

13 　　　　　　　　　　　　　　　　　　　정답 ①

❶ [×] 총장선임권은 사립학교법 제53조 제1항의 규정에 의하여 학교법인에게 부여되어 있는 것이고 달리 법률 또는 당해 법인 정관의 규정에 의하여 교수들에게 총장선임권 또는 그 참여권을 인정하지 않고 있는 이상, 헌법상의 학문의 자유나 대학의 자율성 내지 대학의 자치만을 근거로 교수들이 사립대학의 총장선임에 실질적으로 관여할 수 있는 지위에 있다거나 학교법인의 총장선임행위를 다툴 확인의 이익을 가진다고 볼 수 없다(대판 1996.5.31, 95다26971).

② [O] 피고인이 반국가단체로서의 북한의 활동을 찬양·고무·선전 또는 이에 동조할 목적 아래 위 논문 등을 제작·반포하거나 발표한 것이어서 그것이 헌법이 보장하는 학문의 자유의 범위 내에 있지 않다(대판 2010.12.9, 2007도10121).

③ [O] 국립대학인 세무대학은 공법인으로서 사립대학과 마찬가지로 대학의 자율권이라는 기본권의 보호를 받으므로, 세무대학은 국가의 간섭 없이 인사·학사·시설·재정 등 대학과 관련된 사항들을 자주적으로 결정하고 운영할 자유를 갖는다. 그러나 대학의 자율성은 그 보호영역이 원칙적으로 당해 대학 자체의 계속적 존립에까지 미치는 것은 아니다(헌재 2001.2.22, 99헌마613).

④ [O] [1] 경북대학교의 경우 총장임용후보자 선정 방식으로 직선제를 채택하고 다양한 방식으로 선거운동을 허용하고 있다. 따라서 이는 과다하다고 할 수 없다.
[2] 100분의 15 이상을 득표한 경우 전액을, 100분의 10 이상을 득표한 경우 반액을 반환하는 규정은 후보자의 진지성과 성실성을 담보하기 위한 최소한의 제한이다(헌재 2022.5.26, 2020헌마219).

14 　　　　　　　　　　　　　　　　　　　정답 ③

① [O] 급여제한의 사유가 퇴직 후에 범한 죄에도 적용되는 것으로 보는 것은 과잉금지의 원칙에 위배하여 재산권의 본질적 내용을 침해하는 것으로 헌법에 위반된다 할 것이다(헌재 2002.7.18, 2000헌바57).

② [O] 입법자는 주택 소유자의 해당 주택에 대한 사용·수익권의 행사 방법과 임대차계약의 내용 및 그 한계를 형성하는 규율

을 할 수 있다고 할 것이므로, 주택임대차법상 임차인 보호규정들이 임대인의 계약의 자유와 재산권을 침해하는지 여부를 심사함에 있어서는 보다 완화된 심사기준을 적용하여야 할 것이다(헌재 2024.2.28, 2020헌마1343 등).
▶ 청구인들의 재산권을 침해하지 않는다.

❸ [×] 농지의 경우 그 사회성과 공공성은 일반적인 토지의 경우보다 더 강하다고 할 수 있으므로, 농지 재산권을 제한하는 입법에 대한 헌법심사의 강도는 다른 토지 재산권을 제한하는 입법에 대한 것보다 낮다고 봄이 상당하다(헌재 2010.2.25, 2010헌바39 등).

④ [○] 유류분 반환청구는 피상속인이 생전에 한 유효한 증여라도 그 효력을 잃게 하는 것이어서 권리관계의 조속한 안정과 거래안전을 도모할 필요가 있고 이 사건 법률조항이 1년의 단기소멸시효를 정한 것은 이러한 필요에 따른 것으로 그 목적의 정당성이 인정된다(헌재 2010.12.28, 2009헌바20).

15 　　　　　　　　　　　　　　　　　　　　정답 ②

옳은 것은 ⓒ이다.

㉠ [×] 심판대상조항은 제조업의 핵심 업무인 직접생산공정업무의 적정한 운영을 기하고 근로자에 대한 직접고용 증진 및 적정임금 지급을 보장하기 위한 것으로 입법목적의 정당성 및 수단의 적합성이 인정된다. … 또한, 제조업의 직접생산공정업무의 적정한 운영, 근로자의 직접고용 증진 및 적정임금 보장이라는 공익이 사용사업주가 제조업의 직접생산공정업무에 관하여 근로자파견의 역무를 제공받지 못하는 직업수행의 자유 제한에 비하여 작다고 볼 수 없으므로, 법익의 균형성도 충족된다. 따라서 심판대상조항이 제조업의 직접생산공정업무에 관하여 근로자파견의 역무를 제공받고자 하는 사업주의 직업수행의 자유를 침해한다고 볼 수 없다(헌재 2017.12.28, 2016헌바346).

㉡ [×] 로스쿨에 입학하는 자들에 대하여 학사 전공별로, 그리고 출신 대학별로 로스쿨 입학정원의 비율을 각각 규정한 것은 변호사가 되기 위하여 필요한 전문지식을 습득할 수 있는 로스쿨에 입학하는 것을 제한하는 것이기 때문에 직업교육장 선택의 자유 내지 직업선택의 자유를 제한한다고 할 것이다(헌재 2009.2.26, 2007헌마1262).

㉢ [○] 자격제도에서 입법자에게는 그 자격요건을 정함에 있어 광범위한 입법재량이 인정되는 만큼, 자격요건에 관한 법률조항은 합리적인 근거 없이 현저히 자의적인 경우에만 헌법에 위반된다고 할 수 있다. 그렇다면 자격제도를 시행함에 있어서 설정하는 자격요건에 대한 판단은 원칙적으로 입법자의 입법형성권의 영역에 있다고 할 것이므로, 헌법재판소는 그것이 입법재량의 범위를 일탈하여 현저히 불합리한 경우에 한하여 그 위헌성을 선언할 수 있다(헌재 2008.11.27, 2007헌바51).

㉣ [×] 일정한 기간 동안 병역의무 이행으로서 의무복무를 하는 사회복무요원의 특수한 지위를 감안할 때, 사회복무요원이 허가 없이 겸직행위를 한 경우 경고처분 및 복무기간 연장의 불이익을 부과하는 것이 과도한 제재라고 보기도 어렵다. 따라서 심판대상조항은 과잉금지원칙을 위반하여 청구인의 직업의 자유 내지 일반적 행동자유권을 침해하지 않는다(헌재 2022.9.29, 2019헌마938).

16 　　　　　　　　　　　　　　　　　　　　정답 ①

❶ [×] 신행정수도 후속대책을 위한 연기·공주지역 행정중심복합도시 건설을 위한 특별법이 설사 수도를 분할하는 국가정책을 집행하는 내용을 가지고 있고 대통령이 이를 추진하고 집행하기 이전에 그에 관한 국민투표를 실시하지 아니하였다고 하더라도 국민투표권이 행사될 수 있는 계기인 대통령의 중요정책 국민투표 부의가 행해지지 않은 이상 청구인들의 국민투표권이 행사될 수 있을 정도로 구체화되었다고 할 수 없으므로 그 침해의 가능성은 인정되지 않는다(헌재 2005.11.24, 2005헌마579).

② [○] 제93조의 규정에 의하여 국민투표의 전부 또는 일부의 무효판결이 있을 때에는 재투표를 실시하여야 한다(국민투표법 제97조 제1항).

③ [○] 제8차 개헌 때부터 오늘날에 이르고 있다.

④ [○] 정당법상의 당원의 자격이 없는 자는 운동을 할 수 없다(국민투표법 제28조 제1항).
▶ 교수는 정당의 당원이 될 수 있으나, 초등학교 교사는 정당의 당원이 될 수 없다(정당법 제22조 참조). 따라서 이는 옳은 지문이다.

17 　　　　　　　　　　　　　　　　　　　　정답 ①

❶ [×] 헌법 제31조 제1항 규정은 법률이 정하는 일정한 교육을 받을 전제조건으로서의 능력을 갖추었을 경우 차별 없이 균등하게 교육을 받을 기회가 보장된다는 것이지 일정한 능력, 예컨대 지능이나 수학능력 등이 있다고 하여 제한 없이 다른 사람과 차별하여 어떠한 내용과 종류와 기간의 교육을 받을 권리가 보장된다는 것은 아니다. 의무교육제도는 대부분의 현대국가에서는 연령주의를 취하는 것이 일반적이며, 연령주의는 인도주의적 빈민구제정책을 배경으로 한다. 따라서 의무취학 시기를 만 6세가 된 다음날 이후의 학년초로 규정하고 있는 교육법 제96조 제1항은 능력에 따라 균등하게 교육을 받을 권리를 본질적으로 침해한 것으로 볼 수 없다(헌재 1994.2.24, 93헌마192).

② [○] '부모의 자녀에 대한 교육권'은 비록 헌법에 명문으로 규정되어 있지 않지만, 모든 인간이 국적과 관계없이 누리는 양도할 수 없는 불가침의 인권으로서 혼인과 가족생활을 보장하는 헌법 제36조 제1항, 행복추구권을 보장하는 헌법 제10조 및 "국민의 자유와 권리는 헌법에 열거되지 아니한 이유로 경시되지 아니한다."고 규정한 헌법 제37조 제1항에서 나오는 중요한 기본권이 된다 할 것이다(헌재 2000.4.27, 98헌가16).

③ [○] 전형사항은 재외국민 특별전형의 공정하고 합리적인 운영을 위해 부모의 해외체류요건을 강화한 것으로, 구 고등교육법 제34조의5 제1항(현행 고등교육법 제34조의5 제3항)에 의하여 대학입학전형기본사항은 매년 수립·공표되는 것이 예정되어 있는 점, 이 사건 전형사항은 2014년 공표된 2017학년도 대학입학전형기본사항에서부터 예고된 점, 청구인 최○○의 경우 해외에서 체류하며 수학하기 이전에 이미 이 사건 전형사항의 규정을 예상하고 준비할 시간이 있었던 점을 종합할 때, 이 사건 전형사항이 신뢰보호원칙에 반하여 청구인 최○○의 균등하게 교육받을 권리를 침해한다고 볼 수 없다(헌재 2020.3.26, 2019헌마212).

④ [O] 도시와 농어촌에 있는 중·고등학교의 교육여건의 차이가 심하지 않으며, 획일적인 제도의 운용에 따른 문제점을 해소하기 위한 여러 가지 보완책이 상당히 마련되어 있어서 … 본질적 내용을 침해하였거나 과도하게 제한한 경우에 해당하지 아니한다(헌재 1995.2.23, 91헌마204).

18
정답 ②

① [×] 하나의 사업 또는 사업장에 복수 노동조합이 존재하는 경우 '교섭대표노동조합'을 정하여 교섭을 요구하도록 하는 제1조항과, 자율적으로 교섭창구를 단일화하지 못하거나 사용자가 단일화 절차를 거치지 아니하기로 동의하지 않은 경우 과반수 노동조합이 '교섭대표노동조합'이 되도록 하는 제2조항이 과잉금지원칙을 위반하여 청구인들의 단체교섭권을 침해하지 아니하며 단체교섭권의 본질적 내용을 침해하지도 아니하고, '교섭대표노동조합'에 의하여 주도되지 아니한 쟁의행위를 금지하는 제3조항이 과잉금지원칙을 위반하여 청구인들의 단체행동권을 침해하지도 아니한다(헌재 2024.6.27, 2020헌마237).
❷ [O] '근로자의 생활 보조 또는 복리후생을 위한 성질의 임금'은 근로자의 생활을 돕거나 이를 윤택하게 하거나 그 밖에 근로자의 행복과 이익을 높이기 위하여 지급되는 임금을 의미한다고 어렵지 않게 이해할 수 있다. 따라서 이 사건 산입조항 및 부칙조항이 적법절차원칙, 명확성원칙 및 포괄위임금지원칙에 위배되어 근로자의 근로의 권리를 침해한다고 볼 수 없다(헌재 2021.12.23, 2018헌마629 등).
③ [×] 헌법 제33조 제3항은 '근로3권'이 아니라 '단체행동권'만을 제한하거나 인정하지 않을 수 있다고 규정하고 있다.
④ [×] 이 사건 법률조항들에 의한 직권중재의 대상은 도시철도를 포함한 철도, 수도, 전기, 가스, 석유정제 및 석유공급, 병원, 한국은행, 통신의 각 사업에 한정되어 있다. 태업, 파업 또는 직장폐쇄 등의 쟁의행위가 이러한 필수공익사업에서 발생하게 되면 비록 그것이 일시적이라 하더라도 그 공급중단으로 커다란 사회적 혼란을 야기함은 물론 국민의 일상생활 심지어는 생명과 신체에까지 심각한 해악을 초래하게 되고 국민경제를 현저히 위태롭게 하므로, 현재의 우리나라의 노사여건 하에서는 위와 같은 필수공익사업에 한정하여 쟁의행위에 이르기 이전에 노동쟁의를 신속하고 원만하게 타결하도록 강제중재제도를 인정하는 것은 공익과 국민경제를 유지, 보전하기 위한 최소한의 필요한 조치로서 과잉금지의 원칙에 위배되지 아니한다(헌재 2003.5.15, 2001헌가31).

19
정답 ②

☑ 헌정사를 전반적으로 묻는 문제이다. 정부형태(2공만 내각책임제), 대통령선거방식(간간직간간직), 국회의 구성[양원제(1차~4차)], 헌법재판(3공 대법원) 등을 체크한다.
① [O] 대법원장과 대법관은 법관의 자격이 있는 자로써 조직되는 선거인단이 이를 선거하고 대통령이 확인한다(제3차 개정헌법 제78조).
❷ [×] 제8차 개정헌법에서는 대통령을 국회에서 선거하는 것이 아닌 대통령선거인단에서 무기명으로 선거하였다.

20
정답 ④

③ [O] 특정의 법률이 반드시 헌법전에서 규율하여야 할 기본적인 헌법사항을 헌법을 대신하여 규율하는 경우에는 그 내용이 상위의 헌법규범에 배치되는지 여부와 관계없이 경성헌법의 체계에 위반하여 헌법위반에 해당하는 것이다(헌재 2004.10.21, 2004헌마554).
❹ [×] 이 판례에서 헌법재판소의 다수의견은 관습헌법은 성문헌법과 동일한 효력을 가진다고 하였다. 따라서 입법권자를 구속하며 헌법으로 효력을 가진다. 이를 변경하기 위해서는 헌법개정방식으로 하여야 한다. 또한 수도는 국회와 행정을 통할하며 국가를 대표하는 대통령의 소재지가 있는 곳으로 국민이 직접 결정해야 할 사항으로 보고 있다. 따라서 관습헌법은 수도가 서울인 것을 변경하기 위해서는 헌법개정방식을 택하여야 함에도 법률제정방식으로 한 것은 국민투표권을 침해하여 헌법에 위반된다(헌재 2004.10.21, 2004헌마554).

정답

p.112

01	③	02	④	03	②	04	④	05	④
06	③	07	①	08	③	09	③	10	③
11	②	12	④	13	④	14	③	15	③
16	④	17	④	18	②	19	①	20	③

01
정답 ③

① [×] 공무원이 범죄행위로 형사처벌을 받은 경우 국민의 신뢰가 손상되고 공직 전체에 대한 신뢰를 실추시켜 공공의 이익을 해하는 결과를 초래하는 것은 그 이후 특별사면 및 복권을 받아 형의 선고의 효력이 상실된 경우에도 마찬가지이다. 또한, 형의 선고의 효력을 상실하게 하는 특별사면 및 복권을 받았다 하더라도 그 대상인 형의 선고의 효력이나 그로 인한 자격 상실 또는 정지의 효력이 장래를 향하여 소멸되는 것에 불과하고, 형사처벌에 이른 범죄사실 자체가 부인되는 것은 아니므로, 공무원 범죄에 대한 제재수단으로서의 실효성을 확보하기 위하여 특별사면 및 복권을 받았다 하더라도 퇴직급여 등을 계속 감액하는 것을 두고 현저히 불합리하다고 평가할 수 없다(헌재 2020.4.23, 2018헌바402).

② [×] 헌법 제34조 제1항의 인간다운 생활을 할 권리는 인간의 존엄에 상응하는 최소한의 물질적인 생활의 유지에 필요한 급부를 요구할 수 있는 권리일 뿐, 사적자치에 의해 규율되는 사인 사이의 법률관계에서 계약갱신을 요구할 수 있는 권리나 보증금을 우선하여 변제받을 수 있는 권리 등은 헌법 제34조 제1항에 의한 보호대상이 아니므로, 이 사건 법률조항들이 청구인의 인간다운 생활을 할 권리를 침해한다고 볼 수 없다(헌재 2014.3.27, 2013헌바198).

❸ [○] 공무원연금법이 개정되어 시행되기 전 청구인은 이미 퇴직하여 퇴직연금을 수급할 수 있는 기초를 상실한 상태이므로, 심판대상조항이 청구인의 재산권 및 인간다운 생활을 할 권리를 제한한다고 볼 수 없다(헌재 2017.5.25, 2015헌마933).

④ [×] 이 법에 의한 급여는 수급자가 자신의 생활의 유지, 향상을 위하여 그 소득, 재산, 근로능력을 활용하여 최대한 노력하는 것을 전제로 이를 보충, 발전시키는 것을 기본원칙으로 하며, 부양의무자의 부양과 다른 법령에 의한 보호는 이 법에 의한 급여에 우선하여 행하여지는 것으로 한다고 함으로써 이 법에 의한 급여가 어디까지나 보충적인 것임을 명시하고 있다(헌재 2004.10.28, 2002헌마328).

02
정답 ④

① [○] 피해자가 사망한 경우에는 피해자의 사망 당시 피해자의 수입에 의하여 생계를 유지하고 있던 유족에게 유족구조금을 지급한다(범죄피해자 보호법 제4조, 제5조).

② [○] 범죄피해구조금의 지급을 받을 권리는 그 구조결정이 당해 신청인에게 송달된 날로부터 2년간 행사하지 않으면 시효로 인하여 소멸한다(범죄피해자 보호법 제31조).

③ [○] 피해자 또는 유족이 당해 범죄피해를 원인으로 하여 산업재해보상보험법에 의한 장해급여를 지급받을 수 있는 경우에는 그 지급받을 금액의 범위 안에서 범죄피해구조금을 지급하지 않는다(범죄피해자 보호법 제7조).

❹ [×] 범죄피해자 구조청구권은 생명·신체에 피해를 받은 사람을 구조하는 것을 목적으로 하는데(범죄피해자 보호법 제1조) 법인은 생명·신체를 가질 수 없어 주체가 될 수 없다. 외국인의 경우에는 상호보증이 있는 경우에 가능하다(범죄피해자 보호법 제23조).

03
정답 ②

① [○] 세월호피해지원법에 따라 배상금 등을 지급받고도 또 다시 소송으로 다툴 수 있도록 한다면, 신속한 피해구제와 분쟁의 조기종결 등 세월호피해지원법의 입법목적은 달성할 수 없게 된다. 따라서 재판청구권을 침해하지는 않는다. 그러나 세월호 참사와 관련된 일체의 이의 제기 금지 의무를 부담시킴으로써 일반적 행동의 자유를 침해한 것이다(헌재 2017.6.29, 2015헌마654).

❷ [×] 법원에 의한 범죄인인도심사는 국가형벌권의 확정을 목적으로 하는 형사절차와 같은 전형적인 사법절차의 대상은 아니지만 법률에 의하여 인정된 절차라는 점에서 범죄인인도심사를 고등법원의 단심제로 하는 것은 적법절차에서 요구되는 합리성과 정당성을 결여한 것이라 볼 수 없다(헌재 2003.1.30, 2001헌바95 – 범죄인 인도법 제3조 위헌소원).

③ [○] 헌재 1992.6.26, 90헌바25 – 소액사건심판법 제3조에 대한 헌법소원

④ [O] 재판이 몇 개의 심급으로 형성되어야 하는가에 관한 심급제도의 문제는 사법에 의한 권리보호에 관하여 한정된 사법자원의 합리적 분배의 문제인 동시에 재판의 적정과 신속이라는 서로 상반되는 두 가지의 요청을 어떻게 조화시키느냐의 문제로 돌아가므로 기본적으로 입법자의 형성의 자유에 속하는 사항이라고 할 것이다(헌재 1995.1.20, 90헌바1).

04 정답 ④

① [X] 이때의 법률이란 국회가 제정한 형식적 의미의 법률을 말한다. 군사상 긴급한 필요에 의하여 국민의 재산을 수용 또는 사용한 경우에도 그것이 법률의 근거가 없는 경우에는 불법행위에 해당한다(대판 1966.10.18, 66다1715).

② [X] 이 사건 법률조항으로 인하여 제한되는 사익인 환매권은 이미 정당한 보상을 받은 소유자에게 수용된 토지가 목적 사업에 이용되지 않을 경우에 인정되는 것이고, 변환된 공익사업을 기준으로 다시 취득할 수 있어, 이 사건 법률조항으로 인하여 제한되는 사익이 이로써 달성할 수 있는 공익에 비하여 중하다고 할 수 없으므로, 이 사건 법률조항은 과잉금지원칙에 위배되어 청구인의 재산권을 침해한다고 할 수 없다(헌재 2012.11.29, 2011헌바49).

③ [X] 대통령 긴급재정경제처분·명령은 법률과 같은 효력이 있다(헌법 제76조 참조).
   ▶ 따라서 이는 침해법정주의를 위반하지 않는다.

❹ [O] 청구인이 시설이전명령에 의해 영업을 하지 못하게 된다 하더라도, 그 상실되는 영리획득의 기회를 헌법에 의해 보장되는 재산권으로 보기는 어렵다(헌재 2021.9.30, 2018헌바456).

05 정답 ④

① [X] 공법상 결사는 법이 특별한 공공목적에 의하여 구성원의 자격을 정하고 있는 특수단체의 조직활동으로 결사의 개념에 해당하지 않는다는 것이 헌법재판소의 태도이다. 따라서 이들은 일반적 행동자유권에 근거하여 보호받는다.

② [X] 헌법 제21조 제1항이 보장하고 있는 결사의 자유에 의하여 보호되는 "결사"의 개념에는 법률이 특별한 공공목적에 의하여 구성원의 자격을 정하고 있는 특수단체의 조직활동까지 포함되는 것으로 볼 수는 없다(헌재 1997.5.29, 94헌마5).

③ [X] 결사란 자연인 또는 법인의 다수가 상당한 기간 동안 공동목적을 위하여 자유의사에 기하여 결합하고 조직화된 의사형성이 가능한 단체를 말하는 것으로 공법상의 결사는 이에 포함되지 아니한다(헌재 1996.4.25, 92헌바47).

❹ [O] 제2공화국 헌법(1960년, 제3차 개헌) 제13조 제1항·제2항에서 결사의 자유와 정당설립의 자유를 각각 규정하였다.

06 정답 ③

① [X] 군사법원에서 사선변호인이 없는 경우에는 필요적으로 국선변호인이 선임된다. 즉, 본인의 신청을 전제로 하는 것이 아니다.

② [X] 빈곤의 경우에는 청구가 있는 때에 변호인을 선정하여야 한다.

❸ [O] 형사소송법 제214조의2는 피의자에게도 국선변호인을 선임할 수 있게 하고 있다.

④ [X] 국선변호인의 경우 피고인의 명시적으로 거부하는 경우에는 변호인을 선정할 수 없다(형사소송법 제33조 제3항).

07 정답 ①

❶ [O] 자필증서에 의한 유언의 방식으로 전문과 성명의 자서에 더하여 '날인'을 요구하는 것은 유언자의 일반적 행동자유권을 침해하지 않는다(헌재결 2008.3.27, 2006헌바82).

② [X] 청구인은 기자들에게 청구인이 경찰서 내에서 수갑을 차고 얼굴을 드러낸 상태에서 조사받는 모습을 촬영할 수 있도록 허용한 것인바, 신원공개가 허용되는 예외사유가 없는 청구인에 대한 이러한 수사 장면의 공개 및 촬영은 이를 정당화할 만한 어떠한 공익 목적도 인정하기 어려우므로 촬영허용행위는 목적의 정당성 자체가 인정되지 아니한다. 피청구인이 언론사 기자들의 취재 요청에 응하여 청구인이 경찰서 내에서 양손에 수갑을 찬 채 조사받는 모습을 촬영할 수 있도록 허용한 행위는 청구인의 인격권을 침해하여 위헌임을 확인한다(헌재 2014.3.27, 2012헌마652).
   ▶ 목적의 정당성이 부정된 판례이다.

③ [X] 이미 출국 수속 과정에서 일반적인 보안검색을 마친 승객을 상대로, 촉수검색(patdown)과 같은 추가적인 보안 검색 실시를 예정하고 있는 국가항공보안계획은 과잉금지원칙에 위반되지 아니 청구인의 인격권을 침해하지 않는다(헌재 2018.2.22, 2016헌마780).

④ [X] 지문정보는 그 자체로 개인의 존엄과 인격권에 큰 영향을 미칠 수 있는 민감한 정보라고 보기 어려워 유전자정보 등과 같은 다른 생체정보와는 달리 그 보호정도가 높다고 할 수 없으므로, 이러한 사정도 과잉금지원칙 위배 여부를 판단함에 있어서 고려되어야 한다(헌재 2015.5.28, 2011헌마731).

08 정답 ③

① [O] 헌법 제11조는 "모든 국민은 법 앞에 평등하다. 누구든지 성별·종교 또는 사회적 신분에 의하여 정치적·경제적·사회적·문화적 생활의 모든 영역에 있어서 차별을 받지 아니한다."라고 규정하여 평등의 원칙을 선언함과 동시에 모든 국민에게 평등권을 보장하고 있다. 따라서 사적 단체를 포함하여 사회공동체 내에서 개인이 성별에 따른 불합리한 차별을 받지 아니하고 자신의 희망과 소양에 따라 다양한 사회적·경제적 활동을 영위하는 것은 그 인격권 실현의 본질적 부분에 해당하므로 평등권이라는 기본권의 침해도 민법 제750조의 일반규정을 통하여 사법상 보호되는 인격적 법익침해의 형태로 구체화되어 논하여질 수 있고, 그 위법성 인정을 위하여 반드시 사인간의 평등권 보호에 관한 별개의 입법이 있어야만 하는 것은 아니다(대판 2011.1.27, 2009다19864).

② [O] 헌법 제20조 제1항은 종교의 자유를 따로 보장하고 있으므로 양심적 병역거부가 종교의 교리나 종교적 신념에 따라 이루어진 것이라면, 이 사건 법률조항에 의하여 양심적 병역거부자의 종교의 자유도 함께 제한된다. 그러나 양심의 자유는 종교적 신념에 기초한 양심뿐만 아니라 비종교적인 양심도 포함하는 포괄적인 기본권이므로, 이하에서는 양심의 자유를 중심으로 살펴보기로 한다(헌재 2004.8.26, 2002헌가1).

❸ [×] 이 사건 기탁금귀속조항은 후보자가 사망하거나 제1차 투표에서 유효투표수의 100분의 15 이상을 득표한 경우에는 기탁금 전액을, 제1차 투표에서 유효투표수의 100분의 10 이상 100분의 15 미만을 득표한 경우에는 기탁금 반액을 후보자에게 반환하고, 반환되지 않은 기탁금은 경북대학교 발전기금에 귀속되도록 하고 있다. 이하에서는 이 사건 기탁금귀속조항이 후보자의 재산권을 침해하는지 여부에 대하여 살핀다(헌재 2022.5.26, 2020헌마219). 기탁금 자체보다는 귀속조항을 의미하기 때문에 이는 재산권을 주된 기본권으로 봐야 한다.

④ [O] 이 사건 법률조항이 불법 감청·녹음 등을 통하여 취득한 타인간의 대화내용을 공개·누설하는 경우 그러한 취득행위에는 관여하지 않고 다른 경로를 통하여 그 대화내용을 알게 된 사람이라 하더라도 처벌하는 것은 위와 같이 헌법 제18조에 의하여 보장되는 통신의 비밀을 보호하기 위함이다. 그러나 이 사건 법률조항은 다른 한편으로는 위법하게 취득한 타인간의 대화내용을 공개하는 자를 처벌함으로써 그 대화내용을 공개하는 자의 표현의 자유를 제한하게 된다. … 따라서 이 사건 법률조항에 의하여 대화자의 통신의 비밀과 공개자의 표현의 자유라는 두 기본권이 충돌하게 된다(헌재 2011.8.30, 2009헌바42).

---

09 정답 ③

① [O] 이 사건 위임 규정은 등급분류의 기준에 관하여 아무런 언급 없이 영상물등급위원회가 그 규정으로 이를 정하도록 하고 있는바, 이것만으로는 무엇이 제한상영가 등급을 정하는 기준인지에 대해 전혀 알 수 없고, 다른 관련규정들을 살펴보더라도 위임되는 내용이 구체적으로 무엇인지 알 수 없으므로 이는 포괄위임금지원칙에 위반된다 할 것이다(헌재 2008.7.31, 2007헌가4).

② [O] 헌법 제75조에서 근거한 포괄위임금지원칙은 법률에 이미 대통령령 등 하위법규에 규정될 내용 및 범위의 기본사항이 구체적으로 규정되어 있어서 누구라도 당해 법률로부터 하위법규에 규정될 내용의 대강을 예측할 수 있어야 함을 의미한다(헌재 2014.10.30, 2013헌바368).

❸ [×] 헌법이 인정하고 있는 위임입법의 형식은 예시적인 것으로 보아야 한다. 법률이 일정한 사항을 행정규칙에 위임하더라도 그 행정규칙은 위임된 사항만을 규율할 수 있으므로, 국회입법의 원칙과 상치되지 않는다. 다만 고시와 같은 행정규칙에 위임하는 것은 전문적·기술적 사항이나 경미한 사항으로서 업무의 성질상 위임이 불가피한 사항에 한정된다(헌재 2016.3.31, 2014헌바382).

④ [O] 포괄위임금지의 원칙은 행정부에 입법을 위임하는 수권법률의 명확성원칙에 관한 것으로서 법률의 명확성 원칙이 위임입법에 관하여 구체화된 특별규정이라고 할 수 있다. 따라서 수권법률조항의 명확성원칙 위배 여부는 헌법 제75조의 포괄위임금지의 원칙의 위반 여부에 대한 심사로써 충족된다(헌재 2011.2.24, 2009헌바13).

---

10 정답 ③

① [O] 심판대상조항은 아동과 관련이 없는 직무를 포함하여 모든 일반직공무원 및 부사관에 임용될 수 없도록 하므로, 제한의 범위가 지나치게 넓고 포괄적이다. 또한, 심판대상조항은 영구적으로 임용을 제한하고, 결격사유가 해소될 수 있는 어떠한 가능성도 인정하지 않는다. 아동에 대한 성희롱 등의 성적 학대행위로 형을 선고받은 경우라고 하여도 범죄의 종류, 죄질 등은 다양하므로, 개별 범죄의 비난가능성 및 재범 위험성 등을 고려하여 상당한 기간 동안 임용을 제한하는 덜 침해적인 방법으로도 입법목적을 충분히 달성할 수 있다. 따라서 심판대상조항은 과잉금지원칙에 위배되어 청구인의 공무담임권을 침해한다(헌재 2022.11.24, 2020헌마1181).

② [O] 직무의 기능이나 영향력을 이용하여 선거에서 국민의 자유로운 의사형성과정에 영향을 미치고 정당 간의 경쟁관계를 왜곡할 가능성은 정부나 지방자치단체의 집행기관에 있어서 더욱 크다고 판단되므로, 대통령, 지방자치단체의 장 등에게는 다른 공무원보다도 선거에서의 정치적 중립성이 특히 요구된다(헌재 2004.5.14, 2004헌나1).

❸ [×] 직업공무원제도가 적용되는 공무원은 협의의 공무원을 말하며, 정치적 공무원이라든가 임시적 공무원은 포함되지 않는 것이다.

④ [O] 헌법 제25조는 "모든 국민은 법률이 정하는 바에 의하여 공무담임권을 가진다."고 하여 공무담임권을 보장하고 있고, 공무담임권의 보호영역에는 공직취임의 기회의 자의적인 배제 뿐 아니라, 공무원 신분의 부당한 박탈도 포함되는 것이다(헌재 2002.8.29, 2001헌마788).

---

11 정답 ②

① [O] 전기사용자는 전기판매사업자인 한국전력공사의 사업소와 인터넷 홈페이지를 통해 공급약관을 확인할 수 있다. 따라서 심판대상조항이 일반 사업자와 달리 전기판매 사업자에 대하여 약관의 명시·교부의무를 면제하더라도, 그러한 차별을 정당화할 합리적인 이유가 존재한다고 볼 수 있으므로, 심판대상조항은 평등원칙에 위반되지 않는다(헌재 2024.4.25, 2022헌바65).

❷ [×] 국가는 개발이익의 환수 주체이고, '지방자치단체'는 개발이익의 배분 대상이므로, 이들이 시행하는 개발사업의 경우 그 개발이익을 환수할 필요성이 없거나 낮다. 다만 학교법인이 시행하는 개발사업의 경우 개발이익은 학교법인과 사립학교의 학생 및 교직원 등만이 독점적으로 향유할 뿐 공동체 전체가 공평하게 향유할 수도 없으므로, 개발부담금 제외 또는 경감 대상으로 규정할 특별한 이유를 찾을 수 없다. 결국 심판대상조항은 국가 등과 학교법인을 합리적인 이유 없이 차별 취급한다고 볼 수 없으므로, 평등원칙에 위반되지 않는다(헌재 2024.5.30, 2020헌바179).

③ [O] 헌법불합치결정에 따라 실질적인 혼인관계가 존재하지 아니한 기간을 제외하고 분할연금을 산정하도록 개정된 국민연금법 제64조 제1항, 제4항을 개정법 시행 후 최초로 분할연금 지급사유가 발생한 경우부터 적용하도록 규정한 국민연금법 부칙 제2조는 헌법에 합치되지 아니한다(헌재 2024.5.30, 2019헌가29).

④ [O] 친족 사이에 발생한 재산범죄의 경우 친족관계의 특성상 친족 사회 내부에서 피해의 회복 등 자율적으로 문제를 해결할 가능성이 크고 재산범죄는 피해의 회복이나 손해의 전보가 비교적 용이한 경우가 많은 점, 형사소송법은 고소권자인 피해자의 고소의 의사표시가 어려운 경우의 보완규정을 두고 있는 점을 종합하면, 피해자의 고소를 소추조건으로 하여 피해자의 의사에 따라 국가형벌권 행사가 가능하도록 한 심판대상조항은 합리적 이유가 있으므로 평등원칙에 위배된다고 보기 어렵다(헌재 2024.6.27, 2023헌바449).

12   정답 ④

① [O] 과도한 기탁금제도는 재력이 풍부한 자에게, 지나치게 많은 서명은 명성 높은 실세에게만 선거의 기회를 제공하는 결과가 되므로, 대한민국 국민 누구에게나 선거권과 피선거권이 주어진다는 보통선거 원칙에 위배된다고 할 수 있다.

② [O] 보통선거는 제한선거에 대비되는 개념으로서 모든 국민은 누구나 선거권과 피선거권을 가져야 한다는 원리로서 선거권의 유무에 대한 차별을 금지하는 것이며, 평등선거는 선거권의 내용에 대한 차별을 금지하는 원리로서 투표의 수적평등과 투표의 성과가치의 평등을 내용으로 한다.

③ [O] 헌법 제24조는 모든 국민은 '법률이 정하는 바에 의하여' 선거권을 가진다고 규정함으로써 법률유보의 형식을 취하고 있다. 하지만 이것은 국민의 선거권이 '법률이 정하는 바에 따라서만 인정될 수 있다'는 포괄적인 입법권의 유보 아래 있음을 뜻하는 것이 아니다. 이것은 국민의 기본권을 법률로 구체화하라는 뜻이며, 선거권을 법률을 통해 구체적으로 실현하라는 뜻이다(헌재 2014.1.28, 2012헌마409 등).

❹ [×] 직급에 따른 업무 내용과 수행하는 개별·구체적인 직무의 성격을 고려하여 지방공사 상근직원 중 선거운동이 제한되는 주체의 범위를 최소화하거나, 지방공사 상근직원에 대하여 '그 지위를 이용하여' 또는 '그 직무 범위 내에서' 하는 선거운동을 금지하는 방법으로도 선거의 공정성이 충분히 담보될 수 있다. 결국 심판대상조항은 과잉금지원칙을 위반하여 지방공사 상근직원의 선거운동의 자유를 침해한다(헌재 2024.1.25, 2021헌가14).

13   정답 ④

① [×] 자유권규약위원회의 심리가 서면으로 비공개로 진행되는 점 등을 고려하면, 개인통보에 대한 자유권규약위원회의 견해(Views)에 사법적인 판결이나 결정과 같은 법적 구속력이 인정된다고 단정하기는 어렵다(헌재 2018.7.26, 2011헌마306 등).

② [×] 헌법 제6조 제1항은 "헌법에 의하여 체결·공포된 조약과 일반적으로 승인된 국제법규는 국내법과 같은 효력을 가진다."고 규정하고 있는데 일반적으로 승인된 국제법규는 포로에 관한 제네바협약(1949년)이나, 부전조약(1928년), 집단학살(Genocide) 금지협정(1948년)과 같은 성문의 국제법규와 포로의 살해금지와 인도적 처우에 관한 전시국제법상 기본원칙, 국내문제불간섭의 원칙 등과 같은 본문의 국제관습법을 포함한다.

③ [×] 그 적용대상을 외국인으로 한정하고 있지 아니하고, 앞서 본 바와 같이 위 조항이 외국인을 포함하여 국내에 주소 등을 두고 있지 아니한 원고의 재판청구권을 침해한다고 볼 수 없으므로, 위 법률조항이 주로 외국인에게 적용된다는 사정만으로 외국인의 지위를 침해하는 법률조항이라고 할 수는 없다. 따라서 구 민사소송법 제117조 제1항은 헌법 제6조 제2항에 위배되지 아니한다(헌재 2011.12.29, 2011헌바57).

❹ [O] 남북합의서는 남북관계를 나라와 나라 사이 관계가 아닌 통일을 지향하는 과정에서 잠정적으로 형성된 특수관계로 규정하고 있다. 또한 남북합의서는 법적 구속력이 없는 공동성명, 신사협정에 불과하다. 따라서 남북합의서로 북한의 반국가단체성이나 국가보안법의 필요성이 소멸되는 것은 아니다(헌재 1997.1.16, 92헌바6 등).

14   정답 ③

① [O] 의료광고를 금지하는 것은 새로운 의료인들에게 광고와 선전을 할 기회를 배제함으로써 기존의 의료인과의 경쟁에서 불리한 결과를 초래하므로 자유롭고 공정한 경쟁을 추구하는 현행 헌법상의 시장경제질서에 부합하지 않는다(헌재 2005.10.27, 2003헌가3).

② [O] "대한민국의 경제질서는 개인과 기업의 경제상의 자유와 창의를 존중함을 기본으로 한다."고 규정한 헌법 제119조 제1항에 비추어 보더라도, 개인의 사적 거래에 대한 공법적 규제는 되도록 사전적·일반적 규제보다는, 사후적·구체적 규제방식을 택하여 국민의 거래자유를 최대한 보장하여야 할 것이다(헌재 2012.8.23, 2010헌가65).

❸ [×] 사회국가란 사회정의의 이념을 헌법에 수용한 국가, 사회현상에 대하여 방관적인 국가가 아니라 경제·사회·문화의 모든 영역에서 정의로운 사회질서의 형성을 위하여 사회현상에 관여하고 간섭하고 분배하고 조정하는 국가이며, 궁극적으로는 국민 각자가 실제로 자유를 행사할 수 있는 그 실질적 조건을 마련해 줄 의무가 있는 국가를 의미한다(헌재 2004.10.28, 2002헌마328).

④ [O] 금융소득에 대한 분리과세를 하면서 그 세율을 인상하고 소득계층에 관계없이 동일한 세율을 적용하는 금융실명거래 및 비밀보장에 관한 법률 부칙 제12조는 헌법상의 경제질서에 위반되는 것이라고 볼 수 없다(헌재 1999.11.25, 98헌마55).

15   정답 ③

① [O] 대학의 자치의 주체를 기본적으로 대학으로 본다고 하더라도 교수나 교수회의 주체성이 부정된다고 볼 수는 없고, 가령 학문의 자유를 침해하는 대학의 장에 대한 관계에서는 교수나 교수회가 주체가 될 수 있고, 또한 국가에 의한 침해에 있어서는 대학 자체 외에도 대학 전구성원이 자율성을 갖는 경우

도 있을 것이므로 문제되는 경우에 따라서 대학, 교수, 교수회 모두가 단독, 혹은 중첩적으로 주체가 될 수 있다고 보아야 할 것이다(헌재 2006.4.27, 2005헌마1047).

② [O] 이사회와 재경위원회에 외부인사를 일정 비율 이상 포함시키도록 한 것은 다양한 이해관계자의 참여를 통해 개방적인 의사결정을 보장하고, 외부의 환경 변화에 민감하게 반응함과 동시에 외부의 감시와 견제를 통해 대학의 투명한 운영을 보장하기 위한 것으로 그 정당성이 인정된다(헌재 2014.4.24, 2011헌마612).

❸ [X] 학교법인의 이사회 등에 외부인사를 참여시키는 것은 다양한 이해관계자의 참여를 통해 개방적인 의사결정을 보장하고, 외부의 환경 변화에 민감하게 반응함과 동시에 외부의 감시와 견제를 통해 대학의 투명한 운영을 보장하기 위한 것이며, 대학 운영의 투명성과 공공성을 높이기 위해 정부도 의사형성에 참여하도록 할 필요가 있는 점, 사립학교의 경우 이사와 감사의 취임 시 관할청의 승인을 받도록 하고, 관련법령을 위반하는 경우 관할청이 취임 승인을 취소할 수 있도록 하고 있는 점 등을 고려하면, 외부인사 참여 조항은 대학의 자율의 본질적인 부분을 침해하였다고 볼 수 없다(헌재 2014.4.24, 2011헌마612).

④ [O] 극장의 자유로운 운영에 대한 제한은 공연물 · 영상물이 지니는 표현물, 예술작품으로서의 성격에 기하여 예술의 자유의 제한과 관련성이 있으므로, 학교정화구역 내의 극장 시설 및 영업을 일률적으로 금지하고 있는 학교보건법은 정화구역 내에서 극장업을 하고자 하는 극장운영자의 예술의 자유를 과도하게 침해한다(헌재 2004.5.27, 2003헌가1 등).

16   정답 ④

① [O] 국민투표의 효력에 관하여 이의가 있는 투표인은 투표인 10만인 이상의 찬성을 얻어 중앙선거관리위원회 위원장을 피고로 하여 투표일로부터 20일 이내에 대법원에 제소할 수 있다(국민투표법 제92조).

② [O] 제안된 헌법개정안은 대통령이 20일 이상의 기간 이를 공고하여야 한다(헌법 제129조).
  ▶ 20일 이상이니 30일간 공고할 수 있는 것이다.

③ [O] 헌법개정의 제안은 국회의 재적의원 3분의 1 이상 또는 국회의원선거권자 50만인 이상의 찬성으로써 한다(제5차 개헌 제119조 제1항).

❹ [X] 국회의 의결은 기명투표로(국회법 제112조 제4항) 재적의원 3분의 2 이상의 찬성을 얻어야 한다(헌법 제130조 제1항).

17   정답 ④

① [O] 헌법 제29조의 국가배상청구권의 성립요건으로서의 직무상행위의 범위에 관하여 학설은 (ⅰ) 권력행위만을 의미한다고 보는 설(협의설), (ⅱ) 권력행위 외에 관리행위를 포함한다고 보는 설(광의설, 다수설), (ⅲ) 권력행위 · 관리행위뿐 아니라 사법상의 행위까지 포함한다고 보는 설(최광의설)이 대립한다. 판례는 최광의설의 입장을 취한것도 있었으나 최근에는 광의설의 입장을 취하고 있다. 즉, 국가배상법이 정한 배상청구의

요건인 '공무원의 직무'에는 권력적 작용만이 아니라 행정지도와 같은 비권력적 작용도 포함되며 단지 행정주체가 사경제주체로서 하는 활동만 제외된다고 판시하였다(대판 1998.7.10, 96다38971).

② [O] 민법상 소멸시효제도의 일반적인 존재이유는 '법적 안정성의 보호, 채무자의 이중변제 방지, 채권자의 권리불행사에 대한 제재 및 채무자의 정당한 신뢰 보호'에 있다. 이와 같은 민법상 소멸시효제도의 존재 이유는 국가배상청구권의 경우에도 일반적으로 타당하고, 특히 국가의 채무관계를 조기에 확정하여 예산수립의 불안정성을 제거하기 위해서는 국가채무에 대해 단기소멸시효를 정할 필요성도 있다. 그러므로 심판대상조항들이 일반적인 공무원의 직무상 불법행위로 손해를 받은 국민의 국가배상청구권에 관한 소멸시효 기산점과 시효기간을 정하고 있는 것은 합리적인 이유가 있다(헌재 2018.8.30, 2014헌바148).

③ [O] 국가배상법은 법치국가원리에 따라 국가의 공권력 행사는 적법해야 함을 전제로 모든 공무원의 직무행위상 불법행위로 발생한 손해에 대해 국가가 책임지도록 규정한 것이다. 이에 대한 예외는 헌법 제29조 제2항에 따른 국가배상법 제2조 제1항 단서의 경우뿐이다. 이러한 심판대상조항의 의미와 목적을 살펴볼 때 법관과 다른 공무원은 본질적으로 다른 집단이라고 볼 수는 없다(헌재 2021.7.15, 2020헌바1).

❹ [X] 특수임무수행자보상심의위원회는 관련분야의 전문가들로 구성되고, 위원에 대한 지휘 · 감독 규정이 없는 등 독립성이 보장되어 위원회에서 결정되는 보상액과 법원의 그것 사이에 별다른 차이가 없게 된 점 등을 볼 때 청구인들의 재판청구권을 침해한다고 볼 수 없다(헌재 2009.4.30, 2006헌마1322).

18   정답 ②

① [O] 불매운동의 목표로서 '소비자의 권익'이란 원칙적으로 사업자가 제공하는 물품이나 용역의 소비생활과 관련된 것으로서 상품의 질이나 가격, 유통구조, 안전성 등 시장적 이익에 국한된다(헌재 2011.12.29, 2010헌바54).

❷ [X] 우선, (ⅰ) 객관적으로 진실한 사실을 기초로 행해져야 하고, (ⅱ) 소비자불매운동에 참여하는 소비자의 의사결정의 자유가 보장되어야 하며, (ⅲ) 불매운동을 하는 과정에서 폭행, 협박, 기물파손 등 위법한 수단이 동원되지 않아야 하고, (ⅳ) 특히 물품등의 공급자나 사업자 이외의 제3자를 상대로 불매운동을 벌일 경우 그 경위나 과정에서 제3자의 영업의 자유 등 권리를 부당하게 침해하지 않을 것이 요구된다(헌재 2011.12.29, 2010헌바54).

③ [O] 물론 근거에 대해서 제10조설과 제124조설이 대립하고 있으나 근거는 존재한다. 다만, 소비자의 권리를 뒷받침을 해주는 법률규정이 존재해야 한다.

④ [O] 변칙세일은 물품구매동기에 있어서 중요한 요소인 가격조건에 관하여 기망이 이루어진 것으로서 그 사술의 정도가 사회적으로 용인될 수 있는 상술의 정도를 넘은 것이어서 위법성이 있으며, 백화점 측은 소비자들의 정신적 · 물질적 피해를 배상하여야 한다(대판 1993.8.13, 92다52665).

❶ [×] 증거능력 특례조항은 피고인이 유죄라는 전제에서 전문증거의 증거능력을 인정하는 것이 아니라, 피해 아동이 법정에서 피해경험을 진술함으로 인하여 입을 수 있는 2차 피해를 방지하는 데 목적이 있을 뿐이다. 또 아동진술의 특수성에 비추어, 사건이 발생한 초기에 이루어진 피해아동의 진술을 영상녹화하여 전문적이고 과학적인 방법을 통해 그 신빙성을 검증하는 것이 피고인의 무고함을 밝히는 데 보다 적합한 수단이 될 수도 있으므로, 증거능력 특례조항이 피고인이 유죄임을 전제로 한 규정이라고 볼 수 없다(헌재 2013.12.26, 2011헌바108).

② [O] 변호사가 공소제기되어 그 재판 결과 등록취소될 가능성이 매우 크고, 장차 의뢰인이나 공공의 이익을 해칠 구체적인 위험성이 있는 경우 법무부장관이 업무정지를 명할 수 있도록 한 변호사법 제102조 제1항 본문 및 제2항 중 각 '공소제기된 변호사'에 관한 부분은 헌법에 위반되지 아니한다(헌재 2014.4.24, 2012헌바45).

③ [O] 형사재판에 계속 중인 사람이 국가의 형벌권을 피하기 위하여 해외로 도피할 우려가 있는 경우 법무부장관으로 하여금 출국을 금지할 수 있도록 하는 것일 뿐으로, 무죄추정의 원칙에서 금지하는 유죄 인정의 효과로서의 불이익, 즉 유죄를 근거로 형사재판에 계속 중인 사람에게 사회적 비난 내지 응보적 의미의 제재를 가하려는 것이라고 보기 어렵다. 따라서 심판대상조항은 무죄추정의 원칙에 위배된다고 볼 수 없다(헌재 2015.9.24, 2012헌바302).

④ [O] 법무부장관이 형사사건으로 공소가 제기된 변호사에 대하여 판결이 확정될 때까지 업무정지를 명하도록 한 구 변호사법 제15조는 무죄추정의 원칙에 위배된다(헌재 1990.11.19, 90헌가48).

① [O] 현역병이 원칙적으로 군부대 안에서 합숙복무를 하고 있고 이들과의 형평성 등을 고려했기 때문으로 보인다. 따라서 양심의 자유를 침해하지 않는다(헌재 2024.5.30, 2021헌마117).

② [O] 모든 국민은 법률이 정하는 바에 의하여 납세의 의무를 진다(헌법 제38조).

❸ [×] 지원에 의하여 현역 복무를 마친 여성의 경우 예비전력의 자질을 갖춘 것으로 추정할 수 있으나, 전시 요구되는 장교와 병의 비율, 예비역 인력운영의 효율성 등을 고려할 때, 현역 복무를 마친 여성에 대한 예비역 복무의무 부과는 합리적 병력충원제도의 설계, 여군의 역할 확대 및 복무 형태의 다양성 요구 충족 등을 복합적으로 고려하여 결정할 사항으로, 현시점에서 이에 대한 입법자의 판단이 현저히 자의적이라고 단정하기 어렵다. 따라서 이 사건 예비역 조항은 청구인의 평등권을 침해하지 아니한다(헌재 2023.10.26, 2018헌마357).

④ [O] 재정사용의 합법성과 타당성을 감시하는 납세자의 권리를 헌법에 열거되지 않은 기본권으로 볼 수 없다(헌재 2005.11.24, 2005헌마579).

정답

p.120

01	④	02	①	03	①	04	③	05	①
06	③	07	④	08	③	09	④	10	③
11	③	12	②	13	①	14	①	15	④
16	④	17	②	18	④	19	①	20	④

01
정답 ④

① [O] 이 사건 법률조항들이 규정하는 운송수입금 전액관리제로 인하여 청구인들이 기업경영에 있어서 영리추구라고 하는 사기업 본연의 목적을 포기할 것을 강요받거나 전적으로 사회·경제정책적 목표를 달성하는 방향으로 기업활동의 목표를 전환해야 하는 것도 아니고, 그 기업경영과 관련하여 국가의 광범위한 감독과 통제 또는 관리를 받게 되는 것도 아니며, 더구나 청구인들 소유의 기업에 대한 재산권이 박탈되거나 통제를 받게 되어 그 기업이 사회의 공동재산의 형태로 변형된 것도 아니므로, 이 사건 법률조항들이 헌법 제126조에 위반된다고 볼 수 없다(헌재 1998.10.29, 97헌마345).

② [O] 헌법은 중소기업이 국민경제에서 차지하는 중요성 때문에 '중소기업의 보호'를 국가 경제정책적 목표로 명문화하고, 대기업과의 경쟁에서 불리한 위치에 있는 중소기업의 지원을 통하여 경쟁에서의 불리함을 조정하고, 가능하면 균등한 경쟁조건을 형성함으로써 대기업과의 경쟁을 가능하게 해야 할 국가의 과제를 부과하고 있다. 중소기업의 보호는 넓은 의미의 경쟁정책의 한 측면을 의미하므로, 중소기업의 보호는 원칙적으로 경쟁질서의 범주 내에서 경쟁질서의 확립을 통하여 이루어져야 한다(헌재 1996.12.26, 96헌가18).

③ [O] 구 특정범죄 가중처벌 등에 관한 법률에서 관세포탈 등의 예비범에 대하여 본죄에 준하여 가중처벌하도록 한 규정의 입법 목적은 헌법 제119조 제2항(경제의 규제·조정), 제125조(무역의 규제·조정)의 정신에 부합한다(헌재 2010.7.29, 2008헌바88). ▶ 다만, 밀수범의 경우 위헌임을 주의하여야 한다.

❹ [×] 헌법 제123조 제5항은 국가에게 '농·어민의 자조조직을 육성할 의무'와 '자조조직의 자율적 활동과 발전을 보장할 의무'를 아울러 규정하고 있는데, 이러한 국가의 의무는 자조조직이 제대로 활동하고 기능하는 시기에는 그 조직의 자율성을 침해하지 않도록 하는 후자의 소극적 의무를 다하면 된다고 할 수 있지만, 그 조직이 제대로 기능하지 못하고 향후의 전망도 불확실한 경우라면 단순히 그 조직의 자율성을 보장하는 것에 그쳐서는 아니 되고, 적극적으로 이를 육성하여야 할 전자의 의무까지도 수행하여야 한다(헌재 2000.6.1, 99헌마553 - 농업협동조합법).

02
정답 ①

❶ [O] 관할 행정관청의 전통사찰 지정은 국가의 '보존공물(保存公物)'을 지정하는 것으로서, 헌법적 보호법익은 '민족문화유산의 존속'이다. 민족문화유산의 훼손 등에 관한 가치보상이 있는지 여부는 이러한 헌법적 보호법익과 직접적인 관련이 없다(헌재 2004.5.27, 2003헌가1).

② [×] 국가는 전통문화의 계승·발전과 민족문화의 창달에 노력하여야 한다(헌법 제9조). 다만, 정치·경제·사회·문화의 모든 영역에 있어서 각인의 기회를 균등히 하고는 헌법 제9조가 아니라 전문에 규정되어 있다.

③ [×] 혼인과 가족의 보호는 헌법이 지향하는 자유민주적 문화국가의 필수적인 전제조건이다. 개별성·고유성·다양성으로 표현되는 문화는 사회의 자율영역을 바탕으로 하고, 사회의 자율영역은 무엇보다도 바로 가정으로부터 출발하기 때문이다(헌재 2000.4.27, 98헌가16 등).

④ [×] 대학교와 유치원에 대해서 판례는 위헌으로 판단하였으나, 초중고의 경우에는 합헌으로 보았다.

03
정답 ①

❶ [×] 정당의 목적이나 활동이 민주적 기본질서에 위배될 때에는 정부는 헌법재판소에 그 해산을 제소할 수 있고, 정당은 헌법재판소의 심판에 의하여 해산된다(헌법 제8조 제4항). 조직이 아니라 활동이다.

② [O] 정당의 자유의 근거규범은 헌법 제8조 제1항으로 볼 수 있으며, 헌법 제8조 제2항은 정당의 자유에 대한 한계에 관한 규정으로 볼 수 있다.

③ [O] 헌법재판소는 정당해산심판의 청구를 받은 때에는 직권 또는 청구인의 신청에 의하여 종국결정의 선고시까지 피청구인의 활동을 정지하는 결정을 할 수 있다(헌법재판소법 제57조).

④ [O] 정당은 국민의 자발적 조직으로, 그 법적 성격은 일반적으로 사적·정치적 결사 내지는 법인격 없는 사단으로 파악된다. 비록 헌법이 특별히 정당설립의 자유와 복수정당제를 보장하고, 정당의 해산을 엄격한 요건하에서 인정하는 등 정당을 특

별히 보호하고 있으나, 이는 정당이 공권력의 행사 주체로서 국가기관의 지위를 갖는다는 의미가 아니고 사인에 의해서 자유로이 설립될 수 있다는 것을 의미한다. 따라서 정당은 특별한 사정이 없는 한 권한쟁의심판절차의 당사자가 될 수는 없다(헌재 2020.5.27, 2019헌라6 등).

04 정답 ③

① [O] 통치행위를 포함하여 모든 국가작용은 국민의 기본권적 가치를 실현하기 위한 수단이라는 한계를 반드시 지켜야 하는 것이고, 헌법재판소는 헌법의 수호와 국민의 기본권 보장을 사명으로 하는 국가기관이므로 비록 고도의 정치적 결단에 의하여 행해지는 국가작용이라고 할지라도 그것이 국민의 기본권 침해와 직접 관련된 경우에는 당연히 헌법재판소의 심판대상이 될 수 있는 것이다(헌재 1996.2.29, 96헌마186).

② [O] 계엄은 집회의 개회 여부와 상관 없이 통보만 하면 된다.

❸ [×] 국회가 재적의원 과반수의 찬성으로 계엄의 해제를 요구한 때에는 대통령은 이를 해제하여야 한다(헌법 제77조 제5항).

④ [O] 그때부터 실효되고(소급효가 아님을 유의) 그때까지의 효력에는 영향이 없으며, 개정·폐지되었던 법률은 당연 효력을 회복한다.

05 정답 ①

❶ [×] 선거권을 제한하는 입법은 헌법 제37조 제2항에 따라 필요하고 불가피한 예외적인 경우에만 그 제한이 정당화될 수 있으므로, 심판대상조항에 비밀선거의 원칙에 대한 예외를 두는 것이 청구인의 선거권을 침해하는지 여부를 판단할 때에도 헌법 제37조 제2항에 따른 엄격한 심사가 필요하다(헌재 2018.1.25, 2015헌마821 등).

② [O] 공직선거에 출마할 정당 추천 후보자를 선출하기 위한 당내경선에서의 당선 또는 낙선을 위한 행위는 '선거운동'에 해당하지 아니한다(대판 2013.5.9, 2012도12172).

③ [O] 모든 국민에게 선거운동기간 전에 인터넷 홈페이지를 이용한 선거운동을 허용하게 되면 과열되고 불공정한 선거가 자행될 우려가 크고, 이것이 후보자의 당선 여부에 큰 영향을 미칠 수 있는바, 이러한 부작용을 막으면서 현실적인 선거관리의 한계를 고려한다면 일반 유권자에 대하여 선거운동기간 전에는 다른 선거운동과 마찬가지로 이를 금지하는 외에 선거운동의 자유와 선거의 공정을 조화하기 위한 달리 효과적인 수단을 상정하기 어렵다고 할 것이다(헌재 2010.6.24, 2008헌바169).

④ [O] 다른 지방선거 후보자와는 달리 기초의회의원선거의 후보자에 대해서만 정당표방을 금지한 것이 평등원칙에 위배된다(헌재 2003.1.30, 2001헌가4).

06 정답 ③

① [O] 헌법 제21조 제1항은 "모든 국민은 언론·출판의 자유와 집회·결사의 자유를 가진다."고 규정하여 집회의 자유를 표현의 자유로서 언론·출판의 자유와 함께 국민의 기본권으로 보장하고 있다. 그러므로 우리 헌법상 집회의 자유는 우선, 국가에 대한 방어권으로서 집회의 주체, 주관, 진행, 참가 등에 관하여 국가권력의 간섭이나 방해를 배제할 수 있는 주관적 권리로서의 성격을 가지며, 아울러 자유민주주의를 실현하려는 사회공동체에 있어서는 불가결한 객관적 가치질서로서의 이중적 성격을 갖는다.

② [O] 언론·출판의 자유와 더불어 대의제 자유민주국가에서는 필수적 구성요소가 되는 것이다(헌재 2009.5.28, 2007헌바22, 공보 제152호, 1125 이하 참조). 이러한 의미에서 헌법이 집회의 자유를 보장한 것은 관용과 다양한 견해가 공존하는 다원적인 '열린 사회'에 대한 헌법적 결단인 것이다(헌재 2003.10.30, 2000헌바67).

❸ [×] 이 사건 헌법규정은 헌법 자체에서 직접 집회의 자유에 대한 제한의 한계를 명시하고 있으므로 기본권 제한에 관한 일반적 법률유보조항인 헌법 제37조 제2항에 앞서서, 우선적이고 제1차적인 위헌심사기준이 되어야 하는 것이다.

④ [O] 중립적인 것에 대한 규제 또한 헌법에서 금지하는 허가로 보는 견해도 있으나(이 판례 소수의견), 법정의견은 이는 헌법에서 금지하고 있는 허가에 해당하지 않는다고 보았다(헌재 2009.9.24, 2008헌가25).

07 정답 ④

① [O] 이 사건 제대군인법지원법 조항과 공무원연금법 조항은 군복무기간을 공무원 재직기간에 산입할 수 있도록 하여 군복무를 마친 자에 대해 일종의 혜택을 부여하는 법률이라 할 수 있는바, 이러한 수혜적 성격의 법률에 있어서는 입법자에게 광범위한 입법형성의 자유가 인정되므로 제정된 법률의 내용이 객관적으로 인정되는 합리적인 근거를 가지지 못하여 현저히 자의적일 경우에만 헌법에 위반된다고 할 수 있다(헌재 2012.8.23, 2010헌마328).

▶ 즉, 헌법에 위반되지 않는다.

② [O] 서울교통공사는 공익적인 업무를 수행하기 위한 지방공사이나, 서울특별시와 독립적인 공법인으로서 경영의 자율성이 보장되고, 수행 사업도 국가나 지방자치단체의 독점적 성격을 갖는다고 보기 어려우며, 서울교통공사의 직원의 신분도 지방공무원법이 아닌 지방공기업법과 정관에서 정한 바에 따르는 등, 서울교통공사의 직원이라는 직위가 헌법 제25조가 보장하는 공무담임권의 보호영역인 '공무'의 범위에는 해당하지 않는다(헌재 2021.2.25, 2018헌마174).

③ [O] 헌재 2008.12.26, 2006헌마518

❹ [×] 공무원에 부과되는 신분상 불이익과 보호하려고 하는 공익이 합리적 균형을 이루는 한 법원이 범죄의 모든 정황을 고려한 나머지 금고 이상의 형에 대한 집행유예의 판결을 하였다면 그 범죄행위가 직무와 직접적 관련이 없거나 과실에 의한 것이라 하더라도 공무원의 품위를 손상하는 것으로 당해 공무원에 대한 사회적 비난가능성이 결코 적지 아니할 것이므로 이

를 공무원임용결격 및 당연퇴직사유로 규정한 것을 위헌의 법률조항이라고 볼 수 없다[헌재 1997.11.27, 95헌바14 등(병합)].

08   정답 ③

① [O] 민주주의 국가에서 국민주권과 대의제 민주주의의 실현수단으로서 선거권이 갖는 중요성으로 인해 한편으로 입법자는 선거권을 최대한 보장하는 방향으로 입법을 하여야 하며, 또 다른 한편에서 선거권을 제한하는 법률의 합헌성을 심사하는 경우에는 그 심사의 강도도 엄격하여야 한다(헌재 2007.6.28, 2004헌마644 등).

② [O] 원칙적으로 모든 국민이 균등하게 선거에 참여할 것을 요청하는 보통·평등선거원칙은 국민의 자기지배를 의미하는 국민주권의 원리에 입각한 민주국가를 실현하기 위한 필수적 요건이다(헌재 1999.5.27, 98헌마214).

❸ [X] 지역농협 임원 선거는 국민주권 내지 대의민주주의원리와 관계가 없는 단체의 조직구성에 관한 것으로서 공익을 위하여 상대적으로 폭넓은 법률상 규제가 가능하다(헌재 2013.7.25, 2012헌바112).

④ [X] 현대 민주사회에서 표현의 자유가 국민주권주의 이념의 실현에 불가결한 것인 점에 비추어 볼 때, 불명확한 규범에 의한 표현의 자유의 규제는 헌법상 보호받는 표현에 대한 위축적 효과를 야기한다(헌재 2013.6.27, 2012헌바37).

09   정답 ④

① [O] 사회·문화·경제적 약자나 소외계층이 마땅히 누려야 할 문화에 대한 접근기회를 보장하여 인간다운 생활을 할 권리를 실현하는 기능을 수행하므로 우리 헌법상 그 존립가치와 책무가 크다(헌재 2024.5.30, 2023헌마820 등).

② [O] 휴업급여조항은 그 내용이 현저히 불합리하여 헌법상 용인될 수 있는 재량의 범위를 명백히 일탈한 경우에 해당하지 아니하므로, 인간다운 생활을 할 권리를 침해하지 아니한다(헌재 2024.4.25, 2021헌바316).

③ [O] 헌법재판소는 공무원 재해보상법에서 공무원에게 휴업급여·상병보상연금 규정을 두고 있지 않다고 하여, 공무원의 인간다운 생활을 할 권리와 평등권을 침해한다고 볼 수 없다고 결정하였다(헌재 2024.2.28, 2020헌마1587).

❹ [X] 유자녀에 대하여 적기에 경제적 지원을 하는 동시에 자동차 피해지원사업의 지속가능성을 확보할 필요가 있는 점 등을 고려하여 유자녀 대출 상환의무가 헌법에 위배되지 않는다고 판단하였다(헌재 2024.4.25, 2021헌마473).

10   정답 ③

① [O] 헌법에 열거되지 아니한 기본권을 새롭게 인정하려면, 그 필요성이 특별히 인정되고, 그 권리내용(보호영역)이 비교적 명확하여 구체적 기본권으로서의 실체, 즉 권리내용을 규범 상 대방에게 요구할 힘이 있고 그 실현이 방해되는 경우 재판에 의하여 그 실현을 보장받을 수 있는 구체적 권리로서의 실질

에 부합하여야 할 것이다(헌재 2009.5.28, 2007헌마369).

② [O] 기업의 경영에 관한 의사결정의 자유 등 영업의 자유와 근로자들이 누리는 일반적 행동자유권 등이 '근로조건' 설정을 둘러싸고 충돌하는 경우에는, 근로조건과 인간의 존엄성 보장 사이의 헌법적 관련성을 염두에 두고 구체적인 사안에서의 사정을 종합적으로 고려한 이익형량과 함께 기본권들 사이의 실제적인 조화를 꾀하는 해석 등을 통하여 이를 해결하여야 하고, 그 결과에 따라 정해지는 두 기본권 행사의 한계 등을 감안하여 두 기본권의 침해 여부를 살피면서 근로조건의 최종적인 효력 유무 판단과 관련한 법령 조항을 해석·적용하여야 한다(대판 2018.9.13, 2017두38560).

❸ [X] 대한예수교장로회 신학연구원은 단순 내부기구가 아니라 별개의 비법인재단에 해당하여 기본권 주체성을 긍정한 바 있다(헌재 2000.3.30, 99헌바14).

④ [O] 헌법재판소는 한약학과에서 한약관련과목을 이수한 자뿐 아니라 소정 한약관련과목 95학점을 이수한 자인 한 그 학점을 이수한 학과를 불문하고 응시자격을 인정하는 한약사자격면허취득국가시험공고 등에 대한 처분취소등 사건(헌재 2000.1.27, 99헌마660)에서 한약학과에서 소정 학점을 이수하지 아니한 타학과 출신에게도 응시자격을 주는 것은 한약학과 학생이나 그 졸업생에게 한약사자격 취득을 제한하거나 같은 자격의 취득과 관련하여 아무런 불이익도 주는 것이 아니며, 관계법의 개정에 따라 다른 사람들도 할 수 있게 됨으로써 종전에 누리고 있던 독점적 영업이익이 상실된다고 하여도 이는 사실상 기대되던 반사적 이익이 실현되지 않게 된 것에 불과한 것이지 어떠한 헌법상 기본권의 제한 또는 침해의 문제가 생기는 것은 아니라고 하여 부적법 각하결정을 하였다.

11   정답 ③

① [O] 기본권의 본질적 내용 침해금지는 제2공화국 때 처음 명문으로 규정되었다가 유신헌법 때 삭제되었으며, 제5공화국 때 다시 부활하였다.

② [O] 학설상으로는 긴급재정경제명령에 의한 기본권 제한도 헌법 제76조의 요건과 한계 외에 헌법 제37조 제2항의 한계도 준수하여야 한다는 견해가 있으나, 헌법재판소는 헌법 제76조의 요건과 한계에 부합하는 것이라면 과잉금지원칙을 준수한 것이라고 본다(헌재 1996.2.29, 93헌마186). 따라서 따로 심사할 필요는 없다는 것이 헌법재판소의 견해이다.

❸ [X] 이 사건 법률조항의 위헌 여부는 중혼을 취소사유로 정하면서 그 취소 청구권에 제척기간 또는 권리소멸사유를 규정하지 않은 것이 입법형성의 한계를 벗어나 현저히 부당한 것인지 여부를 심사함으로써 결정해야 할 것이다(헌재 2014.7.24, 2011헌바275).
▶ 즉, 과잉금지가 아닌 입법형성의 한계를 벗어나 현저히 부당한 것인지가 심사기준이다. 주의를 요한다.

④ [O] 헌정사로 옳은 지문이다.

12 정답 ②

① [O] 본인인증 조항은 인터넷게임을 이용하고자 하는 사람들에게 본인인증이라는 사전적 절차를 거칠 것을 강제함으로써, 개개 인이 생활방식과 취미활동을 자유롭게 선택하고 이를 원하는 방식대로 영위하고자 하는 일반적 행동의 자유를 제한하고, 동의확보 조항은 청소년이 친권자 등 법정대리인의 동의를 얻어야만 인터넷게임을 즐길 수 있도록 함으로써 청소년 스 스로가 게임물의 이용 여부를 자유롭게 결정할 수 있는 권리 를 제한하는바, 위 조항들은 자기결정권을 포함한 청구인들의 일반적 행동자유권을 제한한다(헌재 2015.3.2, 2013헌마517).

❷ [X] 병역의무의 이행으로서의 현역병 복무는 국가가 간섭하지 않 으면 자유롭게 할 수 있는 행위에 속하지 않으므로, 현역병으 로 복무할 권리가 일반적 행동자유권에 포함된다고 할 수도 없다(헌재 2010.12.28, 2008헌마527).

③ [O] 헌법 제10조의 행복추구권은 국민이 행복을 추구하기 위하여 필요한 급부를 국가에게 적극적으로 요구할 수 있는 것을 내 용으로 하는 것이 아니라, 국민이 행복을 추구하기 위한 활동 을 국가권력의 간섭 없이 자유롭게 할 수 있다는 포괄적인 의 미의 자유권으로서의 성격을 가지는데, 이 사건 규정은 보상 금수급권에 대한 일정 요건하의 지급정지를 규정하고 있는 것으로 자유권이나 자유권의 제한영역에 관한 규정이 아니므 로, 이 사건 규정이 행복추구권을 침해한다고 할 수는 없다 (헌재 2000.6.1, 98헌마216).

④ [O] 법인의 대표자가 그 법인의 업무에 관하여 '노동조합 및 노동 관계조정법' 제81조 제1호를 위반하여 부당노동행위를 한 때 에는 그 법인에 대하여도 벌금형을 과하도록 한 '노동조합 및 노동관계조정법' 제94조 중 법인의 대표자가 그 법인의 업무 에 관하여 제90조 가운데 '제81조 제1호를 위반한 경우'에 관 한 부분은 헌법에 위반되지 아니한다(헌재 2020.4.23, 2019 헌가25).

13 정답 ①

❶ [X] 의료급여수급자와 건강보험가입자는 사회보장의 한 형태인 의 료보장의 대상인 점에서만 공통점이 있다고 할 수 있을 뿐 그 선정방법, 법적 지위, 재원조달방식, 자기기여 여부 등에서는 명확히 구분된다. 따라서 의료급여수급자와 건강보험가입자는 본질적으로 동일한 비교집단이라 보기 어렵고 의료급여수급자 를 대상으로 선택병의원제 및 비급여 항목 등을 달리 규정하 고 있는 것을 두고, 본질적으로 동일한 것을 다르게 취급하고 있다고 볼 수는 없으므로 이 사건 개정법령의 규정이 청구인 들의 평등권을 침해한다고 볼 수 없다(헌재 2009.11.26, 2007 헌마734).

② [O] 평등원칙 위반의 특수성은 대상 법률이 정하는 '법률효과' 자 체가 위헌이 아니라 그 법률효과가 수범자의 한 집단에만 귀 속되어 '다른 집단과 사이에 차별'이 발생한다는 점에 있기 때문에, 평등원칙의 위반을 인정하기 위해서는 우선 법적용과 관련하여 상호 배타적인 '두 개의 비교집단'을 일정한 기준에 따라서 구분할 수 있어야 한다(헌재 2003.12.18, 2002헌마 593).

③ [O] 공무원연금제도와 산재보험제도는 사회보장 형태로서 사회보 험이라는 점에 공통점이 있을 뿐, 보험가입자, 보험관계의 성 립 및 소멸, 재정조성 주체 등에서 큰 차이가 있어, 공무원연 금법상의 유족급여수급권자와 산재보험법상의 유족급여수급 권자가 본질적으로 동일한 비교집단이라고 보기 어렵다(헌재 2014.5.29, 2012헌마555).

④ [O] 전동킥보드는 배기량 125cc 이하의 이륜자동차와 성능이나 이용행태가 전혀 다르므로 제품 제조·수입상의 안전기준 수 립 문제에 관한 한, 둘은 동일하게 취급되어야 하는 비교집단 이라 볼 수 없다(헌재 2020.2.27, 2017헌마1339).

14 정답 ①

❶ [X] 변호인과 증인 사이에 차폐시설을 설치하여 증인신문을 진행 할 수 있도록 규정한 '형사소송법' 조항은 과잉금지원칙에 위 배되어 청구인의 공정한 재판을 받을 권리 및 변호인의 조력 을 받을 권리를 침해한다고 할 수 없다(헌재 2016.12.29, 2015헌바221).

② [O] 미결수용자의 변호인 접견이 아닌 한 수용자의 접견은 원칙 적으로 접촉차단시설이 설치된 장소에서 하도록 규정하고 있 는 형의 집행 및 수용자의 처우에 관한 법률 시행령 제58조 제4항은 변호사로부터 효율적인 재판준비 도움을 받는 것을 방해하여 수용자의 재판청구권을 침해하므로 헌법에 위반된 다(헌재 2013.8.29, 2011헌마122).

③ [O] 주민 등이 환경영향평가서 초안을 산업단지계획안과 종합 적·유기적으로 파악하여 그에 대한 의견을 제출할 기회를 부여함으로써 주민의 절차적 참여를 보장해 주고 있으므로, 의견청취동시진행조항이 환경영향평가서 초안에 대한 주민의 견청취를 산업단지계획안에 대한 주민의견청취와 동시에 진 행하도록 규정하고 있다고 하더라도, 헌법상의 적법절차원칙 에 위배된다고 할 수 없다(헌재 2016.12.29, 2015헌바280).

④ [O] 교도소 내 접촉차단시설이 설치되지 않은 장소에서 수용자를 접견할 수 있는 예외 대상에 소송사건의 대리인으로 선임된 변호사만 규정하고 소송사건의 대리인이 되려는 변호사는 포 함하지 않은 이 사건 심판대상조항에 대한 헌법소원사건에서 변호사인 청구인의 직업수행의 자유를 과도하게 침해하지 않 는다는 이유로 헌법에 위반되지 않는다(헌재 2022.2.24, 2018 헌마1010).

15 정답 ④

① [O] 거주·이전의 자유는 국민이 원활하게 개성신장과 경제활동 을 해 나가기 위하여는 자유로이 생활의 근거지를 선택하고 변경하는 것이 필수적이라는 고려에 기하여 생활형성의 중심 지, 즉 거주지나 체류지라고 볼 만한 정도로 생활과 밀접한 연관을 갖는 장소를 선택하고 변경하는 행위를 보호하는 기 본권으로서, 생활의 근거지에 이르지 못하는 일시적인 이동을 위한 장소의 선택과 변경까지 그 보호영역에 포함되는 것은 아니다(헌재 2011.6.30, 2009헌마406).

② [O] 주거로 사용하던 건물이 수용될 경우 그 효과로 거주지도 이전하여야 하는 것은 사실이나, 이는 토지 및 건물 등의 수용에 따른 부수적 효과로서 간접적·사실적 제약에 해당하므로 거주·이전의 자유 침해 여부는 별도로 판단하지 않는다(헌재 2019.11.28, 2017헌바241).

③ [O] 심판대상조항들은 효율적인 공익사업의 수행을 담보하기 위하여 수용된 토지 등의 인도의무를 형사처벌로 강제하고 있으므로 그 목적의 정당성과 수단의 적합성이 인정된다. … 인도의무자의 권리가 절차적으로 보호되고 의견제출 및 불복수단이 마련되어 있는 점 등을 고려할 때, 인도의무의 강제로 인한 부담이 공익사업의 적시 수행이라는 공익의 중요성보다 크다고 볼 수 없어 법익균형성을 상실하였다고 볼 수 없다(헌재 2020.5.27, 2017헌바464 등). 따라서 재산권, 거주·이전의 자유 및 직업의 자유를 침해하지 않는다.

❹ [×] 헌법에서 보호하는 국적 변경은 외국인이 될 자유는 포함하지만 무국적자가 될 자유까지 포함하지는 않는다.

16
정답 ④

참고판례 헌재 2002.10.31, 2000헌가12

① [×] 행정상 즉시강제는 상대방의 임의이행을 기다릴 시간적 여유가 없을 때 하명 없이 바로 실력을 행사하는 것으로서, 그 본질상 급박성을 요건으로 하고 있어 법관의 영장을 기다려서는 그 목적을 달성할 수 없다고 할 것이므로, 원칙적으로 영장주의가 적용되지 않는다고 보아야 할 것이다. 만일 어떤 법률조항이 영장주의를 배제할 만한 합리적인 이유가 없을 정도로 급박성이 인정되지 아니함에도 행정상 즉시강제를 인정하고 있다면, 이러한 법률조항은 이미 그 자체로 과잉금지의 원칙에 위반되는 것으로서 위헌이라고 할 것이다. 이 사건 법률조항은 앞에서 본 바와 같이 급박한 상황에 대처하기 위한 것으로서 그 불가피성과 정당성이 충분히 인정되는 경우이므로, 이 사건 법률조항이 영장 없는 수거를 인정한다고 하더라도 이를 두고 헌법상 영장주의에 위배되는 것으로는 볼 수 없다.

② [×] 이 사건 법률조항은 수거에 그치지 아니하고 폐기까지 가능하도록 규정하고 있으나, 이는 수거한 불법게임물의 사후처리와 관련하여 폐기의 필요성이 인정되는 경우에 대비하여 근거규정을 둔 것으로서 실제로 폐기에 나아감에 있어서는 비례의 원칙에 의한 엄격한 제한을 받는다고 할 것이므로, 이를 두고 과도한 입법이라고 보기는 어렵다. 따라서 이 사건 법률조항은 피해의 최소성의 요건을 위반한 것으로는 볼 수 없고, 또한 이 사건 법률조항이 불법게임물의 수거·폐기에 관한 행정상 즉시강제를 허용함으로써 게임제공업주 등이 입게 되는 불이익보다는 이를 허용함으로써 보호되는 공익이 더 크다고 볼 수 있으므로, 법익의 균형성의 원칙에 위배되는 것도 아니다.

③ [×] 이 사건 법률조항은 수거에 앞서 청문이나 의견제출 등 절차보장에 관한 규정을 두고 있지 않으나, 행정상 즉시강제는 목전에 급박한 장해에 대하여 바로 실력을 가하는 작용이라는 특성에 비추어 사전적(事前的) 절차와 친하기 어렵다는 점을 고려하면, 이를 이유로 적법절차의 원칙에 위반되는 것으로는 볼 수 없다.

❹ [O] 이는 어떤 하명도 거치지 않고 행정청이 직접 대상물에 실력을 가하는 경우로서, 위 조항은 행정상 즉시강제 그중에서도 대물적(對物的) 강제를 규정하고 있다고 할 것이다. 행정상 즉시강제란 행정강제의 일종으로서 목전의 급박한 행정상 장해를 제거할 필요가 있는 경우에, 미리 의무를 명할 시간적 여유가 없을 때 또는 그 성질상 의무를 명하여 가지고는 목적달성이 곤란할 때에, 직접 국민의 신체 또는 재산에 실력을 가하여 행정상 필요한 상태를 실현하는 작용이며, 법령 또는 행정처분에 의한 선행의 구체적 의무의 존재와 그 불이행을 전제로 하는 행정상 강제집행과 구별된다. 행정강제는 행정상 강제집행을 원칙으로 하며, 법치국가적 요청인 예측가능성과 법적 안정성에 반하고, 기본권 침해의 소지가 큰 권력작용인 행정상 즉시강제는 어디까지나 예외적인 강제수단이라고 할 것이다. 이러한 행정상 즉시강제는 엄격한 실정법상의 근거를 필요로 할 뿐만 아니라, 그 발동에 있어서는 법규의 범위 안에서도 다시 행정상의 장해가 목전에 급박하고, 다른 수단으로는 행정목적을 달성할 수 없는 경우이어야 하며, 이러한 경우에도 그 행사는 필요최소한도에 그쳐야 함을 내용으로 하는 조리상의 한계에 기속된다.

17
정답 ②

침해한다고 결정한 것은 ㉠, ㉡ 2개이다.

㉠ [O] 출판사 및 인쇄소의 등록에 관한 법률 규정 중 '음란한 간행물' 부분은 헌법에 위반되지 아니하고, '저속한간행물' 부분은 명확성의 원칙에 반할 뿐만 아니라 출판의 자유와 성인의 알 권리를 침해하는 것으로 헌법에 위반된다(헌재 1998.4.30, 95헌가16).

㉡ [O] 심판대상조항은 정치적 의사표현이 가장 긴요한 선거운동기간 중에 인터넷언론사 홈페이지 게시판 등 이용자로 하여금 실명확인을 하도록 강제함으로써 익명표현의 자유와 언론의 자유를 제한하고, 모든 익명표현을 규제함으로써 대다수 국민의 개인정보자기결정권도 광범위하게 제한하고 있다는 점에서 이와 같은 불이익은 선거의 공정성 유지라는 공익보다 결코 과소평가될 수 없다. 그러므로 심판대상조항은 과잉금지원칙에 반하여 인터넷언론사 홈페이지 게시판 등 이용자의 익명표현의 자유와 개인정보자기결정권, 인터넷언론사의 언론의 자유를 침해한다(헌재 2021.1.28, 2018헌마456 등).

㉢ [×] 도로안전과 환경·미관을 위하여 자동차에 광고를 부착하는 것을 제한하는 것은 일반 국민들과 운전자들의 공공복리를 위한 것이라 할 수 있고, 이러한 이유로 제한이 가능하다 할 것이다(헌재 2002.12.18, 2000헌마764).

㉣ [×] 아동음란물의 광범위한 유통·확산을 사전적으로 차단하고 이를 통해 아동음란물이 초래하는 각종 폐해를 방지하며 특히 관련된 아동·청소년의 인권 침해 가능성을 사전적으로 차단할 수 있는바, 이러한 공익이 사적 불이익보다 더 크다. 따라서 심판대상조항은 온라인서비스제공자의 영업수행의 자유, 서비스 이용자의 통신의 비밀과 표현의 자유를 침해하지 아니한다(헌재 2018.6.28, 2016헌가15).

18
정답 ④

① [×] 면세유류 관리기관인 수협이 관리 부실로 인하여 면세유류 구입카드등을 잘못 교부·발급한 경우 해당 석유류에 대한 부가가치세 등 감면세액의 100분의 20에 해당하는 금액을 가산세로 징수하도록 규정한 각 구 조세특례제한법 제106조의2 제11항 제2호 중 '면세유류 관리기관인 조합' 가운데 '수산업협동조합법에 따른 조합'에 관한 부분은 모두 헌법에 위반되지 아니한다(헌재 2021.7.15, 2018헌바338).

② [×] 국가의 지속적인 발전의 기반이 되는 쾌적한 환경 조성이라는 공익은 경유차 소유자가 받는 위와 같은 불이익에 비해 결코 작다고 할 수 없다. 따라서 청구인의 재산권을 침해한다고 볼 수 없다(헌재 2022.6.30, 2019헌바440).

③ [×] 입법자는 주택 소유자의 해당 주택에 대한 사용·수익권의 행사 방법과 임대차계약의 내용 및 그 한계를 형성하는 규율을 할 수 있다고 할 것이므로, 주택임대차법상 임차인 보호 규정들이 임대인의 계약의 자유와 재산권을 침해하는지 여부를 심사함에 있어서는 보다 완화된 심사기준을 적용하여야 할 것이다(헌재 2024.2.28, 2020헌마1343).
  ▶ 경제활동에 관한 것이기 때문이다.

❹ [○] 심판대상조항에 따라 자녀인 유족이 퇴직연금일시금을 선택함으로써 결과적으로 다른 유족이 자녀의 퇴직연금 수급권을 이전받지 못하게 된다 하여도 이는 단순한 기대이익을 상실한 것에 불과하고, 이로써 재산권을 제한받는다고 할 수 없다(헌재 2024.2.28, 2021헌바141).

19
정답 ①

❶ [○] 이 사건 법률조항도 위에서 본 바와 같이 자동차사고의 특수성에 비추어 승객이 사망하거나 부상한 경우에는 과실책임의 원칙에 기한 일반불법행위책임과 달리 위험책임의 원리를 수용하여 운행자에게 무과실책임을 지우고 있는 것이라고 판시하여 합헌결정을 내렸다(헌재 1998.5.28, 96헌가4, 97헌가6·7, 95헌바5).

② [×] 국가는 농수산물의 수급균형과 유통구조의 개선에 노력하여 가격안정을 도모함으로써 농·어민의 이익을 보호한다(헌법 제123조 제4항).

③ [×] 헌법 제123조 제5항은 국가에게 "농·어민의 자조조직을 육성할 의무"와 "자조조직의 자율적 활동과 발전을 보장할 의무"를 아울러 규정하고 있는데, 이러한 국가의 의무는 자조조직이 제대로 활동하고 기능하는 시기에는 그 조직의 자율성을 침해하지 않도록 하는 후자의 소극적 의무를 다하면 된다고 할 수 있지만, 그 조직이 제대로 기능하지 못하고 향후의 전망도 불확실한 경우라면 단순히 그 조직의 자율성을 보장하는 것에 그쳐서는 아니 되고, 적극적으로 이를 육성하여야 할 전자의 의무까지도 수행하여야 한다(헌재 2000.6.1, 99헌마553).

④ [×] 현행 헌법이 보장하는 소비자보호운동이란 '공정한 가격으로 양질의 상품 또는 용역을 적절한 유통구조를 통해 적절한 시기에 안전하게 구입하거나 사용할 소비자의 제반 권익을 증진할 목적으로 이루어지는 구체적 활동'을 의미하고, 단체를 조직하고 이를 통하여 활동하는 형태, 즉 근로자의 단결권이

나 단체행동권에 유사한 활동뿐만 아니라, 하나 또는 그 이상의 소비자가 동일한 목표로 함께 의사를 합치하여 벌이는 운동이면 모두 이에 포함된다 할 것이다(헌재 2011.12.29, 2010헌바54 등).

20
정답 ④

① [○] 우리나라도 가입하고 있으나 그 법적 지위가 헌법적인 것은 아니며 법률적 효력을 갖는 것이므로 예비시험 조항의 유무효에 대한 심사척도가 될 수는 없다(헌재 2003.4.24, 2002헌마611).

② [○] 헌법에 의하여 체결·공포된 조약과 일반적으로 승인된 국제법규는 국내법과 같은 효력을 가진다(헌법 제6조 제1항)(헌재 2001.3.21, 99헌마139).

③ [○] 국제법적으로, 조약은 국제법 주체들이 일정한 법률효과를 발생시키기 위하여 체결한 국제법의 규율을 받는 국제적 합의를 말하며 서면에 의한 경우가 대부분이지만 예외적으로 구두합의도 조약의 성격을 가질 수 있다(헌재 2019.12.27, 2016헌마253).

❹ [×] 국회는 상호원조 또는 안전보장에 관한 조약, 중요한 국제조직에 관한 조약, 우호통상항해조약, 주권의 제약에 관한 조약, 강화조약, 국가나 국민에게 중대한 재정적 부담을 지우는 조약 또는 입법사항에 관한 조약의 체결·비준에 대한 동의권을 가진다(1980년 제8차 개정헌법 제96조).
  ▶ 통상조약이 아니라 우호통상항해조약이다.

정답

p.128

01	④	02	②	03	①	04	③	05	①
06	②	07	①	08	①	09	①	10	①
11	④	12	④	13	④	14	①	15	④
16	④	17	③	18	①	19	②	20	③

01
정답 ④

옳은 것은 ⓒ, ⓔ이다.

ⓐ [X] 계엄하에서 행해진 위반행위의 가벌성이 소멸된다고는 볼 수 없는 것으로서 계엄기간 중의 계엄포고위반의 죄는 계엄해제 후에도 행위 당시의 법령에 따라 처벌되어야 하고 계엄의 해제를 범죄 후 법령의 개폐로 형이 폐지된 경우와 같이 볼 수 없다(대판 1985.5.28, 81도1045).

ⓑ [X] 대통령이 제1항에 따라 계엄을 해제하려는 경우에는 국무회의의 심의를 거쳐야 한다(계엄법 제11조 제2항).

ⓒ [O] 계엄을 선포한 때에는 대통령은 지체 없이 국회에 통고하여야 한다(헌법 제77조 제4항).

ⓔ [O] 비상계엄이 선포된 때에는 법률이 정하는 바에 의하여 영장제도, 언론·출판·집회·결사의 자유, 정부나 법원의 권한에 관하여 특별한 조치를 할 수 있다(헌법 제77조 제3항).

02
정답 ②

① [O] 자치사무에 대해서는 원칙적으로 합법성 감사가 가능하다.

❷ [X] 감사원의 지방자치단체에 대한 감사는 합법성 감사에 한정되지 않고 자치사무에 대하여도 합목적성 감사가 가능하다(헌재 2008.5.29, 2005헌라3).

③ [O] 자치사무의 합법성 통제라는 감사의 목적이나 감사의 효율성 측면을 고려할 때, 당초 특정된 감사대상과 관련성이 인정되는 것으로서 당해 절차에서 함께 감사를 진행하더라도 감사대상 지방자치단체가 절차적인 불이익을 받을 우려가 없고, 해당 감사대상을 적발하기 위한 목적으로 감사가 진행된 것으로 볼 수 없는 사항에 대하여는 감사대상의 확장 내지 추가가 허용된다(헌재 2023.3.23, 2020헌라5).

④ [O] 연간 감사계획에 포함되지 아니하고 사전조사가 수행되지 아니한 감사의 경우 지방자치법에 따른 감사의 절차와 방법 등에 관한 사항을 규정하는 '지방자치단체에 대한 행정감사규정' 등 관련 법령에서 감사대상이나 내용을 통보할 것을 요구하는 명시적인 규정이 없다. 광역지방자치단체가 자치사무에 대한 감사에 착수하기 위해서는 감사대상을 특정하여야 하나, 특정된 감사대상을 사전에 통보할 것까지 요구된다고 볼 수는 없다(헌재 2023.3.23, 2020헌라5).

03
정답 ①

옳은 것은 ⓔ 1개이다.

ⓐ [X] 이 사건 심의조항은 대학 구성원이 학교 운영의 기본사항에 대한 의사결정 과정에 참여할 수 있는 기회를 절차적으로 보장하는 것으로서, 연구에 관한 사항은 대학평의원회의 심의사항에서 제외하고 있는 점, 교육과정 운영에 관한 사안은 대학평의원회의 자문사항에 해당하는 점, 심의결과가 대학의 의사결정을 기속하지 않는 점 등을 고려할 때 이 사건 심의조항이 연구와 교육 등 대학의 중심적 기능에 관한 자율적 의사결정을 방해한다고 볼 수 없으며, 학교운영이 민주적 절차에 따라 공정하고 투명하게 이루어질 수 있도록 하기 위한 것으로서 합리적 이유가 인정된다. 따라서 이 사건 심의조항이 국·공립대학 교수회 및 교수들의 대학의 자율권을 침해한다고 볼 수 없다(헌재 2023.10.26, 2018헌마872).

ⓑ [X] 대학의 학문과 연구 활동에서 중요한 역할을 담당하는 교원에게 그와 관련된 영역에서 주도적인 역할을 인정하는 것은 대학의 자율성의 본질에 부합하고 필요하나, 이것이 교육과 연구에 관한 사항은 모두 교원이 전적으로 결정할 수 있어야 한다는 의미는 아니다. 대학평의원회의 심의·자문사항은 제한적이고, 교원의 인사에 관한 사항에 대해서는 교원으로 구성되는 대학인사위원회가 심의하는 점, 대학평의원회의 심의결과는 대학의 의사결정을 기속하는 효력이 없는 점을 종합하면, 이 사건 구성제한조항으로 인하여 교육과 연구에 관한 사항의 결정에 교원이 주도적 지위를 가질 수 없게 된다고 볼 수 없다. 이 사건 구성제한조항은 대학의 의사결정에 영향을 받는 다양한 구성원들의 자유로운 논의와 의사결정 참여를 보장하기 위한 것으로서 합리적 이유가 있다고 할 것이므로, 국·공립대학 교수회 및 교수들의 대학의 자율권을 침해한다고 볼 수 없다(헌재 2023.10.26, 2018헌마872).

ⓒ [X] 농어촌학생 특별전형과 저소득학생 특별전형의 전형방법을 동일하게 정하여야 하는 것은 아니고, 수능 성적이 사회통념

적 가치기준에 적합한 합리적인 입학전형자료 중 하나인 이 상, 이 사건 입시계획이 저소득 학생 특별전형에서 학생부 기록 등을 반영함이 없이 수능 성적만으로 학생을 선발하도록 정하였다 하더라도, 이는 대학의 자율성의 범위 내에 있는 것으로서 저소득학생의 응시기회를 불합리하게 박탈하고 있다고 보기 어렵다(헌재 2022.9.29, 2021헌마929).

ㄹ [O] 긴급조치 제9호 제1항 다호, 제5항에서는 허가받지 않은 학생의 모든 집회·시위와 정치관여행위를 금지하고, 이를 위반한 자에 대하여는 주무부장관이 학생의 제적을 명하고 소속 학교의 휴업, 휴교, 폐쇄조치를 할 수 있도록 규정하였다. 이는 집회·시위의 자유, 학문의 자유와 대학의 자율성 내지 대학자치의 원칙을 본질적으로 침해하는 것이다(헌재 2013.3.21, 2010헌바132등).

<hr>

04 　　　　　　　　　　　　　정답 ③

① [×] 합격자 명단을 공고하는 경우, 시험 관리 당국이 더 엄정한 기준과 절차를 통해 합격자를 선정할 것이 기대되므로 시험 관리 업무의 공정성과 투명성이 강화될 수 있다. 따라서 심판대상조항이 과잉금지원칙에 위배되어 청구인들의 개인정보자기결정권을 침해한다고 볼 수 없다(헌재 2020.3.26, 2018헌마77).

② [×] 감염병이 유행하고 신속한 방역조치가 필요한 예외적인 상황에서 일시적이고 한시적으로 적용되는 조항임을 고려할 때, 이 사건 심판대상조항으로 인한 청구인의 개인정보자기결정권 제한의 효과가 중대하다고 보기 어렵다. 이 사건 심판대상조항은 과잉금지원칙을 위반하여 청구인의 개인정보자기결정권을 침해하지 않는다(헌재 2024.4.25, 2020헌마1028).

❸ [O] 무효인 혼인의 기록사항 전체에 하나의 선을 긋고 말소내용과 사유를 각 해당 사항란에 기재하는 방식의 정정 표시 는 청구인의 인격주체성을 식별할 수 있게 하는 개인정보에 해당하고 이와 같은 정보를 보존하는 심판대상조항은 청구인의 개인정보자기결정권을 제한한다(헌재 2024.1.25, 2020헌마65).
▶ 그러나 개인정보자기결정권을 침해하는 것은 아니다.

④ [×] 여러 신원확인수단 중에서 정확성·간편성·효율성 등의 종합적인 측면에서 지문정보와 비견할 만한 것은 현재에도 찾아보기 어려운 점을 종합하면, 이 사건 법률조항 이 사건 시행령조항 및 이 사건 보관등행위는 과잉금지원칙에 위반되지 않는다(헌재 2024.4.25, 2020헌마542).

<hr>

05 　　　　　　　　　　　　　정답 ①

❶ [×] 기본권을 국가안전보장, 질서유지와 공공복리를 위하여 필요한 경우에는 법률로써 제한할 수 있으나 그 본질적인 내용은 침해할 수 없다(헌법 제37조 제2항). 기본권의 본질적 내용은 만약 이를 제한하는 경우에는 기본권 그 자체가 무의미하여지는 경우에 그 본질적인 요소를 말하는 것으로서, 이는 개별 기본권마다 다를 수 있을 것이다(헌재 1995.4.20, 92헌바29).

② [O] 판례는 토지거래허가제와 관련된 국토이용법 사건에서 절대설을 취했다고 하지만 인간의 존엄성설이 아닌 핵심영역설로 평가받고 있다. 본질적 내용이라는 것은 토지재산권의 핵이 되

는 실질적 요소 내지 근본요소를 뜻한다(헌재 1989.12.22, 88헌가13).

③ [O] 이 사건 법률조항이 근로자에게 그 퇴직금 전액(물론 위에서 본 바와 같이 법률시행일 '1989.3.29. 이후에 발생분에 한한다'는 제한은 있다고 하더라도)에 대하여 질권자나 저당권자에 우선하는 변제수령권을 인정함으로써 결과적으로 질권자나 저당권자가 그 권리의 목적물로부터 거의 또는 전혀 변제를 받지 못하게 되는 경우에는, 그 질권이나 저당권의 본질적 내용을 이루는 우선변제수령권이 형해화하게 되므로 이 사건 법률조항 중 '퇴직금' 부분은 질권이나 저당권의 본질적 내용을 침해할 소지가 생기게 되는 것이다(헌재 1997.8.21, 94헌바19).

④ [O] 제도적 보장은 주관적 권리가 아닌 객관적 법규범이라는 점에서 기본권과 구별되기는 하지만 헌법에 의하여 일정한 제도가 보장되면 입법자는 그 제도를 설정하고 유지할 입법의무를 지게될 뿐만 아니라 헌법에 규정되어 있기 때문에 법률로써 이를 폐지할 수 없고, 비록 내용을 제한하더라도 그 본질적 내용을 침해할 수 없다(헌재 1997.4.24, 95헌바48).

<hr>

06 　　　　　　　　　　　　　정답 ②

① [O] 이 사건 법률조항은 중혼의 취소청구권자를 규정하면서 직계비속을 취소청구권자에 포함시키지 아니한 것인데, 이는 헌법에 위반된다(헌재 2010.7.29, 2009헌가8).

❷ [×] 학교법인은 그 소속 교원과 사법상의 고용계약관계에 있고 재심절차에서 그 결정의 효력을 받는 일방 당사자의 지위에 있음에도 불구하고 이 사건 법률조항은 합리적인 이유 없이 학교법인의 제소권한을 부인함으로써 헌법 제11조의 평등원칙에 위배된다(헌재 2006.2.23, 2005헌가7 등).

③ [O] 양자를 달리 취급하는 것은 헌법 제33조 제2항에 그 근거를 두고 있을 뿐 아니라 합리적인 이유가 있다 할 것이므로 헌법상 평등의 원칙에 위반되는 것이 아니다[헌재 2007.8.30, 2003헌바51, 2005헌가5(병합)].

④ [O] 주민등록만을 요건으로 주민투표권의 행사 여부가 결정되도록 함으로써 '주민등록을 할 수 없는 국내거주 재외국민'을 '주민등록이 된 국민인 주민'에 비해 차별하고 있고, 나아가 '주민투표권이 인정되는 외국인'과의 관계에서도 차별을 행하고 있는바, 그와 같은 차별에 아무런 합리적 근거도 인정될 수 없으므로 국내거주 재외국민의 헌법상 기본권인 평등권을 침해하는 것으로 위헌이다(헌재 2007.6.28, 2004헌마643).

<hr>

07 　　　　　　　　　　　　　정답 ①

❶ [×] 이 사건 법률조항은 수도권에 인구 및 경제·산업시설이 밀집되어 발생하는 문제를 해결하고 국토의 균형 있는 발전을 도모하기 위하여 법인이 과밀억제권역 내에 본점의 사업용 부동산으로 건축물을 신축·증축하여 이를 취득하는 경우 취득세를 중과세하는 조항으로서, 구법과 달리 인구유입과 경제력 집중의 효과가 뚜렷한 건물의 신축, 증축 그리고 부속토지의 취득만을 그 적용대상으로 한정하여 부당하게 중과세할 소지를 제거하였다. 최근 대법원 판결도 구체적인 사건에서

인구유입이나 경제력집중 효과에 관한 판단을 전적으로 배제한 것으로는 보기 어렵다. 따라서 이 사건 법률조항은 거주·이전의 자유와 영업의 자유를 침해하지 아니한다(헌재 2014.7.24, 2012헌바408).

▶ 침해하지 아니한다는 말은 제한은 당연한 전제로 하기 때문에 거주·이전의 자유와 영업의 자유는 제한한다.

② [O] 여권발급 신청인이 북한 고위직 출신의 탈북 인사로서 신변에 대한 위해 우려가 있다는 이유로 신청인의 미국 방문을 위한 여권발급을 거부한 것은 여권법 제8조 제1항 제5호에 정한 사유에 해당한다고 볼 수 없고 거주·이전의 자유를 과도하게 제한하는 것으로서 위법하다(대판 2008.1.24, 2007두10846).

③ [O] 거주·이전의 자유는 토지소유권의 보장·직업선택의 자유·영업의 자유와 더불어 자본주의 존립에 불가결한 경제적 기본권으로서의 성격도 가진다.

④ [O] 거주·이전의 자유의 내용에는 국내의 거주·이전뿐만 아니라 국외거주·이전의 자유로서 출국의 자유, 해외여행의 자유, 국외이주의 자유, 입국의 자유가 포함되며, 국적변경의 자유도 인정된다.

08
정답 ①

❶ [×] 심판대상조항을 통하여 추구하는 영유아의 건강한 성장 도모 및 영유아 보호자들의 보육기관 선택권 보장이라는 공익이 공표대상자의 법 위반사실이 일정기간 외부에 공표되는 불이익보다 크다. 따라서 심판대상조항은 과잉금지원칙을 위반하여 인격권 및 개인정보자기결정권을 침해하지 아니한다(헌재 2022.3.31, 2019헌바520).

② [O] 야당 소속 후보자 지지 혹은 정부 비판은 정치적 견해로서 개인의 인격주체성을 특징짓는 개인정보에 해당하고, 그것이 지지 선언 등의 형식으로 공개적으로 이루어진 것이라고 하더라도 여전히 개인정보자기결정권의 보호범위 내에 속한다(헌재 2020.12.23, 2017헌마416).

③ [O] 개인정보자기결정권의 보호대상이 되는 개인정보는 개인의 신체, 신념, 사회적 지위, 신분 등과 같이 개인의 인격주체성을 특징짓는 사항으로서 그 개인의 동일성을 식별할 수 있게 하는 일체의 정보라고 할 수 있고, 반드시 개인의 내밀한 영역이나 사사(私事)의 영역에 속하는 정보에 국한되지 않고 공적 생활에서 형성되었거나 이미 공개된 개인정보까지 포함한다(헌재 2005.5.26, 99헌마513 등).

④ [O] 법원에서 불처분결정된 소년부송치 사건에 대한 수사경력자료의 보존기간과 삭제에 대한 규정을 두지 않은 이 사건 구법조항은 과잉금지원칙을 위반하여 소년부송치 후 불처분결정을 받은 자의 개인정보자기결정권을 침해한다(헌재 2021.6.24, 2018헌가2).

09
정답 ①

❶ [O] 대학의 장 후보자 선정과 관련하여 대학에게 반드시 직접 선출 방식을 보장하여야 하는 것은 아니며, 다만 대학교원들의 합의된 방식으로 그 선출방식을 정할 수 있는 기회를 제공하면 족하다(헌재 2006.4.27, 2005헌마1047 등).

② [×] 대학의 계속적 존립에까지 미치지는 않는다. 대학의 자율성은 그 보호영역이 원칙적으로 당해 대학 자체의 계속적 존립에까지 미치는 것은 아니다. 즉, 이러한 자율성은 법률의 목적에 의해서 세무대학이 수행해야 할 과제의 범위 내에서만 인정되는 것으로서, 세무대학의 설립과 폐교가 국가의 합리적인 고도의 정책적 결단 그 자체에 의존하고 있는 이상 이 사건 폐지법에 의해서 세무대학을 폐교한다고 해서 세무대학의 자율성이 침해되는 것은 아니다(헌재 2001.2.22, 99헌마613).

③ [×] 고신대학교 신입생 자격을 학습인 이상으로 제한한 조치는 재학생들의 학문의 자유 및 참여권을 침해하지 않는다(헌재 1997.3.27, 94헌마277).

④ [×] 대학의 자율성 즉, 대학의 자치란 대학이 그 본연의 임무인 연구와 교수를 외부의 간섭 없이 수행하기 위하여 인사·학사·시설·재정 등의 사항을 자주적으로 결정하여 운영하는 것을 말한다. 따라서 연구·교수활동의 담당자인 교수가 그 핵심주체라 할 것이나, 연구·교수활동의 범위를 좁게 한정할 이유가 없으므로 학생, 직원 등도 포함될 수 있다(헌재 2013.11.28, 2007헌마1189 등).

10
정답 ①

❶ [×] [1] (ⅰ) 무죄판결이 확정되기 전이라도 하급심 법원에서 무죄판결이 선고되는 경우에는 그때부터 일정 부분에 대해서 요양급여비용을 지급하도록 할 필요가 있고, (ⅱ) 사정변경사유가 발생할 경우 지급보류처분이 취소될 수 있도록 한다면, 지급보류기간 동안 의료기관 개설자가 수인해야 했던 재산권 제한상황에 대한 적절하고 상당한 보상으로서의 이자 내지 지연손해금의 비율에 대해서도 규율이 필요한데, 이 사건 지급보류조항은 이러한 사항들에 대하여 어떠한 입법적 규율도 하지 않고 있다는 점 등에 비추어, 위 조항은 요양기관 개설자의 재산권을 침해한다.

[2] 다만, 건강보험 재정 건전성을 위한 조치로 지급보류조항이 무죄추정의 원칙에 위반된다고 볼 수는 없다(헌재 2023.3.23, 2018헌바433).

② [O] 이동전화번호는 유한한 국가자원으로서, 청구인들이 오랜 기간 같은 이동전화번호를 사용해 왔다 하더라도 이는 국가의 이동전화번호 관련 정책 및 이동전화 사업자와의 서비스 이용계약 관계에 의한 것일 뿐, 청구인들이 이동전화번호에 대하여 사적 유용성 및 그에 대한 원칙적 처분권을 내포하는 재산가치 있는 구체적 권리인 재산권을 가진다고 볼 수 없다(헌재 2013.7.25, 2011헌마63 등).

③ [O] 개인이나 기업의 단순한 이윤추구의 기회나 유리한 법적 상황이 지속되리라는 기대나 희망은 재산권의 보호범위에 속하지 않는다(헌재 2003.10.30, 2001헌마700).

④ [O] 예비군 교육훈련에 참가한 예비군대원이 훈련 과정에서 식비, 여비 등을 스스로 지출함으로써 생기는 경제적 부담은 헌법

에서 보장하는 재산권의 범위에 포함된다고 할 수 없고, 예비군 교육훈련 기간 동안의 일실수익과 같은 기회비용 역시 경제적인 기회에 불과하여 재산권의 범위에 포함되지 아니한다. 그렇다면 심판대상조항으로 인하여 청구인의 재산권이 침해될 가능성을 인정할 수 없다(헌재 2019.8.29, 2017헌마828).

11
정답 ④

① [×] 기본권 보장은 "최대한 보장의 원칙"이 적용됨에 반하여, 제도적 보장은 그 본질적 내용을 침해하지 아니하는 범위 안에서 입법자에게 제도의 구체적 내용과 형태의 형성권을 폭넓게 인정한다는 의미에서 "최소한 보장의 원칙"이 적용될 뿐이다(헌재 1997.4.24, 95헌바48).

② [×] 신속한 재판과 소송경제를 위하여 '패소할 것이 분명한지 여부'에 관하여 법관의 고도의 전문적 판단에 맡기고, 이로 인한 문제점을 최소화하기 위하여 항고제도, 소송구조 전담재판부 등을 규정하고 있으므로, 원심법원이 아닌 상소심법원이 소송구조신청사건을 판단하도록 규정하지 않았다는 점만으로 이 사건 법률조항이 입법형성권의 한계를 벗어나 공정한 재판을 받을 권리를 침해하였다고 할 수 없다(헌재 2016.7.28, 2015헌마105 등).

③ [×] 소취하간주의 경우를 소송이 재판에 의하여 종료된 경우와 달리 취급하여 변호사비용을 소송비용에 산입하지 않을 합리적 근거도 없다. 이 사건 변호사보수조항 및 '변호사보수의 소송비용 산입에 관한 규칙'은 당사자가 부담하게 되는 구체적인 소송비용의 상환범위를 당사자가 수인할 수 있는 범위 내로 제한하고 있으므로, 침해의 최소성과 법익의 균형성도 갖추고 있다. 따라서 이 사건 변호사보수조항은 재판청구권을 침해하지 아니한다(헌재 2017.7.27, 2015헌바1).

❹ [○] 비상계엄지역 내의 사회질서는 정상을 찾았으나 일반법원이 미처 기능회복을 하지 못하여 군법회의에 계속 중인 재판사건을 넘겨받아 처리할 수 있는 태세를 갖추지 못하고 있는 경우와 같은 상황에 대처하기 위한 것으로 보여 합목적성이 인정되는 바이므로 헌법의 위임범위를 넘어선 것으로서 헌법 제52조나 제26조 제2항에 위배되는 것이라고 할 수는 없다(대판 1985.5.28, 81도1045).

12
정답 ④

① [×] 헌법 제29조에서는 공무원의 직무상 불법행위로 인한 손해배상책임만을 규정하고 있고, 국가배상법 제5조에서 영조물의 설치·관리의 하자로 인한 손해배상책임을 규정하고 있다.

② [×] 심판대상조항이 국가배상청구권의 성립요건으로서 공무원의 고의 또는 과실을 규정한 것은 법률로 이미 형성된 국가배상청구권의 행사 및 존속을 제한한다고 보기 보다는 국가배상청구권의 내용을 형성하는 것이라고 할 것이므로, 헌법상 국가배상제도의 정신에 부합하게 국가배상청구권을 형성하였는지의 관점에서 심사하여야 한다(헌재 2020.3.26, 2016헌바55 등).
▶ 제한이 아니라 형성이다.

③ [×] 현역병으로 입영하여 경비교도로 전입된 자는 군인의 신분을 상실하였으므로 이중배상이 금지되는 군인 등에 해당되지 않

는다고 하였다(대판 1998.2.10, 97다45914 ; 대판 1997.3.28, 97다4036).

❹ [○] 국가가 소속 공무원들의 조직적 관여를 통해 불법적으로 민간인을 집단 희생시키거나 장기간의 불법구금·고문 등에 의한 허위자백으로 유죄판결을 하고 사후에도 조작·은폐를 통해 진상규명을 저해하였음에도 불구하고, 그 불법행위 시점을 소멸시효의 기산점으로 삼는 것은 피해자와 가해자 보호의 균형을 도모하는 것으로 보기 어렵고, 발생한 손해의 공평·타당한 분담이라는 손해배상제도의 지도원리에도 부합하지 않는다. 그러므로 진실·화해를 위한 과거사정리 기본법 제2조 제1항 제3호·제4호에 규정된 사건에 민법 제166조 제1항, 제766조 제2항의 '객관적 기산점'이 적용되도록 하는 것은 합리적 이유가 인정되지 않는다(헌재 2018.8.30, 2014헌바148 등).

13
정답 ④

① [○] 국가가 생계보호에 관한 입법을 전혀 하지 아니하였다던가 그 내용이 현저히 불합리하여 헌법상 용인될 수 있는 재량의 범위를 명백히 일탈한 경우에 한하여 인간다운 생활을 보장하기 위한 헌법적 의무에 위반된다고 할 수 있다(헌재 1997.5.29, 94헌마33).

② [○] 헌법재판에 있어서는 다른 국가기관, 즉 입법부나 행정부가 국민으로 하여금 인간다운 생활을 영위하도록 하기 위하여 객관적으로 필요한 최소한의 조치를 취할 의무를 다하였는지를 기준으로 국가기관의 행위의 합헌성을 심사하여야 한다는 통제규범으로 작용하는 것이다(헌재 2004.10.28, 2002헌마328 전원재판부).

③ [○] 실업방지 및 부당한 해고로부터 근로자를 보호하여야 할 국가의 의무를 도출할 수 있을 것이나, 국가에 대한 직접적인 직장존속보장청구권을 근로자에게 인정할 헌법상의 근거는 없다(헌재 2002.11.28, 2001헌바50).

❹ [×] 경과실의 범죄로 인한 사고는 개념상 우연한 사고의 범위를 벗어나지 않으므로 경과실로 인한 범죄행위에 기인하는 보험사고에 대하여 의료보험급여를 부정하는 것은 우연한 사고로 인한 위험으로부터 다수의 국민을 보호하고자 하는 사회보장제도로서의 의료보험의 본질을 침해하여 헌법에 위반된다(헌재 2003.12.18, 2002헌바1).

14
정답 ①

❶ [×] 헌법 제31조 제1항은 교육받을 권리를 규정한다. 이는 국민이 능력에 따라 균등하게 교육받을 것을 공권력에 의하여 부당하게 침해받지 않을 권리를 의미하며, 국민이 능력에 따라 균등하게 교육받을 수 있도록 국가가 적극적으로 배려하여 줄 것을 요구할 수 있는 권리로 구성된다(헌재 2008.4.24, 2007헌마1456 참조). 그러나 이러한 권리로부터 곧바로 학부모나 학생, 학부모회나 학생회의 인사 행정 등 학교 운영 참여권이 도출된다고 보기는 어렵다(헌재 2019.11.28, 2018헌마153).

② [○] 학교교육에 있어서 교원의 가르치는 권리를 수업권이라고 한다면, 이것은 교원의 지위에서 생기는 학생에 대한 일차적인 교육상의 직무권한이지만 어디까지나 학생의 학습권 실현을

위하여 인정되는 것이므로, 학생의 학습권은 교원의 수업권에 대하여 우월한 지위에 있다(대판 2007.9.20, 2005다25298).

③ [O] 초등학교 교육과정의 편제와 수업시간은 교육여건의 변화에 따른 시의적절한 대처가 필요하므로 교육현장을 가장 잘 파악하고 교육과정에 대해 적절한 수요 예측을 할 수 있는 해당 부처에서 정하도록 할 필요가 있다. 따라서 초·중등교육법 제23조 제2항이 교육과정의 기준과 내용에 관한 기본적인 사항을 교육부장관이 정하도록 위임한 것 자체가 교육제도 법정주의에 반한다고 보기 어렵다(헌재 2016.2.25, 2013헌마838).

④ [O] 헌법상 초등교육에 대한 의무교육과는 달리 중등교육의 단계에 있어서는 어느 범위에서 어떠한 절차를 거쳐 어느 시점에서 의무교육으로 실시할 것인가는 입법자의 형성의 자유에 속하는 사항으로서 국회가 입법정책적으로 판단하여 법률로 구체적으로 규정할 때에 비로소 헌법상의 권리로서 구체화되는 것으로 보아야 한다(헌재 1991.2.11, 90헌가27).

<hr>

15   정답 ④

① [O] 공무원의 노동조합 설립 및 운영 등에 관한 법률이 공무원인 노동조합원의 쟁의행위를 처벌하면서 사용자 측인 정부교섭대표의 부당노동행위에 대하여는 그 구제수단으로서 민사상의 구제절차를 마련하는데 그치고 형사처벌까지 규정하지 아니하는 것이 공무원의 단체교섭권을 침해하여 헌법에 위반된다고 할 수는 없다(헌재 2008.12.26, 2005헌마971).

② [O] 국가의 행정관청이 사법상 근로계약을 체결한 경우 국가는 그러한 근로계약관계에 있어서 사업주로서 단체교섭의 당사자의 지위에 있는 사용자에 해당한다(대판 2008.9.11, 2006다40935).

③ [O] 노동조합에 가입할 수 있는 특정직공무원의 범위를 '6급 이하의 일반직공무원에 상당하는 외무행정·외교정보관리직 공무원'으로 한정하여 소방공무원을 노동조합 가입대상에서 제외한 것은 헌법 제33조 제2항에 근거를 두고 있을 뿐 아니라 합리적인 이유가 있다(헌재 2008.12.26, 2006헌마462).

❹ [X]
> 헌법 제32조 ④ 여자의 근로는 특별한 보호를 받으며, 고용·임금 및 근로조건에 있어서 부당한 차별을 받지 아니한다.
> ⑤ 연소자의 근로는 특별한 보호를 받는다.

▶ 여자와 연소자의 경우에는 규정이 존재하나, 노인의 경우에는 규정이 따로 존재하지 않는다.

<hr>

16   정답 ④

① [O] 환경권은 명문의 법률규정이나 관계 법령의 규정 취지 및 조리에 비추어 권리의 주체, 대상, 내용, 행사 방법 등이 구체적으로 정립될 수 있어야만 인정되는 것이므로, 사법상의 권리로서의 환경권을 인정하는 명문의 규정이 없으면 환경권에 기하여 직접 방해배제청구권을 인정할 수는 없다(대판 1999.7.27, 98다47528).

② [O] 헌법 제35조 제1항은 환경정책에 관한 국가적 규제와 조정을 뒷받침하는 헌법적 근거가 되며 국가는 환경정책 실현을 위

<hr>

한 재원마련과 환경침해적 행위를 억제하고 환경보전에 적합한 행위를 유도하기 위한 수단으로 환경부담금을 부과·징수하는 방법을 선택할 수 있다(헌재 2007.12.27, 2006헌바25).

③ [O] ❹ [X] 환경권 관련 대법원 판례의 내용을 묻는 문제이다. 특히 '환경영향평가대상지역 안 주민들'의 환경상의 이익은 개별적·구체적·직접적 이익으로서 원고적격이 인정되고, '대상지역 밖 주민들'도 환경상 이익에 대한 침해 또는 침해 우려가 있다는 점을 '입증'함으로써 원고적격을 인정받을 수 있다(대판 2001.7.27, 99두2970 ; 대판 2006.3.16, 2006두330).

<hr>

17   정답 ③

① [O] 국방의 의무는 외부 적대세력의 직·간접적인 침략행위로부터 국가의 독립을 유지하고 영토를 보전하기 위한 의무로서, 현대전이 고도의 과학기술과 정보를 요구하고 국민전체의 협력을 필요로 하는 이른바 총력전인 점에 비추어 (ⅰ) 단지 병역법에 의하여 군복무에 임하는 등의 직접적인 병력형성의무만을 가리키는 것이 아니라, (ⅱ) 병역법, 향토예비군설치법, 민방위기본법, 비상대비자원관리법 등에 의한 간접적인 병력형성의무 및 (ⅲ) 병력형성 이후 군작전명령에 복종하고 협력하여야 할 의무도 포함하는 개념이다(헌재 2002.11.28, 2002헌바45).

② [O] 헌법재판소는 국방의 의무를 직접적인 병력형성의무뿐만 아니라 향토예비군설치법, 민방위기본법 등에 의한 간접적인 병력형성의무 및 병력형성 이후 군작전명령에 복종해야 할 의무도 포함하는 넓은 의미로 이해하고 있으며, 이에 따라 현역병이 전투경찰순경으로 전임하여 대간첩작전을 수행하는 것은 국방의 의무의 일환이고, 나아가 시위진압에 투입하는 것도 허용된다고 본다(헌재 1995.12.28, 91헌마80).

❸ [X] 헌법재판소는 헌법 제39조 제2항의 불이익은 '병역의무이행을 직접적 이유로 차별적 불이익을 가하거나 병역의무를 이행한 것이 결과적, 간접적으로 그렇지 아니한 경우보다 오히려 불이익을 받는 결과를 초래하여서는 아니된다는 것'을 의미하므로, '병역의무 그 자체를 이행하느라 받은 불이익'은 이에 해당하지 않는다고 한다. 즉, 병역의무의 이행'중'에 입은 불이익은 헌법 제39조 제1항("모든 국민은 법률이 정하는 바에 의하여 국방의 의무를 진다."), 기타 헌법원칙에 대한 위반여부의 문제는 될 수 있을지언정, 헌법 제39조 제2항이 의미하는 '병역의무의 이행으로 인한 불이익'은 아니라는 것이다.

④ [O] 병정분리주의는 군국주의화의 위험성을 내포하고 있는 바 우리나라를 비롯하여 대다수의 국가는 병정통합주의를 취하고 있다.

<hr>

18   정답 ①

❶ [X] 이 부분은, 이 사건 조항이 명확성의 원칙에 위배되지 않는다는 부산지방검찰청 울산지청장의 의견이다. 그러나 이에 대하여 헌법재판소는, "단체협약은 단순히 근로조건에 관한 계약에 불과한 것이 아니라 개별적·집단적 노사관계를 규율하는 최상위 자치규범으로서 법규범 내지 법규범에 준하는 법적 성질을 인정받고 있으므로 죄형법정주의의 법률주의에 위반

한 것이 아니라는 주장이 있으나, 죄형법정주의가 지니고 있는 법치주의, 국민주권 및 권력분립원리의 의미를 고려할 때, 무엇이 범죄이며 그에 대한 형벌이 어떠한 것인가를 입법부가 제정한 형식적 의미의 법률로써 정하여야 한다는 원칙은 엄격하게 해석하여야 할 것이므로 설사 단체협약에 법규범적 성격이 있음을 부인하지 아니한다 하더라도 이를 국회가 제정한 형식적 의미의 법률과 동일시할 수는 없으므로 그러한 주장은 받아들일 수 없다."고 하여 명확성의 원칙 위배를 인정하였다(헌재 1998.3.26, 96헌가20).

② [O] "법률이 없으면 범죄도 없고 형벌도 없다."라는 말로 표현되는 죄형법정주의는 법치주의, 국민주권 및 권력분립의 원리에 입각한 것으로서 일차적으로 무엇이 범죄이며 그에 대한 형벌이 어떠한 것인가는 반드시 국민의 대표로 구성된 입법부가 제정한 성문의 법률로써 정하여야 한다는 원칙이고, 헌법도 제12조 제1항 후단에 '법률과 적법한 절차에 의하지 아니하고는 처벌을 받지 아니한다.'라고 규정하여 죄형법정주의를 천명하고 있는바, 여기서 말하는 "법률"이란 입법부에서 제정한 형식적 의미의 법률을 의미하는 것임은 물론이다(헌재 1998.3.26, 96헌가20).

③ [O] 현대국가의 사회적 기능증대와 사회현상의 복잡화에 따라 국민의 권리·의무에 관한 사항이라 하여 모두 입법부에서 제정한 법률만으로 다 정할 수는 없어 예외적으로 하위법령에 위임하는 것을 허용하지 않을 수 없다 하더라도 그러한 위임은 반드시 구체적이고 개별적으로 한정된 사항에 대하여 행해져야 한다. 그렇지 아니하고 일반적이고 포괄적인 위임을 한다면 이는 사실상 입법권을 백지위임하는 것이나 다름이 없어 의회입법의 원칙이나 법치주의를 부인하는 것이 되며, 특히 법률에 의한 처벌 법규의 위임은, 헌법이 특별히 인권을 최대한으로 보장하기 위하여 죄형법정주의와 적법절차를 규정하고, 법률에 의한 처벌을 특별히 강조하고 있는 기본권보장 우위사상에 비추어 바람직스럽지 못한 일이므로, 그 요건과 범위가 보다 엄격하게 제한적으로 적용되어야 한다. 따라서 처벌법규의 위임은 특히 긴급한 필요가 있거나 미리 법률로써 자세히 정할 수 없는 부득이한 사정이 있는 경우에 한정되어야 한다(헌재 1998.3.26, 96헌가20).

④ [O] 헌법은 국민 각자가 자신의 생활을 스스로 경제적으로 형성한다는 것을 전제로 하고 있으므로, 국가는 납세자가 자신과 가족의 기본적인 생계유지를 위하여 꼭 필요로 하는 소득을 제외한 잉여소득 부분에 대해서만 납세의무를 부과할 수 있다. 따라서 소득에 대한 과세는 원칙적으로 최저생계비를 초과하는 소득에 대해서만 가능하다. 이는 국민에게 인간다운 생활을 할 최소한의 조건을 마련해 주어야 한다는 사회국가원리의 관점에서 요청되는 것이다(헌재 2006.11.30, 2006헌마489).

19 정답 ②

① [×]
> 제7차 개정헌법 제39조 ① 대통령은 통일주체국민회의에서 토론없이 무기명투표로 선거한다.
> ② 통일주체국민회의에서 재적대의원 과반수의 찬성을 얻은 자를 대통령당선자로 한다.

▶ 대통령의 임기는 6년으로 한다(제7차 개정헌법 제47조).

❷ [O] 중앙선거관리위원회가 독립된 헌법기관이 된 것은 1960년 헌법부터이다.

③ [×] 제3공화국 때는 헌법재판소가 따로 존재하지 않고, 위헌법률심판을 대법원에서 담당하였다. 헌법재판소가 존재한 것은 제2공화국 때이다.

④ [×] 양원제 국회로 개정된 것은 제1차 개정헌법부터이다.

20 정답 ③

① [O] 심판대상조항은 특례의 적용을 받는 모계출생자가 그 권리를 조속히 행사하도록 하여 위 모계출생자의 국적·법률관계를 조속히 확정하고, 국가기관의 행정상 부담을 줄일 수 있도록 하여, 위 모계출생자가 권리를 남용할 가능성을 억제하기 위하여 특례기간을 한정하고 있는바, 이를 불합리하다고 볼 수 없다(헌재 2015.11.26, 2014헌바211).

② [O] 대한민국의 국민으로서 다음 각 호(비자진)의 어느 하나에 해당하는 자는 그 외국 국적을 취득한 때부터 6개월 내에 법무부장관에게 대한민국 국적을 보유할 의사가 있다는 뜻을 신고하지 아니하면 그 외국 국적을 취득한 때로 소급(遡及)하여 대한민국 국적을 상실한 것으로 본다(국적법 제15조 제2항).

❸ [×] 부 또는 모가 대한민국의 국민인 사람의 경우에는 주소만 있으면 3년, 5년의 요건이 없어도 가능하다(국적법 제7조 제1항 제1호).

④ [O] 제1항에도 불구하고 다음 각 호의 어느 하나에 해당하는 자는 대한민국 국적을 취득한 날부터 1년 내에 외국 국적을 포기하거나 법무부장관이 정하는 바에 따라 대한민국에서 외국 국적을 행사하지 아니하겠다는 뜻을 법무부장관에게 서약하여야 한다(국적법 제10조 제2항).

빠른 정답

1회 p.8

01	②	02	②	03	③	04	②	05	④
06	④	07	①	08	②	09	③	10	③
11	④	12	③	13	②	14	③	15	④
16	④	17	④	18	①	19	①	20	①

2회 p.18

01	④	02	④	03	②	04	①	05	①
06	②	07	②	08	③	09	②	10	①
11	④	12	④	13	③	14	②	15	④
16	②	17	③	18	①	19	①	20	④

3회 p.26

01	④	02	②	03	②	04	②	05	④
06	②	07	②	08	③	09	①	10	①
11	④	12	④	13	④	14	④	15	②
16	①	17	①	18	④	19	③	20	②

4회 p.34

01	①	02	②	03	②	04	②	05	③
06	②	07	②	08	④	09	③	10	④
11	④	12	②	13	④	14	①	15	②
16	②	17	②	18	③	19	④	20	①

5회 p.42

01	②	02	④	03	④	04	④	05	④
06	②	07	③	08	④	09	①	10	③
11	①	12	③	13	③	14	④	15	③
16	①	17	①	18	③	19	②	20	②

6회 p.48

01	④	02	③	03	①	04	④	05	③
06	③	07	①	08	①	09	④	10	①
11	①	12	③	13	②	14	③	15	①
16	③	17	③	18	②	19	③	20	④

7회 p.56

01	②	02	②	03	④	04	③	05	③
06	①	07	②	08	②	09	①	10	①
11	④	12	②	13	③	14	③	15	④
16	①	17	④	18	②	19	③	20	③

8회 p.66

01	④	02	④	03	②	04	①	05	④
06	①	07	①	08	④	09	④	10	④
11	④	12	②	13	②	14	④	15	②
16	③	17	①	18	②	19	③	20	③

9회 p.74

01	①	02	③	03	①	04	④	05	①
06	③	07	②	08	①	09	①	10	④
11	③	12	②	13	③	14	②	15	④
16	②	17	②	18	③	19	①	20	③

10회 p.82

01	②	02	①	03	①	04	②	05	③
06	④	07	③	08	①	09	④	10	①
11	③	12	③	13	③	14	③	15	③
16	②	17	③	18	①	19	①	20	①

11회 p.88

01	③	02	②	03	③	04	③	05	④
06	②	07	③	08	③	09	①	10	④
11	①	12	②	13	④	14	③	15	③
16	②	17	④	18	②	19	④	20	③

12회 p.96

01	④	02	③	03	④	04	②	05	④
06	③	07	④	08	①	09	②	10	②
11	④	12	②	13	④	14	④	15	②
16	④	17	③	18	④	19	②	20	④

13회 p.104

01	④	02	①	03	①	04	①	05	①
06	①	07	③	08	①	09	①	10	④
11	④	12	④	13	①	14	③	15	②
16	①	17	①	18	②	19	②	20	④

14회 p.112

01	③	02	④	03	②	04	④	05	④
06	③	07	①	08	③	09	③	10	③
11	②	12	④	13	④	14	③	15	③
16	④	17	④	18	②	19	①	20	③

15회 p.120

01	④	02	①	03	①	04	③	05	①
06	③	07	④	08	③	09	④	10	③
11	③	12	②	13	①	14	①	15	④
16	④	17	②	18	④	19	①	20	④

01	④	02	②	03	①	04	③	05	①
06	②	07	①	08	①	09	①	10	①
11	④	12	④	13	④	14	①	15	④
16	④	17	③	18	①	19	②	20	③

2025 최신개정판

해커스경찰
박철한
경찰헌법
실전동형모의고사

개정 4판 1쇄 발행 2025년 1월 17일

지은이	박철한 편저
펴낸곳	해커스패스
펴낸이	해커스경찰 출판팀

주소	서울특별시 강남구 강남대로 428 해커스경찰
고객센터	1588-4055
교재 관련 문의	gosi@hackerspass.com
	해커스경찰 사이트(police.Hackers.com) 교재 Q&A 게시판
	카카오톡 플러스 친구 [해커스경찰]
학원 강의 및 동영상강의	police.Hackers.com

ISBN	979-11-7244-758-8 (13360)
Serial Number	04-01-01

경찰공무원 1위,
해커스경찰(police.Hackers.com)

🏛 해커스경찰

· 정확한 성적 분석으로 약점 극복이 가능한 **경찰 합격예측 온라인 모의고사**(교재 내 응시권 및 해설강의 수강권 수록)
· 해커스 스타강사의 **경찰헌법 무료 특강**
· **해커스경찰 학원 및 인강**(교재 내 인강 할인쿠폰 수록)
· 회독을 편리하게 도와주는 **무료 회독용 답안지**

한경비즈니스 2024 한국품질만족도 교육(온·오프라인 경찰학원) 부문 1위